智能之巅

中国工程院院士 王恩东 作序

REVELATION OF
ARTIFICIAL INTELLIGENCE
INNOVATION
Technology Frontier

人工智能创新启示录
技术前沿

中国电子信息产业发展研究院（赛迪研究院）编

人民邮电出版社

北京

图书在版编目（CIP）数据

人工智能创新启示录. 技术前沿 / 中国电子信息产业发展研究院（赛迪研究院）编. -- 北京：人民邮电出版社，2022.8
（智能之巅）
ISBN 978-7-115-55580-9

Ⅰ. ①人… Ⅱ. ①中… Ⅲ. ①人工智能－技术发展 Ⅳ. ①F492②TP18

中国版本图书馆CIP数据核字(2021)第032315号

内 容 提 要

本书重点聚焦人工智能的关键前沿技术，先对人工智能技术领域进行概述，主要介绍核心及前沿领域的发展现状和趋势，并分析国内外人工智能发展战略；之后深入介绍、分析支撑或影响人工智能产业发展的核心和前沿技术，如计算机视觉、智能语音语义、人工智能芯片等。

本书适合人工智能、互联网和计算机行业的从业人员和研究人员（技术岗位和非技术岗位），以及创投相关人员阅读参考。

◆ 编 中国电子信息产业发展研究院（赛迪研究院）
  责任编辑 高 阳
  责任印制 焦志炜

◆ 人民邮电出版社出版发行 北京市丰台区成寿寺路 11 号
  邮编 100164 电子邮件 315@ptpress.com.cn
  网址 https://www.ptpress.com.cn
  天津千鹤文化传播有限公司印刷

◆ 开本：787×1092 1/16
  印张：17   彩插：4
  字数：450 千字   2022 年 8 月第 1 版
  2022 年 8 月天津第 1 次印刷

定价：119.80 元

读者服务热线：(010)81055552   印装质量热线：(010)81055316
反盗版热线：(010)81055315
广告经营许可证：京东市监广登字 20170147 号

丛书前言

人工智能是引领未来的前沿性、战略性技术，已经成为国际竞争的新焦点和经济发展的新动能，正在对经济发展、社会进步、国际政治格局等产生重大而深远的影响。党的十九大报告明确提出，要"推动互联网、大数据、人工智能和实体经济深度融合"。2018年10月，习近平总书记在中共中央政治局第九次集体学习时强调，要深刻认识加快发展新一代人工智能的重大意义，加强领导，做好规划，明确任务，夯实基础，促进其同经济社会发展深度融合，推动我国新一代人工智能健康发展。

我国高度重视人工智能技术与产业的发展。2017年，国务院发布《新一代人工智能发展规划》，为我国的人工智能发展进行了总体部署。工业和信息化部于2017年12月印发《促进新一代人工智能产业发展三年行动计划（2018—2020年）》，提出了促进新一代人工智能产业发展的总体思路和原则，推动人工智能和实体经济深度融合，助力实体经济转型升级。随着政策环境的建立及优化，近几年来，我国的人工智能产业一直保持着迅猛发展的势头，在产业链建设、政策推动、行业应用、投融资发展等方面不断取得新进展。

2017年6月，中国电子信息产业发展研究院（赛迪研究院）联合人工智能领域的软硬件企业、应用企业、投资机构、高校院所等共同发起组建了"人工智能产业创新联盟"，其使命之一，就是从需求出发、从产业出发，密切联系实际，推动产学研用协同，增强我国人工智能技术创新与产业发展的能力。目前，联盟成员单位已超过300家，许多联盟成员单位在我国人工智能产业发展方面发挥了重要作用。

为了更好地服务行业、推动创新、推广应用，中国电子信息产业发展研究院（赛迪研究院）于2017年12月创办了《人工智能》杂志，旨在关注人工智能领域的全新进展，汇聚多方智慧和权威思想，促进人工智能产业健康、快速发展。《人工智能》杂志确定了主题期刊的形式，每期围绕一个主题，邀请相关行业企业的专家学者撰写高质量文章，确保每期都能成为主题领域技术与产业发展方面最新信息动态的汇集地。从实践看，这种形式获得了广泛认可，也使《人工智能》杂志的影响力日益扩大。

在此基础上，中国电子信息产业发展研究院（赛迪研究院）组织编撰了"智能之巅"丛书，以《人工智能》杂志的重点内容为基础，精选了近200位业界一线专家学者的几十篇文章，对人工智能及其重点细分领域的发展状况、发展趋势、机遇与挑战等进行分析，对产业研发、生产、应用等环节进行梳理。"智能之巅"丛书分为两册，《人工智能创新启示录：技术前沿》主要聚焦计算机视觉、智能语音语义、人工智能芯片等核心底层技术，《人工智能创新启示录：赋能产业》则深入探讨人工智能与机器人、交通、医疗等领域的融合发展。

我们希望本丛书能够更好地帮助业界相关人士了解人工智能创新发展态势，促进人工智能知识的普及、交流和提升，助力国内外人工智能产业快速、健康发展，为我国人工智能产业的创新发展贡献绵薄之力。

中国电子信息产业发展研究院（赛迪研究院）院长　张立

序

人工智能的发展可追溯至20世纪30年代，著名的人工智能先驱艾伦·马西森·图灵（Alan Mathison Turing）提出了通用机的理论，随后又提出了"智能机械""图灵测试"等概念。1956年，约翰·麦卡锡（John McCarthy）、马文·明斯基（Marvin Minsky）、克劳德·埃尔伍德·香农（Claude Elwood Shannon）、纳撒尼尔·罗切斯特（Nathaniel Rochester）等人发起的达特茅斯会议，则标志着"人工智能元年"的到来。

在经历了60余年的潮起潮落后，人工智能终于在21世纪第二个十年迎来了第三次爆发。2016年，DeepMind公司旗下的围棋程序"AlphaGo"战胜围棋世界冠军李世石这一事件，将人工智能的讨论推向了高潮。而2012年，杰弗里·欣顿（Geoffery Hinton）领导的团队利用深度学习在ImageNet挑战赛中夺冠，便已为以深度学习为代表的第三次人工智能浪潮埋下了伏笔。

算力不断提升、算法不断演进、数据不断积累，人工智能正呈现出日新月异的发展态势，并在制造、医疗、教育、交通、媒体、金融等各行各业大放异彩；人工智能创业公司的融资额屡创新高，行业独角兽不断涌现；越来越多的国家和地区争相发布人工智能发展战略，以图抢占发展制高点。

然而，在产业蓬勃发展的同时，我们亦不能忽略，在很多层面上，人工智能依然面临着诸多挑战。相对于人类智能，人工智能还仅仅处于"婴儿时期"，在认知智能、决策智能、控制智能、运动智能等方面，机器能够完成的任务，距离人类还有显著的差距，通用人工智能的梦想还遥不可及。

为了解决当前人工智能面临的各种挑战，越来越多的业界人士开始探索实现通用人工智能的方法论。理论不断进化，胶囊网络、无监督学习、联邦学习、小样本学习、强化学习、类脑计算等正快速演进；模式不断创新，人工智能与边缘计算、云计算等正加速融合；应用不断迭代，产业智能化、智能产业化正推动更多行业转型，智能经济的边界不断拓展。

全球人工智能竞争发展的大幕已经悄然拉开，我国已从国家战略层面为人工智能的发展进行了定位，将其摆在新一轮科技革命和产业变革的首要位置。本书立足全球视野，聚焦中国声音，从政产学研用金等各方视角，纵观政策、技术、产品、应用、挑战等各个方面，相信对广大读者全方位了解人工智能相关技术和应用的发展现状、未来趋势等会有所启发。

中国工程院院士　王恩东

前言

人工智能是一个较为宽泛的概念，概括而言就是通过对人的意识和思维过程的模拟，利用机器学习和数据分析方法，赋予机器类人的能力。在移动互联网、大数据、超级计算、传感网、脑科学等新理论、新技术的驱动下，人工智能加速发展，呈现出深度学习、跨界融合、人机协同、群智开放、自主操控等新特征，正在对经济发展、社会进步及国际政治等方面产生重大而深远的影响，已成为引领未来的战略性技术，是新一轮科技革命和产业变革的重要驱动力量，在带动经济高质量发展、支撑供给侧结构性改革、打造高质量的现代经济体系、促进社会进步等方面发挥着越来越重要的作用。

从世界范围来看，人工智能技术的发展主要呈现以下三大趋势。

首先，机器学习仍是当前人工智能产业的核心技术。从趋势来看，机器人控制、决策规划等与工业应用息息相关的人工智能应用技术有望在未来占据主导地位。从基础技术来看，机器学习在人工智能基础技术中占据主导地位，其中神经网络与深度学习是机器学习中增长速度最快的两个子领域。从应用技术来看，计算机视觉、自然语言处理以及语音处理是目前最为火热的三大领域，其中生物特征识别、语义分析和语音转换分别为这三大领域中技术进展更新最快的子领域。

其次，人工智能技术正逐渐从理论转向商业应用。从趋势来看，2013年之后全球的人工智能应用才进入爆发期，滞后于人工智能理论研究十余年，未来人工智能产业的焦点将逐渐由热门理论研究转向对应的商业应用。例如，热门的计算机视觉技术将催生交通产业的人工智能商业应用。从应用领域来看，以智能手机为代表的通信产业、以无人驾驶为代表的交通产业，以及以智慧医疗为代表的医疗健康产业，是目前人工智能应用最为广泛的三大产业，其中交通产业的人工智能应用呈爆发式增长。

最后，在知识产权和专利方面，人工智能发展的主导力量愈发明晰。从国别角度来看，中、美已成"双强"，两国在人工智能各个领域的专利申请数量和科技出版物数量均领先于其他国家。从产业角度来看，企业已成为人工智能发展的主力军。根据世界知识产权组织发布的《人工智能技术趋势：2019》，全球前30名专利申请人中，在企业中工作的多达26人，而在大学及研究机构中工作的只有4人。上述企业多分布于消费电子、电信、软件、电力、汽车等领域，而大学及研究机构则主要关注分布式人工智能、神经科学、机器学习等基础领域。

展望未来，人工智能技术的发展还将面临四大挑战。一是就业方面，人工智能技术可能会颠覆现有职业体系，引发失业问题，加剧社会不公平。二是安全方面，人工智能的应用安全风险将集中体现在两个具体领域，即无人驾驶汽车的系统安全漏洞、针对人工智能算法的黑客攻击。三是数据隐私和伦理道德方面，人工智能需要依赖海量数据改进算法模型，但其发展可能会对个人数据隐私构成威胁；同时，基于数据的人工智能技术可能会加剧甚至恶化不良行为，从而引发社会偏见和集体暴力。四是超级智能方面，目前各界对奇点是否将要来临存在争论，人类如何在智能时代妥善处理人与机器之间的关系尚属难题。

本书将主要从计算机视觉、智能语音语义、人工智能芯片等人工智能热点前沿技术入手，深入探讨人工智能技术的发展现状、热点和未来挑战。

编者

目 录

CHAPTER01 计算机视觉　001

1.1 计算机视觉发展概述 / 002
  1.1.1 计算机视觉的发展之路 / 002
  1.1.2 计算机视觉：让机器看懂世界 / 005

1.2 计算机视觉技术前沿 / 013
  1.2.1 从感知到认知：全面构建"视觉+"智能体系 / 013
  1.2.2 从识别到检测：视频中的人类动作理解研究 / 023
  1.2.3 基于互联网文本描述和深度对偶学习的图像分割技术 / 028
  1.2.4 基于深度学习的无人驾驶路径规划和控制 / 035
  1.2.5 从海量监控视频中提取并展示目标活动线索 / 040
  1.2.6 基于视觉的无人机地面目标自主跟踪系统 / 044
  1.2.7 视觉内容自动描述的研究进展 / 050

1.3 计算机视觉技术的应用落地发展 / 052
  1.3.1 从蜜枣网案例谈微软认知服务 / 052
  1.3.2 深度学习在医学影像分析中的应用进展 / 056
  1.3.3 计算机视觉技术助力京东无人零售店 / 061
  1.3.4 商汤科技助力中国移动在线打造移动端实名认证系统 / 064

点评 / 066

CHAPTER 02
智能语音语义

067

2.1 国内外智能语音产业的格局与趋势 / 068
- 2.1.1 智能语音技术概述 / 068
- 2.1.2 智能语音产业发展情况 / 071
- 2.1.3 智能语音应用场景及发展趋势 / 074
- 2.1.4 智能语音产业发展展望 / 075

2.2 自然语言处理与语音识别的技术前沿 / 076
- 2.2.1 文本自动摘要研究进展 / 076
- 2.2.2 深度学习时代下的机器翻译 / 085
- 2.2.3 人机对话系统综述 / 092
- 2.2.4 基于结构化知识监督的事件抽取研究 / 096
- 2.2.5 解读"人机交互"的核心技术 / 102
- 2.2.6 基于 WaveNet 的语音合成声码器研究 / 113
- 2.2.7 2017 TREC 任务赛：基于 LSTM 的问题相似度学习方法 / 117

2.3 智能语音语义技术的应用落地发展 / 121
- 2.3.1 阿里巴巴的自然语言处理技术应用与发展 / 121
- 2.3.2 从网络理论认识知识工程 / 129
- 2.3.3 利用自然语言处理技术控制金融风险 / 136

点评 / 140

CHAPTER 03
人工智能芯片

141

3.1 人工智能芯片发展概述 / 142
- 3.1.1 人工智能芯片：从历史看未来 / 142
- 3.1.2 人工智能芯片：加速智能时代发展的发动机 / 152

3.2　人工智能芯片的技术前沿与应用进展 / 160

- 3.2.1　Thinker：可重构混合神经网络计算芯片 / 160
- 3.2.2　寒武纪：智能处理器和基准测试集 / 174
- 3.2.3　端侧人工智能芯片的挑战和展望 / 180
- 3.2.4　端侧人工智能芯片构筑华为终端智慧化之路 / 185
- 3.2.5　稀疏化：神经网络计算新范式 / 189
- 3.2.6　神经形态计算发展现状与展望 / 198
- 3.2.7　英特尔 Loihi 神经拟态芯片：引领智能计算新突破 / 206
- 3.2.8　面向脑机接口的神经拟态芯片 / 215
- 3.2.9　光子神经网络——重新定义人工智能芯片 / 219
- 3.2.10　从 AIoT 的人机交互需求看人工智能芯片的落地路径 / 224
- 3.2.11　浪潮：面向多模态应用的超异构计算平台 / 230

点评 / 243

参考文献 —————————————————————— **244**

作 者 介 绍 ———————————————————— **251**

CHAPTER 01
计算机视觉

—导读—

计算机视觉是让计算机能够像人一样"看"到事物,进而进行感知、识别和理解的技术领域。根据所"看"对象的不同,计算机视觉可分为人脸识别和图像识别两大类。计算机视觉的应用领域相当广泛,人脸识别被广泛应用于门禁、考勤、身份认证、刑事侦查等领域,图像识别目前主要应用于工业视觉检测、文字识别、无人驾驶、视频结构化等领域。本章主要介绍计算机视觉的发展历史、技术前沿和应用实践情况。

1.1 计算机视觉发展概述

1.1.1 计算机视觉的发展之路

★ 关键词:计算机视觉 技术发展

★ 作 者:王生进

计算机视觉是一个相当新且发展十分迅速的研究领域,现已成为计算机科学的重要研究领域之一。计算机视觉是模拟人类视觉的人工智能技术,用机器来"看"图像、"理解"图像。长期以来,人类持续不断地试图从多个角度去了解生物视觉和神经系统的奥秘,取得的阶段性理论研究成果已经在人们的生产、生活中发挥了不可估量的作用,而计算机场景识别的发展之路才刚刚开始。今天,计算机视觉的应用已渗透到机器人、天文、地理、医学、化学、物理等宏观及微观世界的各个研究领域。有人预言,计算机视觉是实现智能机器人和第五代计算机的关键因素之一。

1. 计算机视觉的起源与发展

计算机视觉是利用电子设备生成对生物视觉模拟的一门学科。计算机视觉是研究如何让计算机能够像人类那样"看"的科学,它用摄像机和计算机代替人眼,使得计算机拥有类似于人类的那种对物体进行分割、分类、识别、跟踪、判别决策的功能。作为当前热点的研究方向,计算机视觉试图建立从图像或多维数据中获取"信息"的人工智能系统。

计算机视觉理论于 20 世纪 70 年代由戴维·马尔(David Marr)提出,其将生物视觉视作复杂的信息处理过程,并抽象出 3 个层次,分别为计算理论、算法和实现。计算理论层次主要研究计算机视觉问题的表达,即如何将计算机视觉任务抽象为数学问题;算法层次则是对照研究数学问题的求解方法;而实现层次是研究算法的物理硬件实现。马尔尤其强调信息表征和信息处理的作用,其提出的视觉计算理论对模式识别和计算机视觉研究影响深远。马尔的理论给计算机视觉的多个研究领域创造了起点,早期的计算机视觉借鉴了统计模式识别的思想。计算机视觉从其诞生之初即为综合性的学科方向,与视觉认知科学、信号处理、计算机科学等多学科密切关联;同时,计算机视觉又是人工智能的重要研究方向,伴随着人工智能的起伏,计算机视觉也经历了多个发展时期。

计算机视觉源于 20 世纪 50 年代的统计模式识别,当时的工作主要集中于二维图像分析和识别,如光学字符识别,以及工件表面、显微图片和航空图片的分析和解释等。20 世纪 60 年代,罗伯茨(Roberts)通过编写计算机程序从数字图像中提取出诸如立方体、楔形体、棱柱体等多面体的三维结构,并对物体形状及物体的空间关系进行描述。罗伯茨的研究工作开创了以理解三维场景为目的的三维计算机视觉的研究。

20 世纪 70 年代，计算机视觉的研究主要立足于从二维图像中构建三维几何结构，三维结构重建是主要的研究方向。20 世纪 70 年代中期，MIT（Massachusetts Institute of Technology，麻省理工学院）人工智能实验室正式开设了"计算机视觉"课程，由著名学者 B.K.P. 霍恩（B. K. P. Horn）教授主讲。同时，MIT 人工智能实验室吸引了国际上许多知名学者参与计算机视觉的理论、算法、系统设计的研究，马尔教授就是其中的一位。他于 1973 年应邀在 MIT 人工智能实验室领导了一个以博士生为主体的研究小组，1977 年提出了不同于"积木世界"分析方法的计算视觉理论，该理论在 20 世纪 80 年代成为计算机视觉研究领域中的一个十分重要的理论框架。到了 20 世纪 80 年代中期，计算机视觉获得了迅速发展，主动视觉理论框架、基于感知特征群的物体识别理论框架等新概念、新方法、新理论不断涌现。计算机视觉的方法论也开始在这个阶段有了一些改变，人们发现，要让计算机理解图像，不一定先要恢复物体的三维结构，而是可以将先验知识和看到的物体特征进行匹配，以实现认知。

20 世纪 90 年代，基于多视几何的视觉理论也得到了迅速发展。统计学习方法引发了一次较大的变革，支持向量机等统计学习方法在计算机视觉中广泛应用。同时，研究者们也开始关注局部特征。与颜色、形状、纹理等底层特征相比，局部特征通常具备一定的视角和光照稳定性，即不随着视角和光照的变化而变化。20 世纪 90 年代末期，一次名为"感知器（Perceptron）"的革命，带动了大数据和机器学习的蓬勃发展。进入 21 世纪后，计算机视觉与计算机图形学的相互影响日益加深，基于图像的绘制成为研究的热点。

2. 计算机视觉的广泛应用

计算机视觉的概念自提出以来，工业界便注意到了其应用价值。然而，在随后的十多年时间里，由于当时的计算机硬件水平较低，因此制约了计算机视觉技术的发展。随着 CCD（Charge Coupled Device，电荷耦合器件）在美国贝尔实验室被发明出来并逐步应用于工业相机传感器中，计算机视觉技术终于走上应用舞台，并在第一时间投入工业机器视觉系统中。20 世纪 80 年代，日本的基恩士（Keyence）及美国的康耐视（Cognex）两家公司共同引领了计算机视觉在工业机器中的发展浪潮。康耐视公司于 1982 年生产的视觉系统 DataMan，是全球第一套工业 OCR（Optical Character Recognition，光学字符识别）系统。

伴随着 GPU（Graphics Processing Unit，图形处理单元）制造业的迅速发展，以及机器学习尤其是深度学习算法的突飞猛进，计算机视觉技术呈现出豁然开朗的良好发展态势。尽管计算机视觉技术本身的发展远未达到业界所期盼的高度智能水平，但在产业应用上已出现井喷势头，涉及包括工业生产、军事、医疗、安防、智能交通、无人驾驶、虚拟现实等在内的多个社会应用领域，如图 1-1 所示。在个人消费领域，计算机视觉技术更是延伸到了传统数码产品、无人机、家用机器人等新兴电子消费品中。

图 1-1　计算机视觉用于行人检测和高级辅助驾驶系统

3. 视觉机理结合深度学习对计算机视觉的强大推动

计算机视觉进入大众视野并成为科技焦点是最近

几年的事情。深度学习这一有力工具的加入，在提高计算机视觉的大众关注度方面功不可没。

一方面，深度学习在一定程度上受到神经科学的启发，试图在大脑神经机理层面上对动物、人类进行模拟，让人们看到了真正意义上实现人工智能的曙光。当一个物体经肉眼成像后，其影像从被视神经接收，到最终被大脑识别、理解，需要经过多层神经归纳与传递。深度学习正是采用了颇为类似的自下而上传递、从敏感细节到感知全局、逐层抽象的做法，如图1-2所示，对图像在一个典型的卷积神经网络模型中不同层的特征进行可视化，能够观察到：低层特征主要响应点、边缘等细节信息，中层特征主要响应纹理、部件等较抽象信息，而高层特征主要响应类别、语义等高度抽象信息。此外，深度学习常用的卷积神经网络结构，与动物视觉神经的机理也有相似之处。

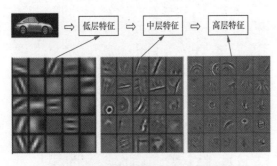

图1-2　卷积神经网络模型中图像不同层的特征

另一方面，深度学习使计算机视觉的能力水平达到了前所未有的高度。2012年，知名科学家杰弗里·辛顿（Geoffery Hinton）带领的团队采用卷积神经网络的方法，在当年的ImageNet大规模图像分类竞赛中，以绝对优势获得第一名。自此以后，在越来越多的计算机视觉细分领域中，深度学习方法的水平大幅超越传统计算机视觉方法，并仍在逐年快速攀升。

深度学习在计算机视觉中初露锋芒，吸引了学术界、工业界甚至金融界的强烈兴趣、密切关注与大量投入。近年来，计算机视觉三大顶级会议（CVPR、ICCV、ECCV）的论文中，半数以上的论文与深度学习相关；国外如苹果等科技巨头均以深度学习为主力方向牵引其在人工智能、计算机视觉方向的战略发展；国内一些科技公司也围绕深度学习打造其核心竞争力。面对这一现象，一些理智的学者、专家也发出了声音。例如，著名华人数学家朱松纯曾多次呼吁，计算机视觉研究人员在深度学习大潮的冲击下，应保持"正本清源"。被誉为"深度学习教父"的辛顿也对深度学习广泛采用的反向传播方法提出了怀疑，认为深度学习存在"推倒重来"的可能。深度学习与计算机视觉仍面临着无数的未知与巨大的挑战，有待学术界和工业界协力探索。

4.计算机视觉的发展和研究方向

进入21世纪后，大规模数据集的出现和计算机硬件的发展，为基于大数据的计算机视觉研究提供了平台支撑，直至2010年以后深度学习的爆发。Yann LeCun（杨立昆）提出的卷积神经网络、辛顿在*Science*上发表的深度神经网络训练方法等为深度学习的发展打下了基础。

计算机视觉是人工智能及机器人科学中颇为活跃和卓有成效的前沿领域。计算机视觉的终极目标，是使机器视觉能够像人类视觉一样，具有智能的视觉感知和认知能力，包括实现复杂目标的识别、丰富场景的理解，甚至人类感情流露的察觉。同时，还希望能够将语言与计算机视觉相结合，将视觉的结果加以表达，或完成某项指定的任务，如图1-3所示。截至2018年，人脸识别权威测试库LFW（Labled Faces in the Wild）的准确率已经达到99.8%，超过了人类97%的准确率；ImageNet的目标检测准确率超过66%。2017—2019年，在国际计算机视觉两大顶级会议上发表的论文，在五大前沿领域都有了令人赞叹的新进展，包括低中层视觉、图像描述生成、三维视觉、计算机视觉与机器学习理论、弱监督下的图像识别等。CVPR 2019和ICCV 2019上发表的论文和专家报告表明，自然场景理解和与语言结合的计算机视觉，将是今后一个时期计算机视觉研究的发展方向和进一步研究的挑战性课题。自然场景理解和与语言结

图1-3 人脸检测结果（左）和图像语义描述（右）

合的计算机视觉，将搭建起一座跨越人类和机器之间鸿沟的桥梁，方便人与机器之间的交流，为人机和谐的机器系统奠定良好的技术基础。

1981年，出生于加拿大的美国神经生物学家戴维·休布尔（David Hubel）和托尔斯滕·威塞尔（Torsten Wiesel），以及罗杰·斯佩里（Roger Sperry）获得了诺贝尔生理学或医学奖。休布尔和威塞尔的主要贡献是"发现了视觉系统的信息处理"——可视皮层是分级的。这个发现，促成了计算机视觉技术在几十年后的突破性发展——从低级的V1区提取边缘特征，到V2区提取形状或者目标的部分等，再到更高层的提取整个目标以及目标的行为等。高层特征是低层特征的组合，从低层到高层的特征表示越来越抽象，语义或意图表现越来越明显。当前深度学习中的深度神经网络就是基于上述机理发展而来的。因此，新的视觉机理和生理结构的发现，将对计算机视觉的发展起到重要作用。

未来计算机视觉研究的重点，将包括（但不限于）以下几个方向：

· 人类视觉机理研究；
· 自然场景理解研究；
· 三维图像重建研究；
· 视频图像理解研究；
· 基于视觉的情感理解研究。

当前计算机视觉领域的研究尚处于发展阶段，在大多数应用场合，计算机视觉与人的视觉相比仍处在较低水平。未来计算机视觉研究的突破性进展，依赖于人对自身视觉机理的深入探索。未来计算机视觉将在工业、交通、遥感、天文气象、医学及军事学等领域有极大的应用前景。

1.1.2　计算机视觉：让机器看懂世界

★ 关键词：计算机视觉　产业链　国内外发展
★ 作　者：温晓君　王茜　冯晓辉

随着人工智能产业的不断成熟和应用场景的不断扩展，计算机视觉的优势逐渐凸显。凭借其对解放劳动力和提高工业、生活效率的作用，市场需求也将随之增加，未来计算机视觉将逐步渗透到人们的日常生活中。工业制造领域或将成为计算机视觉最广阔的应用蓝海。

1.计算机视觉概述

（1）计算机视觉的内涵

计算机视觉是指用计算机来模拟人的视觉系统，实现物体识别、形状方位确认、运动判断等功能，以适应、理解外界环境和控制自身运动的技术。简言之，计算机视觉是旨在研究如何使机器"看"的科学，是人类视觉在机器上的延伸。计算机视觉综合了光学、机械、电子、计算机软硬件等方面的技术，涉及计算机、图像处理、模式识别、人工智能、信号处理、光机电一体化等多个领域。在深度学习算法的助力下，计算机视觉技术的性能取得了极大提升，成为人工智能的基础应用技术之一，是实现自动化、智能化的必要手段。

计算机视觉技术承自图像处理、机器视觉（Machine Vision）等技术，但三者又有所不同。图像处理是基于数字图像的基本特征对图像进行处理的技术。机器视觉是用机器视觉产品代替人眼进行目标形态信息测量判断的技术。与图像处理相比，计算机视觉往往包含图像处理过程，并增加了模式识别等功能；与机器视觉侧重精确的几何测量计算相比，计算机视觉更侧重于感知和识别。

（2）计算机视觉的技术体系

计算机视觉的关键技术可依据图像处理流程，分为图像处理技术、图像特征提取技术和图像识别判断技术，如图1-4所示。

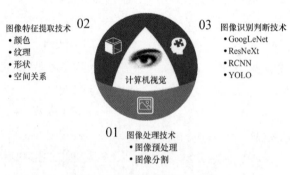

图1-4　计算机视觉的技术体系

图像处理技术是基于数字图像的基本特征对图像进行处理的技术。图像处理一般包括图像预处理和图像分割：图像预处理包括平滑去噪、标准化配准、缺失值/异常值处理等；图像分割是将目标与背景分隔开来，方法包含灰度分割、专家经验分割、统计分布分割等。图像处理的目的是去除不相关信息，将目标从背景中提取出来。图像处理的作用在于加速训练进程、增加模型的稳定性，从而提高识别准确率。图像处理技术的关键在于动态复杂场景中背景模型的建立、保持与更新。当背景发生动态变化或被遮挡时，检测难度会大大增加。

图像特征提取技术是从图像中提取一组能够反映图像特性的基本元素或数值来描述原图像。特征提取是计算机视觉中较为初级的运算，其用映射方法将高维空间的原始低层特征变换为低维空间的高层新特征，从而有利于分类。可提取的特征包括颜色、纹理、形状、空间关系等。不同的特征有不同的提取方法，颜色特征的提取方法有颜色直方图、颜色聚合向量等；纹理特征的提取方法有统计法、信号处理法等；形状特征的提取方法有便捷特征法、傅里叶形状描述符法等；空间关系特征的提取方法有图像分割等。

图像识别判断技术是结合预测模型实现目标辨认、分类与解释的技术。当前，图像识别判断技术主要基于深度学习算法，后者是通过一系列多层的非线性变换对数据进行抽象的算法，用于模拟数据之间的复杂关系。计算机视觉领域主要的深度学习架构有GoogLeNet、ResNeXt、RCNN、YOLO等。图像识别判断技术依识别种类可细分为生物特征识别技术、光学字符识别技术、物体与场景识别技术和视频对象提取与分析技术等。

（3）计算机视觉的产业链构成

计算机视觉产业链包含基础支撑层、技术提供层和场景应用层3个环节，如图1-5所示。

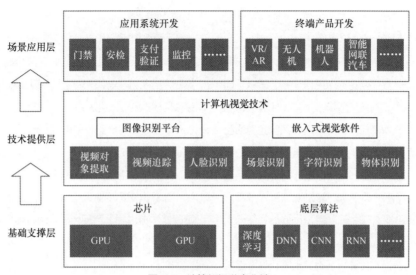

图 1-5 计算机视觉产业链
（资料来源：赛迪智库整理，2017 年 10 月）

基础支撑层包括芯片和底层算法两部分。芯片主要为处理数据、运行算法提供运算能力，是计算机视觉产业链后续环节的基础。定制化的视觉处理芯片能以较低的功耗带来优秀的图形处理能力，是计算机视觉技术性能的决定性因素之一。底层算法主要是人工智能的各类深度学习算法，可使计算机通过训练自主建立识别逻辑，大幅提升图像识别准确率。目前，用于计算机视觉的高性能芯片主要由英特尔、英伟达和 AMD 等厂商把持，国内外差距很大。底层算法库主要由微软等厂商垄断；国内的百度、阿里巴巴、腾讯等互联网公司主要致力于提供开源的深度学习平台。

技术提供层包括图像识别平台和嵌入式视觉软件两类。图像识别平台可直接提供应用服务，主要从大量信息和数据出发，在已有认识的基础上自动识别；嵌入式视觉软件则需要集成在硬件终端中使用，利用数字处理和智能算法理解图像和视频。具体的计算机视觉技术包含视频对象提取、视频追踪、人脸识别、场景识别、字符识别、物体识别等。目前，计算机视觉技术在科技巨头、技术型创业公司等的推动下蓬勃发展，但尚未形成成熟的产业格局，国内外众多创业公司有较大的发展机遇。

场景应用层包含应用系统开发和终端产品开发两类。与技术提供层的图像识别平台和嵌入式视觉软件相对应，计算机视觉的产品形式可依据应用场景的具体需求采用软硬一体化的终端产品形式。计算机视觉的应用范围十分广泛，可用于智能安防、智慧交通、娱乐营销、智能制造、医疗诊断等领域，还可集成于 VR/AR、无人机、机器人、智能网联汽车等诸多终端产品中。目前，计算机视觉技术的应用仍处于起步阶段，该环节存在大量创业公司，他们致力于积极开拓产品线，将计算机视觉应用在工业制造和消费服务两大领域，未来必将开拓出广阔的发展空间。

2.国内外计算机视觉产业发展现状

（1）国外计算机视觉产业发展情况

① 发展特点

国外大型科技公司加强计算机视觉技术自主研发，广泛应用于自身产品升级。谷歌打造结合计算机视觉等多项技术的"黑科技"，提供智能识别搜索；微软研究院"牛津计划"开放 API 为开发者提供认知服务；苹果基于 iOS 和 macOS 提供照片管理应用；IBM 打造 Watson 技术平台；脸书搭建两大实验室专注于基础研究与产品应用,并与谷歌、VisionLabs 公司合作推出通用计算机视觉开源平台。

并购重组成为整合产业链上下游与加速产业布局的重要方式。国外互联网企业以图像识别、建模公司为并购或合作对象,整合产业链上下游,加强计算机视觉技术在重要领域的应用。亚马逊收购以色列顶级计算机视觉团队用于无人机领域;谷歌收购初创公司 Moodstocks、视觉追踪技术创业公司 Eyefluence 进军 VR 领域;英特尔先后收购计算机视觉技术开发公司 Itseez、计算机视觉芯片开发商 Movidius,在无人驾驶、核心芯片领域抢占先机。

国外知名高校设立计算机视觉实验室,高度重视相关技术研发。美国斯坦福大学、麻省理工学院以及加州大学伯克利分校等著名高校专门设立计算机视觉实验室。美国斯坦福大学的计算机视觉实验室以计算机视觉和人类视觉为重点研究分支,在计算机视觉方面重点突破目标识别、人类运动识别、材料识别等智能算法;加州大学伯克利分校的视觉团队以对象、人类和活动的识别为重点研究方向。

② 产业链各环节重点企业

计算机视觉产业链可以分为上游的基础支撑、中游的技术提供和下游的场景应用,基于此,国外计算机视觉产业链各环节重点企业可以归纳为表 1-1。

表 1-1　国外计算机视觉产业链各环节重点企业

产业链环节		主要企业代表
基础支撑	灯源	CCS、Ai
	镜头	VST、Opto、Computer、FUJINON、KOWA、施耐德
	工业相机	VC、JAI、Baumer、Basler、AVT、Imaging Source、Point Grey、东芝
	图像采集卡	Matrox、SVS、Camera Link、Teledyne DALSA、Eursys
技术提供	图像处理软件	Eursys、康耐视、基恩士
	可视化搜索	Clarifai、微软
	视觉智能技术	Madbits
	图像识别	雅虎、Pinterest、ViSenze、脸书
	人脸识别	苹果、Identix、Cognitec
场景应用	无人驾驶	英特尔、谷歌、特斯拉、Uber
	无人机	亚马逊、3D Robotics、Parrot
	虚拟现实	谷歌、三星、HTC、索尼

(资料来源:赛迪智库整理,2019 年 10 月)

(2)国内计算机视觉产业发展情况

① 发展特点

国内计算机视觉的优势以下游应用为主。计算机视觉产业链上游的软件开发和芯片设计环节的核心技术长期被国外垄断,我国的主要优势则集中于下游应用领域。数据显示,2015 年我国计算机视觉应用的三大领域为:半导体与电子制造、汽车和制药,其占比分别为 46.4%、10.9%、9.7%。随着消费升级催生出更丰富的应用场景,无人驾驶、娱乐营销、医疗诊断的应用需求日益攀升。

国内创业热度高涨,明星创业团队不断涌现。国内进入计算机视觉领域的公司数量在 2011 年后显著增加,2011—2015 年平均每年增加的公司数超过 10 个(见图 1-6),特别是涌现出了一批以依图科技、商汤科技、旷视科技、云从科技和格灵深瞳等为首的创业公司,其技术团队核心成员大多拥有前述工业界及学术界知名机构的研究经验。在我国人工智能细分领域企业数量分布统计情况中,计算机视觉与图像领域企业有146家,排名第一。排名第二、第三的分别为智能机器人企业(125家)和自然语言处理企业(92家)。

计算机视觉与图像领域融资金额领跑。截至2017年6月30日,我国人工智能融资金额为635亿元。其中,计算机视觉与图像领域融资金额为158.3亿元,融资金额最多;自然语言处理领域融资金额为122.36亿元,排名第二;排名第三的是无人驾驶/辅助驾驶领域,融资金额为107.15亿元。

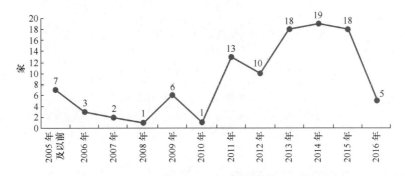

图1-6　1997—2016年我国新成立的计算机视觉公司数量
(资料来源:36氪)

人脸识别成为竞争的热点,未来应用场景仍待深入。人脸识别是计算机视觉领域的竞争热点,2016年我国计算机视觉领域排名前五的公司全部以人脸识别为核心业务,而且均获得过A轮及以上融资。金融、安防领域的人脸识别均为重点布局场景,如旷视科技主攻人脸识别,为阿里巴巴旗下支付宝等金融平台提供面部扫描系统。未来,机器人视觉、无人机视觉也将成为人脸识别的重要布局领域。因此,可以说,我国的视觉识别技术探索应用虽处于初期阶段,但未来仍有广阔的应用发展空间。

② 产业链各环节重点企业

按产业链各环节划分,我国计算机视觉重点企业可以归纳为表1-2。

表1-2　我国计算机视觉产业链各环节重点企业

产业链环节		主要企业代表(部分为企业App名称)
基础支撑	灯源	奥普光电、大恒图像、上海纬朗光电、科视、康视达、东莞乐视等
	镜头	浩蓝光电、迈特光学、奥光电、大恒图像等
	工业相机	嘉恒中自、微视图像、大恒图像、方城光电、奥普特、维视图像等
	图像采集卡	大恒图像、维视图像、凌云电子、天敏、佳的美、品尼高、美如画、康能普视、朗视等
技术提供	图像处理软件	微视图像、方千光电、凌华科技、苏州德创、大恒图像、凌云电子、三宝兴业、维视图像、信捷、深ж达、超音速、深圳策维
	人脸识别	旷视科技、格灵深瞳、阅面科技、云从科技、千搜科技、Linkface、云天励飞
	光学字符识别	合合信息、云脉、拍医拍、懒得记、拍发票、易诊App
	物体与场景识别	码隆科技、DeepCare(羽医甘蓝)、搜鞋客、酒咔嚓App

续表

产业链环节		主要企业代表（部分为企业 App 名称）
场景应用	金融	依图科技、格灵深瞳、商汤科技、旷视科技、云从科技
	安防	海康威视、浙江大华、依图科技、格灵深瞳、商汤科技、旷视科技、云从科技
	无人驾驶	格灵深瞳、百度
	智慧家电	地平线机器人、美的、海尔
	医疗	格灵深瞳
	娱乐营销	衣+、美图、玛隆科技、Viscovery
	工业检测	图麟科技
	互联网应用	依图科技、商汤科技、旷视科技、Viscovery、图普科技

（资料来源：赛迪智库整理，2019 年 10 月）

3.计算机视觉技术的应用现状及趋势分析

（1）计算机视觉为智能安防保驾护航

计算机视觉在安防领域的应用主要有静态图像识别和动态图像识别。静态图像识别主要是指人脸识别、指纹识别、虹膜识别等生物特征识别，具有安全可靠、高效便捷、易于大量处理等特点，可用于身份鉴定、工作考勤、访客管理、公共场所安检等场景。动态图像识别主要是指视频识别、行为识别等视频对象提取与分析，可用于视频监控、疑犯追踪、人流分析、防暴预警等场景。

计算机视觉技术在智能安防领域的应用也存在一些问题和瓶颈。一是生物特征识别技术不够完善，指纹识别易用性高但安全性不足且易受影响，人脸识别和虹膜识别安全性很高但技术不成熟，受光线、遮挡等因素的影响仍然较大。二是市场处于初步探索阶段，产业细分程度不足，各领域的区分较为模糊。三是信息安全问题凸显，个人信息泄露是最大隐患。

生物特征识别技术将成为智能安防的核心技术，其中，指纹识别的市场份额呈现下降趋势，人脸识别将逐步成为主流的选择。基于生物特征识别技术的智能视频监控和智能视频检索将成为智能安防领域的两大热门方向，可通过不间断的海量监控信息，分析预测潜在的安防危险事件。当前我国的安防产业已进入建设高峰期，预计各细分领域未来 5 年的市场需求将有 20%～80% 的增速，总体年增长率将保持在 20% 以上。基于计算机视觉技术的智能安防将在商业、金融、工厂、学校、住宅、交通、监狱等领域或场景中得到广泛应用。

（2）计算机视觉将在智慧交通领域加速推广普及

计算机视觉技术在智慧交通与智能网联汽车领域的应用潜力巨大，可用于交通管理、辅助驾驶等方面。视频对象提取与分析技术可用于车牌识别、非法停车检测、车辆违章抓拍、疲劳驾驶识别、车流分析预测等场景。物体与场景识别技术是机器感知周围环境的基础技术，可协助汽车采集环境和地标数据、监测车道和道路、识别交通信号、监测车辆和行人目标等。

计算机视觉技术在智慧交通领域应用的问题和瓶颈在于：一是技术性能及成熟度不够，物体与场景识别技术仍处于早期发展阶段，产业化整体水平无法满足智慧化交通管理和高级别无人驾驶的需求；二是相关产品造价较高，阻碍了计算机视觉技术的推广应用；三是国内企业起步晚，主要集中于应用层面，底层关键技术储备薄弱；四是资源在产业间的跨界整合不到位，尚未形成完整的生态系统。

随着物体与场景识别、视频对象提取与分析等技术不断成熟，计算机视觉技术将在智慧交通及智能网联汽车领域加速推广普及，在车辆违章管理、交通事故监测、交通状况预测、高级别无人驾驶等方面得到应用。计算机视觉属于技术高度密集的产业，用户倾向于选择完整的产品服务，"软硬件+服务""本地+云端"的整体解决方案模式将成为主流。

（3）计算机视觉进入娱乐营销领域，市场空间广阔

计算机视觉技术在娱乐营销领域的应用包括边看边买、图搜索（智能识别贴图应用）、智能植入广告、门店用户画像和人像美图等。其中，图搜索和人像美图受关注度较高。数据显示，2017年上半年网民对计算机视觉行业的整体了解程度还不深，但智能识别贴图应用以63.8%的了解比例位列各领域之首，网民对其余领域的了解比例均未超过五成。目前的应用案例见表1-3。

表1-3 计算机视觉技术在娱乐营销领域的应用分类

应用名称	应用内容	代表企业/案例
边看边买	用户在观看视频的同时，可以由客户端自动识别出视频中出现的明星同款或相关商品供用户进行购买	优酷、华数等视频厂商搭载了Yi+的"边看边买"技术，实现了用户在观看视频的同时，直接购买中意的商品
图搜索	用户在电商平台用图片而非语言描述搜索相关商品。图搜索也经常用于蘑菇街搜索引擎	淘宝、天猫、京东、银泰、美丽说、蘑菇街
智能植入广告	通过智能分析视频内容，投放应景广告。广告以贴画图片形式在相关场景中出现，广告植入不会显得太过突兀，与场景融为一体	视频厂商中的优酷；电视厂商中的小米；手机厂商中的华为；其他平台如微博、360识图
门店用户画像	通过视觉识别技术，计算机可对线下客群进行实时标注，包括年龄、身高、性别等个人特征信息，以及区域、通道和留滞时间等购买偏好、用户行为信息	以旷视科技公司为代表的视觉识别公司已与国内零售、快餐等服务行业展开合作，为企业提供客流分析
人像美图	视频自动识别五官等人脸特征进行相关特征更改，可用于人像一键美妆、增添饰品、动态贴图美化、电影后期处理	商汤科技公司与Faceu合作，将计算机视觉识别人脸关键点技术应用于Faceu中，此软件发布不久就受到用户热捧

（资料来源：赛迪智库整理，2019年10月）

计算机视觉进入娱乐营销领域，应用不断突破，市场空间广阔。未来，基于视频图像的分析技术可以以广告形式与客户需求进行更精准的匹配，在视频中精准植入广告，提升转化率。即通过视频识别，对识别对象、物品建立判断标签，而后根据标签内容进行商品个性化推荐，计算机视觉技术的应用可期。

（4）计算机视觉被广泛应用于工业制造领域

机器视觉被称为"工业自动化之眼"，计算机视觉在工业自动化领域的应用被称为"机器视觉"。通过将计算机的高速性、可重复性与人眼视觉的高度智能化及抽象能力相结合，计算机视觉大幅提高了生产的柔性化和自动化水平，因此被广泛应用于工业制造领域。

图1-7所示为2014—2018年全球机器视觉市场规模。

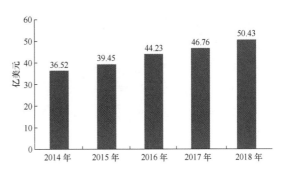

图1-7 2014—2018年全球机器视觉市场规模

（资料来源：格灵深瞳）

半导体与电子制造是计算机视觉技术在工业领域最大的应用市场。半导体与电子制造品质要求高、迭代更新快，催生了视觉检测需求，成为计算机视觉技术最大的下游应用市场，应用于电子元件制造、集成电路制造、元器件成型、电子工模具等设备生产过程中的精密定位（引导）、检测、测量、读码四大方面。

视觉定位广泛应用于电子制造领域，为高精度装配操作和其他制造流程校准元件，视觉检测在电子元件中的应用大大提升了产品性能和生产效率。计算机视觉技术有效提高了工业在线测量的连续性和精准度，同时也显著提升了生产效率和产品质量。工业制造领域或将成为计算机视觉技术最广阔的应用蓝海。

（5）计算机视觉提升医学领域的智能化水平

计算机视觉技术应用在医疗影像诊断器械上，可提高检测效率与精确度。计算机视觉技术的应用可以高效完成对图像信息的采集、存储、管理、处理和传输，在图像资料的管理和利用方面实现质的提升。计算机视觉将图像采集卡、摄像头、算法软件等与各种医疗影像设备配套起来，帮助医生更快、更清晰地掌握患者的情况。成像结果分辨率高的特点将促使检测过程具有测温精确、快速等优势。

国内外的医学影像公司正助推计算机视觉在医疗领域的应用。DeepCare、推想科技、雅森科技等公司将计算机视觉中的图像识别技术应用于医学影像，提升医学领域的智能判断水平；Enlitic、推想科技等公司基于大量的电子病历，实现对医学影像的诊断分析，帮助医生提升影像诊断效率；Arterys、雅森科技等公司着眼于对医学影像数据本身的解读，帮助医生提高影像诊断的精准度。

随着人们对慢性疾病预防的日渐重视，全球的影像诊断设备市场规模不断增长（见图1-8）。我国的医疗器械市场规模位居世界第三，且医疗影像诊断设备在医疗器械细分市场中规模最大。国内外影像诊断设备的市场规模基础将为计算机视觉技术在医疗领域的应用提供重要支撑，为其带来广泛应用。

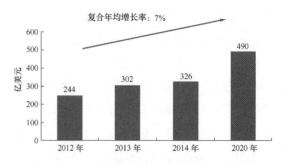

图1-8　2012—2020年全球影像诊断设备市场规模
（资料来源：中国产业信息网）

4.展望与建议

（1）发展展望

随着计算机视觉技术的发展，其行业应用场景和范围将进一步扩大，这将极大地解放劳动力并提升生产、生活效率，市场成长潜力巨大。

① B端业务优先，C端业务发展

相对于C端（消费类用户），B端（商业用户）尤其是生产密集型企业对于计算机视觉具有更清晰的应用场景认知和更迫切的应用需求。从B端入手，计算机视觉产业更容易形成量产，并通过应用体验传播为大众普及奠定基础，进而向C端市场传导。目前一些商家正着力于布局工业、农业领域的计算机视觉应用，其中一些大规模作业过程并不像电商、安保监控那样对精度需求很高，有望成为计算机视觉继商业和交通应用之后的下一个应用热点。

② 物联网感知的前端智能化成为大势所趋

一些物联网应用场景具备很高的实时响应要求。例如，在安防领域，人脸分析算法智能安防摄像机使前端设备成为数据采集设备和DPU（Data Processing Unit，数据处理单元）的合体，既提升了图像实时处理速度，又可以处理云端难以解决的弱光、暗光等图像问题，提高监控效率。随着计算机视觉技术的进步，更多的物联网前端智能化产品将不断出现。

③ 软硬一体化的解决方案更具竞争力

人脸检测是计算机视觉领域发展最成熟、进入企业最多的一个领域。一些企业仅以视觉计算软件提供简单场景的人脸检测服务，由于技术壁垒较弱，导致竞争激烈，难以生存。计算机视觉技术的引爆点在于能解决复杂应用场景的识别问题，例如基于人脸检测的客流分析、基于机器人或智慧家电的视觉系统等。对于此类解决方案，单一的软件技术无法契合用户需求，用户更倾向于选择完善的、打包好的产品，从而避免使用时还需学习相关知识，浪费时间和精力。因此，高集成度、软硬一体化的解决方案在未来更具竞争力。

④ 优质场景数据的掌握和挖掘是关键

数据是计算机视觉公司发展的生命线。掌握大量连续不断优质场景的数据以及先进的数据价值挖掘技术，将对企业商业模式、数据模式的发展产生协同倍增效应。美国医疗影像识别领域的大量训练数据和图像被谷歌和脸书所垄断，小型计算机视觉创业公司发展严重受限。未来，计算机视觉创业公司的发展，或通过自有平台获取数据，或选择与拥有数据源的大公司进行合作，同时须选择一个具体场景进行商业落地，从而实现快速的数据循环。

⑤ 对机器认知机理的深入了解有望带来飞跃

计算机视觉的经典方法是运用神经网络，即深度学习的方式。由于机器认知事物的规则需要被预先设定，而这种设定不能被穷举，因此错误不可避免。目前的神经网络系统中虚拟神经元处理信息并互相连接的运行方式对于人类来说还属于黑匣操作。只有深入了解机器神经网络每一层的机理和每一次逻辑推算的方式，才能确保机器的行为具有可预测性。届时，包括计算机视觉在内的人工智能技术将会迎来一次质的飞跃。

（2）促进我国计算机视觉产业发展的措施与建议

① 强化原始创新，增强技术产品源头供给

围绕未来长期的国家战略以及行业和民生应用需求，寻求在人工智能、计算机视觉基础前沿理论、底层软硬件平台与架构、核心制造工艺、关键零部件配套等领域形成变革性突破，强化创新源头储备。

② 壮大创新主体，培育计算机视觉创业独角兽

鼓励计算机视觉相关创业企业、创业团队与国内外顶尖高校实验室、科研机构和独立技术团队以入股、收购等方式深度绑定，形成完善的产学研组织体系，加速成果转化。培育形成一批核心技术能力突出、集成创新能力强、引领技术演进和产业生态发展的独角兽企业，以个体优势形成群体突破。

③ 建设一批支撑高水平创新的基础设施和公共服务平台

在计算机视觉领域建设一批具有国际水平、突出产业交叉融合和协同创新的国家工程实验室。加快建设和利用好超算中心、云计算中心等信息基础设施，形成基于大数据的先进信息网络支撑体系。引导社会资本加快科技服务和产业服务公共平台建设，提供共性技术研发设计、中试熟化、检验检测认证、创业孵化、知识产权交易等各类服务。

④ 推进重点行业领域试点示范应用

瞄准行业、民生、公益应用需求，加快计算机视觉技术和解决方案的应用。鼓励地方、企业组织实施应用示范项目，探索可推广、可复制的应用模式和商业模式，总结优秀案例和发展经验并宣传推广。

1.2 计算机视觉技术前沿

1.2.1 从感知到认知：全面构建"视觉+"智能体系

★ 关键词：计算机视觉　感知视觉　认知视觉

★ 作　者：苏舟　胡平　蔡东琪　王山东　姚安邦　郭怡文　李建国　侯宇清　陈玉荣

人工智能的发展包含了人们对于未来人工智能太多的渴望和诉求。一直以来，自动捕捉、识别乃至理解人类的情感，都是人工智能领域中一项意义非凡却极具挑战的技术。而如今，情感识别在机器人、动画

制作、在线教育、精神疾病诊治等领域有着广阔的应用前景。同时，深度学习技术的崛起更是推动着计算机视觉实现从感知到认知的跨越式发展。

2017年7月26日，在计算机视觉顶级会议CVPR 2017上，ImageNet大规模视觉识别挑战赛正式宣布结束。这标志着一个时代的终结：图像识别的错误率已经降低到2.3%，远低于人类的5.1%。但这同时也意味着一个新时代的开启：计算机视觉的重点将由感知转向认知，更加侧重对视觉内容的学习和理解。

目前，英特尔中国研究院正全面在视觉认知计算领域发力，从二维/三维人脸分析与情感识别合成、深度网络结构设计和压缩、视觉内容解析与多模态分析三个方向，构建一个以视觉为中心的智能体系。

1. 二维/三维人脸分析与情感识别

基于多年研究，英特尔中国研究院开发了一整套领先的二维人脸分析技术，包括人脸检测跟踪、人脸关键点检测跟踪、人脸识别，以及人的表情、性别、年龄识别等。这套技术具有十余项自主知识产权，并被成功地应用到英特尔的硬件（英特尔集成显卡）、软件（英特尔实感技术SDK）、应用（视频实时美颜）以及解决方案（物联网视频分析端到端解决方案）中，帮助提升英特尔架构的用户体验。

2. 自然场景下的聚合监督情感识别算法

Gartner曾预测，情感分析作为一个分裂性的消费市场将在未来5～10年成熟，且市场规模将高达320亿美元。数据、算法和计算能力的繁荣发展与融合点燃了人工智能，催生了深度学习技术的迅速崛起，奠定了深度卷积神经网络在诸多计算机视觉任务中的统治地位。经过多年发展，深度卷积神经网络在情感识别方面已经获得了全面领先的性能。

然而，在情感识别领域，绝大多数的方法依然是将时下主流的深度卷积神经网络直接迁移到情感识别的任务中。神经网络结构的加宽加深，可以有效提高识别的准确率，但由于只引入了输出层的监督信号，因此模型的训练效率受到很大限制。

英特尔中国研究院提出了SSE（Supervised Scoring Ensemble，监督分数集成）深度卷积神经网络，使用了两个独特设计：聚合监督信号的引入和分数连接结构，将识别准确率提高到60.34%，超过了目前所有的公开结果。聚合监督表情识别模型如图1-9所示。

首先，在网络的浅层、中间层和深层设计中，英

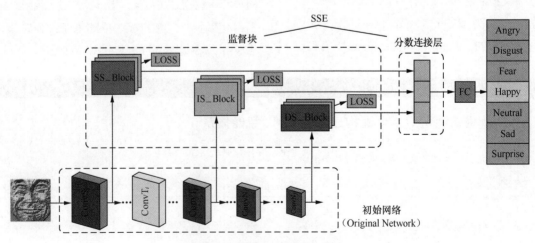

图1-9 聚合监督表情识别模型

特尔中国研究院设计了监督块（见图1-10），分别命名为SS_Block、IS_Block、DS_Block，将监督信号引入除输出层外的隐藏层。

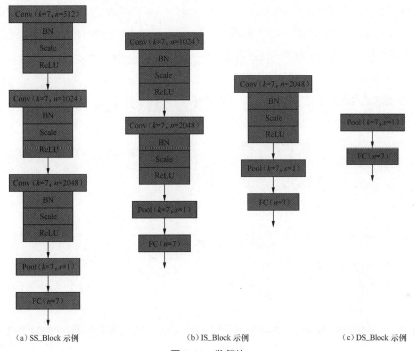

（a）SS_Block 示例　　（b）IS_Block 示例　　（c）DS_Block 示例

图 1-10　监督块

其次，设计了分数连接层（见图1-11），将不同监督块的预测概率进行概率分数的融合，使监督信号能有效地在不同的块中发挥作用。

至此，SSE 深度卷积神经网络——一种高精度的深度卷积神经网络情感识别解决方案诞生了。相关论文发表在 2017 年度的 ACM ICMI 国际会议上，与论文相关的源代码也在逐步开源中。

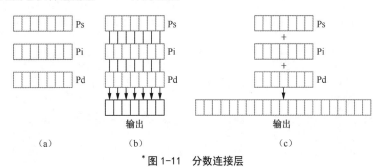

（a）　　　　（b）　　　　　　　（c）

* 图 1-11　分数连接层

3.渐进式网络量化模型

英特尔中国研究院提出了一种名为 INQ（Incremental Network Quantization，渐进式网络量化）的神经网络无损低比特量化技术。给定任意结构的全精度浮点神经网络模型（如 AlexNet、VGGNet、GoogLeNet 和 ResNet），INQ 技术能高效地将其转换成无损的低比特二进制模型，从而很好地解决现有神经网络量化压缩方法的不足，为深度神经网络在定制化硬件上的部署、加速等开辟新途径。

注：本书中带 * 的图、表详见彩色版。

研究人员此前已经提出了很多神经网络量化压缩方法，但现有方法存在两方面的应用瓶颈：其一，来自量化压缩过程的模型精度损失依然不可忽视，在一定程度上限制了量化后模型的使用接受程度；其二，大多数量化压缩方法仅适用于处理特定的模型结构或者特定类别的层，在一定程度上限制了方法的泛化能力和量化压缩的性能。

英特尔中国研究院提出的 INQ 技术，极其有效地解决了现有方法泛化能力不足、模型精度损失明显，以及重训练时间长等问题。

INQ 技术提出了渐进式神经网络量化的思想，其核心是引入参数分组、量化和重训练这 3 种操作。首先，将全精度浮点神经网络模型中的每一层参数分为两组，第一组中的参数将被直接量化并固定，而另一组中的参数将通过重训练以补偿量化给模型造成的精度损失。然后，上述 3 种操作将依次迭代应用到完成重训练后的全精度浮点参数部分，直到模型完全量化为止，如图 1-12 所示。通过巧妙耦合参数分组、量化和重训练操作，INQ 技术降低了模型量化造成的性能损失，从而在实际应用中适用于任意结构的神经网络模型。

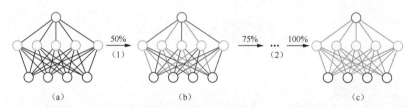

*图 1-12　INQ 技术（绿线代表当前已经被量化的网络连接；蓝线代表需要重新训练的网络连接）

值得一提的是，INQ 技术还包含另外两个亮点。其一，在模型量化过程中，所有参数被限制成二进制表示，并包含零值，极限量化的结果即为三值网络或二值网络。这种量化使得最后的模型非常适合在硬件上部署和加速。比如在 FPGA（Field Programmable Gate Array，现场可编程门阵列）上，复杂的全精度浮点乘法运算将被直接替换为简单的移位操作。其二，现有神经网络量化压缩方法在处理二值网络或三值网络时，为了让模型精度损失不至于太大，往往将模型的第一层和最后一层参数依然保留为全精度浮点型，在对模型的所有参数进行量化的同时，实现了性能的全面领先。图 1-13 所示为 INQ 技术示例。

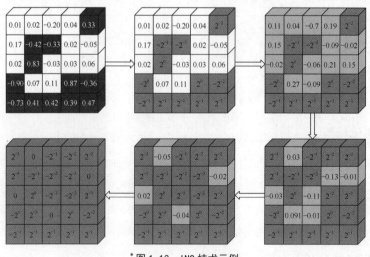

*图 1-13　INQ 技术示例

第一行：依次为参数分组、量化与重训练。

第二行：迭代过程（绿色区域代表当前已经被量化的网络参数；浅紫色区域代表需要重训练的网络参数）。

基于业界具有挑战性的 ImageNet 图像分类任务，英特尔中国研究院的研究人员给出了一系列令人激动的实验应用与结果，具体见表 1-4 至表 1-6。

表 1-4 固定比特长度、参数二进制化的神经网络模型性能

模型	比特长度（bit）	Top1 错误率	Top5 错误率	Top1/Top5 错误率降低百分比
AlexNet ref	32	42.76%	19.77%	0.15%/0.23%
AlexNet	5	42.61%	19.54%	
VGGNet-16 ref	32	31.46%	11.35%	2.28%/1.65%
VGGNet-16	5	29.18%	9.70%	
GoogLeNet ref	32	31.11%	10.97%	0.13%/0.25%
GoogLeNet	5	30.98%	10.72%	
ResNet-18 ref	32	31.73%	11.31%	0.71%/0.41%
ResNet-18	5	31.02%	10.90%	
ResNet-50 ref	32	26.78%	8.76%	1.59%/1.21%
ResNet-50	5	25.19%	7.55%	

表 1-5 不同比特长度、参数二进制化的神经网络模型性能

模型	比特长度（bit）	Top1 错误率	Top5 错误率
ResNet-18 ref	32	31.73%	11.31%
INQ	5	31.02%	10.90%
INQ	4	31.11%	10.99%
INQ	3	31.92%	11.64%
INQ	2(三值)	33.98%	12.87%

表 1-6 二值、三值神经网络模型性能比较

模型	比特长度（bit）	Top1 错误率	Top5 错误率
BWN(Rastegari et al.，2016)	1	39.20%	17.00%
TWN（Li & Liu, 2016）	1(三值)	38.20%	15.80%
INQ（英特尔中国研究院的模型）	2(三值)	33.98%	12.87%

首先，英特尔中国研究院的研究人员将 INQ 技术应用到了时下所有的主流深度神经网络模型上。以 AlexNet、VGGNet、GoogLeNet 和 ResNet 为例，通过 5bit 量化（其中 1bit 专用于表示零值，下同），模型分类精度全面超越了原始的全精度浮点模型。以 ResNet-18 为例，在 4bit 和 3bit 条件下，INQ 技术能够做到无损量化。尽管在三值量化时，量化后的模型精度有少许损失，但损失程度远低于目前业界已知的结果。

其次，研究人员将 INQ 技术与之前英特尔中国研究院发表在 NIPS 2016 上的 "DNS"（Dynamic Network Surgery，动态外科手术）技术相结合，实现了深度神经网络二进制量化压缩。以 AlexNet 为例，英特尔中国研究院首次实现了接近无损的、百倍级、二进制的神经网络模型，如表 1-7 所示。

表 1-7 深度参数二进制化的神经网络模型性能（P：剪枝；Q：量化；H：霍夫曼码）

模型	比特长度（bit）	压缩率	Top1/Top5 错误率降低百分比
Han et al.（2016）(P+Q)	8/5	1/27	0.00%/0.03%
Han et al.（2016）(P+Q+H)	8/5	1/35	0.00%/0.03%
Han et al.（2016）(P+Q+H)	8/4	–	–0.01%/0.00%
英特尔中国研究院的模型（P+Q）	5/5	1/53	0.08%/0.03%
Han et al.（2016）(P+Q+H)	4/2	–	–1.99%/–2.60%
英特尔中国研究院的模型（P+Q）	4/4	1/71	–0.52%/–0.20%
英特尔中国研究院的模型（P+Q）	3/3	1/89	–1.47%/–0.96%

最后，研究人员进一步将 INQ 技术从只量化模型参数推广到了不但量化模型参数，而且量化模型每一层的输入和输出。以 VGGNet 为例，首次实现了无损的、低比特、全量化的神经网络模型，如表 1-8 所示。

表 1-8 输入、输出及参数均二进制化的神经网络模型性能

模型	比特长度（bit）	Top1 错误率	Top5 错误率	Top1/Top5 错误率降低百分比
VGGNet–16 ref	32/32	31.46%	11.35%	–
VGGNet–16	5/4	29.82%	10.19%	1.64%/1.16%

涉及该方法的相关论文发表在 ICLR 2017 上。ICLR 作为深度学习领域的顶级会议，获准发表的论文都会得到业内人士的极大关注，从而对深度学习的发展产生相当大的推动作用。据不完全统计，在 ICLR 2017 接收的 196 篇论文中，英特尔中国研究院的 INQ 技术是唯一一项完全出自我国的研究工作成果。

4.视觉内容解析与多模态分析

在计算机"能看""会说"之后，我们就希望它能够打通视觉和语言的边界，"说出所看"。对人而言，用一句话描述一张图片或一段视频是很简单的任务，但对计算机而言，这不仅要求它能够准确检测、识别出图像中的物体，还要深入理解物体之间的关系，提取出最关键的内容，甚至包含图像的抽象概念。

（1）弱监督视频密集描述生成模型

近年来，如何自动生成视频描述引起了研究人员的广泛兴趣。我们希望计算机在看到一段视频的时候，可以根据视频的内容"讲故事"，弱监督视频密集描述生成模型如图 1-14 所示。但是，视频密集描述生成模型的训练通常需要大量复杂的并且带有一定主观性的人工标注。在目前的数据集构建过程中，标注人员会在看过一段视频之后，用一句话描述视频的内容。但是，一段视频中通常会发生几个不同的事件，而由于标注人员具有一定的主观性，因此既不知道他的描述具体针对哪个事件，也不知道他所描述的事件对应不同帧上的哪一个区域。现有方法的局限在于：或者认为一段视频当中只发生了一件事，只需要生成一句描述；或者需要训练标注人员对视频中的不同事件以及事件对应的不同区域进行详细的标注。这些都给视频的标注工作和结果评估带来了巨大的困难。

针对上述问题，英特尔中国研究院联合复旦大学率先提出了弱监督视频密集描述生成的方法，其不需要训练数据对视频中的不同事件和对应区域进行分别标注，而仅仅使用标注人员对视频的一句话描述，就可以自动生成多角度的视频描述，并从中挑选出最具代表性的描述语句。这样，计算机就不用人"手把手教"，而是可以做到"举一反三"，如图 1-15 所示。

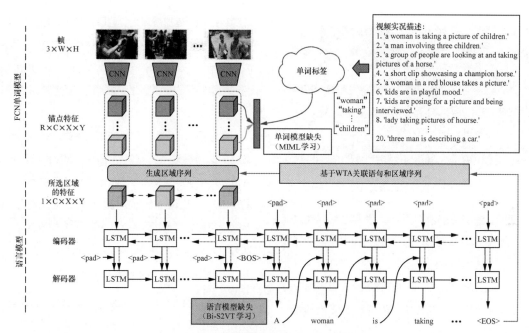

图1-14　弱监督视频密集描述生成模型

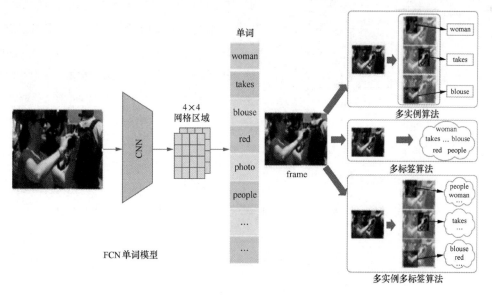

图1-15　FCN单词模型生成视频区域序列到单词的弱映射

这个模型分为以下3个部分。

首先，在提取视频特征时，采用了FCN单词模型，使用MIML（Multi-Instance Multi-Label Learning，弱监督多实例多标签学习）算法，构建一个从视频区域序列到单词的弱映射，从而得到一个包含语义信息的视频特征。

从图1-16可以看出，虽然训练数据并没有提供每个单词对应视频帧的位置，但模型还是可以捕捉到视频在不同帧中对单词响应最大的区域。

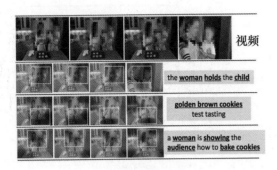

图1-16 视频特征语义响应

其次,生成视频区域序列时,采用子模块最大化方案,根据FCN单词模型的输出,在视频中自动生成具有多样性的区域序列。这种方法可以保证区域序列具有一定的信息量,在不同帧的区域选择上具有内容一致性,还能够最大限度地保留区域序列之间的差,如图1-17所示。

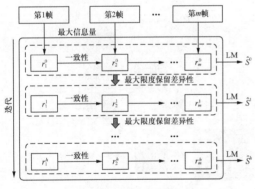

图1-17 区域序列生成

最后,根据已生成的视频区域序列,使用双向LSTM(Long Short Term Memory,长短期记忆)模型生成对应的描述语句。在已生成的多个语句中,通过计算语句的信息量得分,可以从中挑选出最具有整体代表性的语句描述。从实验结果可以看出,自动生成的语句具有内容上的多样性,如图1-18所示。即使只衡量视频的单个描述结果,语句质量依然优于其他模型。

弱监督视频密集描述生成方法提供了在视频训练数据对区域标注不完整的情况下,计算机自动获取并从多角度生成语义丰富的视频描述的解决方案(见图1-19),也将机器的视觉理解向着更少人工、更全面理解的方向推进了一步。相关论文发表在CVPR 2017上。

(2)级联优化网络高清实景合成

目前,多数图像生成模型是利用GAN(Generative Adversarial Networks,生成式对抗网络)结构来实现的,但这种方法有其弱点,主要表现在以下3个方面:图像尺寸受限、图像不够逼真、训练困难。针对上述问题,美国斯坦福大学的陈启峰和英特尔中国研究院的科学家弗拉德连·科尔通(Vladlen Koltun)合作,率先提出了级联优化网络模型,端到端地训练从语义分割草图到高清实景的前馈网络(CRN)。CRN结构将语义分割草图看作图像的草稿,通过一连串多尺度的优化模块,还原或描绘出含有丰富细节的真实图像。

优秀的图像生成模型需满足以下3个特点。

第一,全局协调性。图像中物体的结构往往并不是独立存在的,而是可能具有一定的对称性。

第二,高分辨率。为了实现照片级的效果,模型

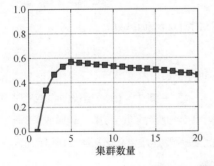

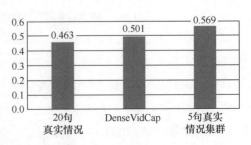

图1-18 描述结果语义多样性展示

图1-19 弱监督视频密集描述生成结果展示

必须有能力生成高分辨率的图像。

第三，记忆能力。人类在通过草图来复现场景的时候，会以记忆中的真实图景作为参考。

同样的，图像生成模型也要有足够大的容量和足够高的记忆能力来恢复草图中缺失的真实场景的细节，如图1-20所示。

为了使模型满足上述3个特点，设计了一个由多分辨率倍增模块组成的级联网络。第一个模块 M_0 只输入一个分辨率缩小到 4×8 的语义分割草图。接下来的优化模块的输入来自两个部分：上一层的要素图层 F_{i-1} 和缩小到相同分辨率大小的语义分割草图。每一次输出的 F_i 分辨率的长和宽都是这一次输入的 F_{i-1} 的两倍，如图1-21和图1-22所示。

(a) 输入语义布局　　(b) 合成图像

图1-20 级联优化网络高清实景合成

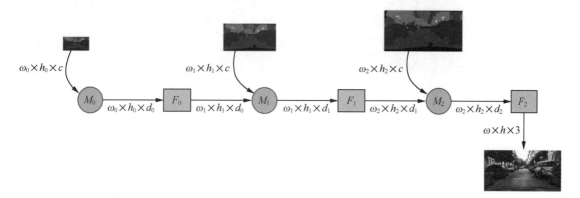

图1-21 级联优化网络

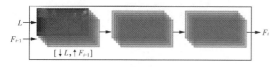

图1-22 单个级联优化模块

这样的级联优化结构具有以下3个优势。

第一，在CRN早期的优化模块中，大范围特征是通过相近范围的参数来表示的，在其后分辨率逐渐增加的时候，全局的协调性可以得到保留。

第二，相比于GAN通常只能生成小图像，无法实现端到端训练，CRN通过控制优化模块串接的数量，可以不断得到更高分辨率的生成图像,并且做到端到端的训练。论文中最多实现了 200 万像素(1024 × 2048)的图像生成。

第三,CRN 可以通过增加优化模块来增加网络容量,进而提高图像质量。

在实验部分,图像生成较好的评价标准就是人工比较。在 Cityscapes 和 NYU 两个数据集上,CRN 和其他算法分别生成两个图像,由人来判断哪个图像更有可能是真实的。如果两种算法生成的图像质量相同,那么人判断 CRN 更真实的概率应该是 50%。实验结果表明,CRN 的生成结果极大地优于其他算法。

从生成的图像来看,CRN 的结果更平滑、物体更清晰、细节更丰富。美国康奈尔大学的诺厄·斯内夫利(Noah Snavely)曾评价说,这是他见过的最大、最详细的人工生成场景。而这样逼真的图像结果,所需要的训练样本仅仅分别为 3000 个(Cityscapes)和 1200 个(NYU),如表 1-9 和图 1-23 所示。

表 1-9 各种算法生成图像真实度的人工比较结果

数据集	图像空间缺失	GAN+ 语义分割	Isola 等人	编码器—解码器	全分辨率网络
Cityscapes	99.7%	98.5%	96.9%	78.3%	67.7%
NYU	91.4%	82.3%	77.2%	71.2%	65.8%

(a)语义布局　　(b)GAN+ 语义分割　　(c)全分辨率网络

(d)英特尔中国研究院的结果　　(e)Isola 等人　　(f)编码器-解码器

图 1-23 图像生成结果展示

这篇论文被国际计算机视觉顶级会议 ICCV 2017 收录,并被邀请在会议上做口头报告。相应的源代码也在一段时间内登顶了 GitHub 热门项目 Python 排行榜。未来这项工作可能被应用于构建虚拟现实场景,比如渲染视频游戏等多个领域。

5. 总结

人类目前在计算机视觉领域所取得的成功,很大程度上得益于大规模的数据、高效的算法和强大的计算能力。为了推动人工智能创新,英特尔进行了战略投资,其中涵盖技术、研发以及与企业、政府、学术界和社会团体的合作。除了主流的人工智能研究之外,英特尔还研究神经形态计算,探索新的架构和学习模式。人工智能解决方案需要各种能力和性能以满足应用需求,英特尔提供的人工智能平台将以优异的性能表现、集成能力、安全性和可靠性来优化人工智能产业的发展路径。

英特尔的产品可以支持广泛的人工智能研发,主要包括以下 4 个方面。

第一，英特尔®至强®可扩展处理器系列——为不断演进的人工智能应用提供高度可扩展的处理器，并为最密集的深度学习训练提供代号为 Lake Crest 的专用芯片。

第二，英特尔® Mobileye——用于主动安全和无人驾驶等专门用途的视觉技术。

第三，英特尔 FPGA——用于深度学习推理的可编程加速器。

第四，英特尔® Movidius——在边缘提供机器学习的低功耗视觉技术。

人工智能尚处于初级阶段，随着其不断发展，英特尔将继续推进计算领域的颠覆性方案研发，以支持当今和未来的复杂应用需求。然而，我们面临的挑战依然严峻：虽然网络上存在海量的图片和视频，但其中带有标签且可供训练的数据还远远不够；当前能够在限制条件和场景中表现优异的模型，在复杂的自然环境下往往面临鲁棒性、有效性、实时性的挑战；数据规模和模型容量的增长，也对人工智能处理器或嵌入式人工智能提出了新的需求。

现在的人工智能如同蹒跚学步的孩童，等待着科学家的进一步"启蒙"。我们相信，未来将被创造，计算机可以真正看懂这个世界，成为人类得力的队友。

1.2.2　从识别到检测：视频中的人类动作理解研究

★ 关键词：计算机视觉　动作理解　视频分析

★ 作　者：熊元骏　林达华

视频是生活中的一种常见媒体形式。各种媒体数据，就存储数据量而言，绝大部分都是以视频的形式存在的。视频可以同时记录观察对象的形态信息以及运动信息，视频的主要内容常常包含人类的各种动作，例如体育运动、生活事件、人与人的互动、人与物品的交互等。因此，研究视频中人类动作的理解，最近几年逐渐成为广受关注的领域，这个领域涉及的问题包括动作分类、动作检测、动作人分割，以及视频描述等。香港中文大学 MMLab（Multimedia Laboratory，多媒体实验室）近年来对这个领域进行了深入而广泛的研究，取得了一系列世界领先的研究成果，在众多国际比赛（如 THUMOS、ActivityNet）中夺得多项世界冠军。下面将逐一介绍香港中文大学 MMLab 研究团队基于深度学习，对视频动作理解中两个重要问题——动作分类与动作检测（时序）所进行的一系列研究。

1.时序分割网络：对已剪辑的动作视频进行分类

作为视频动作理解中最基本也是最核心的问题，视频剪辑中的动作识别（Action Recognition in Trimmed Videos）一直是研究的热点领域。早期，人们使用手工设计的特征描述它，如 STIP（Spatial Temporal Interest Point，时空兴趣点）、DT（Dense Trajectory，密集轨迹）以及改进的 DT 等来提取视频特征，并训练标准分类器［如 SVM（Support Vector Machine，支持向量机）、逻辑回归等］来进行动作识别。随着深度学习在图像识别中的成功，研究者们也逐渐开始使用深层模型来处理视频信息。

在基于深度学习的动作识别方法中，有两种主流的思路。第一种思路是将视频看作三维的图像数据，即水平方向、垂直方向、时间轴方向 3 个轴，使用三维卷积神经网络（3D CNN）来直接学习视频的深度模型。沿着这一思路，较具代表性的就是达特茅斯学院和脸书联合提出的 C3D（Canonical 3D）方法。第二种思路是对视频中的图像信息和运动信息分别进行处理，最后再将提取出来的特征或预测结果进行合并。这种思路其实在深度学习兴起之前也有不少工作使用传统方法对其进行过探索。在 2014 年的 NIPS（神经信息处理系统）大会上，英国牛津大学的 VGG 研究组基于 CNN（Convolutional Neural Network，卷积神经网络）提出了双流式卷积神经网络（Two-Stream CNN）方法。它使用两个独立的 CNN 分别处理由视频的图像帧表示的图像信息和由帧间光流（Optical Flow）表示的运动信息，最后将两个 CNN 各自的动作分类结果进行融合得到最终的分类结果。该方法在提出时就取得了非常好的识别性能，不亚于最好的传统方法。

上述这些早期的深度学习视频识别方法都只使用非常短的视频小片段（10～16 帧）进行训练和预测。虽然这样可以将训练的代价控制在合理范围内，但却无法利用动作中持续较长时间的时序结构来进行学习。针对这个问题，人们提出了诸如 LRCN（Long-term Recurrent Convolutional Network，长期时间递归卷积网络）等方法试图对长时间的时序结构进行建模。但这些尝试均基于一个简单的模式，即将视频内某段时间的所有帧输入 CNN 模型或 CNN-RNN 联合模型中进行端到端训练。这种模式带来了很大的困惑，即要处理一般长度的视频就会导致无法接受的空间和时间消耗，以至于只能将视频截断，而无法对完整的动作进行建模。

针对这一问题，香港中文大学 MMLab 创造性地提出了一种全新的利用完整动作视频训练动作识别模型的方法，称为 TSN（Temporal Segment Networks，时序分割网络）。TSN 基于一种新的对长时间时序结构进行建模的思路，称为稀疏采样。稀疏采样是相对于之前方法所使用的密集采样而言的。在稀疏采样中，每一个视频在每个训练的迭代中仅采样固定数量的短片段（Snippet），这些短片段将较均匀地分布在整个视频的时间轴上。模型在训练中使用这些采样得到的短片段来表示整个视频，并进行模型学习。由于使用了固定数量的短片段，因此训练模型的计算代价可以不再受到视频长度的影响。同时，由于这些短片段较均匀地分布在整个视频的时间轴上，可以使模型较好地从整个视频的动作过程中学习时序关系。因此，基于稀疏采样的思想可以在降低计算代价的同时，提高对长时间时序关系建模的能力。

TSN（见图 1-24）就是基于稀疏采样的思想提出的一种高效而精确训练动作识别模型的框架。

在 TSN 中，香港中文大学 MMLab 提出使用一种简单的方法来实现稀疏采样。首先将一个输入视频分成 K 个等长的分段，K 取 3、5 或 7 均可。对于每个分段，随机选取一个短片段，这里的一个短片段包

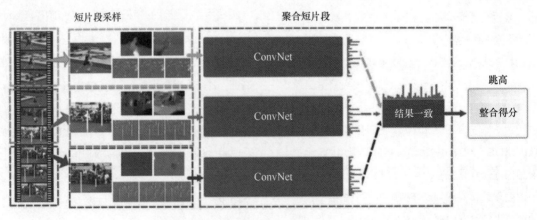

图 1-24　TSN

含一帧视频图像帧（RGB Frame）和 5 帧堆叠的光流图像（Stacked Optical Flow Frames）。这 K 个被选取的短片段各自通过共享模型参数的 CNN 模型来得到对应分段的动作类别预测。这些分段的预测结果通过一个分段归并模块进行合并，从而得到视频级的预测结果。TSN 使用视频的动作类别标签来对整个模型进行监督并学习模型参数。在训练过程中，在分段内随机的帧采样还可以起到一定的数据增强（Data Augmentation）的作用。

通过稀疏采样与视频级监督信息的结合，TSN 使训练过程变得非常高效，并可以有效地利用较长时间视频中的时序结构信息来获取更好的视频特征。在两个具有代表性的视频动作识别数据集——UCF101 和 HMDB51 上，TSN 都取得了较好的识别效果。在 2016 年的首届 ActivityNet 大赛中，香港中文大学 MMLab 使用 TSN 夺得了视频分离项目的冠军，并在赛后分享了所有模型与训练代码，帮助整个社区共同进步。在 2017 年的 ActivityNet 大赛中，视频分类冠亚军及排名前列的队伍均广泛使用了 TSN。这些都说明香港中文大学 MMLab 提出的 TSN 方法产生了重大影响。

2.UntrimmedNets：从依赖有剪辑视频到直接从未经剪辑的视频中学习分类模型

在提出稀疏采样思路与 TSN 之后，香港中文大学 MMLab 的研究者并不满足于在已经剪辑的视频上取得良好的识别效果，于是开始探索从时间长且未剪辑的视频中直接学习动作识别模型并对长视频进行分类。大规模标注视频中的动作实例以进行剪辑是一项非常耗时、耗力的工作，而目前能直接获取的视频数据绝大部分是未经剪辑的。在过去，对时间长且未经剪辑的视频的理解一直被视为一项非常艰苦的任务。由于时间长，可能造成更大的计算代价。同时由于视频未经剪辑，视频中与动作无关的内容可能会严重影响模型的特征提取与预测精度。基于稀疏采样的思想，香港中文大学 MMLab 提出了 UntrimmedNets——一种直接使用未剪辑的长视频进行模型学习和预测的新方法。

UntrimmedNets 的基本示意如图 1-25 所示。UntrimmedNets 首先将长视频按照自动镜头检测（Shot Boundary Detection）的结果切割成一些剪辑（Clips）。在训练模型的阶段，每次从整个视频中随机采样固定数量的剪辑，对每个剪辑进行类似于 TSN 的分段式稀疏采样，这样每次均可得到固定数量的短片段来代表整个视频。与 TSN 所面临的问题有所不同，这里采样得到的每个剪辑并不一定都含有与动作相关的信息。因此，在生成视频级别的预测结果时，需要设计一个选择机制，从这些剪辑中选择与动作内容相关的剪辑来生成预测。但是，这里涉及一个重要

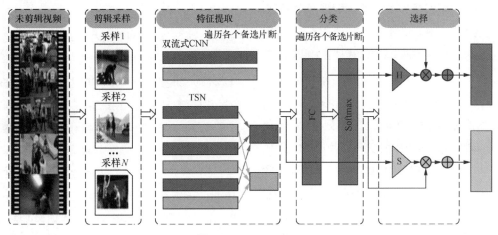

图 1-25　UntrimmedNets

的问题：由于使用的视频都是未经剪辑的，因此并不清楚某个剪辑是否包含有意义的动作。直观来看，就无法对选择模块进行监督和学习。为了解决这个问题，香港中文大学 MMLab 提出使用弱监督学习（Weakly-Supervised Learning）的思路，借助提高分类准确率这个目标来同时学习选择机制与分类模型。这就是 UntrimmedNets 的核心思想。测试时，使用所有的剪辑来进行预测，这些剪辑首先由模型中的选择模块进行筛选，通过筛选的剪辑有较大可能包含与动作相关的信息，因而被用来进行视频动作类别的预测。

具体而言，香港中文大学 MMLab 设计了两种选择机制：硬性选择与软性选择。在硬性选择（Hard Selection）中，对每个剪辑先使用类似于 TSN 的合并策略得到该剪辑的动作分类结果，接着对每个动作类别直接选择该类别中得分最高的剪辑。由于直接使用分类输出，因此这种选择机制不需要学习额外的模型参数。而在软性选择（Soft Selection）中，需要从每个剪辑中得到一组动作分类结果，以及一个着重值（Attention Weight）。在生成视频分类结果时，将所有剪辑的分类结果按照其对应的着重值做加权平均，因此这里的选择就体现在每个剪辑的着重值的高低上。

使用长视频的标签来监督整个模型的学习，要求选择机制与分类器共同作用以减小模型的分类错误率。在实验中，这种方式可以有效地同时学习分类模型与选择模型。实验在两个具有代表性的未经剪辑的视频分类数据集——THUMOS14 与 ActivityNet1.2 上进行。与使用按数据集提供的动作实例时间标注进行剪辑的视频训练的动作识别模型相比，使用 UntrimmedNets 训练的模型在未利用时间标注的情况下，可以达到相同甚至更高的识别率。这证明 UntrimmedNets 可以在不依赖时间标注的情况下有效地学习动作识别模型。更进一步可以发现，软性选择机制中的选择模型可以用来进行时序动作检测，这更加证明了 UntrimmedNets 所使用的弱监督学习方法的有效性。

3.结构化分段网络：从简单分类到同时得到动作的起止时间与类别（动作检测）

在能够对视频进行较好的分类之后，香港中文大学 MMLab 更进一步研究了从未被剪辑过的视频检测动作实例的类别和开始/结束时间，这个任务被称为"时序动作检测"。相较于之前人们研究的动作识别/分类问题，这个任务不仅仅要求识别一整段视频所属的动作类别，还需要在可能含有多个动作实例的长视频中找到每个动作实例，指出它们的开始、结束时间以及所属的类别。这个任务的挑战在于，视频长度可能长达数分钟至数小时，而每个动作实例的长度可能仅仅只占视频长度的 1% 不到。同时，动作实例的长度变化又十分剧烈，长则数分钟，短则一两秒。针对这个更有挑战性的任务，香港中文大学 MMLab 提出了一整套全新的解决方案，称为 SSN（Structured Segment Network，结构化分段网络）。SSN 整体包含两个部分：第一部分负责生成备选片段（Proposal Generation），第二部分负责对备选片段进行分类。

生成备选片段是动作检测中的一个重要步骤，对这部分的要求是生成少量的、时间上准确的、可能包含动作实例的视频片段。在之前的工作中，通常使用类似滑动窗口的方法来实现这部分。但是，预先定义的滑动窗口无法根据视频的内容变化来调节备选片段的长度和位置，因此性能较差。在 SSN 中，香港中文大学 MMLab 提出了一种新的算法，即使用自底向上的思路来实现备选片段的生成。首先，用 TSN 训练一个二类的 CNN 来大致判断每帧出现动作的可能性，即动作度（Actionness）。其次，在动作度的一维信号上运用经典的分水岭（Watershed）思路将相邻的高动作度的帧聚合在一起，就能生成备选片段。这个算法被称为 TAG（Temporal Action Grouping，时序动作分组），如图 1-26 所示。TAG 算法生成的备选片段因为考虑了视频内容，所以可以在更少的片段中产生更多的包含真实动作实例的片段（高召回率、低备选数）。同时，由于使用了自底向上的模式，不需要像滑动窗口那样预先定义备选片段的长度，因此 TAG 算法可以适应各种不同长度的动作实例，很好地满足高性能时序动作检测的需求。

生成备选片段之后，需要一个高性能的分类模块来识别出真正的动作实例以及它们所属的类别。在之前的工作中，这部分常常使用 LSTM 或三维 CNN 来完成。由于这些模型都假设输入的视频帧必须是连续的，因此它们在面对长度变化剧烈的备选片段时往往分类性能不佳，从而导致检测性能低下。运用在 TSN 中提出的稀疏采样再合并的思想，同样可以对备选片段进行稀疏采样，以高效地训练备选片段的分类器。但是，这里有一个重要的问题需要解决，那就是在动作检测中，有很大一部分的备选片段可能正好是一个完整动作实例的一小部分。在基于图像的物体检测中，这个问题并不特别突出，因为物体的一小部分往往与物体本身的关联性不大，但在时序动作检测中，这个问题就难以忽略了。从分类的意义来看，这些片段虽然较短，但仍属于这些动作实例所属的动作类别。而从检测的意义来看，这些"不完整"的片段并不能被称为一个正确的检测结果（见图 1-27），这就对训练分类器提出了挑战。

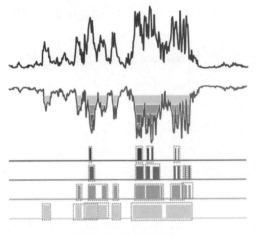

图 1-26　时序动作分组

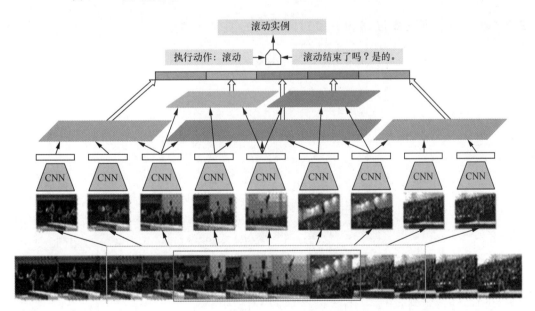

图 1-27　物体检测

为了解决这个问题，香港中文大学 MMLab 提出使用两个独立的目标函数。第一个为分类损失（Classification Loss）函数，优化模型将纯背景的备选片段从所有备选片段中剔除，并将备选片段合理分类到所属动作类别；第二个为完整度损失（Completeness Loss）函数，对于每个动作类别训练模型,将完整、精确的动作实例从该类的所有备选片段中选出。同时,为了使模型能够有效地利用完整度损失函数的监督,香港中文大学 MMLab 提出将每个备选片段前后延长以包含其时序的上下文信息。将备选片段之前、本身、之后作为 3 个结构化分段(Structured Segment),分别使用时序金字塔池化来进行建模。最终,将两个分类器的结果进行合并,就得到了每个备选片段的分类结果。这样,就从备选片段中得到了真正有用的检测结果。

结合自底向上的 TAG 备选片段生成算法与新设计的分类模块,SSN 方法在两大具有代表性的时序检测数据集——THUMOS14 和 ActivityNet 上都取得了相对之前方法的巨大提升,绝对检测指标提高了 10% 以上。在 2017 年的 ActivityNet 大赛上,香港中文大学 MMLab 使用 SSN 方法,仅用单个模型就获得了时序检测项目的第二名。同时,获得该比赛的时序检测与时序备选片段生成项目的前几名的队伍均使用了 SSN 方法。这说明,在 SSN 方法中提出的多种新思想已经对整个领域产生了积极的影响。

4.未来展望

回顾香港中文大学 MMLab 对视频动作理解的一系列研究,我们可以体会到视频动作理解领域所面临的各种挑战以及研究者们锐意进取解决问题的努力与成果。展望未来,视频动作理解仍然有很多需要解决的问题。例如,如何能够更好地表示视频中的动态,以设计更适合视频的特征表示;如何将非剪辑视频理解的成果应用于数十分钟甚至更长的视频,如电视剧、电影等;如何更好地运用视频中人的姿态信息来辅助视频的理解。香港中文大学的研究者们仍然在这些乃至更多的问题上积极探索着,期待着能有更多、更新、更好的视频动作理解技术让人类的生活变得更加美好。

1.2.3 基于互联网文本描述和深度对偶学习的图像分割技术

★ 关键词:图像语义分割　互联网文本描述　深度对偶学习
★ 作　者:罗平　吴凌云

随着深度学习的发展,图像语义分割在深度神经网络的推动下取得了重大进展。然而,这里有一个重要难题,即深度神经网络需要对大量像素级标注图像进行训练。为了解决数据稀缺问题,提出利用大量互联网图像标记和文本描述来提高图像分割的性能,并为此提出了两项技术——基于物体交互信息的图像分割技术和基于深度对偶学习的图像分割技术。这两项技术高效地利用弱标签数据(只有图像标签),在只利用 30% 像素级标注图像的情况下,极大地提高了深度神经网络在图像分割问题中的准确率。它们是互联网大数据驱动下的产物,为解决其他计算机视觉难题提供了良好的范本。

1.图像语义分割

图像语义分割,即为图像中的每个像素分配一个语义类别,例如行人、汽车和道路等。图像语义分割是解决许多重要的计算机视觉问题的基础,如无人驾驶中的场景理解。历年来,研究者们尝试了许多语义分割算法。根据具有挑战性的 Pascal VOC 2012 (VOC12)数据集测试结果来看,具有最佳性能的方法均采用深度 CNN。但是,构建基于 CNN 的分割模型有一个关键问题,即在训练模型的过程中需要大量像素级的标注图像,如图 1-28(a)所示,获取这样的数据集是一项成本非常高且耗时的工作。

相比像素级图像标注,获取图像级别的标签成本低廉且高效。这些标签描述了哪些物体类别出现在图像中，而不是哪一个像素属于哪个类别。为了构建图像级标签，将 VOC12 的标签作为关键字，在互联网上自动下载大量图像，这些图像构成一个图像级弱标签数据集 IDW。该数据集内的每个图像均配有一句在网页上直接获得的文字描述。为了使数据构建过程全自动化，IDW 未经过任何的手动筛选，其原始描述可能包含不重要或缺失的细节和语法错误，如图 1-28（b）所示。因此，此处使用的数据集包括两部分：一部分是拥有完整像素级类别标注的少量 VOC12 数据；另一部分则是本小节构建的大量 IDW。

VOC12 的像素级类别标注可以捕获精准的物体定位和边界，这是图像级类别标注的 IDW 所没有的。本小节提出的 IDW-CNN 模型通过自动挖掘两个数据集的特性，相互迁移学习有用信息，同时提高 VOC12 图像分割的精度和 IDW 物体交互预测的准确率。已通过大量实验证明了该模型的有效性，并发现了一些重要现象。例如，随着 IDW 数据量的增加，VOC12 图像分割的精度会持续提高。

仅利用物体交互信息去优化像素级的物体分割会有两方面的劣势。一方面，包含在物体交互中的类别标签仅可以帮助区分被错误分割的像素点，但不能区分物体的边界和形状信息；另一方面，互联网自动下载的数据可能会有噪声标签，这些会误导训练过程。受机器翻译中对偶学习的启发，本小节提出了 DIS 模型。它将弱标签的类别标签和分割图像均作为潜在变量来重新生成（重构）输入图像。通过缩小输入图像与重构图像之间的差别，捕获精准的物体类别和准确的物体边界及形状。利用这些训练过程中得到的信息，DIS 模型不仅大大减少了完整标注的数据量，同时在 VOC12 测试集上取得了最优的物体分割性能。

（a）展示了 IDW 中的图像。例如，根据"sheep"和"person"关键字搜索到的图像，其文本描述包含物体分割不需要的内容（如 happy time）、缺失细节（如绵羊数量）以及存在的语法错误。（b）展示了 VOC12 中的图像。例如，类别为"绵羊"和"人"的图像，其每个像素点都被完整标注。

图 1-28 图像语义分割

基于 VOC12 和 IDW，本小节提出了两种基于深度 CNN 的物体分割模型：第一种模型将有效利用 IDW 的物体交互及文本描述信息，称为 IDW-CNN 模型；第二种模型则使用深度对偶学习，以减少对完整标注数据的依赖，被称为 DIS（Dual Image Segmentation，对偶图像分割）模型。

IDW 可以提取出物体交互关系，例如"人骑马""人站在马前面""人坐在椅子上"等，这些关系是像素级类别标注的 VOC12 不能提取的。然而，

2.图像文本描述数据集IDW

（1）数据采集过程

数据集的构建分为两个阶段。第一阶段首先准备 21 个常见介词和动词，如"骑""抱着""拿着"等。其次，选择 20 个来自 VOC12 的物体类别作为名词，如"人""自行车""羊"等。这些名词和动词的搭配，一共可以组成 8400 个不同的短语，如"人骑自行车"。这 8400 个短语中，包括了语义不准确的短语，如"自行车抱着羊"。去掉这些短语后，得到数百个语义准确的短语。

第二阶段，将这数百个短语作为关键词在互联网上搜集图像及其文本描述。另外，我们还舍弃了返回结果少于 150 个图像的短语。这是为了预防出现

少样本的短语，避免训练过程中可能出现的数据不均衡问题。最终得到 59 个有效短语。构建的 IDW 包括 41 421 个图像及其描述。图 1-29（a）所示为 IDW 对应 VOC12 中每个物体类别所包含的图像数量。

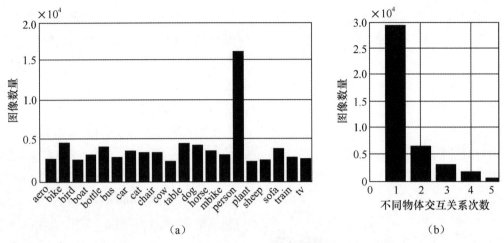

图 1-29 IDW 的统计信息展示

（2）图像文本描述的表达

将每个图像的描述自动转变成解析树，选择有用的名词（物体名称）和动作组成物体交互，作为物体分割的有效信息，监督其训练过程。

提取物体交互的过程是对图像文本描述的进一步表达。如图 1-30 所示，该过程分为以下 3 个步骤。首先，使用经典的斯坦福文本解析器（Stanford Parser）解析文本，产生如图 1-30（a）所示的候选树。候选树中的每个叶子节点代表文本中的一个单词。通过词性筛选叶子节点，只保留名词作为物体，动词或介词作为候选动作。以此去掉候选树中既不是物体类别也不是交互动作的词。之后，利用 WordNet 中的语法关系数据合并同义词。不属于 20 个物体类别的名词会被删除。其次，采用 Word2Vec 语义相似度量方法映射动词到已定义的 21 个动作类别中。当映射相似度小于某个阈值时，该动词将归为多余的动作类别。至此，我们已将候选树转变为如图 1-30（b）所示的语义树，最后通过语义树中的节点提取出图 1-30（c）所示的物体交互关系。

通过对 IDW 中 41 421 个图像的描述进行解析，总共获得 62 100 种物体交互关系。图 1-29（b）所示为出现不同物体交互关系次数的图像数目，每个图像平均有 1.5 种物体交互关系。相比 Visual Genome 数据集，本小节构建 IDW 的整个过程没有人工介入，大大节省了数据采集成本。

3. 基于文本描述与物体交互的语义分割

本小节提出了基于图像文本描述信息与物体交互关系的语义分割模型 IDW-CNN，下面主要介绍 IDW-CNN 模型的结构及训练学习过程，并通过实验验证模型的有效性。

（1）IDW-CNN 模型综述

IDW-CNN 模型框架如图 1-31（a）所示，包含 ResNet-101 特征提取模块、物体交互关系预测模块和物体语义分割模块。

特征提取：输入一个图像 I，使用 ResNet-101 产生 2048 个通道的特征图，每个特征图的尺寸为 45×45。

物体交互关系预测：该模块为了减少计算量，首先将特征图通道数由 2048 降维到 512。利用尺寸为 $512 \times 45 \times 45$ 的特征图 h 与预测出的分割图 $\tilde{i}$ 计算张量元素点对点乘积，得到物体类别对应的特征图 $\{h_i^m\}$，其中 $i \in C$, $C = \{$person, cow,..., bike$\}$。然后

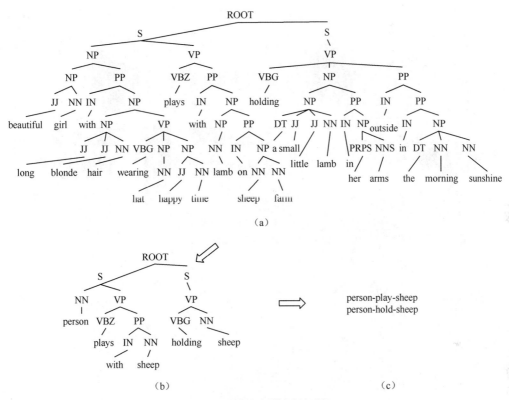

图 1-30　图像文本描述表达过程

将每一个 h_i^m 作为输入训练物体识别子网络，获得输入图像中物体类别的概率图。图 1-31（a）中的橘色部分为物体识别子网络，它们拥有相同的网络结构，但不共享全连接层之外的参数。通过这些网络，可以预测得到输入图像中可能出现的物体类别。之后将响应较高的物体概率图相加后作为网络输入，类似地训练动作识别子网络来预测物体之间可能出现的交互关系。物体识别子网络与动作识别子网络的结构分别如图 1-31（b）中的橘色和蓝色区域所示。

物体语义分割：$512 \times 45 \times 45$ 的特征图经一层卷积层得到预测的分割图 $\tilde{I}^s$，尺寸为 $512 \times 45 \times 45$。每个通道代表每个物体类别的预测概率。将物体交互关系预测部分获得的物体概率作为卷积核，与 $\tilde{I}^s$ 卷积来优化每个像素点得到最终的分割图 I^s。

（2）模型训练

IDW-CNN 模型使用随机梯度下降算法训练。在数据集 IDW 及 VOC12 上同时训练优化，但两个数据集在物体交互及语义分割两个任务上的反向传播过程都不尽相同。

物体交互关系预测：如图 1-31（a）中下面两个红色箭头所示，物体交互关系预测任务有两组损失函数：第一组包含 20 个 1-of-20 Softmax 损失，分别对应监督每个物体识别子网络，预测图像中该物体是否出现；第二组则包含 1 个 1-of-21 Softmax 损失，整体监督 21 个动作识别子网络，最大响应决定物体间的互动。对于 IDW 中的训练图像，反向传播过程中两组损失函数的梯度都需要计算。而对于 VOC12，其物体类别 $\tilde{I}^o$ 可以直接由真实分割图 I^s 获得，但动作交互标注 $\tilde{I}^a$ 缺失。这里根据预先获取的每个物体动作交互的先验分布，采用高概率分布低惩罚、低概率分布高惩罚的策略计算 VOC12 的第二组损失函数。

物体语义分割：如图 1-31（a）中上面两个红色箭头所示，分割任务有两个独立的 Softmax 损失函

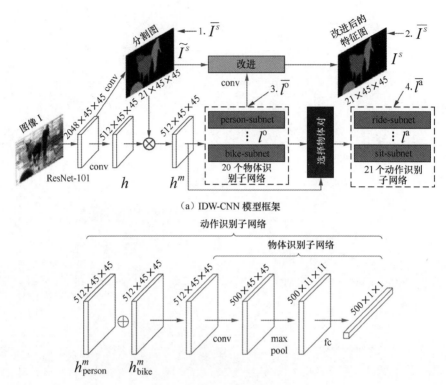

*图1-31 IDW-CNN模型示例

数:前一个用于最小化真实分割图$\bar{I}^s$和预测分割图$\tilde{I}^s$的像素级差距,学习并校正ResNet-101输出的特征图;后一个则最小化$\bar{I}^s$和最终分割图I^s的像素级差距,校正20个物体识别子网络,提升物体分类效果。对于VOC12,反向传播过程中两个损失函数的梯度都会计算。而对于IDW,其真实分割标记$\bar{I}^s$是未知的,所以只计算第一个损失函数。之后通过将预测分割图$\tilde{I}^s$中出现了的但物体识别子网络预测为不出现的类别区域置零,充当IDW的$\bar{I}^s$。

(3)实验验证

为了证明IDW-CNN模型的有效性,选用VOC12将现阶段最优秀的11种分割算法与IDW-CNN模型进行对比,结果见表1-10。11种分割算法包括9种全监督学习方法(如DeepLab2+CRF、CentraleSupelec、LRR-4x、HP、DPN、RNN、Piecewise、Zoom-out和FCN)和2种半监督学习方法[如WSSL(weak)+CRF和BoxSup]。以上对比方法均采用与DeepLab2+CRF一样的预处理和后处理来提高分割性能,但IDW-CNN模型未使用任何预处理和后处理。

表1-10所示为所有对比方法在VOC12上的分割性能,IDW-CNN模型的平均重叠率比11种分割算法中性能最好的还要高4.4%,而相比基础模型ResNet-101则要高出12%,且在大部分的物体类别分割中取得的效果最好。由此可见,IDW-CNN模型可以有效利用IDW中的物体交互关系,获得最优的物体分割性能,且随着IDW中训练数据的增多,物体类别分割准确率逐步提高。

4.基于深度对偶学习的DIS模型

深度对偶学习是最近提出的用于解决自然语言翻译中标注数据量不足的问题,例如中英互译。因意思相同而被标注为配对的英文句子和中文句子的数量,远远小于互联网上单独出现的英文句子或中文

表 1-10　VOC12 上的每个物体类别分割结果对比

	areo	bike	bird	boat	bottle	bus	car	cat	chair	cow	table	dog	horse	mbike	person	plant	sheep	sofa	train	tv	mIoU
ResNet-101	N/A	N/A	N/A	N/A	N/A	N/A	N/A	N/A	N/A	N/A	N/A	N/A	N/A	N/A	N/A	N/A	N/A	N/A	N/A	N/A	74.2
IDW-CNN(10k)	91.4	68.1	85.0	71.3	82.3	93.8	87.7	88.8	51.7	81.1	73.8	89.1	80.3	89.8	87.2	71.8	91.3	70.9	90.0	77.1	81.8
IDW-CNN(20k)	94.5	67.3	93.1	69.5	83.0	95.1	89.4	93.2	52.0	94.8	75.5	92.8	95.3	91.6	89.1	73.7	93.7	74.9	93.9	80.5	85.2
IDW-CNN(40k)	94.8	67.3	93.4	74.8	84.6	95.3	89.6	93.6	54.1	94.9	79.0	93.3	95.5	91.7	89.2	77.5	93.7	79.2	94.0	80.8	86.3
IDW-CNN w/o OPS-1	93.6	62.1	91.3	64.3	75.4	91.9	87.4	90.7	34.4	88.1	69.0	86.5	90.1	85.7	85.8	66.4	89.5	58.6	86.2	71.3	79.2
DeepLab2+CRF	92.6	60.4	91.6	63.4	76.3	95.0	88.4	92.6	32.7	88.5	67.6	89.6	92.1	87.0	87.4	63.3	88.3	60.0	86.8	74.5	79.7
CentraleSupelec	92.9	61.2	91.0	66.3	77.7	95.3	88.9	92.4	33.8	88.4	69.1	89.8	92.9	87.7	87.5	62.6	89.9	59.2	87.1	74.2	80.2
LRR-4x	92.4	45.1	94.6	65.2	75.8	95.1	89.1	92.3	39.0	85.7	70.4	88.6	89.4	88.6	86.6	65.8	86.2	57.4	85.7	77.3	79.3
HP	91.9	48.1	93.4	69.3	75.5	94.2	87.5	92.8	36.7	86.9	65.2	89.1	90.2	86.5	87.2	64.6	90.1	59.7	85.6	72.7	70.1
DPN	89.0	61.6	87.7	66.8	74.7	91.2	84.3	87.6	36.5	86.3	66.1	84.4	87.8	85.6	85.4	63.6	87.3	61.3	79.4	66.4	77.5
RNN	90.4	55.3	88.7	68.4	69.8	88.3	82.4	85.1	32.6	78.5	64.4	79.6	81.9	86.4	81.8	58.6	82.4	53.5	77.4	70.1	74.7
Piecewise	87.5	37.7	75.8	57.4	72.3	88.4	82.6	80.0	33.4	71.5	55.0	79.3	78.4	81.3	82.7	56.1	79.8	48.6	77.1	66.3	70.7
Zoom-out	85.6	37.3	83.2	62.5	66.0	85.1	80.7	84.9	27.2	73.2	57.5	78.1	79.2	81.1	77.1	53.6	74.0	49.2	71.7	63.3	69.6
FCN	76.8	34.2	68.9	49.4	60.3	75.3	74.7	77.6	21.4	62.5	46.8	71.8	63.9	76.5	73.9	45.2	72.4	37.4	70.9	55.1	62.2
WSSL(weak)+CRF	94.7	62.3	93.3	65.5	75.8	94.6	89.7	93.9	38.6	93.8	72.2	91.4	95.5	89.0	88.4	66.0	94.5	60.4	91.3	74.1	81.9
BoxSup	89.8	38.0	89.2	68.9	68.0	89.6	83.0	87.7	34.4	83.6	67.1	81.5	83.7	85.2	83.5	58.6	84.9	55.8	81.2	70.7	75.2

句子的数量，如何通过大量单独出现的句子来提高翻译准确率是深度对偶学习需要解决的难题。

具体来说，深度对偶学习通过少量配对数据训练两个翻译器，它们分别为"英译汉"和"汉译英"翻译器。比如需要提高英文到中文的翻译准确率，首先可以采集大量单独的英文句子，并把它们送入"英译汉"翻译器获得中文翻译结果；然后把这些中文翻译结果送入"汉译英"翻译器，重新获得英文句子；最后，比较一开始输入的英文句子和最终产生的英文句子的相似度。若相似度高，则说明中间过程得到的中文句子是准确的，此时可以把它们与英文句子形成配对数据，重新训练以提高翻译的准确率。

同样，在物体分割问题中，只有少量图像被标注了像素级语义图，而互联网上存在大量只有图像标签的数据。为此，本小节提出的 DIS 模型把物体分割问题建模为从图像到分割，以及从分割到图像的翻译过程。

（1）DIS 模型综述

图 1-32 所示的 DIS 模型框架包含 4 个重要组成模块：一个用于特征提取的 ResNet-101 网络和 3 个子网络——分别用于物体分割（蓝色）、图像重建（绿色）和标签分类（粉色）。3 个子网络中的卷积特征

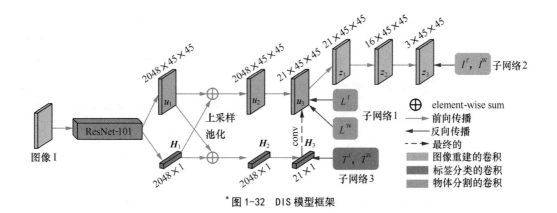

*图 1-32　DIS 模型框架

图分别标记为 u、z 和 v。

特征提取：DIS 模型同样使用 ResNet-101 基础模型产生 $2048 \times 45 \times 45$ 的特征图 u_1 和 2048×1 的特征向量 v_1。

物体分割：将特征向量 v_1 上采样到 $2048 \times 45 \times 45$ 后与特征图 u_1 的元素求和，获得同时拥有像素级和图像级特征的特征图 u_2。它经过一层卷积层得到物体类别的概率响应图 u_3。

图像重建：将 u_3 作为输入经过 3 层卷积层获得重建图像 z_3。

标签分类：将特征图 u_1 均值池化后与特征向量 v_1 的元素求和得到长度为 2048 的特征向量 v_2，即利用像素级特征对图像级特征进行改进来帮助标签分类，可以获得包含物体类别概率的向量 v_3。

测试流程：DIS 模型会在测试过程中迭代推理，逐步提升预测分割图的准确率。用 t 代表迭代的次数，则 u_1^t 和 v_1^t 分别表示当 $t=0$ 时（初始状态）输入图像 I 经 ResNet-101 网络获得的特征图和特征向量。当 $t>0$ 时，u_1^t 和 v_1^t 作为输入变量前向传播得到的重建图像 z_3。将最小化 z_3 与图像 I 之间的像素级差距作为目标函数，固定网络参数，经 t 次迭代，捕获准确的物体边界，得到优化后的特征 u_1^t 和 v_1^t。在迭代结束后，通过前向传播 u_1^t 和 v_1^t 来预测分割图 u_3 和物体标签 v_3，最后将 v_3 作为核与 u_3 进行卷积，得到最终的语义分割图。

（2）模型训练

DIS 模型训练包括两个阶段：第一阶段是用完整标签数据训练网络，第二阶段是用完整标签数据和弱标签数据一起进行网络微调。

全监督阶段：将完整标签图像、分割图、标签分别标记为 I^f、L^f、T^f，全监督阶段训练过程包含 3 个损失函数，分别为 $\mathcal{L}^{map}(u_3, L^f)$、$\mathcal{L}^{img}(z_3, I^f)$ 和 $\mathcal{L}^{tag}(v_3, T^f)$。首先，训练 ResNet-101，以子网络 1 和子网络 3 来预测分割图和标签。其次，固定其他模块参数，通过训练子网络 2 来学习重建图像。最后，模型中的 4 个模块共同更新。

半监督阶段：将弱标签图像、分割图、标签分别标记为 I^w、L^w、T^w，清理后的标签记为 $\hat{T}^w$。半监督阶段使用的图像、分割图、标签分别标记为 $\{I, L, T\}$，其中 $I = \{I^f, I^w\}$，$L = \{L^f, L^w\}$，$T = \{T^f, T^w, \hat{T}^w\}$。将 θ 定义为整个 DIS 模型的参数，则目标函数表示为：

$$\underset{\theta}{\arg\min}\{\mathcal{L}^{map}(u_3, L) + \mathcal{L}^{img}(z_3, I) + \mathcal{L}^{tag}(v_3, T) + \underset{u_1, v_1}{\arg\min}\{\mathcal{L}^{img}(z_3, I^w) + \mathcal{L}^{tag}(v_3, T^w)\} \quad (1-1)$$

该优化过程包括两部分：第一部分同全监督阶段，只是输入数据为全部数据集；第二部分则用于学习弱标签数据中未知的 L^w 和 $\hat{T}^w$。所以，当输入数据是完整标签 I^f 时，模型只对式（1-1）的第一部分进行微调优化。当输入数据属于弱标签 I^w 时，先固定 θ，通过最小化 $\mathcal{L}^{img}(z_3, I^w) + \mathcal{L}^{tag}(v_3, T^w)$ 更新 u_1 和 v_1，然后利用推理出的 L^w 和 $\hat{T}^w$ 更新模型参数 θ。

（3）实验验证

基于 VOC12，本小节采用了 11 种有代表性的全监督学习方法 [如 SegNet、FCN、Zoom-out、WSSL（full）、RNN、Piecewise、DPN、DeepLabv2、LRR-4x-Res、HP 和 CentraleSupelec] 和两种最好的半监督学习方法 [如 WSSL（semi）和 BoxSup]。与 DIS 模型对比，结果见表 1-11，由符号注释的方法代表在 ImageNet 和 COCO 上预训练基础模型。

由表 1-11 可以看出，全监督相比半监督可取得更好的分割结果。但当把本小节构建的数据集 IDW 加入半监督学习方法 WSSL（semi）的训练集时，WSSL+IDW 能取得 81.9% 的平均重叠率，高于前面的所有对比方法。而 DIS 模型能达到 86.8% 的平均重叠率，相比 WSSL+IDW 提高了 4.9%，相比基础模型 ResNet-101 提高了 12.6%。另外，DIS 模型只使用了 2.9k 像素级完整标签和 50k 图像级类别标签，而其他方法使用了 12k 像素级完整标签。由此可见，本小节提出的 DIS 模型有效利用弱标签数据，取得了最好的物体分割性能，实现了降低对完整标签数据依赖的目的。

表 1-11　VOC12 上的每个物体类别分割结果对比

	areo	bike	bird	boat	bottle	bus	car	cat	chair	cow	table	dog	horse	mbike	person	plant	sheep	sofa	train	tv	mIoU
SegNet	73.6	37.6	62.0	46.8	58.6	79.1	70.1	65.4	23.6	60.4	45.6	61.8	63.5	75.3	74.9	42.6	63.7	42.5	67.8	52.7	59.9
FCN	76.8	34.2	68.9	49.4	60.3	75.3	74.7	77.6	21.4	62.5	46.8	71.8	63.9	76.5	73.9	45.2	72.4	37.4	70.9	55.1	62.2
Zoom-out	85.6	37.3	83.2	62.5	66.0	85.1	80.7	84.9	27.2	73.2	57.5	78.1	79.2	81.1	77.1	53.6	74.0	49.2	71.7	63.3	69.6
WSSL(full)+	89.2	46.7	88.5	63.5	68.4	87.0	81.2	86.3	32.6	80.7	62.4	81.0	81.3	84.3	82.1	56.2	84.6	58.3	76.2	67.2	73.9
RNN+	90.4	55.3	88.7	68.4	69.8	88.3	82.4	85.1	32.6	78.5	64.4	79.6	81.9	86.4	81.8	58.6	82.4	53.5	77.4	70.1	74.7
Piecewise+	92.3	38.8	82.9	66.1	75.1	92.4	83.1	88.6	41.8	85.9	62.8	86.7	88.4	84.0	85.4	67.4	88.8	61.9	81.9	71.7	77.2
DPN+	89.0	61.6	87.7	66.8	74.7	91.2	84.3	87.6	36.5	86.3	66.1	84.4	87.8	85.6	85.4	63.6	87.3	61.3	79.4	66.4	77.5
DeepLabv2+	92.6	60.4	91.6	63.4	76.3	95.0	88.4	92.6	32.7	88.5	67.6	89.6	92.1	87.0	87.4	63.3	88.3	60.0	86.8	74.5	79.7
LRR-4x-Res+	92.4	45.1	94.6	65.2	75.8	95.1	89.1	92.3	39.0	85.1	70.4	88.6	89.4	88.6	86.6	65.8	86.2	57.4	85.7	77.3	79.3
HP+	91.9	48.1	93.4	69.3	75.5	94.2	87.5	92.8	36.7	86.9	65.2	89.1	90.2	86.5	87.2	64.6	90.1	59.7	85.5	72.7	79.1
CentraleSupelec+	92.9	61.2	91.0	66.3	77.7	95.3	88.9	92.4	33.8	88.4	69.1	89.8	92.9	87.7	87.5	62.6	89.9	59.2	87.1	74.2	80.2
WSSL(semi)+	80.4	41.6	84.6	59.0	64.7	84.6	79.6	83.5	26.3	71.2	52.9	78.3	72.3	83.3	79.1	51.7	82.1	42.5	75.0	63.4	69.0
BoxSup+	89.8	38.0	89.2	68.9	68.0	89.6	83.0	87.7	34.4	83.6	67.1	81.5	83.7.	85.2	83.5	58.6	84.9	55.8	81.2	70.7	75.2
WSSL++IDW	94.7	62.3	93.3	65.5	75.8	94.6	89.7	93.9	38.6	93.8	72.2	91.4	95.5	89.0	88.4	66.0	94.5	60.4	91.3	74.1	81.9
ResNet-101+	N/A	N/A	N/A	N/A	N/A	N/A	N/A	N/A	N/A	N/A	N/A	N/A	N/A	N/A	N/A	N/A	N/A	N/A	N/A	N/A	74.2
DIS+	94.4	73.2	93.4	79.5	84.5	95.3	89.4	93.4	54.1	94.6	79.1	93.1	95.4	91.6	89.2	77.6	93.5	79.2	93.9	80.7	86.8

5.总结

本小节基于拥有完整像素级类别标签的少量 VOC12 和构建的大量 IDW，提出了两种基于深度卷积网络的半监督物体分割模型：IDW-CNN 模型和 DIS 模型。

基于文本描述与物体交互的 IDW-CNN 模型有两方面的特点：一方面，可以通过自动挖掘两个数据集的特性，相互迁移学习有用信息，同时提高 VOC12 图像分割的精度和 IDW 物体交互预测的准确率；另一方面，随着 IDW 数据量的增加，VOC12 图像分割的精度会持续提高。

为了减小噪声标签对深度模型训练过程的影响，同时准确预测分割图的边界和形状，本小节进一步提出了基于深度对偶学习的 DIS 模型，把物体分割问题建模为从图像到分割以及从分割到图像的翻译过程。不同于已存在的半监督分割方法，DIS 模型将弱标签的类别标签和分割图同时作为潜在变量来重构输入图像，通过缩小输入图像与重构图像之间的差距，捕获精准的物体类别和准确的物体边界及形状。本小节通过大量的实验证明 DIS 模型不仅大大减少了完整标签的数据量，同时在 VOC12 上取得了最优的物体分割性能。

1.2.4　基于深度学习的无人驾驶路径规划和控制

* 关键词：计算机视觉　深度学习　无人驾驶
* 作　者：刘春晓　马政　谢思锐　张伟

无人驾驶技术的迅速发展正逐渐改变人们的出行方式，感知、控制算法进一步升级，成为行业突破的关键。由于面临着交通场景复杂、安全性和实时性要求高等挑战，因此其中的路径规划和控制是极具挑战的问题。本小节围绕无人驾驶中的路径规划和控制问题，介绍基于深度学习的方法在该问题上的探索，对已有方法进行了总结和对比。同时，在归纳当前方法的局限性的基础上，本小节也尝试对该问题未来的研究方向进行探讨。

无人驾驶能带来更安全和有序的交通环境，能节省人类在驾驶上消耗的大量时间，有着显著的商业应用价值，同时由于它需要在复杂场景中解决感知、决策、规划、控制等问题,因此对现有计算机视觉、机器学习和控制决策技术等提出了新的挑战。因此,无论是工业界还是学术界,均对其广泛投入。随着深度学习的快速发展,其在语音、视觉等问题的解决上已经展现出了优越的性能。深度学习也被广泛应用到无人驾驶的感知模块中,用于对交通环境中的车辆、行人、车道线、交通标识等进行检测识别。

传统的路径规划算法大致可以分为如下4类:基于搜索的方法、基于采样的方法、基于插值的方法以及基于优化的方法。基于搜索和基于采样的方法,计算效率高,其对搜索范围进行了网格化,因此能输出离散数值的结果;基于插值的方法,能够输出连续数值的规划结果,但无法确保插值区域内路径的安全性;基于优化的方法,能够输出连续平滑的路径规划结果,但其计算量大,对车载计算设备有较高的要求。总体而言,一方面,传统的路径规划算法在连续数值输出、安全性、计算效率等方面很难兼顾;另一方面,传统的算法将路径规划和控制作为两个模块独立计算,缺乏路径规划和控制的动态联合考虑。

近年来,研究者们开始尝试使用深度学习来解决路径规划和控制的问题,尤其是构建端到端的方案来联合解决路径规划和控制问题,即给定无人驾驶车对于环境的感知,通过深度学习直接输出方向盘、油门、刹车等的控制结果。多种深度学习技术从不同角度对路径规划和控制问题进行了探讨,总结起来可分为以下两点。

一是基于深度模仿学习的方法——研究如何根据已有的驾驶数据(包含传感器输入以及参考驾驶行为)、如何学习一种驾驶策略来对参考驾驶行为进行模仿。根据参考驾驶行为获取方式的不同,又可分为模仿人类驾驶行为的方法和模仿传统路径规划算法的方法。

二是基于深度强化学习的方法——研究如何通过试错来自动地学习一种最优的驾驶策略。

相比传统的路径规划和控制算法,以上基于深度学习的方法具有如下优点:第一,运行时只需计算前向网络,计算速度快;第二,支持连续数值输出,确保输出路径的平滑性和满足车辆运行的运动可行性;第三,可灵活加入路径安全性有关的限制条件;第四,可直接通过感知预测控制,对路径规划和控制进行动态联合考虑。

本小节围绕基于深度学习的路径规划和控制方法,首先对深度学习、模仿学习和深度强化学习的知识背景做简要介绍,然后对基于深度学习的路径规划和控制方法进行总结和对比,最后在归纳当前方法的局限性的基础上,尝试对该问题未来的研究方向进行探讨。

1.深度学习、模仿学习和深度强化学习

(1)深度学习

深度学习的基本思想是通过包含多重非线性结构的人工神经网络来对数据进行高层抽象。MLP(Multi Layer Perceptron,多层感知器)是人工神经网络的一种典型范例,在这种多层的结构中,上层的输出在经过一层激活层(Activation Layer)之后被输入下一层。堆叠的层次为模型提供了更高的抽象层次,因而提高了模型的表征能力。其他更为复杂的人工神经网络包括堆栈式自动编码器(Stacked Auto-Encoder)、RBM(Restricted Boltzmann Machine,受限玻耳兹曼机)、RNN(Recurrent Neural Network,循环神经网络)及CNN等。

(2)模仿学习

模仿学习可看成监督式学习的框架用于序列决策。具体而言,模仿学习是指从专家提供的范例中学习。专家提供了驾驶的决策数据$\{\tau_1, \tau_2, ..., \tau_n\}$,每一个数据$\tau_i$则是一个由状态和动作组成的序列: $<s_1^i, a_1^i, s_2^i, a_2^i, ..., s_n^i, a_n^i>$。将状态作为特征,动作作为标签,则可以构建如下的数据集合: $\Phi = \{(s_1, a_1), (s_2, a_2), ..., (s_n, a_n)\}$。利用以上数据,进行监督式模型的训练,得到分类(离散动作)或回归(连续动作)的模型。模仿学习的目标是希望最

终模型生成的状态-动作序列分布与专家提供的状态-动作序列分布一致。而深度模仿学习,则使用深度神经网络技术来进行模仿学习中的函数逼近。

(3) 深度强化学习

深度强化学习研究的是如何通过与环境的交互,学习到某种行动策略以取得最大化的预期收益的问题,即连续决策(Sequential Decision Making)的问题。一般来说,整个行动的过程被建模成马尔可夫决策过程(Markov Decision Process)$M=\{S,A,T,r\}$,其中S表示状态空间,A表示动作空间,T表示状态转移模型(环境模型),r表示奖励函数。若状态不能直接被观测到,则整个行动过程可用POMDP(Partially Observable Markov Decision Process,部分可观测马尔可夫决策过程)来进行建模。

令$r(s_t,a_t)$表示t时刻,给定状态s_t执行动作a_t后获得的奖励,而强化学习的目标,则是学习到一种策略p_θ来最大化如下的奖励函数的期望:$\arg\max\limits_{\theta} E_{p_\theta}[\sum\limits_{t} r(s_t,a_t)]$。

根据状态转移模型T是否已知,强化学习问题被分为基于模型的强化学习(Model-Based Reinforcement Learning)和无模型强化学习(Model-Free Reinforcement Learning)。

强化学习的算法大体可以分为3类:基于策略梯度(Policy Gradient)的方法,即通过对优化函数求取梯度从而直接更新策略函数的参数;基于价值函数(Value-Based)的方法,通过估计价值函数或Q函数的方法来间接得到行动策略,如基于Q函数使用ε-greedy的策略;基于行动者-评论家(Actor-Critic)的方法,它同时使用策略函数和价值函数,在更新策略函数时使用价值函数对奖励进行修正。深度强化学习,即使用深度神经网络对强化学习中的策略函数或价值函数进行逼近,提升模型的表达能力,在多个复杂的强化学习问题上取得了较好的结果。

2.基于深度学习的路径规划和控制

本小节对基于深度学习的无人驾驶路径规划和控制算法进行介绍,包括基于深度模仿学习的方法,以及基于深度强化学习的方法,并将这两类方法与传统路径规划和控制的方法进行对比。

(1) 基于深度模仿学习的方法

传统的无人驾驶系统通常将整个驾驶系统划分成场景感知理解、驾驶行为决策、路径规划、控制执行几个模块。而基于深度模仿学习的端到端的无人驾驶系统一般将汽车摄像头等传感器采集的数据作为网络输入,直接输出汽车转向、加速、减速等控制量给执行器。路径规划和控制本质上是一个序列决策的问题,因此,相比传统的监督式学习的方法,基于深度模仿学习的方法则能够提供序列决策的解决办法。但这类方法需要一个参考驾驶行为作为监督信息,然后使用神经网络来模拟该参考驾驶行为,如图1-33所示。根据参考驾驶行为的来源,进一步将该方法分为模仿人类驾驶行为的方法和模仿传统路径规划算法的方法。

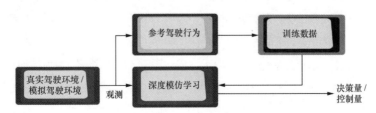

图1-33 基于深度模仿学习的方法框架

(2) 模仿人类驾驶行为的方法

迪安·A.波默洛(Dean A. Pomerleau)提出了基于神经网络的端到端的无人驾驶方法。该方法使用的网络结构比较简单,只包含一个全连接层,由于训练数据量以及硬件的限制，因此其无人驾驶系统并没有取得很好的效果。而 M. 博亚尔斯基（M. Bojarski）提出了一种端到端的基于多层卷积神经网络的无人驾驶系统。该系统使用了 3 个摄像头：一个摄像头记录汽车正前方的画面，另两个摄像头分别采集汽车左前方以及右边的数据来模拟汽车偏离车道的情况。在训练阶段，使用 3 个摄像头采集的数据训练一个多层 RNN；而在测试阶段，仅使用摄像头采集的汽车正前方的数据作为网络的输入，网络的输出是方向盘的转角。通过对中间卷积层的输出结果进行分析，表明卷积层能够有效地提取场景中的车道线、车辆边缘等有效信息。与博亚尔斯基提出的观点类似，Xu H 提出了一种结合 FCN（Fully Convolutional Network，全卷积网络）和 LSTM 网络的端到端的驾驶行为预测方法。该方法可以输出汽车方向控制量以及加速和减速控制信号。同时，在网络训练的过程中，该方法使用图像分割任务辅助训练，让网络在输出驾驶控制信号的同时正确地进行场景解析，从而提升驾驶控制的性能。

（3）模仿传统路径规划算法的方法

模仿人类驾驶行为的方法的一个缺点是，人类驾驶行为数据的获取成本较高且不同司机的驾驶行为存在不一致性。一个可选方案是使用模仿学习来模仿传统路径规划和控制算法的驾驶行为，这样可以较为便宜地获取参考驾驶行为（算法自动生成），并确保参考驾驶行为的一致性。Sun L 等提出了使用深度模仿学习取代 MPC（Model Predictive Control，模型预测控制）进行高效长时路径规划的方法。具体而言，给定当前驾驶场景的观测，该方法通过深度模仿学习预测未来多步的运动位置，以及每个位置上的驾驶策略（包括方向盘转角、油门大小等）。整体而言，相比基于传统的 MPC 路径规划的方法，基于深度模仿学习的方法计算更高效，更能满足无人驾驶的实时性能要求。模仿传统路径规划算法的缺点在于，其性能受限于传统路径规划算法的性能。

基于深度模仿学习的路径规划和控制的方法，其优点是通过一个卷积神经网络来模拟感知、决策、规划、控制的过程，可以对整个驾驶过程进行全局的优化。同时，不需要标注用于理解场景的海量数据，例如标注行人、车辆、车道线等目标的位置，只需要记录人类驾驶员的控制量作为训练模型的监督信息。但这类方法也有两个局限：第一，模仿学习机制存在数据不匹配的问题，即测试时如果出现新的观测数据，模型很可能输出不正确的结果；第二，整个驾驶感知决策的过程是一个黑盒，很难解释神经网络在某些特定场景下的驾驶行为，这样驾驶系统的安全性就得不到保证。

针对数据不匹配问题：对于模仿人类驾驶行为的方法而言，由于频繁获取参考驾驶行为的成本高，因此需在数据采集阶段确保数据的完备性，这对数据采集是很大的挑战；而对于模仿传统路径规划算法的方法而言，则可以很容易获取参考驾驶行为，因此可利用在线学习的框架解决这个问题。例如，Sun L 等使用在线数据增广的方法 Dagger 来不断收集数据，进行在线模型训练。Zhang J 等对 Dagger 进行了扩展，提出了一种 Safe Dagger 的方法用于提升在线数据采样的效率，即当模型输出策略与参考驾驶行为策略差异较大时，才将数据放入训练数据集中。

针对可解释性问题：Chen C 等提出了一种非端到端的方法，这种方法从输入视频中先估计出驾驶决策控制器需要的中间量。这些中间量包括：汽车的偏航角、汽车到左右车道线的距离、汽车到前车的距离等。通过神经网络监督学习的方式，学到一个输入视频到驾驶决策中间量的映射。最后将这些中间量输入一个基于规则的驾驶决策控制系统中。该方法的优点是所利用的中间量的估计准确程度可以定量评估，而它的缺点是需要人为挑选这些中间量，对场景的描述能力有限，不能满足复杂场景下的驾驶需求。同时，该方法使用基于规则的控制器，较难扩展到复杂场景中。

（4）基于深度强化学习的方法

基于深度强化学习的方法将深度学习和强化学习相结合，通常将汽车驾驶决策过程建模成一个马尔可夫决策过程（假定状态可完全观测）。这类方法的一般框架如图1-34所示。

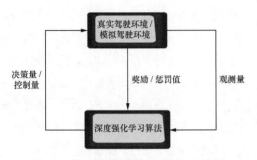

图1-34 基于深度强化学习的方法的一般框架

从图1-34中可以看出，通常深度强化学习算法从真实驾驶环境或模拟驾驶环境中获得观测量，这里的观测量可以是一种或者多种传感器的观测和融合。例如摄像头、激光雷达、毫米波雷达等传感器。以观测量作为输入，深度强化学习算法可以输出一个决策量或控制量。根据算法输出的结果，可以从环境中获得一个奖励/惩罚值。在训练的过程中，可以根据奖励/惩罚值调整深度强化学习网络的参数，从而不断收敛到更好的策略。

根据深度强化学习输出的类型不同，可以分为面向控制的深度强化学习和面向决策的深度强化学习两种方法。面向控制的深度强化学习输出的动作量为方向盘转角、加速和减速控制量。艾哈迈德·El·沙拉布（Ahmad El Sallab）等提出了使用注意力（Attention）机制的深度强化学习框架用于路径规划和控制。其中，在使用卷积神经网络提取特征之后，叠加一个注意力滤波器从而引导卷积核函数关注更有信息的区域。在实验部分，使用模拟器车道保持场景，并结合多种强化学习方法（如深度Q网络、深度行动专家模型等）进行了测试。实验表明，连续控制输出的强化学习模型能够提供更加平滑的控制。对于不同强化学习方法之间的对比，此处不做详细阐述。扎卡里·桑伯格（Zachary Sunberg）等探讨了驾驶人的意图，如主动与被动对于驾驶行为的影响。由于驾驶人的意图无法被观测，因此本小节提出使用部分可观测的马尔可夫决策过程更适合无人驾驶场景的建模。而面向决策的深度强化学习方法输出在某一观测下的决策量，例如停车、换道、转弯等决策量。完成这些决策任务通常还需要一连串底层控制量。沙莱夫-施瓦茨·沙伊（Shalev-Shwartz Shai）等提出使用深度强化学习来对保持直行、转弯、变道等决策进行预测，这些预测结果通过有限状态机完成状态切换，而每一个决策的具体执行则使用传统的路径规划方法。Wang P等考虑了交通汇入的场景。该场景涵盖两个难点：第一，车流汇入是一个长时的优化目标；第二，汇入过程涉及与其他车辆的交互，而其他车辆的行为也较难预测。Wang P等使用深度强化学习的模型来解决长时优化的问题，并结合LSTM模型来解决交互车辆行为预测的问题。

由于在很多驾驶场景下，要定义一个好的奖励-惩罚函数很困难，因此S.谢里夫扎德（S. Sharifzadeh）等提出了一个通过反向强化学习（Inverse Reinforcement Learning）来学习驾驶策略的方法，即通过已知的参考驾驶数据来估计奖励-惩罚函数。该方法与模仿学习的差异在于，前者建模奖励-惩罚函数，继而驾驶策略是根据此奖励-惩罚函数探索学习而来的；而后者直接建模驾驶策略，因此其性能受限于参考驾驶行为，例如可能并不是最优策略。

（5）方法对比

本小节针对上述方法的优缺点进行了综合对比以及分析，见表1-12。

表1-12 无人驾驶中路径规划和控制方法对比

方法	优点	缺点
传统方法	稳定性高，在实践中经过大量验证，广泛应用于目前的无人驾驶系统中	一般不适用于复杂环境的控制决策（例如人车混合的城市道路），并且计算成本较高

续表

方法	优点	缺点
基于深度模仿学习的方法	端到端的解决方案可以输出模仿专家驾驶行为的序列决策，计算更高效，实时性更高	整个驾驶决策的过程通常为黑盒，具有不可解释性；模仿学习机制存在数据不匹配的问题，即测试时如果出现新的观测数据，则模型很可能输出不正确的结果
基于深度强化学习的方法	可以在模拟器中快速验证算法的有效性；计算效率高，实时性高；可用于复杂环境下的控制决策	模拟器和实际驾驶环境存在差异，如何更好地模拟真实环境是一个难点；在虚拟环境中训练的模型转换到真实场景使用也是一个难题

3.面临的挑战

尽管深度模仿学习以及深度强化学习等算法已经在驾驶控制决策领域取得了阶段性的成果，但远未达到实际应用的标准，所面临的挑战问题包括安全性问题、鲁棒性问题以及扩展性问题。例如，无人驾驶算法的安全性问题，即如何让无人驾驶算法的安全性超过人类驾驶员的安全性是一个很大的挑战。如何确保鲁棒性也是亟待解决的问题，如何设计出可以适应不同路况、天气、光照情况的算法仍然是一个难题。对于基于深度强化学习的方法，还面临着扩展性问题。深度强化学习通常使用模拟器构建实验场景和进行训练，而由于模拟器和真实环境的差异，如何将模拟器中训练的模型迁移到实际环境中还有待进一步的研究。

1.2.5　从海量监控视频中提取并展示目标活动线索

★ 关键词：计算机视觉　视频监控网络　目标提取
★ 作　者：宋明黎

大范围视频监控网络的部署产生了海量的监控视频，如何从中提取并展示目标活动线索成为一个亟待解决的问题。针对这一问题，本小节提出了面向稀疏监控摄像头网络的目标视频归纳这一全新的研究方向。然而，由于稀疏监控摄像头网络视频所具有的多目标、稀疏性、多角度等特点，因此该研究在多个关键技术上都面临挑战。针对稀疏监控摄像头网络视频进行目标归纳所面临的问题和挑战，本小节将介绍目标提取与跟踪、跨摄像头目标跟踪、摄像头网络拓扑重建以及目标视频归纳等相关关键技术，为公共安全、反恐与国家安全、海量视频智能管理、无人零售技术等应用提供参考。

近年来，出于公共安全、交通管制、反恐等需要，很多国家都部署了基于摄像头网络的视频监控系统，这些摄像头网络每天都采集并存储着海量的监控视频。以国内某城市为例，其公共视频监控系统拥有超过1万个摄像头，这些摄像头每天采集、存储的视频数据超过640TB，是名副其实的"大数据"。一般而言，这些视频中包含的大部分数据是冗余数据，当突发事件发生后，工作人员往往需要浏览海量的视频数据查找相关线索。

为了解决快速浏览大规模视频的问题，近年来，视频浓缩技术成为一个重要的研究方向。国际上，得克萨斯大学奥斯汀分校提出了事件驱动的头戴摄像机视频浓缩，麻省理工学院研发了基于网络图像先验的高显著度视频浓缩方法；国内，合肥工业大学提出了基于标签定位和关键片段的互联网视频浓缩，浙江大学也在弱监督学习的基础上提出了非负线性重建视频摘要。然而，对于监控摄像头网络采集、存储的海量视频而言，人们浏览上述监控视频通常是在事件发生后,其目的是查询目标在网络中活动的线索,而上述传统的基于显著度或事件驱动的视频浓缩往往导致目标活动线索的丢失,无法发挥监控网络的优势。面向稀疏监控摄像头网络的目标视频归纳以目标活动线索为核心,开展泛目标提取与跟踪、跨摄像头目标跟踪、摄像头网络拓扑重建以及目标视频归纳等关键算法和理论研究,实现目标活动线索的抽取和浓缩展示,无疑具有重大的理论研究意义和实践应用价值。

1.研究稀疏监控摄像头网络的必要性

相比一般视频,监控摄像头网络视频具有新的特点:首先,视频来源于监控网络中的所有摄像头,覆盖范围大,涉及目标多;其次,监控摄像头网络是稀疏的,摄像头之间的视野没有重叠;再者,摄像头的拍摄角度不同,同一目标外观变化大。这些新的特点给目标视频归纳带来如下4类挑战。

一是目标提取与跟踪。监控视频中的目标种类和外观多样,通过预先训练目标检测器进行目标提取专业要求高、工作量大,而且无法适应摄像头角度变化造成的目标外观差异,而传统的背景减除、运动分割等方式受环境影响过大。另外,在进行多目标跟踪时,传统的光流、Meanshift等方法常常导致目标混淆或跟丢,Tracking-by-Detection方法虽然较为稳定,但仍需要构造、训练目标检测器,无法处理视频"大数据"。

二是跨摄像头目标跟踪。由于监控摄像头网络是稀疏的,摄像头视野之间没有重叠,因此无法通过"握手"方式实现跨摄像头目标跟踪。而且摄像头的角度多样导致目标外观变化大,使跨摄像头目标跟踪面临很大的挑战。

三是摄像头网络拓扑重建。虽然人们可以通过摄像头坐标确定其空间位置关系,但这些摄像头之间的"连接"关系却是未知的。为了准确提取并参数化目标在摄像头网络中的活动轨迹,就必须弄清其"连接"关系。然而,由于这些稀疏摄像头之间的视野缺少重叠,因此如何构造并学习摄像头网络拓扑结构是一个极具挑战性的问题。

四是目标视频归纳。与传统的视频浓缩不同,目标视频归纳不仅要生成目标在监控网络中的活动视频序列并进行浓缩,且归纳结果要能够反映目标之间的关联关系,从而抽取并展示摄像头网络中目标的活动线索,这无疑具有很大的挑战性。

综上所述,随着稀疏视频监控网络的广泛部署,研究面向稀疏监控摄像头网络的目标视频归纳技术成为业界的迫切要求。

2.国内外研究现状及发展动态分析

(1)目标提取与跟踪研究现状

对于目标提取而言,利用背景减除或光流分割获得视频中的运动区域是一种简单、直接的目标提取方式。B.阿列克谢(B. Alexe)等提出了Objectness的概念,引入显著度估计策略进行"目标度"检测。贾斯珀·R.R.·乌伊林斯(Jasper R.R.Uijlings)等在此基础上提出了Selective Search进一步提高了目标度估计的性能。Cheng等基于二值化赋范梯度(Binarized Normed Gradient)更是实现了300帧/秒的高速目标度估计。然而,由于监控视频中目标较多、背景干扰大,因此上述方法常常无法准确提取目标。国内,浙江大学也提出了通过低层视觉先验估计目标显著度,再利用高层视觉先验确定目标空间分布,但由于未引入目标运动的时域约束,因此导致目标提取的精度不够。为了解决上述问题,人们通过有监督方式训练目标检测器来提取视觉目标。其中较具代表性的工作是由费尔森斯瓦尔布(Felzenszwalb)等人提出的DPM(Deformable Part Model,可变形部件模型),该模型将目标表达成多个可变形部件模型的混合体,对物体的非刚性弯曲等变化的鲁棒性较高。然而,摄像头网络监控视频中目标类别多样且角度变化较大,对每个目标和每个摄像头训练DPM显然是不可行的。

与目标定位不同,目标跟踪需要在连续的视频帧序列中给出目标的位置。中国科学院自动化研究所认为，传统的光流、Meanshift等方法受环境、遮挡等因素的影响大。美国南加州大学的Dinh等尝试利用局部特征点的共生性解决目标部分遮挡和外观变化问题。英特尔的Mei等基于l1范式优化稀疏编码提取鲁棒性更高的特征以解决遮挡和环境噪声问题。然而，上述方法不能在线更新目标特征，导致多个相似目标在运动中发生交叉时往往会发生"误跟"现象。此外，这类方法通常只能针对视频中的单个目标进行跟踪，无法应对多目标跟踪问题。为了克服上述方法的局限性，Tracking-by-Detection方法同时利用目标检测器的高区分能力和目标运动的连续性，使目标跟踪更为稳定，但因不能对目标特征进行在线更新，仍存在多目标交叉中的"误跟"现象。例如，Liu X等提出通过当前帧目标特征对已有的高区分性特征进行更新，实现对多目标的灵活、稳定跟踪。

总体而言，由于稀疏监控摄像头网络视频角度变化大、目标多，现有视频目标提取和跟踪方法与目标视频归纳所要求的性能有较大差距，因此需要研究新的目标提取和跟踪方法，使其既能够在避免烦琐的检测器训练的同时准确提取类别多样的"泛目标"，又能够在线更新目标特征实现稳定、准确的多目标跟踪。图1-35所示即为基于在线学习的目标跟踪。

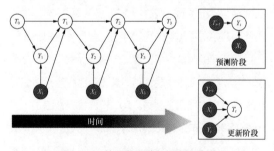

图1-35 基于在线学习的目标跟踪

（2）跨摄像头目标跟踪研究现状

由于不同摄像头的视野之间没有重叠区域，因此跨摄像头目标跟踪本质上是目标再识别问题。根据对特征处理方式的不同，跨摄像头目标跟踪方法大体可以分为两类：基于距离学习的方法和基于局部特征匹配的方法。

基于距离学习的方法通过学习不同摄像头中同一目标的最佳相似度度量获得不同摄像头之间目标表达的映射关系，从而实现准确的跨摄像头的目标跟踪。Zheng等通过缩小与身份目标的特征距离来增强不同身份目标之间的区分性，以此提高跨摄像头目标跟踪的准确率。国内，清华大学艾海舟教授课题组提出了基于统计推断的行人再识别算法，该算法基于人工标注的训练样本统计学习两幅行人图像的相似度度量函数，重置不同摄像头中行人特征之间的相似度，以此来搜索不同摄像头中相同身份的行人。为了减少距离学习的人工标注工作量，Liu X等提出了一种基于半监督耦合字典学习的行人表达方法，通过对带标签和不带标签的行人样本进行联合字典学习，为每一对成对的摄像头学习联合字典，因而可以由一个摄像头的行人特征重构得到另一个摄像头中的行人特征，从而实现行人特征的外观不变性（见图1-36），上述方法在小规模数据上提高了目标跟踪的准确率。然而，人们也注意到，由于稀疏监控摄像头网络节点和目标较多、监控角度多变，因此通过人工定义的特征进行度量学习往往无法灵活适应这一情况，与实际需求有较大差距。

基于局部特征匹配的方法通过人工定义局部特征进行跨摄像头目标跟踪。Zhao R等采用无监督显著度学习模型取得可靠的高区分性局部Patch进行匹配实现行人再识别。国内，西安理工大学提出采用多种特征融合方式获得目标的外观描述，再基于EMD（Earth Mover Distance，地球移动距离）进行最近邻识别。但由于监控摄像头角度的变化，同一个人的外观变化往往很大，导致低层特征区分性和稳定性往往还不足，因此人们还尝试通过基于属性约束的隐话题模型（Attribute-Restricted Latent Topic Model）在目标再识别中通过属性描述取得更稳定的目标特征。上述基于局部特征匹配的方法不需要大量的人工标注数据，易于实施，但值得注意的是，仅靠人工定义方式获得的特征表达描述能力有限，特征区分性和稳定性

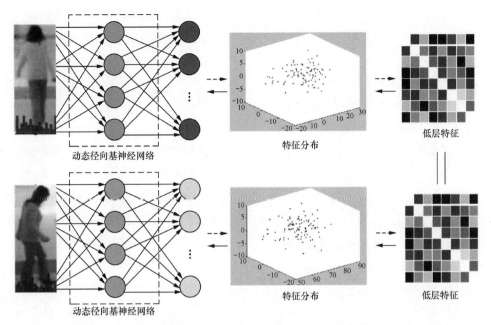

*图 1-36 基于深度网络模型的角度不变特征学习（--▸ 表示投影，◂— 表示重建）

都无法保证，特别是在网络中摄像头较多的情况下很难取得较高的再识别准确率。

总体而言，现有的跨摄像头目标跟踪所使用的特征是基于人工定义的，其表达能力和区分能力都无法适应稀疏摄像头网络中目标类型多样、摄像头角度复杂等情况。此外，现有的目标再识别方法大多都没有考虑摄像头网络中节点之间的关联性和时空距离，导致识别准确率随着网络规模的扩大迅速衰减。

（3）摄像头网络拓扑重建研究现状

摄像头网络拓扑重建的目的是获得摄像头之间的关联关系。然而，随着监控网络中摄像头数量增加，监控视频中具有相似外观的目标会越来越多，仅仅基于外观特征无法做到准确的身份再识别，这时候就要引入摄像头之间的关联关系作为约束。对于稀疏摄像头网络而言，进行拓扑重建主要分为有监督和无监督两种方式。

有监督摄像头网络拓扑重建的一个基本假设是，当监控网络中的两个摄像头在不同时刻发现同一目标时，这两个摄像头之间存在连接关系。Shah 等对不同摄像头中的相同目标进行人工标注，基于标注的目标轨迹数据，学习稀疏摄像头网络中摄像头之间的相互关系，其中包含目标在摄像头间移动的概率。然而，对于大规模稀疏摄像头网络而言，该方法人工标注工作量过大，而且该模型中并未包含摄像头间的时间距离，因此拓扑重建结果是不完备的。

无监督摄像头网络拓扑重建在学习摄像头之间的关系时不需要人工标注数据，而是通过统计学习方式获得对摄像头网络拓扑的认知。K. 肖（K. Tieu）和 A. 吉尔伯特（A. Gilbert）等提出了一种由粗到精的摄像头网络拓扑重建方法，首先假设所有摄像头之间都有直接的连接关系，然后基于目标颜色匹配不断调整这些连接关系，最终得到符合实际监控系统的摄像头网络拓扑。与之不同，C.C. 洛伊（C.C.Loy）等提出了基于交叉典型相关分析对所有的摄像头视频场景进行量化分析的方法，从中发现摄像头之间的连接关系。然而，上述方法仅考虑了摄像头之间的连接关系，并没有对目标在摄像头之间的迁移概率和时间距离进行建模。当监控网络规模较大时，相似的场景越来越多，往往导致拓扑重建的失败。

总的来说，目前国外对稀疏摄像头网络拓扑重建的研究尚处于起步阶段，国内也尚未有代表性的研究成果发表。首先，现有的拓扑重建未能与跨摄像头目标跟踪有机结合，导致标注工作量大或相似场景多等问题，无法解决大规模稀疏摄像头网络条件下的拓扑重建问题。其次，现有的拓扑重建模型大都没有考虑节点之间的时间距离，缺少完备性。因此，如何以最少的人工干预获得准确、完备的拓扑重建，是一个在理论和实践上都有重要意义的挑战性课题。

（4）视频浓缩研究现状

传统的视频浓缩能够使人们快速地浏览或检索海量的视频数据，主要分为两类：一类是基于低层特征的视频浓缩；另一类是基于语义事件驱动的视频浓缩。

基于低层特征的视频浓缩通过低层视觉特征计算得到视频帧的重要度（Importance），并根据重要度提取视频中的关键帧或关键片段实现浓缩。南洋理工大学用通过CENTRIST低层特征构造的稀疏字典来提取用户个人视频的关键帧或关键片段。在国内，浙江大学先后提出了基于片段边界检测的关键帧提取和基于非负线性重建的视频浓缩，后者在公共数据集Open Video Project上取得了迄今为止最好的关键帧提取结果。

基于语义事件驱动的视频浓缩通过检测提取视频中重要的语义片段实现浓缩。UT-Austin提出的事件驱动的头戴摄像机视频摘要，可以利用事件检测器提取关键视频片段，再连接这些视频片段获得浓缩视频。合肥工业大学提出的基于标签定位和关键片段提取的事件驱动互联网视频摘要的方法，实现了视频事件的快速搜索。

总体而言，虽然上述视频浓缩技术大幅度压缩了视频长度，但由于没有考虑目标活动线索的提取和保留，往往会导致目标活动线索的中断或丢失，因此无法用于面向稀疏监控摄像头网络的目标视频归纳。

3.可能的技术路径

针对监控摄像头网络涵盖目标多样、角度各异、稀疏性强等新的特点，本小节提出了面向稀疏监控摄像头网络的目标视频自动归纳研究。未来，业界将以目标活动线索提取为主线，对目标视频归纳相关的泛目标活动提取与跟踪、跨摄像头目标跟踪、摄像头网络拓扑重建以及目标视频归纳等关键技术展开研究。

首先，针对稀疏摄像头网络视频中目标种类多、数量大等特点，研究基于视觉先验学习的泛目标提取方法，并基于在线增强学习实现鲁棒、稳定和准确的多目标跟踪。其次，考虑到跨摄像头视频角度差异带来的目标外观变化，基于深度学习思想研究角度不变特征学习算法，并结合摄像头网络的时空域约束构造新的跨摄像头目标跟踪方法。再者，基于有向图对稀疏摄像头网络进行拓扑建模，利用跨摄像头目标跟踪提取的目标运动轨迹对该有向图进行统计学习，获取目标在相邻摄像头之间的转移概率和时间开销分布，并在此基础上构造摄像头网络拓扑重建与跨摄像头目标跟踪交替迭代优化框架，同时提高拓扑重建和目标跟踪的准确率。最后，基于目标在稀疏监控摄像头网络中的运动轨迹，对目标之间的关联关系进行建模，并以此为浓缩要素，构造新的视频浓缩算法和目标图谱自动生成算法，实现以目标活动线索为核心的稀疏监控摄像头网络视频自动归纳。

1.2.6　基于视觉的无人机地面目标自主跟踪系统

★ 关键词：计算机视觉　无人机　目标自主跟踪
★ 作　者：成慧　林立山　郑卓祺　杨睿

使无人机具备自主飞行能力是无人机发展过程中的必经阶段，其中最重要的技术是视觉跟踪技术。

为了能使无人机实现自主视觉跟踪，无人机先后经历了ADS-B（Automatic Dependent Surveillance-

Broadcast，广播式自动相关监视）与雷达定位、信号点跟踪、视觉/超声波定位、人工智能式的目标识别等多个技术阶段。本小节针对地面移动目标的跟踪问题，以搭载云台摄像机的四旋翼无人机为平台，对云台自主跟踪、目标状态估计和无人机控制进行分析，设计了基于视觉的无人机地面目标自主跟踪系统。

旋翼无人机的自主跟踪技术有着广泛的应用。近年来，国内外学者对无人机自主跟踪技术开展了广泛的研究，提出了许多性能优良的视觉跟踪算法和无人机控制律。

现阶段无人机视觉跟踪算法的研究尚存在如下问题：跟踪算法对目标遮挡或丢失的情况缺乏鲁棒性；无人机视觉跟踪算法与控制算法计算复杂度高，不适合机载计算机处理；分别考虑视觉跟踪、目标状态估计与无人机控制，而没有考虑三者之间的耦合和关联。

针对上述问题，本小节设计了一种基于视觉的无人机地面目标自主跟踪系统。为了解决目标遮挡与丢失问题，此处在 KCF（Kernel Correlation Filter，核相关滤波）跟踪算法的基础上加入了目标丢失检测和目标重检测模块，使系统能判断目标状态，检测并继续跟踪重新出现在图像中的目标，并使用基于 IMM-EKF（Interactive Multiple Model-Extended Kalman Filter，交互式多模型-扩展卡尔曼滤波）的状态估计器估计机动目标的运动状态。本小节设计了无人机的非线性控制律以实现稳定的飞行控制。此外，根据目标的运动状态及其与无人机的相对距离，无人机跟踪系统选择不同的模式以提升跟踪过程中的飞行稳定性。

1. 无人机自主跟踪系统结构

本小节采用大疆经纬 Matrice 100（M100）无人机开发者平台作为无人机平台，M100 具有灵活的可扩展性，搭载英伟达 TK1 机载计算机和云台相机。机载计算机利用视觉跟踪算法对云台相机采集的视频图像进行处理，获得目标在图像上的坐标，并将坐标数据反馈给云台控制器。同时，机载计算机融合 IMU（Inertial Measurement Unit，惯性测量单元）和云台相机的数据估计运动目标的状态。根据目标状态信息及其与无人机的相对距离，可切换的跟踪控制策略使无人机在跟踪过程中飞行稳定。基于视觉的无人机地面目标自主跟踪系统如图 1-37 所示。

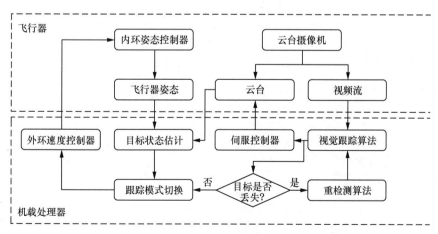

图 1-37　基于视觉的无人机地面目标自主跟踪系统

2. 视觉跟踪算法

本小节设计的视觉跟踪算法由 KCF 跟踪算法、目标丢失检测和重检测模块构成，对于处理目标被遮挡或丢失的问题具有一定的鲁棒性，且有较高的计算效率，算法流程如图 1-38 所示。

（1）KCF 跟踪算法

KCF 跟踪算法利用不需要先验知识的在线学习方法来实现目标跟踪。在选中兴趣区域后，KCF 跟踪算法将兴趣区域转换为多通道的 HOG（Histogram of Oriented Gradients，方向梯度直方图）特征描述子。利用岭回归（Ridge Regression）和 HOG 特征描述子将兴趣区域 z 初始化为一个回归方程 $f(z)$。对于新一帧图像，使用 $f(z)$ 对原兴趣区域的邻近区域进行评估，选择具有最大响应的区域作为该帧的输出，并以此更新 $f(z)$。

除部分噪声。在差分图像中，使用与初始兴趣区域同样大小的边界框选中多个运动前景，再利用回归方程进行相似度估计，最后选择具有最大响应且响应大于阈值的区域作为目标位置。

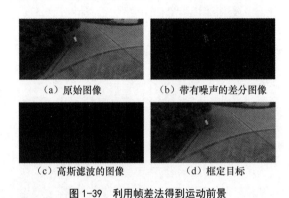

（a）原始图像　　　　（b）带有噪声的差分图像

（c）高斯滤波的图像　　（d）框定目标

图 1-39　利用帧差法得到运动前景

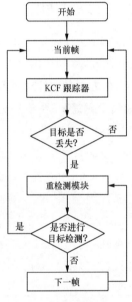

图 1-38　视觉跟踪算法流程

3. 目标状态估计

在保证云台摄像机能够获得目标坐标后，需要估计目标的运动状态和实际位置，以控制无人机跟随。

（1）距离估计方法

令 F_B 表示无人机坐标系，F_C 表示云台摄像机坐标系。选取云台摄像机光心作为 F_C 的原点，X_C–Y_C 平面与成像平面平行，Z_C 轴沿光轴方向。无人机、云台摄像机与地面目标 T 的位置关系如图 1-40 所示。

（2）目标丢失检测和重检测

在跟踪过程中，会出现目标被完全遮挡的情况，大多数视觉跟踪算法在此情况下无法正常工作。本小节提出了一种简单而有效的目标丢失检测和重检测方法，以检测目标是否丢失，并捕捉重新出现在视频图像中的目标。

在 KCF 跟踪算法中，回归方程值表征了兴趣区域与目标的相近程度。设定一个阈值，若回归方程的最大值 $f_{max}(z)$ 低于该阈值，可认为目标丢失。

当目标丢失，无人机进入悬停状态并开始寻找目标时，可以根据运动目标的前景来检测目标。利用帧差法，用当前帧图像减去前一帧获得差分图像，得到运动前景，如图 1-39 所示。然后，利用高斯滤波去

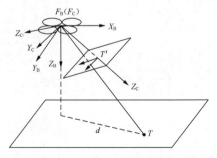

图 1-40　无人机、云台摄像机与地面目标 T 的位置关系

根据标准小孔成像原理，用 $\boldsymbol{R}_{BC}$ 表示 F_C 转换到 F_B 的旋转矩阵，目标 T 在无人机坐标系 F_B 中的位置向量 $\boldsymbol{P}_B$ 可表示为：

$$\boldsymbol{P}_B \sim \boldsymbol{R}_{BC}\boldsymbol{K}^{-1}(u,v,1)^T \quad （1\text{-}2）$$

其中，齐次坐标 $(u,v,1)$ 为成像平面的目标位置，

K 为云台摄像机的本征矩阵，$P_B=(x_t, y_t, z_t)^T$。由此，用 h 表示无人机的高度，则目标与无人机的相对距离可用式（1-3）估算：

$$d = \frac{h}{z_t}\sqrt{x_t^2 + y_t^2} \qquad (1-3)$$

（2）扩展卡尔曼滤波器

由于计算过程中存在测量噪声，且噪声会发生叠加，因此由式（1-3）估算得到的无人机与目标的相对距离一般是不精确的。要使无人机在跟踪目标时能有更小的跟踪滞后和更稳定的飞行轨迹，需要对目标相对位置进行滤波估计。

对于随机运动的目标，单一模型无法包含其运动情况。本小节使用以匀速运动模型与当前统计模型为模型集的 IMM-EKF 算法估计运动目标的状态。

匀速运动模型为：

$$X(k+1) = \begin{bmatrix} 1 & t \\ 0 & 1 \end{bmatrix} X(k) + \begin{bmatrix} t^2/2 \\ t \end{bmatrix} w(k) \qquad (1-4)$$

其中，t 为采样间隔，X 为状态向量，w 为离散白噪声。

当前统计模型的离散形式由式（1-5）表示：

$$X(k+1) = \Phi(k)X(k) + U(k)\bar{a}(k) + w(k) \qquad (1-5)$$

其中，$\Phi(k)$ 为状态矩阵，$U(k)$ 为控制矩阵，$\bar{a}(k)$ 为目标的加速度均值，$w(k)$ 为离散形式下的白噪声。该模型是具有自适应均值的 Singer 模型，不需要任何先验知识，并能对变加速运动的目标进行状态估计。

4.控制器设计

（1）云台控制器

由于视频图像每帧间隔时间较短，因此可认为目标在相邻几帧图像上的运动在同一直线上，且加速度变化不大。在此假设下，用匀加速运动模型来预测目标下一时刻的坐标。令目标在图像坐标系 x 轴上第 k 时刻的位置为 $u(k)$，则第 $k+1$ 时刻的位置 $u(k+1)$ 用式（1-6）估算：

$$\begin{bmatrix} u(k+1) \\ \dot{u}(k+1) \\ \ddot{u}(k+1) \end{bmatrix} = \begin{bmatrix} 1 & \Delta t & \frac{1}{2}\Delta t^2 \\ 0 & 1 & \Delta t \\ 0 & 0 & 1 \end{bmatrix} \begin{bmatrix} u(k) \\ \dot{u}(k) \\ \ddot{u}(k) \end{bmatrix} \qquad (1-6)$$

其中，Δt 为第 k 时刻与第 $k+1$ 时刻的时间步长，$\dot{u}(k)$ 和 $\ddot{u}(k)$ 可由 4 个相邻图像帧的差分得到：

$$\dot{u}(k) = \frac{1}{4\Delta t}[u(k-1) - u(k-3) + u(k-2) - u(k-4)] \qquad (1-7)$$

$$\ddot{u}(k) = \frac{1}{4\Delta t^2}[u(k-1) - u(k-3) - u(k-2) + u(k-4)] \qquad (1-8)$$

类似地，可以估计得到目标在图像坐标系 y 轴的位置 $v(k)$。由此，以 PD（Priority-driven scheduling，基于优先级的调度）算法控制云台，将坐标估计值与预期位置的偏差作为控制器输入来计算云台的偏转角速度。

（2）跟踪策略

针对不同的目标运动状态，设计了模式可切换的跟踪策略。在观察模式下，设计 PID（Proportional、Integral、Differential，比例、积分、微分）控制器，在偏航角速度不足时控制无人机移动以调整视角，使目标一直处于无人机前方；在跟踪模式下，采用李雅普诺夫方法根据目标运动状态设计控制器来控制无人机的飞行。

跟踪模式的切换取决于无人机和目标的相对距离 d 与阈值 d_{min} 和 d_{max} 的关系，该阈值由无人机的飞行高度 h 和使目标定位误差最小的俯仰角范围 $[\theta_1, \theta_2]$ 决定：

$$\begin{cases} d_{max} = h\tan\theta_1 \\ d_{min} = h\tan\theta_2 \end{cases} \qquad (1-9)$$

通过实验验证，当 $[\theta_1, \theta_2]=[20°, 70°]$ 时，相对距离预测具有较好的效果。

① 观察模式

当 $d_{min}<d<d_{max}$ 时，目标在观察区域内，如图 1-41 所示，无人机进入观察模式。

此时，为使目标留在视野内，仅需采用 PID 控制器对无人机的偏航角进行控制，而无须云台一直跟随目标，避免造成不必要的镜头抖动。

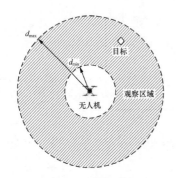

图 1-41 观察区域

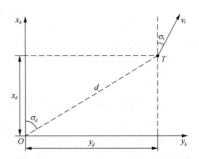

图 1-42 目标坐标、相对距离和相对角速度间的关系

② 跟踪模式

当 $d<d_{min}$ 或 $d>d_{max}$ 时,目标离开观察区域,无人机切换至跟踪模式。

假设无人机在跟踪过程中定高飞行,可将三维空间中的跟踪问题简化成二维平面上的位置跟随问题。

在跟踪过程中,无人机需与目标保持期望的距离,且偏航角尽量小。令无人机与目标间实际距离和期望距离的偏差为 ε_d,无人机实际偏航角与期望偏航角的偏差为 ε_σ:

$$\begin{cases} \varepsilon_d = d - E(d) \\ \varepsilon_\sigma = \sigma_d \end{cases} \quad (1-10)$$

其中,

$$E(d) = \begin{cases} d_{min}, & d \leq d_{min} \\ d_{max}, & d > d_{max} \end{cases}$$

目标坐标、相对距离 d 和相对角速度 σ_d 间的关系如图 1-42 所示,$d = \sqrt{x_d^2 + y_d^2}$,$\sigma_d = \arctan(y_d/x_d)$。对式(1-10)求导可以得到:

$$\begin{cases} \dot{\varepsilon}_d = -v_x\cos\varepsilon_\sigma - v_y\sin\varepsilon_\sigma + v_t\cos(\sigma_t - \sigma_d) \\ \dot{\varepsilon}_\sigma = \dfrac{\sin\varepsilon_\sigma}{d}v_x - \dfrac{\cos\varepsilon_\sigma}{d}v_y + \dfrac{\sin(\sigma_t - \sigma_d)}{d}v_t \end{cases} \quad (1-11)$$

其中,v_x 与 v_y 是无人机在机体坐标系下的速度,v_t 与 σ_t 是通过 IMM-EKF 估计得到的目标速度和偏航角速度。

控制系统需要对 v_x、v_y 以及角速度 w 进行控制,使得 ε_σ 及 ε_d 收敛到 0。根据李雅普诺夫第二定理,考虑方程:

$$V(x) = \frac{1}{2}(\varepsilon_d^2 + \varepsilon_\sigma^2) \quad (1-12)$$

显然,$V(x) \geq 0$,当且仅当 $[\varepsilon_d\ \varepsilon_\sigma]^T = [0\ 0]^T$ 时有 $V(x)=0$,故 $V(x)$ 正定。对 $V(x)$ 求导:

$$\begin{aligned}\dot{V}(x) &= \varepsilon_d\dot{\varepsilon}_d + \varepsilon_\sigma\dot{\varepsilon}_\sigma = v_x\left(-\varepsilon_d\cos\varepsilon_\sigma + \varepsilon_\sigma\frac{\sin\varepsilon_d}{d}\right) + \\ &\quad v_y\left(-\varepsilon_d\sin\varepsilon_\sigma - \varepsilon_\sigma\frac{\cos\varepsilon_d}{d}\right) + v_d\varepsilon_d\cos(\sigma_t - \sigma_d) + \\ &\quad v_d\varepsilon_\sigma\frac{\sin(\sigma_t - \sigma_d)}{d}\end{aligned}$$

$$(1-13)$$

控制量取:

$$\begin{cases} v_x = k_1\varepsilon_d\cos\varepsilon_d + \varepsilon_d + v_d + v_d\cos(\sigma_t - \sigma_d)\cos\varepsilon_\sigma \\ v_y = k_1\varepsilon_d\sin\varepsilon_d + v_d\cos(\sigma_t - \sigma_d)\sin\varepsilon_\sigma \\ w = k_2\varepsilon_\sigma + \dfrac{v_d}{d}\sin(\sigma_t - \sigma_d) \end{cases}$$

$$(1-14)$$

其中,k_1 与 k_2 为正常数。

将式(1-14)代入式(1-13)中,整理之后可以得到:

$$\dot{V}(x) = -k_1\varepsilon_d^2 - k_2\varepsilon_\sigma^2 \quad (1-15)$$

已知 $\dot{V}(x)<0$,由李雅普洛夫第二定理可知,控制系统在 $[\varepsilon_d\ \varepsilon_\sigma]^T=[0\ 0]^T$ 处渐进稳定。

5.实验测试

(1)视频目标跟踪测试

对跟踪算法在目标没有被遮挡、半遮挡和完全遮挡 3 种情况下的性能进行测试,测试结果如表 1-13 所示。

在表 1-13 中,N_s 为每次测试的总视频帧数,N_t 为包含目标的视频帧数,N_{td} 为正确跟踪和重检测目标的视频帧数，SB 为简单背景，CB 为复杂背景，IV 为光照变化。在完全遮挡情况测试中，设置目标消失时间至少为 3s，即约为 90 帧。此时，传统的 KCF 跟踪算法不能准确跟踪目标，而由 KCF 跟踪算法和重检测算法组成的跟踪方案则能良好地工作。算法的跟踪准确率随着情况复杂度的增加而下降。

表 1-13　不同情况下的视频目标跟踪测试

测试次数	N_s	N_t	N_{td}	场景	跟踪准确率
1	660	332	312	SB	94.87%
2	930	872	838	SB	96.10%
3	1169	1019	964	SB	94.60%
4	1349	1222	1033	CB	84.53%
5	2212	1881	1609	CB	86.07%
6	840	601	459	IV, CB	76.37%
7	1049	863	712	IV, CB	82.50%

（2）目标状态估计测试

本小节使用目标真实运动状态与算法估计结果的偏差，对目标状态估计算法性能进行测试。相对距离误差表示为：

$$\delta_d = \frac{\Delta d}{d_{true}} = \frac{d_{est} - d_{true}}{d_{true}} \quad (1-16)$$

其中，d_{true} 为无人机与目标的实际相对距离，d_{est} 为 IMM-EKF 估计得到的相对距离。

图 1-43 所示为相对距离误差与云台俯仰角及偏航角间的关系，图中相对距离误差最值出现在红色或蓝色区域。随着俯仰角的增大，相对距离误差增加，

目标状态估计的准确率下降，其原因在于：镜头图像存在畸变；在图像边缘处应用成像公式计算得到的实际距离有较大误差；云台摄像机存在观测噪声。

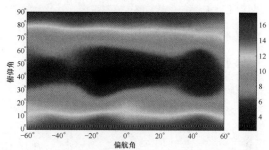

* 图 1-43　相对距离误差与云台俯仰角及偏航角间的关系

实验结果表明，当云台姿态角的变化范围为 3%～8% 时，目标状态估计的结果是可接受的。当偏航角为 [-20°, 20°]，且俯仰角为 [30°, 55°] 时，相对距离误差最小。因而，云台俯仰角和偏航角应当控制在合适范围内，以得到准确的定位精度。

（3）控制系统仿真实验

本小节对非线性控制算法与 PID 算法进行了仿真对比。

在仿真中，无人机被视作质点，其参数设置如下：偏航角速度为 90°/s，无人机最大速度为 6m/s。目标的运动轨迹随机生成，且在运动中拥有可变速度和加速度。在两种控制算法的仿真实验中，跟随策略均可切换至不同模式，仿真结果如图 1-44 所示。

图 1-44（a）说明在模式可切换的跟踪策略之下，无人机能平稳、准确地跟踪目标，且非线性控制律与

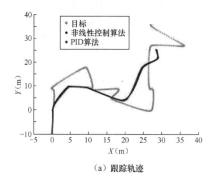

（a）跟踪轨迹

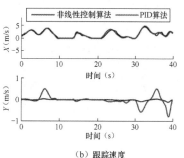

（b）跟踪速度

* 图 1-44　无人机跟踪随机移动目标

PID 算法的效果相近。图 1-44（b）说明使用非线性控制律得到的速度比 PID 算法更为平稳，由此避免了无人机不必要的移动。非线性控制律相比 PID 算法参数少、取值范围广，参数整定更为简便。

（4）自主跟踪飞行实验

我们通过室外飞行实验对随机运动的人进行了跟踪。飞行测试时间约为 3min，总跟踪路程约为 330m。利用人身上的手机导航数据和机载导航数据得到二者的运动轨迹，如图 1-45 所示。对图 1-45 中 A 区域的放大显示如图 1-46 所示。

从图 1-46 可以看出，应用模式可切换的跟踪策略，无人机的跟踪轨迹相比目标的运动路径更平滑。当目标频繁变更方向时，无人机通过切换观察模式和调整偏航角使得目标留在摄像头的视野范围内，避免紧随目标而发生晃动。实验结果表明，本小节提出的视觉跟踪控制算法可使无人机准确、稳定地跟踪目标。

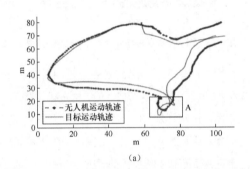

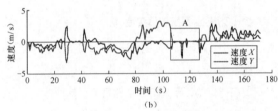

图 1-45　跟踪测试无人机和目标的运动轨迹与速度

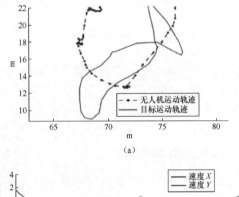

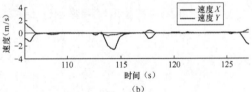

图 1-46　对图 1-45 中 A 区域的放大显示

6. 总结

针对无人机自主跟踪问题，本小节对视觉跟踪、目标状态估计和无人机的控制进行了系统的分析，设计并实现了基于视觉的无人机地面目标自主跟踪系统。通过结合 KCF 跟踪算法和重检测算法解决了目标遮挡或丢失的问题，并利用基于 IMM-EKF 的状态估计器估计运动目标的状态信息。为了实现稳定的跟踪，提出了一种可切换模式的跟踪策略，包含跟踪模式和观察模式，并设计了实现无人机轨迹跟随的非线性控制律。飞行实验表明，所设计的基于视觉的无人机地面目标自主跟踪系统具有稳定而鲁棒的自主跟踪性能。

1.2.7　视觉内容自动描述的研究进展

★ 关键词：计算机视觉　视觉内容　自动描述
★ 作　者：韩亚洪　武阿明　许有疆　杨子伟　王慧云　王博

视觉内容自动描述（Visual Captioning），即计算机自动为视觉内容（图像或视频）生成自然语言的语义描述，是当前人工智能、多媒体和计算机视觉等领域的研究热点。视觉内容自动描述涉及计算机视觉和自然语言处理两个领域的相关技术，是跨模态多媒体分析的重要实践。与图像或视频的分类、检索、识别等单标签或多标签任务相比，该任务不仅需要对视觉内容的精确识别和理解，还需要合适的语言模型来建模视觉内容的高层语义，以生成符合语法规则的自然语言描述。图1-47 所示为图像和视频内容自动描述的成功例子，是使用目前已有的自动描述方法得到的结果，这些结果已经能够比较准确地描述图像和视频内容。视觉内容自动描述的研究，不仅是跨视觉和语言两个领域的重要实践，还能服务于各种现实应用，如提高图像和视频检索的准确率和速度、帮助机器人视觉交互、辅助视觉障碍人士等。

传统的视觉内容自动描述方法通过不同的分类器检测物体、场景、动作以及它们的属性和关系，然后用预先设定好的句子模板生成目标句子。这些方法严重依赖手动设计，不仅效果较差、模式死板，而且生成的句子结构单一。随着深度学习的兴起以及其在计算机视觉问题上的突破性进展，目前视觉内容自动描述的方法大多基于深度学习技术，并使用编码器 – 解码器（Encoder–Decoder）的框架。

概括来说，目前的视觉内容自动描述方法先用 CNN 和循环网络编码图像或视频，生成视觉内容的深度特征表达。之后，基于不同的循环网络构造语言模型，并用语言模型解码视觉特征生成句子描述。对于图像，一般方法是先通过不同的 CNN 构造图像的深度特征，然后使用 LSTM 模型构造语言模型来解码图像特征，生成自然语言描述。对于视频，一般先用 CNN 提取单帧视频的深度特征，然后构造不同的循环神经网络来建模和融合视频帧特征间的时序依赖关系。最后，同样使用 LSTM 构造语言模型来生成句子描述。两种框架的结构一般都分为编码过程和解码过程。

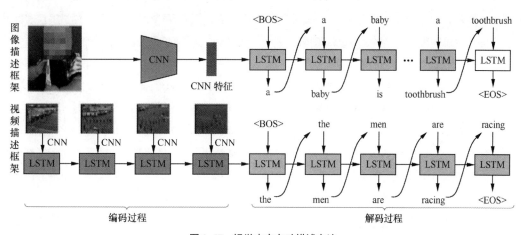

图 1-47　视觉内容自动描述方法

考虑到不同视觉内容对预测句子的不同作用，一些方法在视觉内容自动描述任务中引入了注意力模型，在生成句子的时候，适应性地关注到显著性的视觉内容来弱化噪声信息和强化有效信息，从而提高句子预测的准确率。考虑到视觉内容深度特征和高层语义概念的语义鸿沟，相关工作在深度特征上加入了语义监督信息，或者直接从视觉内容中提取含有高层语义的概念，用以提升句子中语义概念的准确性。此外，由于视觉内容的丰富性和多样性，仅用一句话不能很好地描述复杂的视觉内容，因此尝试用多个句子或者一段话来描述图像和视频的高层语义，比如相关工作检测视频中的不同事件，然后对每个事件分别进行描述。

1.3 计算机视觉技术的应用落地发展

1.3.1 从蜜枣网案例谈微软认知服务

★ 关键词：计算机视觉应用 认知服务
★ 作　者：周岳骞

微软认知服务是微软云的众多服务之一，也是微软人工智能平台的一部分。微软认知服务为开发者提供了五大类的 API：影像、语音、语言、知识、搜索。这些 API 后端搭载在微软云的计算资源之上，使用微软研究院不断迭代更新的机器学习算法，前端则以 REST API 的形式开放，帮助开发者在无须理解算法原理的情况下，仅通过简单的代码就可以在应用中实现人工智能。本小节以微软的合作伙伴蜜枣网在原大兴王府井百货落地的消费者体验项目为切入点，为大家介绍微软认知服务的功能、应用场景以及机器学习算法。

在各行各业都在讨论数字化转型的今天，传统零售行业正面临着前所未有的挑战。随着城市基础设施建设的不断完善，大型商业综合体在数量上不断增多，但商业综合体在品牌、店铺、消费方式上的同质化使得消费者不再将某个购物中心作为休闲购物的首选。同时，电商平台的兴起逐渐侵蚀传统的零售行业，在电商平台上，几乎消费者的一切行为（包括搜索、浏览和购买），以及购买后对消费体验的评价都会产生消费数据，而电商平台很容易就可以利用这些消费数据对消费者的行为和偏好进行分析。

如何在新的时代为消费者提供新的体验，以实现持续的发展，已成为每一个实体零售经营者需要考虑的问题。

1. "锐智眼"提供更多的未来应用场景

由于零售业以前没有利用技术手段来理解与分析消费者体验与销售额之间的关系，因此大多数经营者只能从价格促销方面来改善经营效果。而另外一些企业也开始探索新的方式优化顾客服务，例如，对于支付高达上百万元费用的情况，聘请专业的市场调研公司每年对客流进行统计分析。但在这样的调研中，报告的准确度需要依赖样本基数是否足以体现日常运营状况，同时由于报告缺乏实时性，因此在实际运营管理中无法起到良好的决策支持作用。

在深度分析行业现状和需求之后，蜜枣网在微软云平台上开发了基于微软认知服务的"锐智眼"消费者体验智能分析系统（简称"锐智眼"系统）。该系统已经在 2017 年 8 月末于北京原大兴王府井百货上线，在真实的业务环境中使用人工智能技术来提高业务效率。通过"锐智眼"系统，王府井百货的管理者不仅可以及时掌握客流动态，了解客流群体的精准分层，以性别圈层、年龄圈层、家庭圈层来精细改进品牌及消费区域布局规划，还可以通过对消费者的情绪精准捕捉来确定体验驱动点位，在客流动态线上根据数据分析来精准设定服务区域以及改进服务流程与方法，帮助管理者做到把消费者的体验变成经营 KPI（Key Performance Index，关键绩效指标），把消费者的优质体验从经营口号变成经营动力。

如图 1-48 所示，在"锐智眼"系统中，商场的摄像头捕捉消费者在商场消费期间的图像，并通过商场的本地服务器上传至云端，通过蜜枣网的预处理算法，包含人脸的清晰图像将会被传输至认知服务，进行人脸特征识别和情感分析。之后，认知服务的分析结果将被写入 Azure MySQL 数据库中，并交由蜜枣网的 BI（Business Intelligence，商务智能）分析算法进行进一步分析，分析结果最终存储在数据库中。商场管理者通过一个搭载在 Azure 虚拟机中的 Web

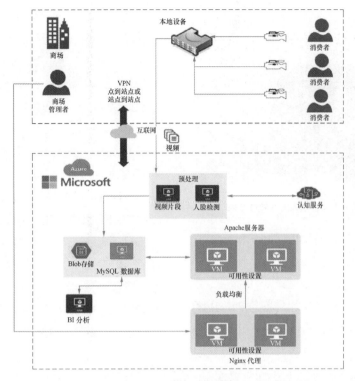

图 1-48 "锐智眼"系统

系统访问这些结果,系统将会通过多个维度的图标形式将结果展现出来。

蜜枣网基于 Azure 智能云和认知服务开发的"锐智眼"消费者体验智能分析系统在北京原大兴王府井百货应用之后,取得了良好的效果。利用分布在原大兴王府井百货 5 个楼层的 21 个人脸捕捉摄像头,认知服务 API 每天为"锐智眼"系统处理超过 10 000 张人脸图像,其分析能力比传统的客流统计系统功能多出 5 个维度,如图 1-49 所示,但成本却只有其 1/5,因此原大兴王府井百货并不担心高科技带来的高成本,反而因此设计了更多的未来应用场景:会员无卡消费和个性服务体验。通过越来越高的人脸识别精度,未来会员在逛街时不需要带会员卡,也不需要报手机号,只要进入商场就会有对应的服务与优惠提供给不同会员:家庭会收到儿童乐园优惠券,女性则可直接看到自己心爱的长裙有优惠,男性收到的是最新款运动鞋的促销通知。人工智能让商场的服务能力有了巨大的提升空间,并将为消费者提供无与伦比的个性体验。

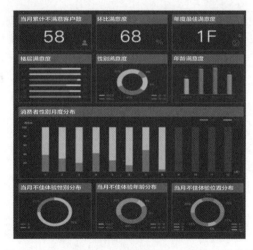

图 1-49 通过搭载在 Azure 虚拟机中的 Web 系统显示的结果

为了能够做到这样精确、详细的实时分析,"锐智眼"系统除了将所有的计算资源以及数据存储搭建在微软云 Azure 之上,最关键的还是对认知服务的充分利用。在认知服务的众多 API 中,"锐智眼"系统主要使用了其中的两个 API:人脸 API(Face API)和情绪 API(Emotion API)。通过商场中专门设计和部署的摄像头,系统采集到的图像将会交由这两个 API 进行处理,如图 1-50 所示。

图 1-50　人脸 API 和情绪 API 的处理结果

API 返回到系统的结果则是每个图像中发现的人脸、人脸位置、人脸的大量视觉特征以及情绪信息。通过从图像中提取的结构化认知信息,"锐智眼"系统再结合自主研发的 BI 分析算法,如客流轨迹分析和家庭发现等,最终给管理者呈现简单明了且具备商业价值的信息。

人脸 API 用于检测图像中的一张或多张人脸,获取图像中人脸所在位置背面的矩形,以及包含基于机器学习的面部属性特征预测的人脸属性。提供的面部属性特征包括年龄、表情、性别、姿势、微笑和面部毛发等,以及图像中每张脸上的 27 个特征点。调用该 API 时需要提供图像链接或图像流文件作为参数,算法将检测出图像中的人脸,并向调用端返回如表 1-14 所示的信息。

情绪 API 以图像中的面部表情作为输入,并使用人脸 API 返回图像中每张脸对应一组情感中的可信度,以及面部的边界框。如果用户已调用人脸 API,则可将面部矩形作为可选输入提交。可检测到的情绪包括愤怒、蔑视、厌恶、恐惧、幸福、中立、悲伤和惊喜等。这些情绪跨越了文化界限,通常由特定的面部表情传达,如图 1-51 所示。

表 1-14　算法检测图像中的人脸后返回的信息

字段	类型	描述
FaceID	String	每一张被识别出来的人脸都会产生一个唯一的标识符:FaceID。认知服务并不会存储任何的图像,图像在完成识别后就会被删除,只有 FaceID 会被保存下来,用于开发者后续对人脸信息的查询和调用
FaceRectangle	Object	人脸在图像中出现的位置
FaceLandmarks	Object	人脸的 27 个特征点位置,如眉毛、瞳孔、鼻尖等
FaceAttributes	Object	面部属性特征: ・年龄; ・性别; ・笑容值,一个 [0,1] 的浮点数; ・不同位置胡须的长度; ・面部的三维角度(如上扬角度、转动角度等); ・眼镜类型,如无眼镜、阅读镜、太阳镜、游泳镜等; ・面部表情; ・头发颜色和发型; ・是否化妆; ・是否佩戴饰品以及饰品类型; ・是否遮挡前额、眼睛和嘴; ・面部模糊程度; ・面部曝光度; ・图像噪声程度

图 1-51 只由特定的面部表情传达出的情绪

情绪 API 的返回值见表 1-15。

表 1-15 情绪 API 的返回值

字段	描述
FaceRectangle	面部所在位置
scores	不同情绪所获得的打分

相比传统的人脸识别算法，认知服务中的人脸 API 提供了更加精确的人脸定位，精度最小可以定位到图像中 36 像素 x36 像素的人脸，同时分析的维度也更多，并且开发者可以根据 API 返回的 27 个人脸特征点位置来进行更多的个性化分析。

2.微软认知服务的API应用

微软早在几年前就开始了名为"牛津计划"的项目，将微软研究院的机器学习成果包装成 API 和 SDK 供开发者使用。

随着底层算法日趋成熟以及微软云全球数据中心的建设，"牛津计划"目前已经登录了微软云 Azure，成为可商用化的产品——认知服务。

利用微软云的底层计算资源，认知服务可以为商业应用开发者提供更加可靠和并发能力更强的接口，再加上 API 本身简单、易用的特性，可以让人工智能更快地应用到不同的商业场景中。比如 Uber 利用认知服务验证自拍，以便对驾驶者的身份进行快速验证。GrayMeta（工作室级媒体播放器和质量控制解决方案）利用认知服务对视频内容进行快速检测和标注。Dixons Carphone 公司（欧洲的独立手机零售商）利用认知服务实现聊天机器人为客户提供更加人性化和快捷的售前、售后服务。国内的公益项目"宝贝回家"利用认知服务对失踪儿童进行人脸比对和识别。

前面提到的人脸 API 和情绪 API 是认知服务中的一部分，认知服务目前总共提供了五大类 30 种不同功能的 API 和服务，并为安卓等常见平台提供 SDK（见表 1-16）。

表 1-16 不同功能的 API 和服务

影像类 API 和服务	
计算机影像 API	从图像中提取基本元素的信息
内容审查器	对图像、文本和视频内容进行审查
自定义影像服务	根据用户上传的图片和自定义标签，训练图像识别模型
情感识别	识别图像中人像表现出的情感
人脸识别	检测、识别、分析和对比图像中的人脸
视频 API	提供视频中人像、文本和要素的识别
视频索引器	对视频提供内容识别、字幕、翻译、场景标签等注解功能
语音类 API 和服务	
必应语音 API	提供语音和文本间的相互转换
自定义语音服务	根据声纹特征和语言特征对不同的说话者、不同的方言进行识别
说话人识别	根据声纹特征进行身份验证
语音翻译 API	提供不同语言间的语音转换
语言类 API 和服务	
必应拼写检查	检测更正拼写错误
语言理解智能服务	识别出用户语言的意图和关键词
语言分析	简化复杂的语言定义并分析文本
文本分析	评估文本中表达的主体、观点和倾向
文本翻译	不同语言间的文本翻译
Web 语言模型	利用互联网上的数据，对语言模型进行分析和预测
知识类 API 和服务	
自定义决策服务	根据上下文信息提供机器决策
实体链接智能服务	为数据连接提供命名实体识别并消除歧义
知识探索服务	通过自然语言输入实现结构化数据的交互式搜索
QnA 生成 API	根据用户提供的知识库，实现智能问答功能
推荐 API	根据推荐算法，预测和推荐客户所需的商品
学术知识 API	搜索微软学术库中丰富的学术内容

续表

搜索类 API 和服务	
必应新闻搜索	搜索相关新闻
必应语音搜索	搜索相关语音
必应网页搜索	搜索相关网页
必应自动推荐	自动推荐相关内容
必应自定义搜索	自定义搜索相关内容
必应图片搜索	搜索相关图片
必应实体搜索	搜索相关实体

对开发者而言，理解这些 API 并不难，微软官方的文档提供了在不同开发语言中使用这些 API 的开发样例。开发者需要注册自己的微软云账户，获取唯一的认知服务访问密钥，然后在应用代码中通过网络对 API 进行调用。所有的调用请求都会被发送到微软云部署在全球 42 个区域的数据中心，开发者可以根据自己的需求选择不同的数据中心进行处理，每一个数据中心都会有计算集群来分布式进行认知服务的底层运算，从而保证结果的返回时间不受访问并发量的影响（注：目前国内的数据中心仅提供计算机影像、人脸识别和情感识别 3 个 API 的处理，其他 API 的访问均由国外数据中心提供服务）。

除了以上这些已经作为服务开放的认知服务 API 之外，微软还将尚未投入商业应用的 API 集成在"认知服务实验室"中。通过使用实验室，开发者可以预览这些最新的人工智能技术，同时订阅自己感兴趣的内容来关注这些技术研究的最新进展。

3. 微软研究院的底层研究

认知服务在商业上的成功建立在微软研究院 20 余年来在计算机视觉领域研究累积的基础之上。在学术界，微软研究院已经在人工智能的多个领域，尤其是基于深度学习的图像识别算法领域取得了长足的进步，这些先进的算法不仅通过认知服务等微软产品和服务，影响着用户的计算体验，同时还推动着整个计算机视觉产业的发展。

2015 年由微软亚洲研究院研发的计算机视觉系统在计算机视觉识别挑战赛 ImageNet 中首次超越了人类进行对象识别分类的能力，并凭借前所未有的 152 层深层神经网络技术——ResNet（Residual Network，残差网络），实现了计算机视觉领域里程碑式的突破。如今，ResNet 已经成为全球计算机学术和科研领域的一个标准概念，众多科技公司纷纷在不同领域采用这一先进的技术。

此外，微软亚洲研究院视觉计算组的研究员们还实现了一种称为 SPP（Spatial Pyramid Pooling，空间金字塔聚合）的算法，通过内部特征识别，而不是每个区域从头检测，对整个图像只做一次计算。利用这种算法，在不损失准确率的前提下，物体检测速度有了上百倍的提升。

除了认知服务，微软亚洲研究院在计算机视觉领域的研究成果还转化到了众多微软的智能产品和服务中，例如，Windows 10 中的 Windows Hello "刷脸"开机功能、必应的图片搜索、微软小冰的多个图像"技能"，OneDrive 中的图片分类功能，以及广受好评的口袋扫描仪 Office Lens 等，不胜枚举。

微软作为一家商业科技公司，在致力于前沿科技的研发之外，也一直在促进新科技的商用化和应用。认知服务就是在此理念上诞生的产品，微软希望认知服务可以帮助更多的企业更快地将人工智能应用于自己的产品中，进一步加强科技对人类生活的影响。

1.3.2 深度学习在医学影像分析中的应用进展

★ 关键词：深度学习　医学影像分析

★ 作　者：赵地

医学成像技术的不断突破，推动了生命科学的革命。将人工智能用于医学影像分析，可以帮助医生定位病症、分析病情、辅助做出诊断。目前医疗数据中超过 90% 的数据来自医学影像，这些数据大都要进行人工分析，如果能够运用算法自动分析影像，再将影像与其他病例记录进行对比，就能极大地减少医学误诊，帮助医生做出精准诊断。深度学习现已从原本主攻的视频、影像、语音识别分析等商业领域更多地转向了科研领域。对于医疗来说，深度学习将更加深植于医学影像、基于传感器的数据分析、转化生物信息学、公共卫生政策发展等方面。

1. 我国面临的健康问题

我国面临的健康问题主要包括人口老龄化带来的老年退行性疾病、环境污染带来的癌症、生活水平提高带来的营养过剩和慢性疾病等。因此，深度学习与医学影像分析的选题应主要解决这些问题。

（1）人口老龄化与老年退行性疾病

人口老龄化是我国面临的严重问题。根据《北京市老龄事业和养老服务发展报告（2016年—2017年）》，北京市60岁及以上户籍老年人口从2012年的262.9万人增长到2016年的329.2万人，老年人平均每年净增16.6万人，平均每天净增450人。而很多老年人存在不同程度的老年退行性疾病。老年退行性疾病，包括帕金森病、阿尔茨海默病等，给患者带来巨大痛苦，对社会医疗资源造成巨大浪费。以帕金森病为例，患病5年以上的治疗费用约为百万元之巨。

早期诊断是治疗老年退行性疾病的有效手段。以帕金森病为例，早期发现临床前患者，并采取有效的预防措施阻止多巴胺能神经元的变性死亡，能阻止疾病的发生与进展。如何早期发现临床前患者已成为帕金森病研究领域的热点之一。基因突变、快速动眼、睡眠行为障碍、嗅觉减退等帕金森病的非运动症状可出现在运动症状出现之前数年，它们可能是帕金森病发生的早期标示物。基于深度学习的医学影像分析是老年退行性疾病早期预警及标示物发现的新方法，为老年退行性疾病的早期发现与早期治疗提供了新的途径。

（2）环境污染与癌症

国家癌症中心2019年的统计数据表明，2015年我国平均每天超过1万人被确诊为癌症，每分钟有7.5人被确诊为癌症（由于全国肿瘤中心的数据一般滞后3年，2019年报告数据为2015年登记资料）。山东省肿瘤医院通过长期的肿瘤医学研究发现，环境污染问题导致我国的癌症发病率不断提高，建议要关闭环境重污染的行业和企业，要花大力气治理工业环境污染，解决大气环境污染、土壤环境污染、水环境污染等问题。

（3）生活水平提高带来的营养过剩与慢性疾病

慢性疾病主要包括心脑血管疾病、糖尿病等。心脑血管疾病包括脑血管疾病和心脏血管疾病。统计资料表明，近几年全世界死于心脏血管疾病和脑血管疾病的人数远远高于癌症的死亡人数。造成心脑血管疾病的原因有很多。经济的快速发展，生活水平的大幅提高，造成了部分人群摄入太多的动物和植物脂肪，即营养过剩。同时，酗酒和吸烟问题突出。这些原因直接导致血液流动出现问题。久而久之，这种状况就会导致脑血管疾病和心脏血管疾病。而糖尿病是一种代谢性疾病，其主要特征是高血糖。造成糖尿病的原因也有很多，主要原因之一就是营养过剩。

2. 深度学习在医学影像分析中的研究进展

基于深度学习的医学影像分析的几个关键步骤为：医学影像预处理、自适应深度学习、医学影像的大数据分析和基于GPU集群的异构并行算法。这几个关键步骤的研究进展分析如下。

基于深度学习的医学影像分析一般都需要做预处理。预处理的一个核心目标是降低数据的维度，以便后续的数据分类。医学影像分析常用的降维方法包括递归特征排除（Recursive Feature Elimination）、多维主成分分析（Multivariate Principal Component Analysis）、多维奇异值分解（Multivariate Singular Value Decomposition）、多维独立成分分析（Multivariate Independent Component Analysis）、张量分解（Tensor Decomposition）等。

医学影像分析的预处理可以选用的是大规模张量

分解。张量分解将医学影像数据张量分解成多个小尺寸张量的张量积（Tensor Product）。1927年，希契科克（Hitchcock）提出了张量分解的想法。张量分解的算法包括L.R.塔克（L.R. Tucker）提出的Tucker张量分解和J.D.卡罗尔（J.D. Carroll）提出的CP张量分解，这些算法可以认为是PCA（Principal Component Analysis，主成分分析）和SVD（Singular Value Decomposition，奇异值分解）应用于张量的版本。其他张量分解的算法还包括INDSCAL、PARAFAC2、CANDELINC、DEDICOM、PARATUCK2等。

希契科克认为，任何张量都能够分解成有限个一次张量的乘积。1970年，卡罗尔提出了CANDECOMP（Canonical Decomposition），哈什曼（Harshman）提出了PARAFAC（Parallel Factors），统称为CP张量分解。CP张量分解能将任何一个张量分解成有限个一次张量的和。

1966年，塔克提出Tucker张量分解，其还被称为多模式主成分分析和多模式奇异值分解。Tucker张量分解将一个张量分解成一个核心张量G和多个矩阵，其中每一个维度包含一个因数矩阵：

$$X=[G;A_1,A_2,\cdots,A_n]=G\times_1 A_1\times_2 A_2\times\cdots\times_n A_n \quad (1-17)$$

Tucker张量分解有两个重要衍生版本：Tucker1和Tucker2。其中，Tucker1包含两个单位矩阵，Tucker2包含一个单位矩阵。

CP张量分解可以表示为如下形式：

$$X=\sum_{r=1}^{R}A_1\circ A_2\circ\cdots\circ A_n \quad (1-18)$$

1970年，卡罗尔等提出了INDSCAL（Individual Differences in Scaling），其是将CP张量分解应用于三维张量分解的特例。1978年，哈什曼等提出了DEDICOM（Decomposition into Directional Components）。1980年，卡罗尔等提出了CANDELINC（Canonical Decomposition with Linear Constraints）。当把CP张量分解应用于实际问题时，来自实际问题的信息可以以线性约束（Linear Constraint）的形式加入CP张量分解中。1996年，哈什曼等提出了PARATUCK2（PARAFAC and Tucker2）。

日本RIKEN研究所高级脑信号处理（Advanced Brain Signal Processing）实验室的安志伊·齐霍茨基（Andrzej Cichocki）教授及其研究小组对非负张量分解进行了深入的研究。齐霍茨基的张量分解研究集中在以下几个方面：多因子信号处理、潜在因子挖掘、快速分解和应用于大数据处理的因子分解。附加一些线性约束，齐霍茨基提出了一系列快速算法。2007年，齐霍茨基首先提出了稀疏非负张量分解（Sparse Nonnegative Tensor Factorization）。齐霍茨基等提出了一系列的基于非负张量分解的快速算法，如卷积、低阶逼近、降阶方法（Deflation Method）、正交等，并运用非负张量分解进行多因子的分离和潜在因子的挖掘。数据处理的另一个常见问题是数据的不完整性（Incompleteness）和异常值（Outlier），贝叶斯张量分解能够很好地解决这个问题。齐霍茨基等提出了多种用于医学影像大数据分析的张量分解。

芬兰阿尔托大学（Aalto University）计算机系的塞缪尔·卡斯基（Samuel Kaski）教授对用于医学影像数据处理的张量分解做了深入的研究。土耳其海峡大学（Bogazici University）计算机工程系的A.塔伊兰·塞姆尔（A. Taylan Cemgil）教授对贝叶斯张量分解也做了深入的研究。

美国佐治亚理工学院（Georgia Institute of Technology）计算机系的Jimeng Sun主要研究稀疏非负张量分解的方法。当张量分解用于医学影像分析预处理的时候，计算量非常庞大。高效地完成这样庞大的计算的一个有效的方法是GPU计算。2015年，Zou等提出了基于GPU计算的张量分解。

在对医学影像大数据进行预处理后，紧接着的一步是对影像数据进行分类。现有的医学影像数据分类算法包括决策树（Decision Tree）、支持向量机（Support Vector Machine）、贝叶斯网络（Bayesian Network）等。基于深度学习的医学影像分析的核心计算部件是基于 GPU 集群的自适应深度学习的异构并行实现。深度学习是人工智能领域的最新进展之一，国际上已有人在进行将自适应深度学习可应用于核磁共振影像分析的脑肿瘤诊断的研究。深度学习可应用于脑核磁共振影像的分类（Classification）、分割（Segmentation）、去噪声（De-Noising）等领域。与现有的应用于疾病早期诊断的决策支持的机器学习的算法相比，深度学习的算法具有更高的准确率与运算效率。2006 年，第一个机器学习的框架 Auto-Encoder 发布了。常用的深度学习算法包括深度信念网络（Deep Belief Network）、深度卷积神经网络（Deep Convolutional Neural Network）、多任务深度学习（Multi-Task Deep Learning）等。深度学习开始应用于基于医学影像分析的疾病早期诊断的决策支持。

然而，应用于疾病早期诊断的决策支持的自适应深度学习，其很多方面需要深入研究，包括适用于疾病早期诊断的决策支持的自适应深度学习的网络拓扑结构、卷积核的设计、卷积操作的 GPU 高性能实现和基于 GPU 集群的异构并行自适应深度学习等。在自适应深度学习的拓扑设计上，已有的研究大都采用多次的卷积操作。贾因（Jain）等提出了人体姿势识别（Human Pose Estimation）的 3 层卷积神经网络。在卷积操作的高性能实现上，已有的研究都构建在 GPU 计算之上。拉文（Lavin）开发出了基于 Maxwell 架构 GPU 的卷积核。

随着神经影像（Neuroimaging）技术的发展，有关疾病的数据越来越多，而这些数据为构造疾病的医学影像分析的大数据集提供了可能。大数据集为基于医学影像的疾病早期诊断的决策支持的 GPU 算法提供了信息基础，而这些信息需要通过医学影像大数据分析和 GPU 计算挖掘出来。医学影像大数据分析是指对大规模的数据进行智能分析的一类方法的总称，主要包括医学影像大数据分类（Big Data Classification）、医学影像大数据聚类（Big Data Clustering）、医学影像大数据关联规则（Big Data Association）等。其中，医学影像大数据分类是大数据分析技术中一种最常用的方法，是指在大数据的环境下，对各项数据所属的类别进行判定的方法，主要应用于脑连接分析、大脑认知状态分析等。

基于深度学习的医学影像分析的最后一个关键步骤是基于 GPU 集群的异构并行算法的设计。先进的 GPU 集群系统配备 InfiniBand 路由系统，其中比较著名的有 Mellanox 公司的产品，它使各个 GPU 之间能够直接通信，即 GPU Direct。支持 GPU Direct 的并行语言称为 CUDA-Aware MPI，包括 MVAPICH2、Open MPI、CRAY MPI、IBM Platform MPI 等。基于 CUDA-Aware MPI 的并行算法设计已有相关的研究。同时，集群工作时需要保证各个 GPU 之间的负载均衡，包括动态负载均衡、静态负载均衡等。GPU 集群的负载均衡也有大量的研究。

3. 深度学习在医学影像分析中的应用实例

本小节以脑肿瘤等疾病的早期检测与分级为例，介绍深度学习在医学影像分析中的应用。

脑肿瘤早期检测的有效手段是核磁共振（Magnetic Resonance）医学影像，包括结构（Structural）核磁共振医学影像、功能（Functional）核磁共振医学影像、扩散（Diffusion）核磁共振医学影像等。由于脑肿瘤早期诊断的重要性，因此业界基于核磁共振影像分类的脑肿瘤早期诊断的决策支持已进行了大量的研究。然而，现有的基于核磁共振影像分析的脑肿瘤早期诊断的决策支持的准确度和速度还不够高。原因有 3 个：第一，用于训练的数据集种类单一，样本数量有限；第二，大规模分类算法的速度需要提高；第三，用于诊断的机器学习算法准确度还需要提高。

随着神经影像技术的发展，公开的脑科学与脑医学的医学影像数据库越来越多。各个研究单位和临床医院在各自的实践当中也产生了大量的数据。以用于脑科学和脑医学研究的功能核磁共振为例，每天的研究和临床实践将产生数以吉字节计的数据。近年来，随着大科学与大医学的发展，医学影像的数据产生量变得更大。面对这些脑医学的资源，有两个问题值得思考。第一个问题是：这些宝贵的医学影像资源能否整合在一起，通过医学影像大数据分析和 GPU 计算，为脑肿瘤的早期诊断提供有价值的信息？第二个问题是：面对如此庞大的脑肿瘤医学影像大数据，如何从这些影像大数据中高效、快速地获取有价值的信息？

深度学习为解答如何从医学影像大数据中获得有价值的信息提供了技术手段。对于医生来说，根据患者的脑医学影像对脑肿瘤做出早期的诊断，是非常不容易的事情。随着公开的脑肿瘤的医学影像数据越来越多，深度学习带来了计算机辅助的脑肿瘤早期诊断决策支持的革命性进步。基于将要建设的脑肿瘤医学影像大数据集，现有的研究尝试使用深度学习的技术和 GPU 计算，对患者的脑肿瘤医学影像进行分类，提高临床医生进行脑肿瘤早期诊断的决策支持的准确率，即用于诊断决策支持（Clinical Decision Support）的算法。

脑肿瘤医学影像大数据是大量医学影像数据的某种形式的集合体。医学影像原始数据或重建以后的数据是一个含有多个维度的张量：长度、宽度、页面和时间等。这些维度的物理意义和医学意义各不相同。为了达到脑肿瘤进行早期诊断的决策支持的目的，首先要对脑肿瘤医学影像大数据进行预处理——降低维度（Dimension Reduction）。

作为深度学习预处理的方法，张量分解是一个热门的研究领域。相比其他预处理方法，基于医学影像数据张量分解及其多种衍生版本的预处理具有以下优点：第一，医学影像数据在降维的过程中保持原有的结构；第二，张量分解归纳出医学影像数据的主要因子（Main Factor），提高分类精度；第三，张量分解挖掘出医学影像数据的潜在因子（Latent Factor），也能提高分类精度。然而，现有的医学影像数据张量分解也有不少缺点。第一，没有考虑这些主要因子的主次关系，也没有考虑这些主要因子的相互作用，这些都与医学影像数据的原始信息的特点不相符。例如，在脑肿瘤研究中，人脑肿瘤疾病的致病原因多种多样，这些因素之间也有联系。第二，现有的医学影像数据张量分解无法适应大数据分析所必需的并行实现的要求。因此，基于深度学习的脑肿瘤早期诊断能够考虑医学影像多维数据的潜在因子之间的主次关系与相互关系，研究出新的医学影像数据张量分解的实现算法和 GPU 并行化版本，提高医学影像数据预处理的质量和速度。

医学影像大数据是多个医学影像按照规则组成的集合，医学影像大数据分类是由多个医学影像分类器同时工作实现的。因此，医学影像分类器的准确率和速度决定成败。医学影像分类广泛应用于脑肿瘤早期诊断的决策支持的研究中。然而，现有的医学影像分类算法的准确率和速度还不够，其缺陷如下：第一，现有的医学影像分类算法都是浅层算法，其分类的准确率还不够高；第二，现有的医学影像分类算法并行化程度低，无法充分利用 GPU 的加速性能。

为了弥补这两个缺陷，需要开发出基于自适应深度学习的脑肿瘤医学影像分类的 GPU 算法，其实现途径如下。第一，现有脑肿瘤医学影像分类算法是浅层结构，对提高脑肿瘤医学影像数据分类准确率的潜力有限。人脑是一个有深度的结构，对于事物的认知有一个过程。因此，以模拟人脑为出发点的自适应深度学习很可能是提高现有浅层的机器学习算法准确率的一个方向，需要探讨设计基于自适应深度学习的分类器，提高脑肿瘤医学影像分类的准确率。第二，现有医学影像分类算法非 SIMD（Single Instruction Multiple Data，单指令多数据）结构，并行化程度低，造成其速度较慢。因此，基于深度学习的脑肿瘤早期诊断，能够开发基于自适应深度学习与 SIMD 结构的脑肿瘤医学影像分类算法，在单 GPU 上实现，提高其准确率和速度。

医学影像大数据集的数据来自各个不同的数据源，其格式、大小、样本的构成比例不一样。在这样的情况下，需要自适应深度学习的算法能够适应不同类型的数据，正常地工作。为了实现医学影像深度学习分析，单个医学影像分类器的处理能力不够，需要多个医学影像分类器同时工作。然而，不同类型的脑肿瘤医学影像的构成不一样，造成了自适应深度学习的运算分布不均匀，这对并行算法的设计构成了挑战。因此，第三种途径是，开发可适用于不同类型的脑肿瘤医学影像的异构并行算法，并将其部署到 GPU 集群上，满足脑肿瘤医学影像大数据分析的需要。

综上所述，深度学习立足于脑肿瘤早期诊断的决策支持的需要，开发出适用于脑肿瘤医学影像数据特点的自适应、高准确率和快速的预处理器和分类器，并开发出相应的异构并行算法部署在 GPU 集群上，通过大数据分析，为临床医生和研究人员提供下一代诊断决策支持。

基于深度学习的疾病的早期检测与分级是当前的热门话题，几乎所有疾病的诊断过程中都将使用基于深度学习的医学影像分析，包括超声、CT、核磁等。

1.3.3 计算机视觉技术助力京东无人零售店

★ 关键词：计算机视觉　无人零售店
★ 作　者：陈宇　安山　黄志标

在许多人感觉无人零售店距离我们尚远之时，它已经悄然来临。继亚马逊于 2018 年 12 月推出新型概念店 AmazonGo 后，阿里巴巴推出了"淘咖啡"，欧尚集团与大润发公司联手投资推出了"缤果盒子"，京东推出了无人零售店，参与成员包括传统零售商、跨界运营企业和互联网公司。但是，无人零售店之争的核心还是黑科技，它的发展越来越体现技术驱动的特点，主要使用的智能感知/认知技术包括 RFID（Radio Frequency Identification，射频识别）技术、生物识别技术和计算机视觉技术。本小节主要揭秘京东无人零售店的计算机视觉技术应用。

1.无人零售店的计算机视觉技术

"无人零售"概念的 3 个主要因素是人、商品以及人与商品连接起来的场景，本小节将从技术角度对这几个因素解析京东无人零售店的实现方法。

（1）顾客分析的技术

人是无人零售店的首要因素，即传统零售中的顾客，其是无人零售店的主要服务对象，无人零售店的技术都是为了提升顾客在店内外的体验。在顾客管理、提升顾客体验上，京东无人零售店的技术实现主要包括身份识别和验证技术、行为与事件分析技术、流量漏斗与热力图分析技术、商品检测与识别技术以及结算方案实现技术。

（2）身份识别和验证技术

身份识别和验证技术判断进入店内的是否是顾客、是哪位顾客以及顾客的年龄与性别等基本信息，它主要解决无人零售店中的顾客出入及支付问题。常见的身份识别方式包括人脸识别、步态识别、虹膜识别以及其他扫码识别等，当顾客在选购、结算商品或离开店铺时，需要进一步对身份进行验证。在此主要讲解人脸识别用于身份识别和验证的原理及存在的问题。

① 基于深度学习的人脸识别技术

该技术代表性的方法有 DeepFace、DeepID 以及 FaceNet 等，这些技术的基本方法都是将人脸图像映射为高维空间中的一个点，然后再训练一个分类器或者计算点之间的距离来判断人脸之间的相似度。我们在 FaceNet 的基础上对模型结构进行了改进尝试，在对顾客进行身份识别时，检测视频中人的头部区域，对其提取特征，获得性别、年龄等属性信息。当顾客走入店内后，为了对其身份进行验证，再对视频中的人脸进行检测、特征提取，并将特征缓存起来，再次验证时会在特征缓存池中进行搜索。利用人脸识别技术,采用多种分类器融合方法预测人群的性别、年龄、肤色后,可对无人零售店的广告进行个性化推送,特别是当识别出顾客属于老顾客时,可有针对性地在广告牌上播放其感兴趣的内容。此外,通过人脸关键点定位与检测技术,可有效识别出行人的面部表情。

② 行人重识别技术

无人零售店内安置有多个摄像头,对多个摄像头下的行人身份进行匹配、跟踪具有重要意义。首先采用卷积神经网络对视频中的行人进行检测。但由于摄像头获取的行人在图像中常有一些倾斜的角度,一般的神经网络检测模型存在较多的漏检、误检,因此提出了一种图像中倾斜的行人矫正方法,基于行人的头、脚连线对检测框进行矫正,最后得到的检测框是包含行人的面积最小的检测框。在获取了矫正的行人图像数据之后,由于没有大量标注过同一个行人在不同视角的图像数据,因此在提取特征时,往往会出现同视角、不同身份的行人特征之间的距离较近,同身份、不同视角的行人特征之间的距离较远,给行人重识别的模型训练增加了难度。因此,利用基于GAN的算法(如Pix2Pix算法)生成同身份、不同视角下的图像数据,用来训练卷积神经网络,使得训练更易收敛,同时提取的特征在特征空间上聚类更紧凑。

(3)流量漏斗与热力图分析技术

流量漏斗技术主要是对无人零售店内、外行人的总量及其性别、年龄等进行统计,并分析出店外到店内的人数、比例及其在不同时间段、不同商业区的变化。在积累了丰富的数据之后,流量漏斗技术可用于分析业务流程中的问题所在,为商店选址、营销的市场定位提供参考。流量漏斗可采用两种方法,即基于人脸识别技术和基于行人头肩识别技术。其步骤为先通过摄像头记录下店内外的视频数据,并将算法部署在终端设备或将数据传到云端,然后在视频中检测目标店内外的行人脸部或头肩区域后,再进行身份识别与人物计数。基于人脸识别和基于行人头肩识别

这两种方法在实施时均采用目标检测、特征提取、特征匹配或分类的思路。其中目标检测可以通过SSD (Single Shot MultiBox Detector)、Faster R-CNN等方法;特征提取可先通过人工标注大量样本并训练一个分类任务的卷积神经网络得到一个深层网络模型,再采用该模型进行特征提取。实际中取得较好效果的深层网络模型有VGG、GoogLeNet、ResNet,或者采用传统的局部特征如Haar、HOG等,提取完特征后将特征存入特征池。在视频中检测出目标后,可采用目标跟踪方法对目标进行锁定,此时通过对检测框提取新特征并将其与特征池中的特征进行匹配,从而获取同一个目标在不同视角下的图像,同时对不同视角下同一个人物的检测框特征进行性别、年龄的分类,可提高算法的准确率。一种简单的计数方法是通过设定一个虚拟线,统计跨越该虚拟线的人数便可得到某个方向上的行人总数。实际中,为了降低将视频数据传入云端的成本,也可对深层网络模型进行压缩或加速,然后将其部署在移动终端,这些模型包括MobileNet、ShuffleNet以及它们在硬件CPU(Central Processing Unit,中央处理器)下的优化版本。

此外,对监控视频进行分析得到店铺或指定区域任意时段的人流密度和停留热度图,这种技术被称为"热力图",其同样可以帮助分析人流特征,改善店铺布局和商品摆放顺序等。与热力图精度相关的技术包括深度学习、目标跟踪算法和人体关节点检测算法。无人零售店内安装有多个摄像头,但摄像头获取的图像数据存在透视畸变现象,我们希望获得的热力图应是俯视图下的结果,因此有必要对图像做透视变化。首先,通过目标检测算法检测出行人所在区域;其次,通过人体关节点检测算法得到行人脚部所处坐标;再者,根据透视变化将该坐标映射到俯视图下的坐标,从而获得热力图的坐标信息。在检测出目标之后,执行目标跟踪算法,将两帧之间人体脚部坐标中点作为当前时刻人的坐标,通过将两帧之间人体坐标的位移量除以两帧之间的时间间隔即可得到人体的移动速度。在热力图中,需要计算出顾客停留热力度

n，其计算公式如下。其中 ρ 代表人均密度，v_m 代表行人的平均移动速度，v_{max} 是行人的最大移动速度，N_f 是某时间段的视频帧数，n 是 N_f 帧中出现的行人总数，S 是设定区域的面积。

$$h=\rho(v_{max}-v_m)$$
$$\rho=\frac{n}{N_f S}$$
$$v_m=\frac{\sum_i^n v_i}{n}$$
（1-19）

从式（1-19）中可以看到，热力图综合考虑了客流密度和行人停留时间。通过查看热力图可以知道店铺内哪块区域是拥挤区域或某商品区域是畅销区域。

（4）行为与事件分析技术

行为与事件分析技术可用于无人零售店的防盗防损等意外、突发事件的监控。顾客在无人零售店的常见动作包括拿起、放下商品，蹲下身子或站起来，向店内走来、向店外走出去或向结算台走去等。而可能发生的事件包括不明物体突然闯入、火灾等。为了提高云端计算资源的利用率，有必要只将摄像头拍摄的关键画面传入云端，因此对这些特殊行为、事件的检测显得尤为重要。

行为的识别主要是指个体行为的识别，对群体的行为识别可归为事件识别中。对个体行为的识别可通过视频的帧序列上先进行行人检测，再运行人体关键点检测算法得到人体骨架运动序列，在此基础上以骨架运动序列为特征，以行为类别为标签训练深度学习模型，从而对新个体行为进行预测。另一个思路是基于光流的行为识别，该思路通过提取一段视频片段中的光流特征，在此基础上进行行为识别。无人零售店场景下对行为、事件识别算法的实时性要求较高，因此不常采用准确率高但计算量大的方法。

（5）商品检测与识别技术

商品是无人零售店的核心要素，无人零售店中的主要售卖对象就是商品。商品一般固定摆放在货架上，店内的摄像头或货架可感知商品的存在并同时识别出商品。

在电子商务中，商品按粒度划分为SPU（Standard Product Unit，标准化产品单位）、SKU（Stock Keeping Unit，存货单位）。SPU 是同类款式商品的统称，SKU 是某种款式商品中的具体一件商品，比如所有的 iPhone 6 手机算作一个 SPU，而不同颜色、价格的 iPhone 6 手机算作不同的 SKU。

商品检测与识别技术主要是在结算阶段和货架管理的整个流程中，通过事先拍摄商品的各个角度的图像并提取特征，将特征与商品的 SKU 存入数据库中。到了真实场景中时，通过摄像头获取图像数据，采用卷积神经网络模型进行检测并进行实例分割，在分割后的图像中提取特征，再从数据库中搜索匹配的特征及其 SKU，根据 SKU 便可获得商品价格、生产日期等其他详细信息。我们提出了一种半监督式的商品识别策略，在获取商品的少量标注图像的基础上，结合视频流中未标注的商品图像，通过提取特征并进行特征匹配，从而获得同一种商品在不同视角下的大量图像数据，给这些新的图像数据赋予标注信息，重新训练深度学习模型，反复进行该过程，从而获得与通过大量标注数据进行模型训练相似的效果。

商品的检测、识别技术应用于货架管理时，可用于监测商品的特定摆放需求，针对没有露出标签、品牌的情况及杂乱的摆放方式会给出友情提示，同时还可用于商店自动理货，就商品缺货、供货不足的情况给出报告，极大地方便相关人员对店铺的管理。

（6）结算方案实现技术

结算方案是对无人零售店商家和顾客来说最敏感的一环，其是否方便、安全直接关系顾客是否会再次进入无人零售店。无人零售店的结算方式总体来说可以分为三大类：付款出货结算；自助扫描并扫码付款；"即买即走"账户自动扣款结算。前两种结算方式的特点在于不需要收银员的参与，然而并没有满足顾客无须排队的需求，而后一种结算方式恰好能满足需求。目前京东无人零售店实现"即买即走"的思路是通过商品检测、识别技术获得顾客需要购买的商品种类、数量并计算其总价,同时通过身份识别、验证,确认顾客的京东会员账户可正常交易。在顾客授权免密支付的情况下,当顾客走出店铺时,获取顾客的人脸图像,系统可自动扣款结算。

由于顾客购买的商品分为标准品类与非标准品类,标准品类的价格以 SKU 为单位计价,非标准品类的价格可采用称重计价方式。因此,具体实施时,无人零售店内采用多种结算方式相结合的方式来满足顾客对不同商品的购买需求及顾客的不同结算喜好。例如,针对水果、蔬菜等采用称重计价,针对贵重商品可采用 RFID 计价,其他带条形码的商品可采用扫描条形码计价。

2. 总结和展望

(1) 面临的挑战

京东无人零售店案例主要包括身份识别、智能商品识别与管理、自动结算、远程视频监控、流量与热力图分析等模块,其中广泛采用了计算机视觉和深度学习技术,如摄像机标定,目标检测、跟踪,视频中行为、事件分析,图像分类、聚类、分割、检索,深度学习模型压缩等。

计算机视觉技术在无人零售店的应用,目前还存在两个有待解决的问题。一是视频数据的传输与处理过程耗费较高成本。比如每天都产生大量的视频数据,而真正有用的视频数据占的比例不大。又如深度学习模型的运行需要价格昂贵的 GPU 资源,每个无人零售店配备一台 GPU 则成本过高,因此,若算法可方便地部署在终端,则可提高存储资源、计算资源的利用率。二是准确率提升需要大量的标注数据。在商品的入库过程中,需要花费大量人力获取商品的图像数据并进行标注,同时行人检测、跟踪,行为、事件分析准确率的提升也需要大量标注数据的积累,因此若算法能从少量标注数据集或大量无标注数据集中进行自学习,则智能化程度将更高。

(2) 前景

无人零售店是电商企业进攻线下场景的一个突破口,未来将是在技术驱动下,以提升用户体验为目标,以降低人力成本、运营成本为发力点,综合利用计算机视觉、云计算、物联网、大数据分析以及区块链技术,将无人零售店部署到各个城市、各个社区,构成新的赢利增长点。

计算机视觉技术在快速发展,视觉领域三大国际顶级会议的每年投稿量在快速增加,体现了该方向在学术上吸引了足够的人才去研究,华人作者所占的比例逐渐增多,优秀人才的获取更加便捷,学术界与工业界的结合更加密切,在大量资金投入下,最新学术成果产出转化为实际产品的周期缩短。在此背景下,无人零售店的发展可获得源源不断的技术支持。计算机视觉算法和技术的广泛应用,一个重要的技术突破是以卷积神经网络为代表的深度学习技术获得了较传统手工设计的算法难以取得的准确率,享受在大量标注数据下进行端到端训练、预测方便性的同时,我们仍期待在新场景中可以依靠其他学习策略(如强化学习、GAN 以及对偶学习)来强化算法的表现。

1.3.4 商汤科技助力中国移动在线打造移动端实名认证系统

★ 关键词:计算机视觉 认证系统

★ 作 者:杨帆

商汤科技领先的图像视觉技术为中国移动上亿用户手机卡实名制计划提供基于人脸识别技术的整套身份验证类解决方案,包括身份证/银行卡 OCR 解决方案、线上公民信息认证比对解决方案、人脸门禁考勤系统等，全方位、一体化满足实名制身份认证技术的高标准需求，帮助中国移动在国家出台手机卡实名制规范要求后，短时间内掌握行业先机，顺利展开战略化布局。

近年来，中国的移动互联网行业飞速发展，4G网络广泛应用，通信安全也随之成为不可忽视的重要议题。2016年，工业和信息化部出台了"史上最严"的手机卡实名制规范，面对数亿规模的移动端用户，如何利用当前技术建立全新的实名制认证系统，成为各大运营商发展的重中之重。作为最大的实名制认证类需求方之一，中国移动通信集团有限公司下属专业化子公司——中移在线，以最前沿的人工智能技术取代传统的服务方式，联合商汤科技打造以人脸识别为核心技术的全智能实名制身份认证服务。

面对电信行业线下开户业务新增的人证一致性校验环节，中移在线通过使用商汤科技提供的具备身份证信息芯片读取及人像比对验证功能，可同时在屏幕上提醒用户操作流程及显示验证结果的身份验证一体机设备，减少人工审核，实现了高效、快捷、准确的用户身份验证，提升了用户体验。

基于商汤科技深度学习和人脸识别算法的身份验证一体机，具备识别速度极快，准确率高，1s内即可核验人证一致，防3D打印、电子屏、面具、头套类黑客攻击，支持活体验证检测，可识别证照文字等诸多强大功能，可广泛应用于电信营业厅、民政办事大厅、银行、酒店、网吧、学校、机场、高铁等诸多场景中。凭借超过人眼精确度的人脸识别准确率，这种通过人脸识别智能终端提取并验证身份证信息真伪的方式，将极大地提高服务机构的办事效率，降低营业风险，有效保障公民个人身份信息安全，避免虚假开户，在防止虚假号码诈骗等方面具有重要价值。

身份验证类解决方案采用商汤科技的人脸识别算法，结合身份证阅读器应用技术，通过高清摄像头采集人脸特征后与身份证阅读器提取的身份证照片图像进行比对。当人员进行比对时，软件界面会显示比对结果。也可以通过网络或USB，使后台审核人员一目了然，快速判断人员所持身份证是否为本人所有，如图1-52所示。

图1-52 身份验证类解决方案

以人证比对为核心，系统通过提取身份证内的信息与现场拍摄到的身份证持有人图像进行比对，可以快速辨别出证件与持证人是否一致，识别率达到98%以上，真正实现人证统一，杜绝盗用、冒用现象。

静默活体检测则利用了人脸防伪检测方面的核心技术，通过深度学习的方法，学习活体及非活体的特征和差异，判断人脸图像是否来源于活体，可有效防范来自视频、图像、面具类的伪造人脸攻击。相比主流的交互式活体检测，静默活体检测过程中基本不需要交互，极大地简化了检测流程，集便捷性与安全性于一身。

除了高效准确的人证对比系统，实名认证业务环节还需要大量使用OCR图像识别技术。中移在线与商汤科技合作OCR识别项目，应用了商汤科技的OCR识别算法模型和技术，进一步解决了实名认证和单据电子化涉及的银行卡、行驶证、驾驶证、营业执照识别以及工单电子化和自拍照防黑客等技术问题，极大地节约了公司存储成本，并能实现快速定位查询业务工单信息，提高用户的服务效率，极大地满足不断丰富的业务场景需要。

随着移动互联网用户规模和市场规模的高速增长，行业结构正在不断进化，服务形式也越来越呈现出多样化、高效化、智能化的特点。中移在线和商汤科技通过人脸识别技术所实现的智能身份认证服务，可以看作全自助服务中的创新模式，也是未来推动产业变革及智能化服务的决定性途径。中移在线希望能够和商汤科技开展更多创新性的技术尝试，将人工智能技术应用到更加复杂的服务中，开启更加便利、人性化的在线服务体验。

如何将最前沿的计算机视觉技术，与发展最蓬勃的互联网行业进行有效结合，对未来商业和经济形态产生颠覆，是目前行业最关注的方向。我国的移动互联网用户规模巨大，需要通过实名认证管控业务风险的场景非常多样，这为商汤科技技术优势的发挥提供了一个理想的舞台。商汤科技与中移在线携手共同实现了人证对比系统、证件 OCR 系统，以及门禁考勤系统等多个项目的成功部署，不仅节约了时间和人力成本，简化了认证流程，提高了身份认证的精确度，未来也有利于提高移动支付等功能的安全性，增强接入其他互联网应用的便利性，并能够有效打击通信诈骗犯罪，为移动用户提供一个安全的移动互联网使用环境。

商汤科技与中移在线的合作，不仅为我国移动互联网用户的使用环境提供了高效、安全、稳定的保障，更为人工智能技术在其他领域的复制、推广打造了一个成功范例。未来，商汤科技将与中移在线在更多的业务领域内积极拓展，充分利用中国移动强大的渠道推广能力和企业服务整合能力，配合商汤科技计算机视觉和深度学习技术优秀的研发能力，共同推动移动互联网产业的升级。

-点评-

视觉是一种非常重要的感觉，普通人大脑中约 80% 的知识和记忆都是通过眼睛获取到的，人类大脑皮层约 70% 的活动用于处理视觉信息。人工智能要让机器可以像人一样思考和行为，就必须让机器能够像人一样去"看"事物和"认知"事物，这就使计算机视觉成为人工智能领域最重要的技术之一。

近年来，技术方法的突破和实践应用的普及，推动计算机视觉成为本轮人工智能热潮中最早实现显著成果的领域之一。当前，计算机不仅能够处理静态的图像，还能够处理动态的视频，而且识别和理解能力也持续提高，应用也逐步从消费端向产业端推进，场景识别、物体定位、工业质量控制、农业畜牧业管理、无人驾驶、医疗影像等方面的应用不断涌现。全球计算机视觉市场迅速崛起，促进了计算机视觉产业的加速发展。

我国的计算机视觉技术与产业发展快速推进，在部分领域居于全球先进水平，在高铁验票、酒店入住身份核对等民生领域实现了广泛应用，在行业领域的应用场景和应用案例也持续增多。据统计，我国计算机视觉行业的市场规模已居世界首位，涌现出了多家有技术优势和市场经验的领军企业。未来，随着智慧城市、智能制造、现代农业、智慧医疗等的发展，我国计算机视觉行业的市场需求将持续旺盛，进而推动技术从感知迈向认知、从识别迈向检测，进一步提升计算机视觉产业的发展水平。

CHAPTER 02
智能语音语义

—导读—

实现沟通交流是个体成为群体的重要基础，语言文字是人类发展历史、传承文明的重要工具。智能语音语义就是让计算机能够识别话音和分析理解话语的意义。这类技术能够应用在众多领域，如在智能家居、智能车载终端、虚拟助理、智能客服等领域实现智能交互、对话聊天、深度问答、机器翻译等功能，从而改变人机交互方式，实现人与计算机之间自然的交流。本章主要介绍智能语音语义的国内外发展情况、前沿技术进展和重点行业领域的应用状况。

2.1 国内外智能语音产业的格局与趋势

近年来，在移动互联网、大数据、云计算、深度学习等技术的发展推动下，智能语音技术渐趋成熟，行业发展进入场景应用布局阶段。移动互联网、智能家居、汽车、医疗、教育等领域的应用带动智能语音产业规模持续快速增长。未来，随着技术成熟和应用推广，全球智能语音产业将继续保持规模性增长，2020年12月，中国语音产业联盟发布了《2020中国语音产业白皮书》，指出2020年全球智能语音及人工智能市场规模约为200亿美元，市场发展潜力巨大。

2.1.1 智能语音技术概述

★ 关键词：智能语音 产业 应用场景 展望
★ 作 者：安晖 冯晓辉 王哲

1. 智能语音的内涵与外延

智能语音包含语音识别和自然语言处理两项主要技术。其中，自然语言处理在广义上包括对文本、语音等各种形式的自然语言的处理，但由于文本和语音所涉及的技术环节存在明显差异，因此将依照行业惯例，采用自然语言处理的狭义定义，即自然语言文本的处理技术。

语音识别技术，也被称为自动语音识别，目标是将人类语音中的词汇内容转换为按键、二进制编码和字符序列等计算机可读的输入。

语音识别的准确率在2012年应用CNN之后得到了大幅提升。目前业内普遍宣称，语音识别准确率已达到96%以上，部分系统识别准确率可达98%。

自然语言处理主要研究计算机对输入的自然语言文本的分析、理解和生成，目标是使计算机理解和领会自然语言文本所要表达的含义。自然语言处理技术主要包含词法分析、句法分析和语义分析3个递进的技术层面，核心难点是解决自然语言消歧问题。

语音识别技术和自然语言处理技术既存在差异，又相互关联。从技术角度而言，语音识别和自然语言处理中的各项任务都需要采用机器学习方法，因此可以将二者视为机器学习领域的应用。从产业角度而言，语音识别和自然语言处理本质上都是对各种形式的自然语言进行处理，都为智能语音产业的组成部分。

2. 语音识别技术的发展历程和技术环节

（1）发展历程

语音识别技术大致经历了四大发展阶段（见表

2-1），分别为 20 世纪五六十年代的单一模式匹配阶段、20 世纪七八十年代的模式和特征分析阶段、20 世纪 90 年代至 21 世纪初的统计方法阶段，以及 2010 年至今的深度神经网络阶段。2017 年 12 月，工业和信息化部印发的《促进新一代人工智能产业发展三年行动计划（2018—2020 年）》对智能语音的发展做出展望："到 2020 年，实现多场景下中文语音识别平均准确率达到 96%，5 米远场识别率超过 92%，用户对话意图识别准确率超过 90%。"不过，目前语音识别的高准确率大都是在安静的室内场景中进行识别测得的，而在现实使用场景下，语音信号存在远场、方言、噪声和断句等多样性和复杂性问题，效果和体验都不够理想，并且鲁棒性问题较为显著。

（2）技术环节

语音识别主要包括语音激活检测、语音特征提取、识别建模和解码等技术环节（见图 2-1）。

表 2-1　语音识别技术发展阶段

发展阶段	实现方法	主要特点	主要局限
20 世纪五六十年代	单一模式匹配	系统只能理解有限的词汇或内存中的数字	系统无法将语音转化为句子和词汇，机器只能区分有限数量的不同声音模式
20 世纪七八十年代	模式和特征分析	系统能识别少量的声音	系统能识别少量句子，但准确率极低
20 世纪 90 年代至 21 世纪初	统计方法	系统能连续处理特定词汇或声音，识别准确率可达 80%，且语音识别速度得到了大幅提升	虽然加入了快速微芯片，但系统整体运行速度依然较慢，且识别准确率在 2001 年达到 80% 后遭遇瓶颈
2010 年至今	深度神经网络	系统采用深度神经网络训练模型，语音识别精度得到了大幅提升，识别准确率可达 96%	系统需要大量训练数据，多数系统在非人工评测识别场景下的语音识别准确率不够理想

图 2-1　语音识别技术流程

语音激活检测用于判断语音输入状态和静音状态，以降低语音识别系统的噪声误识别率及系统功耗，语音识别的后续操作都是在由语音激活检测截取出来的有效片段上进行的。在近场环境下，由于语音信号衰减有限，SNR（Signal-to-Noise Ratio，信噪比）较高，因此仅需采用过零率和信号能量等简单指标就能够达到检测效果。但在远场环境下，语音信号传输距离远、信号衰减严重，麦克风采集数据的信噪比很低，因此需要采用 DNN（Deep Neural Network，深度神经网络）方法提高检测性能。复杂远场环境中的语音激活检测精度仍有待提升。

语音特征提取指的是对声音进行切分和波形变换，形成以"帧"为单位的音频序列。基于 MFCC（Mel-Frequency Cepstral Coefficients，梅尔频率倒谱系数）的梅尔滤波器组是较为常用的语音特征提取方法。不过，近些年的研究表明，受限玻耳兹曼机和 CLDNN（Convolutional, Long Short-Term Memory, Fully Connected Deep Neural Networks）等 DNN 模型在语音特征提取中具有更好的效果,未来有望取代梅尔滤波器组。

识别建模本质上是从音频序列到文字序列的转化过程,即在给定语音输入的情况下,找到概率最大的文字序列。在语音识别的发展过程中,深度学习起了关键作用,其最大优势在于大幅提升了声学模型的特征表征能力。在复杂远场情况下,深度学习可以把噪声和回响理解为新特征,并通过对噪声和回响的数据进行学习,实现较为理想的识别性能。目前,常用的声学模型包括 GMM(Guassian Mixture Model,高斯混合模型)、DNN、RNN 和 CNN 模型等。

解码指的是基于训练好的声学模型,结合词典和语言模型,将输入的语音帧序列最终解码为单词的过程。解码过程本质上是在声学模型、词典以及语言模型组成的动态网络空间中,利用维特比(Viterbi)搜索算法和集束搜索(Beam Search)算法,选择若干条最优路径作为输出字符序列,并给出语音识别结果的过程。

未来,语音识别需在技术和产品两方面进行优化。在技术方面,不仅要利用深度学习技术和大量训练集提升机器对语音的识别精度,还需要在语音增强、麦克风阵列及说话人分离等多项技术领域持续投入,结合前后端语义,促进机器对上下文的理解,从而提升识别效果。在产品方面,需要不断优化语音交互流程,通过产品设计,减少较为模糊的问答内容,提升用户体验,实现自然交互。

3.自然语言处理(NLP)技术的发展历程和技术环节

(1)发展历程

NLP(Natural Language Processing,自然语言处理)技术大致经历了四大发展阶段(见表 2-2),分别为 1956 年以前的基础研究阶段、1957 年至 20 世纪 70 年代初的快速发展阶段、20 世纪 70 年代末至 21 世纪初的发展低谷阶段、2010 年至今的融合发展阶段。目前,词义消歧和语义理解仍然是阻碍自然语言处理技术发展的两大瓶颈。

(2)技术环节

自然语言处理技术依照技术环节可划分为分词与词法分析、句法分析以及语义表示与理解。

分词与词法分析环节包括分词、词性标注、命名实体识别和词义消歧等细分领域。中文分词一般基于词典和统计学方法,进行词的歧义切分和未登录词识别。目前,汉语分词的准确率已经达到了 95% 左右。词性标注是指为给定句子中的每个词赋予正确的词性类别标记,这对后续的自然语言处理工作而言是重要的预处理过程。中文兼类词的词性消歧和未知词的词性识别,是词性标注领域的热点和难题问题。命名实体识别是自然语言处理中相对独立的专项任务,识别实体为各类型专有名词。

表 2-2 自然语言处理技术发展阶段

发展阶段	背景	成果	主要意义
1956 年以前的基础研究阶段	1936 年图灵机概念诞生,1946 年电子计算机诞生,1948 年香农将离散马尔可夫概率模型引入语言描述	1956 年乔姆斯基(Chomsky)提出了上下文无关语法,并将其运用到 NLP 中	基于规则和基于概率的两种 NLP 技术路径的产生
1957 年至 20 世纪 70 年代初的快速发展阶段	符号派进行形式语言理论、生成句法和形式逻辑系统的研究。随机派采用贝叶斯方法的统计学 NLP 研究	1959 年美国宾夕法尼亚大学成功研制出 TDAP(Transformation and Discourse Analysis Project,转换与话语分析)剖析系统,随后布朗美国英语语料库建立,1967 年奈瑟尔(Neisser)通过认知心理理论将 NLP 与人类认知相结合	NLP 融入了人工智能领域的研究中,并分化为基于规则方法的经验派和采用概率方法的统计派,其中经验派势头远胜于统计派

续表

发展阶段	背景	成果	主要意义
20世纪70年代末至21世纪初的发展低谷阶段	因NLP的实际应用前景较为迷茫且新问题不断涌现，业内对NLP的信心滑向低谷	20世纪70年代，基于隐马尔可夫模型的统计方法在NLP领域获得成功；20世纪80年代，话语分析取得重大进展	基于统计概率的NLP研究范式取得大幅进展
2010年至今的融合发展阶段	计算机算力大幅增加，互联网发展积累大量语料数据，信息检索和信息抽取的需求变得更加突出，NLP的商品化开发场景更为成熟	深度学习算法词法、句法和语义分析展现出巨大威力，数据和算力的积累达到临界点	基于统计、实例和规则的语料库技术蓬勃发展，统计范式与经验主义的联结范式相互借鉴，各种处理技术不断融合，NLP应用面更加宽广

（资料来源：赛迪智库整理，2018年1月）

句法分析包括依存结构句法分析、短语结构句法分析、深层文法句法分析和基于深度学习的句法分析。依存结构句法分析基于一个基本假设：句法结构本质上包含词和词之间的依存修饰关系。目前，人们主要研究数据驱动的依存结构句法分析方法，而不涉及依存语法理论。短语结构句法分析的研究基于上下文无关文法假设。句法分析器的构建方法分为人工书写规则和从数据中自动学习规则两种，其中自动学习规则的方法已经成为句法分析中的主流方法。深层文法句法分析包括组合范畴文法、词汇功能文法和词汇化树邻接文法等分支，但目前深层文法句法分析技术还没有达到完全实用的程度。

语义表示与理解包括浅层语义分析和深层语义分析。基于浅层语义分析的NLP技术虽然在搜索引擎中早有应用，但在人机交互和人工智能领域仍属于浅层处理，机器对自然语句的理解只能做到语义角色标注层面，即标出句子中的句子成分和主被动关系等，难以实现知识的深层逻辑推理，无法达到人工智能的高级目标。因此，近些年来，学术界和工业界正逐步把注意力投向深层语义分析的研究。

相对西文而言，汉语在分词上缺乏语言标识，书写形式和构词方式灵活多变，中文自然语言处理距离商用推广尚有一定距离。未来，要让机器更好地理解人类语言并实现自然交互，仍需在深度学习等领域实现新的技术突破。

2.1.2 智能语音产业发展情况

1.智能语音产业链

智能语音产业链包括智能语音技术研发、知识库提供以及应用与服务等环节。智能语音作为重要的信息入口，虽然产业链较短且核心产业规模不大，但仍具有巨大的渗透潜力，可显著降低信息技术的使用门槛，有望在万物互联时代引发新一轮人机交互技术革命，取代浏览器和移动端应用，成为下一代流量入口。

智能语音技术研发是智能语音产业链的核心环节，主要包括语音识别和自然语言处理等技术服务的提供商，以及基础平台支撑和关联技术提供商。

知识库提供是智能语音产业链的支撑环节，对提升技术和服务水平具有重要影响，包括提供天气、餐饮、旅游和股票等各类信息的内容服务提供商。

应用与服务主要包括基于智能语音技术的各类应用与服务的提供商。目前，智能语音技术的应用场景主要涵盖智能终端、汽车和智能家居等消费级应用，以及教育、呼叫中心和医疗等行业级应用。智能语音技术发展迅猛，不断覆盖新的应用场景，市场潜力巨大。

2. 全球智能语音产业进展情况

（1）产业规模

近年来，智能语音技术得到迅速发展和普及，已经从技术研发阶段进入快速应用阶段，全球智能语音市场规模不断提升。

（2）发展特点

①深度学习广泛应用，应用探索不断涌现

近年来，随着人工智能技术的发展，深度学习算法被应用于语音识别和自然语言处理等领域，并取得了重大进展。以苹果 Siri 虚拟个人助理的问世为重要标志，智能语音技术进入了快速应用阶段，为用户提供了便捷、自然的智能交互体验，并逐渐成为智能终端的基础服务和用户获取信息的入口。从苹果 Siri 虚拟个人助理，到亚马逊 Echo 智能音箱，智能语音的载体不断拓展，围绕汽车、酒店和教育等场景的各类应用也逐步展开。未来，随着技术成熟度与市场接受度的提升，语音识别和自然语言处理将不断探索新的应用场景，并逐步拓展至其他的产品服务中，从而改变以往的交互方式，催生新兴商业模式及对应的生态系统。

②行业壁垒很高，寡头垄断格局初现

智能语音产业是以技术为导向的新兴产业，具有显著的马太效应（两极分化现象）和较高的行业壁垒。第一，核心技术壁垒。智能语音技术是声学、自然语言处理、数字信号处理和人工智能等多学科交叉融合的产物，研发难度高、周期长、投入大。第二，数据资源壁垒。智能语音技术在不同地区、行业和用户间的应用存在较大差异，既有企业会依赖其在真实环境下的语音资源积累，不断强化数据资源壁垒。第三，行业应用壁垒。电信和金融等信息化程度较高的行业，对智能语音技术存在真实与广泛的需求，对智能语音技术服务提供商的筛选程序严格且合作长期稳定，从而导致新厂商进入该行业的难度较大。因此，虽然在全球范围内尚未出现绝对垄断者，但是仅有少数厂商具备较强的竞争力，这些厂商主要是 Nuance、谷歌、苹果及微软等跨国 IT 企业，它们形成了寡头垄断竞争格局（见图 2-2）。

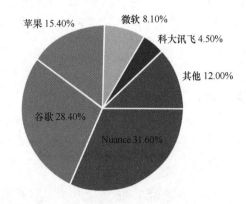

图 2-2　2018 年全球智能语音产业市场竞争格局
（资料来源：Wind，赛迪智库整理，2018 年 1 月）

③科技巨头纷纷布局，抢占信息入口

随着人机语音交互体验的持续改善，语音交互逐渐从辅助的接入工具转变为重要的信息入口。谷歌、苹果、亚马逊和微软等科技公司都十分重视发展语音交互技术，并不断加大研发投入，进而引发了一场智能语音交互的风潮。第一轮风潮由苹果旗下产品 iPhone 搭载的 Siri 虚拟个人助理引领，随后微软 Cortana（小娜）和谷歌 Assistant 等产品相继问世，推动了智能语音技术与移动互联网的全面融合。第二轮风潮由亚马逊推出的搭载 Alexa 的 Echo 智能音箱引领，随后国内外科技公司纷纷推出各自的智能音箱产品，以争夺智能家居入口。市场调查机构 Canalys 公布的数据显示，2019 年第一季度，全球智能音箱市场增长了 131%，总体出货量达到 2070 万台；同期我国智能音箱的出货量增长了 500%，超过美国，占据了 51% 的全球市场份额。与此同时，科技公司积极推动智能语音技术开源化，向智能汽车等其他场景快速渗透，打造基于智能语音技术的生态系统，极大地加快了智能语音技术的研发和产业化进程。国外智能语音产业重点企业及其主要技术、产品见表 2-3。

表 2-3 国外智能语音产业重点企业及其主要技术、产品

企业名称	主要技术、产品
Nuance	语言识别软件 Naturally Speaking、互联汽车语音和内容平台声龙驾驶（Dragon Drive）、T9 智能文字输入法等
谷歌	智能语音助理谷歌 Assistant、智能音箱 Google Home、Actions on Google 平台等
微软	智能语音助理 Cortana、伴侣虚拟机器人小冰、智能音箱 Invoke 等
苹果	智能语音助理 Siri、智能音箱 HomePod 等
亚马逊	智能语音助理 Alexa、智能音箱 Echo 等
Sensory	语音控制技术 TrulyHandsFree 等

（资料来源：赛迪智库整理，2018 年 1 月）

3.中国智能语音产业进展情况

（1）国内企业水平领先，占据主导地位

近年来，智能语音产业发展迅猛，但尚未形成成熟的产业格局，国内企业的智能语音技术储备雄厚，拥有良好的基础优势。在国内市场中，由于我国文化和中文具有特殊性，且国内具备扎实的智能语音技术基础，因此培育出了一批优秀的智能语音企业，掌握了语音识别、自然语言处理、语音合成、语音评测和声纹识别等核心技术，中文智能语音技术处于国际领先水平，语音识别的通用识别率可达 95% 以上，占据了国内市场的主导地位，业务覆盖移动互联网、智能家居、教育、汽车、金融和医疗等众多领域。未来，国内人工智能、大数据、云计算和 5G 网络的普及将继续推动智能语音技术升级，移动互联网、智能家居和智能汽车等领域可为智能语音产业提供广阔的市场空间，我国智能语音产业将迎来巨大的发展机遇。

（2）市场风起云涌，三类企业错位共存

目前，国内智能语音产业处于快速扩张的发展阶段，参与企业主要分为三类：一类是由科研院所孵化出的传统语音技术厂商，如科大讯飞等；一类是积极抢占信息入口的 IT 企业，如百度等；一类是聚焦智能语音产业细分领域以及部分智能机器人领域的初创企业，如思必驰、云知声、出门问问和小 i 机器人等。传统语音技术厂商拥有深厚的技术和用户积累，在行业级应用市场占据主导地位。大型 IT 企业具备强大的技术和资金实力，并拥有互联网流量入口优势，从而率先开拓了消费级应用市场。初创企业依靠技术创新、资本运作和差异化竞争策略，立足产业链细分环节和细分市场，并占据了一席之地。目前，三类企业在技术快速演进和市场高速扩张的背景下错位共存，共同成长。未来，随着产业逐步成熟，市场竞争将更加剧烈。

目前国内智能语音产业重点企业及其主要技术、产品见表 2-4。

表 2-4 国内智能语音产业重点企业及其主要技术、产品

企业名称	主要技术、产品
科大讯飞	语音引擎、智能语音教育产品、智能语音手机 App 产品（讯飞输入法、灵犀、听说无忧等）、智能音箱叮咚、行业级智能语音解决方案等
百度	DuerOS 开放平台、智能语音助理度秘、智能音箱 raven H 等
搜狗	搜狗输入法、语音交互引擎知音等
捷通华声	灵云智能输入法、智能客服、语音合成、语音识别、智能车载、智能语音导航等解决方案
中科信利	智能语音分析系统、智能语音导航系统、智能终端人机交互系统、音视频资源检索系统、数字音频水印系统、前端远讲语音系统等解决方案
海天瑞声	工程化人工智能数据库天籁数据中心、一站式数据定制解决方案等
思必驰	基于中英文综合语音技术的智能车载、智能家居、智能机器人、语音输入板等解决方案
云知声	基于智能语音技术的智能家居、智能车载、智能医疗、智慧教育、儿童早教机器人等解决方案
出门问问	小问智能耳机、小问音响、问问智能手表、问问魔镜等
小 i 机器人	智能客服、智能政务、智能语音、智能实体机器人、智能云服务等解决方案

（资料来源：赛迪智库整理，2018 年 1 月）

2.1.3 智能语音应用场景及发展趋势

1. 智能家居

（1）应用现状及特点

在智能家居场景下，智能语音应用主要围绕智能电视、音箱、家用机器人展开，解决的问题包括搜视频、听歌、提醒、简单交互及应用调取等。亚马逊Echo的面世，引发了语音交互在家居领域应用的热潮，Echo已经成为目前市场上极具代表性的智能语音产品。根据CIRP（Consumer Intelligence Research Partners）数据分析公司的数据可知，2014—2019年，亚马逊Echo系列产品用户已突破1000万，智能家居语音助手正迅速从小众圈子进入大众市场。据统计，利用智能语音助手控制家居用品是最受用户欢迎的功能之一，智能家居相关应用的第二周用户留存率高达40%，远超智能语音应用用户留存率的平均水平（3%）。一些空调、冰箱、洗衣机和抽油烟机等传统家电，也开始配备智能语音交互功能。

语音应用分发的主要渠道是亚马逊Alexa和谷歌Home平台。亚马逊的Echo，三星的Family Hub、SmartThings Hub、Wink公司的Wink Hub，Insteon公司的Insteon Hub以及飞利浦公司的Hue Hub等智能语音家居产品占据国际主流。国内的思必驰、海知智能和云知声等语音方案商，以及海尔和美的等家电企业均发布了以语音交互为核心的智能家居解决方案。

（2）未来需求及趋势分析

Strategy Analytics发布的研究报告《2021年全球智能家居预测》中指出，到2025年，全球近20%的家庭将至少拥有一种正在使用的智能家居产品，而2021年年底这一比例约为15%。由此可见，自然语言交互是下一代人机界面，智能语音是人工智能的重要应用场景和全新风口。家居环境的天然特性使语音成为最合适的交互方式，与Echo和Alexa类似，家居领域未来将吸引越来越多的应用，以不断丰富其产品功能，完善智能家居生态环境，培养用户习惯，培植智能家居控制中心的流量入口。不过，由于智能语音是一种全新的交互方式，还存在较大的提升空间，因此各类智能应用的开发和设计也将面临用户体验和价值考量等方面的全新挑战。

目前，智能家居语音主战场上有亚马逊Alexa、谷歌Assistant、苹果Siri、微软Cortana四大产品。此外，脸书的扎克伯格（Zuckerberg）在2016年花费100多个小时完成了智能管家Jarvis的开发。不过，从技术基因和已有的生态圈来看，亚马逊和谷歌将持续占据领先地位。目前几乎所有的智能家居产品都可以通过Alexa或Assistant进行语音控制。未来，Alexa和Assistant将成为广泛使用的语音操作系统。

2. 智能车载

（1）应用现状及特点

智能语音在汽车场景中的应用主要以车载导航为主，辅以查询和用车。当前，众多汽车厂商已将智能语音软硬件服务作为智能汽车驾驶服务的入口。

2012年，Nuance公司发布了车载自然语言语音平台——"声龙驾驶"（Dragon Drive），为用户提供连贯的互联汽车体验。目前，声龙驾驶技术已被福特、宝马、丰田和戴姆勒等众多世界领先的汽车制造商所采用。国内的思必驰公司利用智能语音交互和自然对话技术，为用户提供了车载智能硬件语音交互服务；云知声公司基于语音技术和自然语言处理技术，为车内环境提供了智能语音解决方案；出门问问公司也运用语音和自然语言处理技术，研发了车载智能语音应用。

（2）未来需求及趋势分析

未来，越来越多的智能汽车将具备语音对话功能。智能语音的市场虽然格局未定，但在汽车领域却已形成生态圈雏形。由于车内环境相对封闭且驾驶员的双手和双眼均被占用，从而导致智能语音的使用需求十分明确，因此智能语音得以成为这一场景下最合适的交互方式。未来,汽车将与家居场景结合在一起,抢占智能语音消费市场的先机。无人驾驶汽车全面普及后,一定程度上人们的双手、双眼以及大脑都将被解放,智能车载语音交互有望成为车联网生态的服务入口。

3.智能客服

(1)应用现状及特点

智能客服是以语音识别和自然语言处理等技术为基础,通过即时通信、网页和短信等形式,以拟人化方式与用户进行实时交互的软件系统。经过行业语料训练的智能客服可接入现有的呼叫中心,实现智能客服咨询和产品营销推广等功能。智能客服可以有效完成简单和重复性的工作,从而能够节省人工成本,增强用户体验,提高工作效率,帮助企业提升服务质量和品牌形象。目前,智能客服可以协助处理大部分的用户问题。近年来,电信、金融、电力、航空、广电和医疗等行业,以及政府机关开始规模化应用智能客服。目前,国内智能客服市场的主要企业包括科大讯飞、捷通华声、小i机器人、图灵机器人、智齿科技和蓦然认知等。

(2)未来需求及趋势分析

目前,智能客服存在自然语言处理能力不高、交互体验不够完美以及知识库尚需填充等问题,因此导致用户接受程度不高。未来,智能客服将向拥有智能化与拟人化的成熟技术和完善服务的方向发展,并通过提升复杂语音对话、声纹生物特征识别和用户情绪实时分析等能力,为用户提供更加自然流畅、接近真人水平的语音交互服务。

4.智慧教育

(1)应用现状及特点

智能语音技术在教育领域可用于课堂教学、考试和个人学习产品,以及文化和动漫类产品中,用以实现中英文口语评测和教育机器人交互等功能。近年来,教育信息化作为推进教育现代化的有效手段,获得国家高度重视。科大讯飞等智能语音企业积极与教育主管部门及学校开展合作,运用智能语音技术,推动教学、培训和学习的智能化进程。智能语音可激发学生的学习兴趣,改善学习效果,并提升教师的工作效率。

(2)未来需求及趋势分析

目前,智能语音在教育行业的应用仍局限于替代性工作,渗透程度与交互体验均有待提升。未来,随着教育行业语音数据的不断积累,通过将后端大数据分析与机器学习相结合,智能语音有望在机器辅助学习和自适应学习方面发挥重大作用,为教育行业带来颠覆性变革。此外,我国教育信息化未来将由以IT硬件设施建设为主,逐渐转变为以软件服务为主,智能语音将迎来较大的市场机遇。

2.1.4 智能语音产业发展展望

发展智能语音产业具有重要意义和价值。语音识别以及自然语言处理、技术与产品的成熟,将使人工智能技术大步跃进,成为生产生活中重要且具有不可替代性的基本需求和基本支撑,其意义可与电力的普及与应用相媲美。作为受到国内外普遍关注和发力的重点领域,智能语音产业未来将表现出多方面的发展趋势。

1.技术发展:基础理论和核心技术成重点,重大突破不断出现

面对语音识别,特别是语义分析和语义理解技术远未成熟的现状,新一代语音识别框架、口语化语音识别、个性化语音识别、智能对话、音视频融合以及语音合成等相关基础理论研究和核心技术研究的资源投入将进一步加大,并针对具体场景,在部分领域形成重大理论突破。从具体方向看,一是面向"鸡尾酒会"等具有复杂噪声和多种口音的环境,实现语音语义、计算机视觉和知识逻辑工程技术的综合研发

与应用,从而提高识别效果。二是针对医疗、教育、商贸和安全保障等专用词汇较多的专业领域,进行有针对性的技术优化。三是针对生产生活场景,实现创新技术的低功耗、低成本和高可靠性,使之能够与智能音箱、智能手表、智能手环和智能家电等产品更紧密结合并应用。《促进新一代人工智能产业发展三年行动计划(2018—2020年)》曾提出,"到2020年,实现多场景下中文语音识别平均准确率达到96%,5米远场识别率超过92%,用户对话意图识别准确率超过90%"。

2.应用发展:各行业领域应用将迅速推开,应用水平不断提高

在政策和需求的双重推动下,智能语音在各行业和各领域的应用会迅速推开,在输入法、人机交互和家电控制等众多常见领域都有望实现大规模且日益深化的应用。一是智能语音应用将在智能汽车、智能家居和智能机器人等通用性领域率先实现大规模推进。二是智能语音在客服、教育、金融和政务服务等领域将更具有行业定制特征,在越过一定的应用门槛后,会更加迅速地普及。三是智能语音技术将与情绪分析等技术相结合,进一步提升语义分析和语义理解的技术水平及应用的成熟度。

3.企业发展:企业间竞争态势将更加激烈,发展路径将不断分化

大型企业和创新型企业都将智能语音作为重要切入口,企业间的竞争态势将更加激烈。同时,随着产业生态体系的构建,企业间的合作也将更加密切。一方面,先发企业将凭借多年技术积累和资源积累,努力成为智能语音领域的探索者和先锋军。另一方面,由于各企业所开发和掌握的智能语音技术间的本质区别越来越小,因此技术已不再是企业构建商业模式的最主要基础,上下游延伸合作和生态体系的构建将成为企业发展的主要依托。同时,新兴企业将着眼和把握定制特征明显的行业应用领域,努力打造自己独特的核心竞争力。

2.2 自然语言处理与语音识别的技术前沿

2.2.1 文本自动摘要研究进展

* 关键词:自然语言处理 文本处理 自动摘要
* 作 者:韦福如 周青宇 程骉 周明

作为自然语言处理的重要一环,机器摘要技术一直为相关研究人员所重视。随着新闻聚合类App、智能语音音箱和智能手机助手等产品的兴起,机器摘要技术也得到了越来越广泛的应用。图2-3所示为机器摘要任务和技术。

文本自动摘要(Automatic Summarization)是利用计算机自动实现文本分析、内容归纳和摘要自动生成的技术。按照不同的标准,文本自动摘要可以划分为不同的类型。根据输入文本的粒度不同,可以分为句子摘要(Sentence Summarization)、单文档摘要(Single-Document Summarization)和多文档摘要(Multi-Document Summarization)。根据摘要产生方式的不同,可以分为抽取式摘要(Extractive Summarization)和生成式摘要(Abstractive Summarization)。

目前应用较广的机器摘要自动评测方法为2004年Chin-Yew Lin提出的ROUGE(Recall-Oriented Understudy for Gisting Evaluation),该评测方法与人工评测具有很好的一致性。ROUGE评测方法统计了系统输出摘要

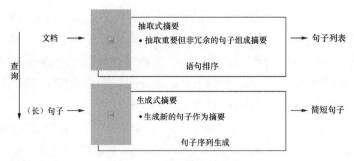

图 2-3 机器摘要任务和技术

与参考摘要之间 n 元文法的共现数目，并以此计算准确率、召回率和 F1 值。

目前的机器摘要研究中主要使用以下几个数据集。

・English Gigaword。使用 LDC 数据集 LDC2011T07 构建的句子级摘要数据集。该数据集将新闻数据中的首句与标题作为一个平行句对，并使用启发式规则过滤不符合要求的部分。

・DUC 和 TAC 数据集。DUC 和 TAC 数据集是一系列摘要评测任务中使用的数据集，可以从评测组织方获得该数据集。

・MSR-ATC（Microsoft Reserved Abstractive Text Compression）数据集。克里斯蒂娜・图塔诺娃（Kristina Toutanova）等人发布了一个通过众包方式构建的句子摘要数据集，该数据集包含了 6000 个输入句子，每个句子对应了多个由人工编辑的摘要（共包括 26 000 个句子 - 摘要句对）。其还提供了一个标准数据集分割，即训练集、开发集和测试集，分别包含 4936、448 和 785 个输入句子。

・CNN 和 Daily Mail 数据集。该数据集是通过抓取 CNN 和 Dailymail 网站上的新闻构建的。

机器摘要作为一项重要的自然语言处理能力，其在许多场景中都有着重要的应用，例如：

・在新闻聚合类应用中，向用户推送一个简短的新闻摘要比推送整篇文章更合适；

・搜索引擎可以通过对索引文档建立摘要的方法，直接使用一段摘要对用户搜索的问题进行回答，从而帮助用户节省大量时间；

・通过精简过长的句子，智能语音音箱可以更简洁、更高效地播放语音消息；

・智能写作助手同样可以使用机器摘要技术，从已有的数据中提取重要部分，从而协助用户创作。

1. 抽取式摘要

抽取式摘要是目前文档级摘要系统的主流算法框架，也是在实际中应用较为成功和广泛的系统架构，其主要思想是通过抽取原文中的重要且不冗余的句子形成最后的摘要。抽取式摘要系统的架构如图 2-4 所示。

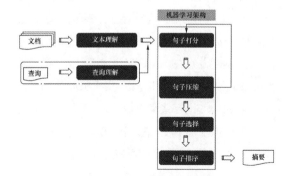

图 2-4 抽取式摘要系统的架构

其主要由以下几部分组成。

・文本理解：对文档和用户查询（仅针对面向查询的文摘任务）进行自然语言分析和处理，例如分句、分词、词干提取和词性标注等。

・句子打分：根据句子的重要性，对原文句子进行打分。

·句子压缩：某些情况下会做一些简单的句子压缩，以去除长句中不重要的内容。

·句子选择：由于系统输出的摘要有长度限制（例如最好几句话或者多少个字），因此会综合考虑句子的重要性（根据句子打分的结果）和不冗余性（在考虑是否选取某个句子的时候要考虑该句子和已选句子的冗余程度）进行句子选择。

·句子排序：把在句子选择过程中得到的句子，组成连贯性较好的摘要作为系统输出。对于单文档而言，一般根据句子在文章中出现的顺序进行排序即可；对于多文档而言，则要综合考虑句子所在文档的时间信息以及句子之间语义上的连贯性，再进行句子排序。

句子打分算法是其中最为关键的部分。除了早期的基于简单规则以及基于图排序的算法外，目前句子打分算法都是基于机器学习的算法。可以把这个任务看作分类（Classification）任务，即把每个句子分为需要放到摘要中和不需要放到摘要中两类。或者是回归（Regression）任务，即给每个句子预测一个分数，从而表示其被选入摘要的可能性。以下是基于机器学习的句子打分算法的关键组成部分。

·训练数据：一般来说，文摘的训练数据是由原始文档（集）以及人工标注（参考）摘要组成的，因此需要根据不同的机器学习算法，采取不同的句子打分训练数据生成方法。如果是分类任务，会根据人工摘要计算原始文档（集）中句子子集的 ROUGE 得分，选取得分最大的句子子集作为要选入摘要的句子集合，剩下的句子则作为不需要选入摘要的句子集合。如果是回归任务，则需要计算原始文档（集）中句子和人工摘要的 ROUGE 得分，以此作为回归算法的训练目标并构造训练数据。

·机器学习算法：广泛采用的是用于分类和回归问题的机器学习算法，例如 SVM 和逻辑斯谛回归等。

·特征工程：抽取有效的特征是句子打分算法研究和实际应用中最为重要的内容。常见有效的特征包括：句子的形态特征，例如句子位置和句子长度等；句子内容的特征，包括句子单词出现的频率以及单词在整个文档中出现的频率（仅针对多文档文摘）；基于自然语言处理（信息抽取）的特征，例如句子单词的词性分布、序列以及命名实体信息等；基于图模型的句子打分算法的结果，例如句子在 LexRank 算法下的得分等。

近年来，基于深度学习的算法也在抽取式摘要句子打分中有着广泛的应用，并且取得了很好的结果。基于深度学习的算法被广泛用于特征学习和端到端的句子打分。2017 年 SIGIR 上的关于抽取式自动文摘的文章就是这一方向的代表。这种算法可以作为抽取式摘要系统的参考。下面将详细介绍这一工作。

现有的抽取式摘要模型把句子打分作为回归任务。在回归模型的框架下，有一个具有挑战性的任务，即将句子中的有效特征提取出来并将其编码为一个特征向量。而目前的做法通常忽略了上下文信息。我们提出了一种考虑上下文信息的神经网络模型 CRSum，具体而言，先使用注意力池化（Attentive Pooling）的方式对句子进行编码，再通过句子级的注意力池化构建上下文关系（见图 2-5）。通过这种方法，CRSum 不仅可以抽取出句子的内部信息，还可以抽取出句子之间的重要关系。在多个数据集上的实验表明，CRSum 在 ROUGE 评价指标方面获得了显著提高。CRSum 认为句子的重要性与其上下文也有关系。

图 2-5 和图 2-6 分别展示了 CRSum 模型的整体架构和带注意力机制的 Bi-CNN 句子编码模型。模型首先应用一个基于二元文法（Bigram）的 CNN 模型对句子进行编码。然后在句子编码过程中，使用周围句子对其进行注意力池化，从而得到包含注意力机制的句子编码。句子编码完成之后，模型使用 LSTM 对句子之间的关系进行进一步编码，得到句子的向量，进而使用 MLP 预测该句子的分数。

表 2-5 所示为 CRSum 在 DUC 数据集上的评测结果。结果表明，考虑了句子上下文的回归模型显著优于基线方法，这说明上下文信息在机器摘要任务中具有重要作用。

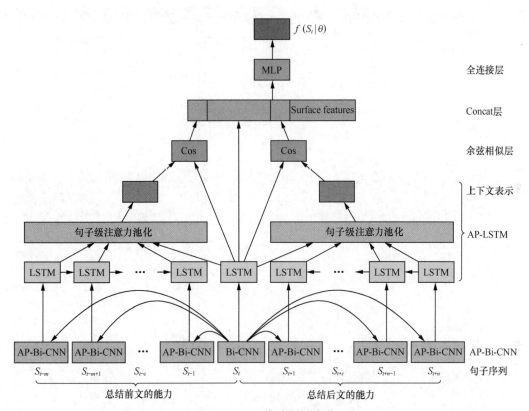

图 2-5 CRSum 模型的整体架构

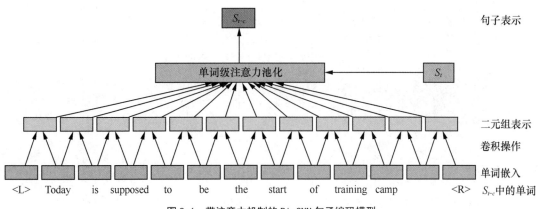

图 2-6 带注意力机制的 Bi-CNN 句子编码模型

表 2-5 CRSum 在 DUC 数据集上的评测结果

数据集	方法	ROUGE-1	ROUGE-2	数据集	方法	ROUGE-1	ROUGE-2
DUC 2001	Peer T	33.03	7.86	DUC 2005	Peer 15	37.52	7.25
	ClusterHITS*	37.45	6.81		LEAD*	29.71	4.69
	LexRank	33.43	6.09		QUERY_SIM*	32.95	5.91
	Ur*	34.28	6.66		SVR*	36.91	7.04
	Sr*	34.06	6.65		MultiMR*	35.58	6.81
	U+Sr*	33.98	6.54		DocEmb*	30.59	4.69
	R2N2.GA*	35.88	7.64		ISOLATION*	35.72	6.79
	R2N2.ILP*	36.91	7.87		AttSum*	37.01	6.99
	PriorSum*	35.98	7.89				
	SF	34.82	7.76		SF+QF	39.18	7.79
	CRSum	35.36	8.30		CRSum	36.96	7.01
	CRSum+SF	36.54[+]	8.75[+]		CRSum+SF+QF	39.52[+]	8.41[+]
DUC 2002	Peer 26	35.15	7.64	DUC 2006	Peer 24	41.11	9.56
	ClusterCMRW*	38.55	8.65		LEAD*	32.61	5.71
	LexRank	35.29	7.54		QUERY_SIM*	35.52	7.10
	Ur*	34.16	7.66		SVR*	39.24	8.87
	Sr*	34.23	7.81		MultiMR*	38.57	7.75
	U+Sr*	35.13	8.02		DocEmb*	32.77	5.61
	R2N2.GA*	36.84	8.52		ISOLATION*	40.58	8.96
	R2N2.ILP*	37.96	8.88		AttSum*	40.90	9.40
	PriorSum*	36.63	8.97				
	SF	37.33	8.98		SF+QF	41.45	9.57
	CRSum	37.10	9.29		CRSum	39.51	9.19
	CRSum+SF	38.90[+]	10.28[+]		CRSum+SF+QF	41.70	10.03[+]
DUC 2004	Peer 65	37.88	9.18	DUC 2007	Peer 15	44.51	12.45
	REGSUM*	38.57	9.75		LEAD*	36.14	8.12
	LexRank	37.87	8.88		QUERY_SIM*	36.32	7.94
	Lin*	39.35	—		SVR*	43.42	11.10
	Ur*	37.22	9.15		MultiMR*	41.59	9.34
	Sr*	36.72	9.10		DocEmb*	33.88	6.46
	U+Sr*	37.62	9.31		ISOLATION*	42.76	10.79
	R2N2.GA*	38.16	9.52		AttSum*	43.92	11.55
	R2N2.ILP*	38.78	9.86				
	PriorSum*	38.91	10.07				
	SF	37.74	9.60		SF+QF	44.29	11.73
	CRSum	38.19	9.66		CRSum	41.20	11.17
	CRSum+SF	39.53[+]	10.60[+]		CRSum+SF+QF	44.60[+]	12.48[+]

2. 生成式摘要

随着深度学习模型的兴起,生成式文本自动摘要方兴未艾。拉什(Rush)等人在 2015 年首先提出使用深度学习模型进行句子级摘要的生成。他们的模型使用了一个基于 CNN 的编码器,而解码器则采用了前向 NNLM(Neural Network Language Model,神经网络语言模型)。在训练好的模型的基础上,该工作还利用 DUC 2003 数据集对模型进行了微调,使得其在 DUC 2004 数据集上取得了更好的效果。

2016 年乔普拉(Chopra)等人在拉什等的基础上,

采用建模能力更强的循环神经网络作为解码器。这一改变，提升了句子摘要的质量。纳拉帕蒂（Nallapati）等人则直接使用基于 RNN 的序列到序列（Sequence-to-Sequence）的模型，其编码器与解码器均为 RNN，同时还加入了语言特征，例如 TF-IDF（Term Frequency-Inverse Document Frequency，词频-逆文本频率）、词性信息和命名实体信息。

Gu 等人和古尔切赫（Gulcehre）等人在 2016 年提出了类似的方法，其思路是将输入句子中的词直接复制到输出中：Gu 等人提出，在对话生成（Response Generation）任务中使用 CopyNet 对复制机制进行建模，并在摘要任务上进行了实验；古尔切赫等人提出使用开关来控制解码器的行为，从而使其能够选择从输出端词表中生成或从输入端中复制单词。

2014 年，苏斯凯弗（Sutskever）等人提出了序列到序列模型。该模型一改前人在 SMT（Statistical Machine Translation，统计机器翻译）中使用多个复杂子模型的做法，首次在机器翻译任务中采用了端到端（End-to-End）的训练模式。该模型使用 RNN 作为编码器与解码器：编码器负责将输入序列编码为一个实数向量；解码器从该向量中进行解码，生成对应的输出序列。德兹米特里·巴达瑙（Dzmitry Bahdanau）等人于 2015 年在该模型的基础上，提出了注意力机制（Attention Mechanism）。与之前模型只将输入序列编码为一个实数向量不同，带有注意力机制的序列到序列模型为每个输入单词都编码了一个向量。而在解码过程中，利用注意力机制从编码的向量序列中进行动态抽取。注意力机制显著提升了机器翻译的质量。目前，效果较好的生成式摘要工作都是基于带注意力机制的编码器-解码器（Encoder-Decoder）模型，见图 2-7。

对于生成式摘要，从 3 个不同的方面进行了改进，分别是：编码器性能、解码器复制机制、生成式摘要的忠实度问题。

（1）对编码器性能的改进

上述工作都是基于编码器-解码器范式进行的。

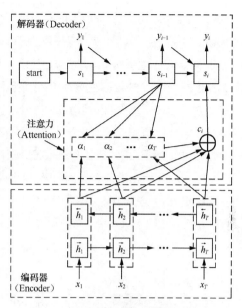

图 2-7　带注意力机制的编码器-解码器（Encoder-Decoder）模型

编码器用来对输入句子进行抽象表示，解码器进而利用该表示生成输出句子。注意力机制作为编码器-解码器模型的一个扩展被提出，并且得到了广泛应用。在该模型中，编码器为输入句子中的每个单词都生成了一个向量表示。解码器则利用注意力机制，动态地从编码的信息中进行抽取和对齐。这种方法在一些输入、输出有对齐特征的任务中取得了很大进展，例如机器翻译任务。然而，在生成式摘要任务中，除了输入、输出中共同出现的单词之外，并没有显式的对齐信息。因此，生成式摘要任务的挑战是选择出句子的重点，并将不重要的信息去除。一个理想的生成式摘要流程即"编码-选择-解码"。对句子进行编码之后，我们的模型进一步选择重要的信息，解码器在经过选择的信息之上进行解码。对于给定的输入句子，摘要系统首先选择重要信息，接下来将选择的信息重组为结构完整、语句流畅的输出。尽管该过程在编码器-解码器模型中被隐式地建模，可是我们认为，显式地对该选择过程进行建模可以改善生成式摘要系统的性能。

因此，我们提出了 SEASS（Selective Encoding

for Abstractive Sentence Summarization，基于选择性编码的句子摘要）模型，将句子摘要任务分解为3个步骤：编码、选择和解码。该模型包括一个句子编码器、一个选择性编码门控网络和一个解码器（见图2-8）。首先，句子编码器通过一个RNN读取输入句子中的单词，由此构建出第一层的句子表示。然后，选择性编码门控网络基于第一层表示进行选择性编码，从而构造出第二层新的句子表示。这种选择机制通过控制编码器和解码器之间的信息流来实现，进而提高编码的效果并减少解码器的负担。最后，带有注意力机制的解码器在第二层选择性句子表示的基础上，生成对应的句子摘要。我们在3个不同的数据集上进行了实验，分别为English Gigaword、DUC 2004 和 Microsoft Research Abstractive Text Compression。我们的SEASS模型在这些数据集上分别取得了17.54 ROUGE-2 F1、9.56 ROUGE-2 召回率和10.63 ROUGE-2 F1 的结果（见表2-6）。结果表明，SEASS模型显著优于基线方法。

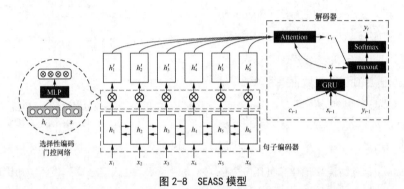

图 2-8　SEASS 模型

表 2-6　SEASS 模型与基线方法对比

模型	ROUGE-1	ROUGE-2	ROUGE-L	模型	ROUGE-1	ROUGE-2	ROUGE-L	模型	ROUGE-1	ROUGE-2	ROUGE-L
ABS(beam)‡	29.55⁻	11.32⁻	26.42⁻	ABS(beam)‡	26.55⁻	7.06⁻	22.05⁻	ABS(beam)‡	20.27⁻	5.26⁻	17.10⁻
ABS(beam)‡	29.76⁻	11.88⁻	26.96⁻	ABS(beam)‡	28.18⁻	8.49⁻	23.81⁻	s2s+att(greedy)	15.15⁻	4.48⁻	13.62⁻
Feats2s(beam)‡	32.67⁻	15.59⁻	30.64⁻	Feats2s(beam)‡	28.35⁻	9.46⁻	24.59⁻	s2s+att(beam)	22.65⁻	9.61⁻	21.39⁻
CAs2s(greedy)‡	33.10⁻	14.45⁻	30.25⁻	CAs2s(greedy)‡	29.13⁻	7.62⁻	23.92⁻				
CAs2s(beam)‡	33.78⁻	15.97⁻	31.15⁻	CAs2s(beam)‡	28.97⁻	8.26⁻	24.06⁻				
Luong-NMT(beam)‡	33.10⁻	14.45⁻	30.71⁻	Luong-NMT(beam)	28.55⁻	8.79⁻	24.43⁻				
s2s+att(greedy)	33.18⁻	14.79⁻	30.80⁻	s2s+att(greedy)	27.03⁻	7.89⁻	23.80⁻				
s2s+att(beam)	34.04⁻	15.95⁻	31.68⁻	s2s+att(beam)	28.13⁻	9.25⁻	24.76⁻				
SEASS(greedy)	35.48	16.50	32.93	SEASS(greedy)	28.68	8.55	25.04	SEASS(greedy)	19.77	6.44	17.36
SEASS(beam)	36.15	17.54	33.63	SEASS(beam)	29.21	9.56	25.51	SEASS(beam)	25.75	10.63	22.90

图 2-9 所示为一个输出结果对选择性编码门控网络的一阶导数热度图。从图中可以看出，输入句子中重要的单词在编码阶段被选择性编码门控网络选择了出来，如"Europe""slammed""unacceptable""conditions"和"France"。可以观察到，选择性编码门控网络在解码器之前就决定了每个单词的重要性，这种选择性编码方式减少了解码器选择词汇的负担。

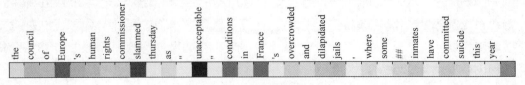

*图 2-9　一阶导数热度图

（2）对解码器复制机制的改进

序列到序列模型已经被证实存在低频词的问题。古尔切赫和 Gu 等人指出，在摘要和聊天回复生成任务当中，输出句子中的低频词往往可以在输入当中找到。基于这个发现，他们提出了复制机制，以此来将输入句子中的单词直接复制到输出句子中。在他们的工作中，每个输出单词都是通过在输出词表中预测或是通过复制获得的。经过进一步研究发现，被复制的单词通常会形成一个连续的短语，从而存在序列复制（Sequential Copying）现象。例如，在 English Gigaword 生成式摘要数据集中，大约 57.5% 的单词是从输入当中复制的。并且，这些复制的单词构成了多词汇短语，这部分单词占了 28.1%（见图 2-10）。

然而，现有的方法都属于同一个范式，称之为单个复制（Single Copy）。在解码过程中，这些模型依旧遵循"逐个单词"的形式，单独预测每个时刻是进行生成还是复制。因此，这些"单个复制"模型就会在这些连续且分离的决策中产生错误。例如，一个短

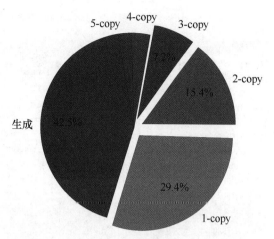

图 2-10　摘要数据集中生成和复制单词所占的百分比

语中的所有单词应当被连续复制，而一系列分散的预测并不能保证这一点。这就导致在短语中间会出现预期之外的其他单词，或者导致漏复制。因此，考虑到任务和数据集的特点，利用序列复制可以更好地进行生成式摘要。

为了表述得更加清楚，我们省略了一些单元和连接。序列"security regime"被复制的过程在复制模块中进行了详细展示，SeqCopyNet 模型如图 2-11 所示。

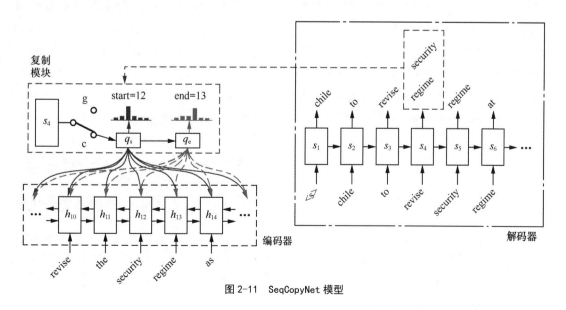

图 2-11　SeqCopyNet 模型

与单个复制的方法对比，SeqCopyNet 可以直接复制包含多个单词的子串。表 2-7 所示为 SeqCopyNet 在 3 个不同测试集上的表现，可以看出，这种序列复制机制提高了摘要生成的质量。

表 2-7 SeqCopyNet 在 3 个不同数据集上与基线方法的对比

模型	ROUGE-1	ROUGE-2	ROUGE-L
ABS(beam)†	29.55	11.32	26.42
ABS+(beam)†	29.76	11.88	26.96
Feats2s(beam)†	32.67	15.59	30.64
RAS-Elman(greedy)†	33.10	14.45	30.25
RAS-Elman(beam)†	33.78	15.97	31.15
Luong-NMT(beam)†	33.10	14.45	30.71
s2s+att(greedy)	34.95	16.51	32.54
s2s+att(beam)	35.77	17.34	33.24
NMT+UNK_PS(greedy)	34.97	16.51	32.53
NMT+UNK_PS(greedy)	35.67	17.44	33.19
SeqCopyNet(greedy)	35.33	16.66	32.90
SeqCopyNet(beam)	35.93	17.51	33.35

模型	Zhou 等人的研究中使用的测试集（2017b）			本小节使用的测试集		
	ROUGE-1	ROUGE-2	ROUGE-L	ROUGE-1	ROUGE-2	ROUGE-L
ABS‡	34.41⁻	15.87⁻	34.70⁻	–	–	–
s2s+att(greedy)	46.21	24.02	43.30	45.46	22.83	42.66
s2s+att(beam)	47.08	25.11	43.81	46.54	24.18	43.55
NMT+UNK_PS(greedy)	45.64	23.38	42.67	45.21	23.01	45.38
NMT+UNK_PS(beam)	47.05	24.82	43.87	46.52	24.41	43.58
SEASS(greedy)‡	45.27	22.88	42.20	–	–	–
SEASS(beam)‡	46.86	24.58	43.53	–	–	–
SeqCopyNet(greedy)	46.51	24.14	43.20	46.08	23.99	43.26
SeqCopyNet(beam)	47.27	25.07	44.00	47.13	24.93	44.06

（3）生成式摘要的忠实度问题

与抽取式摘要不同，生成式摘要通过阅读并理解输入中的信息，重新组织语言并生成新的摘要。在这一过程中，模型生成的部分信息可能与原文不符。我们通过对现有模型的输出进行标注，发现大约 30% 的输出存在这个问题。而现有的工作目标多为提高输出中的信息量，提高生成式摘要的忠实度也十分重要。基于 OpenIE（Open Information Extraction，开放信息抽取）和依存句法关系，我们抽取了输入中的事实性描述（见图 2-12），并将其融入生成式摘要模型中。为此还提出了双注意力模型，该模型在生成摘要时不仅考虑到了输入句子信息，同时还考虑到了事实性描述信息。在 English Gigaword 数据集上的实验表明，我们的模型减少了 80% 的事实性错误。

Sentence	I saw a cat sitting on the desk
Triples	(I; saw; cat)
	(I; saw; cat sitting)
	(I; saw; cat sitting on desk)

图 2-12 OpenIE 抽取的事实性描述举例

3. 总结

我们在机器摘要领域的工作主要分为两个方面。一是在生成式摘要方面，从以下几个角度提升了摘要系统的性能：提升编码器的性能；完善解码器的复制机制；提高生成式摘要的忠实度。二是在抽取式摘要方面，提出句子之间的关系对于句子抽取有很大帮助。

机器摘要的研究与应用方兴未艾。我们相信，随着自然语言处理技术的不断发展，机器摘要技术会得到更好的发展与更广泛的应用，并逐渐成为人类生活与学习的得力助手。

如在 English Gigaword 测试集上，考虑忠实度的模型与基线方法的对比见表 2-8。

表 2-8 English Gigaword 测试集上的模型与基线方法对比

模型	ROUGE-1	ROUGE-2	ROUGE-L
ABS‡	29.55*	11.32*	26.42*
ABS+(beam)‡	29.78*	11.89*	26.97*
Feats2s(beam)‡	32.67*	15.59*	30.64*
RAS-Elman‡	33.78*	15.97*	31.15*
Luong-NMT‡	33.10*	14.45*	30.71*
s2s+att	34.23*	15.52*	31.57*
FTSum$_c$	35.73*	16.02*	34.13
FTSum$_g$	37.27	17.65	34.24

2.2.2 深度学习时代下的机器翻译

★ 关键词：自然语言处理　机器翻译　深度学习
★ 作　者：肖桐　李垠桥　陈麒　朱靖波

利用机器翻译打破现今语言交流的隔阂一直是机器学习领域的重要课题。机器翻译的研究历经基于语法规则、实例数据、统计方法的机器翻译时代，发展到现在，成为以编解码为基本框架而设计的、利用神经网络对翻译过程进行建模的神经机器翻译。编解码结构设计的诞生，不仅解决了神经机器翻译的网络框架选择问题，还使翻译过程无须依赖隐藏结构；配合注意力机制的引入，使神经机器翻译的译文实用性极高。机器翻译的发展前景十分广阔，如何将机器翻译与人类知识融合，将成为未来的研究热点之一。

人工智能飞速发展的今天，机器翻译（也叫自动翻译）这个概念已经被人们所熟知。无论是现在被广泛使用的线上机器翻译服务，还是电影《钢铁侠》中利用人工智能程序翻译希伯来语的惊艳镜头，都说明机器翻译已经渗透到我们生活的方方面面。通俗来说，机器翻译是把文字从一种语言自动翻译为另一种语言的技术，这个过程需要计算机科学、语言学、数学、心理学等多个学科的交叉，而技术的最终落地往往通过计算机程序体现出来，即机器翻译系统。长期以来，机器翻译一直被看作解决翻译问题的终极技术手段之一，机器翻译技术也伴随着人工智能（特别是自然语言处理）的发展而进步。无论是最开始的文字加密、解密的方法，还是后来的基于规则、实例的方法，再到基于统计和最新的基于深度神经网络的机器翻译方法，都体现了人类利用自身的智慧对机器翻译的探索。机器翻译也从实验室束之高阁的技术理想中解放出来，不断给人们的生活带来便利，为社会创造价值。

从实际需求来看，本地化人工辅助翻译、出国旅游随身实时翻译、跨境电商、外贸等场景都需要机器翻译技术。包括机器翻译技术在内的自然语言处理研究被列入了《国家中长期科学和技术发展规划纲要（2006—2020年）》中；DARPA（Defense Advanced Research Projects Agency，美国国防部高级研究计划局）主导的全行动语言翻译（BOLT）项目将机器翻译作为现代信息技术中的制高点进行重点攻坚。据报道，谷歌翻译每天为全球两亿多用户提供翻译服务，翻译次数达数十亿次，翻译处理的文字数量相当于100万册图书，超过了全世界的专业翻译人员一年能够翻译的文字规模。这些数据都体现了机器翻译的巨大价值和技术应用前景。

机器翻译已经取得了如此大的进步，其究竟使用了什么样的技术？这个问题的答案已经不再神秘。相反，机器翻译系统的研发已经形成了非常开放、成熟的体系，即使从未接触过这项技术的人，仍然可以使用 NiuTrans 这样的开源系统快速搭建属于自己的机器翻译系统，也可以借助 TensorFlow 等深度学习框架组装自己的模型。可以预期，在不远的将来，除了像谷歌翻译、小牛翻译这样的专业机器翻译服务和系统之外，还会涌现出大量的个人机器翻译系统和小型团队针对特殊需求开发的个性化机器翻译系统，机器翻译将会百花齐放。当然，在这个过程中，我们需要审视机器翻译的发展历史，在了解当今机器翻译技术的同时，展望机器翻译的美好明天。

1. 机器翻译的历史发展

机器翻译的研究与计算机的发展有着差不多悠久的历史。1949年美国洛克菲勒基金会自然科学部门的负责人沃伦·韦弗（Warren Weaver）发表了一份以"翻译"为题的备忘录，开启了机器翻译研究的历史性一页。最初，机器翻译被认为是文字符号的编码和解码问题，因此科学家尝试使用第二次世界大战时期广泛使用的加解密技术进行机器翻译,但是无功而返。其中的主要问题在于自然语言文字的复杂度远远超乎人们的想象,自然语言文字的翻译往往需要面对大量的歧义、结构分析等问题,这些不是使用传统密码学方法就能解决的。因此,人们进一步尝试使用规则来进行机器翻译,即用人工书写翻译规则来完成不同文字的转换。这种方法把机器翻译从不可能变成了可能,在规则匹配度较高的情况下可以得到理想的译文。但随着研究的深入,基于规则的方法也暴露出了问题,如规则覆盖度有限、规则数量增加导致的冲突、规则系统难以维护、语种扩充困难等。这也导致机器翻译技术在20世纪五六十年代的发展并不顺利,美国政府甚至成立了语言自动处理咨询委员会,并于1966年发布白皮书全面否定了机器翻译的可能性。

但是,机器翻译的发展并未因此止步,在基于规则的方法的基础上,科学家进一步提出了基于实例的翻译方法。这种方法把机器翻译看作从实例库中寻找相似实例而进行泛化和推理的过程。与基于规则的方法相比,基于实例的方法大大提高了机器翻译系统处理未见事件的能力。可是,这种方法的成功往往需要依赖大规模、高质量的双语对齐实例库,而且需要依赖一定量的人工标注,比如,需要人工获取句子间、词一级的对应关系。这使得基于实例的方法在通用领域翻译任务上的完成效果并不理想。

20世纪90年代初,IBM和AT&T等机构提出了统计机器翻译(Statistical Machine Translation)的思想。与传统方法不同,统计机器翻译把翻译问题看作搜索翻译概率最大的译文的问题,即:

$$\hat{t}=\mathrm{argmax}_t \mathrm{Pr}(t|s) \quad\quad (2\text{-}1)$$

其中,s 和 t 分别表示源语言句子和目标语言句子,$\mathrm{Pr}(t|s)$ 表示把 s 翻译成 t 的概率,argmax 表示从所有译文中搜索最佳译文 $\hat{t}$ 的过程。以上这个过程也蕴含着建模(如何定义 $\mathrm{Pr}(t|s)$)、模型训练(计算 $\mathrm{Pr}(t|s)$ 所需的模型参数)、解码(argmax过程)3个基本问题。这里有一个假设:源语言句子可以通过一种隐藏的结构转化为目标语言句子,而这种结构既可以是没有语言学信息的词串,也可以是由先验知识所定义的句法树。图2-13所示为不同机器翻译方法的对比。在过去的20多年时间里,科研人员对上述问题进行了大量的探索。比如,在翻译建模方面,科研

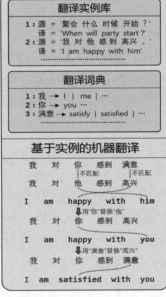

图2-13 基于规则、基于实例、基于统计的机器翻译方法

人员从最开始的产生式模型逐渐进化到判别式模型,从开始的基于词的模型逐渐演变为基于短语的模型,甚至基于句法的模型。特别是在 2005 年,谷歌正式把机器翻译作为互联网在线服务推出,普通用户可以免费享受技术发展所带来的红利,这些都大大加速了机器翻译技术研发及产品化的进步。由于统计机器翻译具有系统鲁棒性高、对人工依赖少等特点,时至今日,它仍然是许多实用系统所使用的主要框架之一。

2.神经机器翻译原理

随着机器翻译研究的深入及机器学习等相关学科的进步,人们逐渐发现统计机器翻译存在许多难以回避的问题。比如,翻译过程依赖隐藏结构的假设、翻译特征的定义需要人工设计、特征工程耗时耗力,而且往往不具有普适意义。对于这些问题,人们又尝试了一种全新的思路——神经机器翻译(Neural Machine Translation)。所谓神经机器翻译,是使用神经元网络直接对翻译问题建模,这个过程并不假设翻译具有隐藏结构,同时也不依赖人工定义的特征,整个翻译模型都可以在一种端到端的模式下训练完成,而翻译解码也就变成了对 DNN 进行前向计算或推断的过程。

虽然 DNN 已经在很多任务中得到应用,但在 2013 年之前,业界在机器翻译方面并没有取得实质性的进展。主要原因在于:并没有一种非常有效的框架来处理翻译这种文字序列到文字序列的转化问题;DNN 的学习并不十分有效。DNN 的学习问题近些年不断取得进展,而神经机器翻译的框架选择问题在编解码结构被提出之后得到缓解。所谓编解码结构,是把序列到序列的转化问题定义为两个阶段的建模问题。第一阶段是将含有 n 个单词的输入序列 $X=x_1, x_2, \cdots, x_n$ 进行编码,编码得到的结果是一个实数向量 h_n,它表示了整个输入序列到第 n 个单词为止的信息;第二阶段是利用编码得到的向量进行解码,生成输出序列 $Y=y_1, y_2, \cdots, y_m$,可以被描述为如下形式:

$$\hat{Y} = \text{argmax}_Y \prod_{i=1}^{m} \Pr(y_i | \{y_0, \cdots, y_{i-1}\}, X) \quad (2\text{-}2)$$

其中,$\Pr(y_i|\{y_0,\cdots,y_{i-1}\},X)$ 描述了目标语言第 i 个单词生成的概率。由于编码器已经将 X 表示为 h_n,因此 $\Pr(y_i|\{y_0,\cdots,y_{i-1}\},X)$ 的条件部分仅仅与 h_n 和 $\{y_0,\cdots,y_{i-1}\}$ 相关。由于 $\Pr(y_i|\{y_0,\cdots,y_{i-1}\},X)$ 可以用神经元网络进行计算,因此也就使用了一个网络完成输入序列到输出序列的转化,而且网络可以通过相对成熟的反向传播方法进行训练。更为重要的是,这种模型在计算 $\Pr(y_i|\{y_0,\cdots,y_{i-1}\},X)$ 时完全使用了连续空间的表示,相比传统统计机器翻译的离散空间表示,模型的表示能力大大增强。图 2-14 所示为编解码结构的示例。

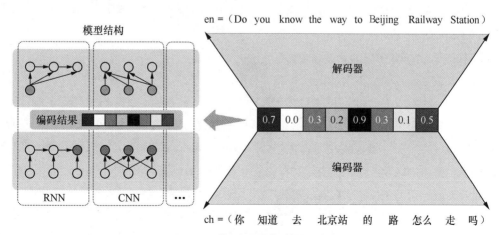

图 2-14 神经机器翻译编解码结构

由于编解码结构完全把机器翻译问题转换为输入序列到输出序列的网络计算问题，它不依赖人工设计的特征，因此可以更好地捕捉不同语言之间的复杂对应关系。小牛翻译平台上的对比结果显示，神经机器翻译在多个任务上都稳定超越了统计机器翻译（见图2-15）。可以说，基于编解码结构的神经机器翻译已经成为相关研究机构和企业的标配。在这个结构之上，研究人员也进行了大量的改进和升级。与几年前的水平相比，当今的机器翻译品质已经得到了飞跃式的提高。

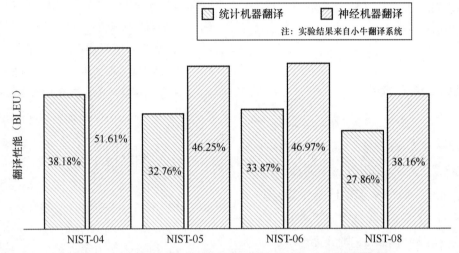

图2-15 统计机器翻译与神经机器翻译性能对比（NIST汉英评测数据）

（1）注意力机制的应用

最初的编解码结构将输入序列编码成一个实数向量，这个过程也被看作对句子的抽象，得到的实数向量可以被认为是句子在统计意义上的语义。由于解码过程完全依赖输入序列的编码结果，因此也可以把编码器的输出看作两种语言句子之间的一种中间表示。但这种方法也产生了一个问题：目标语言句子的生成仅仅依赖源语言句子的编码结果，而忽略了源语言句子和目标语言词汇或者片段之间的对应，这个问题也导致系统对长句子的翻译效果较差。针对这些问题，产生了一种自然的想法，就是让输入/输出序列中的单词或片段之间产生某种对应，因此研究者们使用了注意力机制对问题进行求解。神经机器翻译的注意力机制可以在生成一个目标语言单词时有选择性地关注不同的源语言位置，也就是对于给定的目标语言单词/位置，我们可以使用不同的权重将源语言的位置与之进行关联，基于这些关联性，源语言句子会被表示为不同源语言位置向量的加权求和，称为上下文向量（Context Vector）。假设 $H=h_1,h_2,\cdots,h_n$ 表示源语言每个位置的编码表示，对于第 i 个目标语言位置，可以定义它的上下文向量为：

$$c_i=\sum_{j=1}^{m}a_{ij}h_j \quad (2-3)$$

其中，a_{ij} 为源语言位置 j 与目标语言位置 i 的关联性强度，这样可以使目标语言不同位置的信息对目标语言产生不同程度的关注。一般 a_{ij} 会对所有源语言位置进行归一化：

$$a_{ij}=\frac{\exp e_{ij}}{\sum_{k=1}^{m}\exp e_{ik}} \quad (2-4)$$

e_{ij} 一般会由额外的网络进行实际定义，计算源语言位置 j 和目标语言位置 i 的相似性，比如 $e_{ij}=t_i^T h_j$（或 $e_{ij}=t_{(i-1)}^T h_j$），其中 h_j 和 t_i 为源语言位置 j 和目标语言位置 i 的实数向量表示（见图2-16）。上述注意力机制来源于图像处理领域的相关工作。在神经机器翻译中，它有两方面的意义：一是不同源语言位置对目标语言单词生成的贡献不同，这是符合我们的直觉的；

二是直接建立源语言位置和目标语言位置间的关联，神经网络信息流传递也变得更有效，有助于模型的学习。注意力机制的使用大大提高了神经机器翻译的译文品质，现在几乎所有先进的神经机器翻译系统均采用了注意力机制。

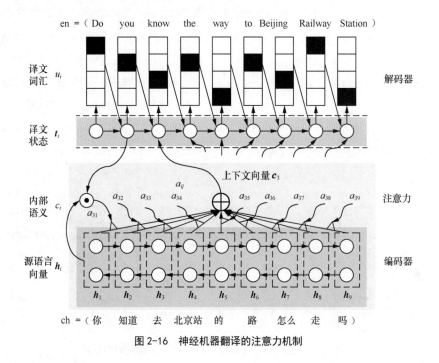

图 2-16 神经机器翻译的注意力机制

（2）神经网络架构的设计

编解码结构的一个主要问题是如何设计编码器和解码器，即神经网络的架构设计。

有很多种架构可以选择。比如，RNN 可以非常有效地处理变长序列问题，因此被用在最初的神经机器翻译系统中。RNN 在每个时刻读入一个单词，并通过一个循环单元对当前的单词和上一个时刻的输出进行变换，最终得到当前时刻的输出，可以简单地把这个过程描述为：

$$h_j = f(x_j, h_{j-1}) \quad (2-5)$$

$f(\cdot)$ 表示循环单元，它把 x_j 和 h_{j-1} 作为输入，并输出 j 时刻的结果 h_j。通常，循环单元的输出被看作到当前时刻为止整个序列的表示，序列最后一个单词的输出也就表示了整个序列的信息。进一步，人们也在 RNN 上开展了很多工作，比如，将自左向右和自右向左的两个 RNN 进行融合得到双向循环神经网络，或者利用 LSTM 或 GRU（Gated Recurrent Unit，门控循环单元）等解决长序列引发的梯度消失问题。

当然，RNN 也存在一些问题，其中被诟病得比较多的是信息传递的路径很长，与两个单词之间的距离成正比，这个和我们对语言的认识是不一致的。在一个句子中，两个单词之间的连接可以很直接，并不应该通过非常多的步骤建立连接。对于这个问题，另一种方法是使用 CNN。CNN 通过卷积操作对局部的一个小范围或者若干个连续单词进行抽象，最终也会得到卷积所覆盖区域的表示结果。对于一个序列，可以使用卷积在不同位置上得到卷积的表示结果，这些结果仍然构成一个序列，之后在这个序列上再进行相同的操作，最终得到多层卷积的结果，进而表示序列。由于单词之间的连接可以通过多层卷积来实现，因此两个相互依赖的单词之间的信息传递可以在很短的距离上进行。此外，卷积网络非常适合并行化，可以大大加速系统的训练和翻译速度。

最近一些研究者将自注意力（Self-Attention）机制应用到神经机器翻译中，完全消除了模型对 RNN 和 CNN 等单元的依赖。该模型可以更有效地处理单词之间的关系，不同位置的信息传递距离仅为 1，这样可以非常充分地表示序列中不同位置之间的复杂关系。比如在编码端，这个过程可以被描述为：

$$S = \text{Softmax}\left(\frac{HH^T}{\sqrt{d}}\right)H \quad (2\text{-}6)$$

HH^T 实际上计算了源语言任意两个位置的相关性，d 是每个 h_j 的维度，做分母可以把相关性转化为合理的实数范围。Softmax(·) 是按源语言位置进行归一化，得到的结果是 j 与其他任意位置的相关性权重，这个结果与 H 相乘得到的是所有位置向量的加权和。这个过程没有使用任何循环单元或卷积单元，而且可以并行化。通过多层残差网络、层正规化、层之间的非线性变换，基于自注意力机制的模型在多个任务上取得了最好的效果。该模型也成为近一段时期内理论研究和系统开发的热点。图 2-17 对比了神经机器翻译中的不同神经网络结构。

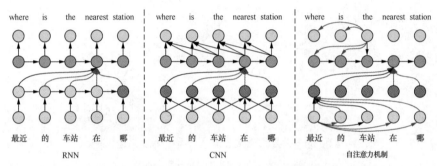

*图 2-17　基于 RNN、CNN、自注意力机制的神经网络结构

（3）神经机器翻译中多元知识的融合

神经机器翻译抛弃了对人工设计特征和翻译隐藏结构的依赖，整个翻译过程完全基于网络的计算。相比统计机器翻译而言，这种方法进一步降低了人工对系统的影响，但是翻译过程与我们的先验知识有了更远的距离。因此，如何将不同类型的知识引入神经机器翻译中也是研究者们所关注的重要问题。在这方面，最近几年学术界取得了较大的进展，比如，传统神经机器翻译的训练目标是似然概率最大化，这与译文评价并不一致。此外，训练和解码使用的搜索策略也并不相同。针对这些问题，研究者引入了新的训练方法，在保证训练目标和评价一致性的同时，也保证了搜索策略在训练和推断中的一致性。此外，还有很多工作将语言学的先验知识引入神经机器翻译中。其中比较有代表性的是句法信息在神经机器翻译中的使用，包括利用句法树进行源语言编码、利用多层次句法信息辅助解码端的译文生成。除了语言学等信息的使用，也有研究者尝试把统计机器翻译中的成功经验使用到神经机器翻译中，比如，在神经机器翻译中使用繁殖度（Fertility）和覆盖度（Coverage）等概念，或者直接在神经机器翻译中使用统计机器翻译的翻译表。实际上，在神经机器翻译中使用外部知识的一个难点在于：外部知识表示往往是在离散空间上进行的，而神经机器翻译是一种连续空间模型，二者并不直接兼容。对于这个问题，也有研究者尝试将不同类型的知识和信息向同一空间映射，进而将不同类型的知识无缝引入神经机器翻译中，并取得了很好的效果。

3. 机器翻译研究的未来之路

机器翻译的发展日新月异，有的已经逼近人工翻译的结果，这种趋势在神经机器翻译发展起来之后表现得尤为明显。但是客观来说，当今机器翻译的译文质量离人们的理想结果还有很大差距，机器翻译也远没有成功，相关理论、技术及实现方法还存在大量问题需要求解。

（1）如何增强机器翻译的可解释性和可干预性

与大多数基于深度学习框架的系统一样，神经机器翻译使用了端到端学习，因此可以捕捉人类不容易归纳、定义的语言翻译规律。但是，网络结构的设计和学习过程往往是通过统计建模和大量的经验性实验实现的，这就使得机器翻译像一个由多个部件组装的"黑盒"，大多数的工作是在部件设计和"黑盒"外部参数的调整上进行的。而整个系统运行的机理并不清晰，甚至系统各个部件及其组装方式与人工翻译的过程相去甚远，如何解释神经机器翻译系统的运行过程，如何从人工的经验中更好地提炼可用于系统设计的信息是非常值得探索的方向。上述情况导致的另一个问题是人们对神经机器翻译的干预变得更加困难，如何在把干预手段嵌入神经网络的运行过程中的同时保证系统的稳定性和翻译速度，是神经机器翻译进一步实用化所面临的挑战之一。

（2）如何在机器翻译中深入使用机器学习

可以说，机器学习技术的使用为机器翻译带来了巨大的发展机遇，如何进一步利用机器学习的相关理论和方法来改善机器翻译系统的性能仍然是未来的研究重点。机器翻译的问题比较特殊，一方面它具有自然语言的复杂性和歧义性，另一方面它又和很多序列到序列的转换问题同属于一个框架，比如语音识别，这也使得机器翻译过程可以借助大量相关任务的经验来完成。但是实践中发现，很多在其他领域非常成功的方法在机器翻译中并不奏效，比如非常著名的强化学习等方法，其在机器翻译中的使用还处于初步阶段。探索相关机器学习方法在机器翻译任务中的有效使用是值得关注的问题。同时，设计更适合机器翻译的统计模型及学习方法也是具有意义的，这类似于在统计机器翻译时期提出的最小错误率训练方法，机器翻译需要更多的原创研究。

（3）如何面对资源稀缺语言的翻译及垂直领域优化

对于英语、汉语等语言来说，数据资源丰富，机器翻译系统表现优异。但是世界上的绝大多数语言属于资源稀缺语言，数据资源稀少，有些语言之间的平行数据几乎没有。因此，研究面向资源稀缺语言的机器翻译方法是当今及未来的方向之一。其中的核心问题是如何将不同语言映射到同一个表示空间，进而进行不同语言文字之间的转化。这里面会涉及传统的无指导、弱指导的模型学习，也会涉及面向多语种翻译的零样本（Zero-Shot）学习等。在资源建设方面，也会有数据增强、资源稀缺语言翻译词典归纳等研究。除了资源稀缺，机器翻译在应用中面临的另一个问题是"如何针对不同垂直领域进行优化"，领域适应、增量学习都是垂直领域优化的重要方向。

（4）如何创造更便捷的机器翻译系统

现在的机器翻译系统所需的计算资源巨大，想得到优质的译文往往需要 GPU 等高能耗设备，系统部署的硬件成本很高，在某些场景（比如离线翻译）中机器翻译的质量还很不理想。未来仍需要对机器翻译的速度和存储消耗进行优化，因此对机器翻译解码加速、模型压缩等方法的研究具有重大意义。此外，机器翻译系统也需要新的载体，包括 FPGA 或专用机器翻译芯片。最终机器翻译系统会变得更加小巧、能耗更低、响应更快，以适应特殊场景的需求。

几十年来，机器翻译技术的发展是曲折的，如今，机器翻译为人们展现出了非常美好的前景。相关技术的发展一定会带来机器翻译的进一步应用，包括机器辅助翻译和协同翻译、针对不同行业用户深度优化的翻译专有云和私有云、嵌入式设备上的机器翻译系统等。翻译工作者也大可不必为所谓的"机器翻译最终取代人工翻译"的论断惊慌，因为机器翻译的明天一定是人类创造的，机器翻译技术只有和人类知识相互融合，二者互相帮助才会真正走出机器翻译的未来之路。

2.2.3 人机对话系统综述

★ 关键词：计算机语音语义　人机对话

★ 作　者：车万翔　张伟男

人机对话不仅能给人类的日常生活带来直接的便利，还可以填补使用者的情感空洞，但它一直是人工智能中一个颇具难度的研究领域。人机对话系统有3个基本模块：口语语言理解、对话管理和自然语言生成。不同目的的人机对话系统在各个模块的实现方法上也不尽一致。目前，各大互联网技术公司已经推出了人机对话系统服务平台。当今人机对话系统的主要研究方向是赋予机器"情感"，让机器得以识别对话人的情感并做出更为人性化的回应。

1. 人机对话系统的研究背景及意义

人机对话系统的研究最早可以追溯到1950年图灵在 Mind 上发表的文章 Computing Machinery and Intelligence。文章开篇提出了"机器能思考吗？"（Can machines think?）的设问，并通过让机器参与一个模仿游戏（Imitation Game）来验证"机器"能否"思考"，这就是后来被人们广泛熟知的图灵测试（Turing Test）。值得注意的是，图灵测试的实现及操作是以人机对话的形式进行的，即测试者借助某种装置以对话的方式与人类或对话系统进行交谈。在测试结束后，如果有30%以上的测试者不能正确区分对话系统和人的回复（将对话系统的回复误判成人的回复），则称该对话系统通过了图灵测试，拥有了人的智能。

近年来，人机对话系统受到了学术界和工业界的广泛关注。在研究上，口语语言理解技术逐渐向深度学习的方向发展，对话管理经历了由规则到有指导学习再到强化学习的发展过程，自然语言生成则从模板生成、句子规划，发展到端到端的深度学习模型。在应用上，基于人机对话技术的产品也层出不穷，如苹果的 Siri、亚马逊的 Echo 音箱、微软的 Cortana、脸书的 M 以及谷歌的 Allo 等。同时，各大企业纷纷研发及收购 AI 平台，如微软研发了 luis.ai，三星、脸书和谷歌分别收购了 viv.ai、wit.ai 和 api.ai，百度自主研发了 UNIT 以及收购了 kitt.ai，种种迹象表明各大企业将在今后着力发展人机对话技术。

人机对话系统的功能可分为4个主要方面，见表2-9。

表 2-9　人机对话系统的 4 类主要功能

功能类型	目的	领域	话轮数评价	应用场景	典型系统
任务型	完成任务或动作	特定域（垂类）	越少越好	虚拟个人助理	Siri、Cortana、Allo、度秘、灵犀
开放域聊天型	闲聊	开放域	越多越好	娱乐、情感陪护、营销沟通	小冰
知识问答型	知识获取	开放域	越少越好	客服、教育	Watson、Alpha
推荐型	信息推荐	特定域	越少越好	个性化推荐	Quartz、今日头条

总体上，人机对话系统经历了语音助手、聊天机器人和面向场景的任务执行3个阶段。语音助手的典型代表是苹果的 Siri，但语音助手目前的各项技术尚未成熟，表现为听见但听不懂，达不到用户期望值，

以至于"严肃"用途失效,"调戏"方式盛行。同时,人们有时需要私密的环境,在这种情况下,文字交互则更有优势,或需要图像交互界面的配合。

2014年微软发布了聊天机器人小冰,将公众对人机对话系统的关注点从实用功能化转向了娱乐功能化,降低了用户期望值,直接采用文字沟通,并且随着深度学习技术的充分运用,技术水平有所提高,但也面临对语境建模、对机器人自身建模的技术问题和用户留存率仍然不高等实际应用问题。

本小节将以任务型和开放域聊天型两种常用的人机对话系统类型为例,简要介绍人机对话系统的历史以及具体的实施方案,接着介绍一些有代表性的通用人机对话系统平台,最后给出人机对话系统的一些可能发展趋势。

2. 发展历史

最早的人机对话系统ELIZA诞生于1966年,由麻省理工学院的约瑟夫·魏泽鲍姆(Joseph Weizenbaum)开发,用于临床治疗中模仿心理医生。值得注意的是,尽管ELIZA的实现技术仅为关键词匹配及人工编写的回复规则,但魏泽鲍姆本人对ELIZA的表现感到吃惊,随后撰写了*Computer Power and Human Reason*一书,表达了他对人工智能的特殊情感。

1988年,美国加州大学伯克利分校(UC Berkeley)的罗伯特·威林斯基(Robert Wilensky)等人开发了名为UC(UNIX Consultant)的对话系统。顾名思义,UC是一款帮助用户学习怎样使用UNIX操作系统的聊天机器人。它具备分析用户的语言、确定用户操作的目标、给出解决用户需求的规划、决定需要与用户沟通的内容、以英语生成最终的对话内容以及根据用户对UNIX操作系统的熟悉程度进行建模的功能。如果说ELIZA开启了人机对话时代,那么UC则进一步推动了其智能化程度的发展。

为了将图灵测试付诸实践,美国科学家兼慈善家休·G. 勒布纳(Hugh G. Loebner)于1990年设立了人工智能年度比赛奖——勒布纳奖(Loebner Prize),该奖项包括10万美元的奖金和一块印有勒布纳与图灵头像的金牌。勒布纳奖的设立,旨在奖励首个与人类回复无差别的计算机程序,并以此推动图灵测试及人工智能的发展。

在勒布纳奖的推动下,该领域的研究迎来了一个高潮。其中较有代表性的系统是ALICE(Artificial Linguistic Internet Computer Entity,人工语言互联网计算机实体)。受ELIZA的启发,理查德·S. 华莱士(Richard S. Wallace)博士在1995年开发了ALICE系统。ALICE曾经于2000年、2001年和2004年3次问鼎勒布纳奖,并于1998年开始开源,目前全世界有超过500个开发者为ALICE项目贡献代码。值得注意的是,随ALICE一同发布的AIML(Artificial Intelligence Markup Language,人工智能标记语言)目前被广泛应用在移动端虚拟助手的开发中。尽管ALICE采用的是启发式模板匹配的对话策略,但是它仍然被认为是同类型中性能最好的系统之一。此外,还有用于查询英国电话黄页的YAP、用于外语学习伴侣的CSIEC、用于美国哈佛大学数学教学的Sofia等,这里暂不展开介绍。

任务型人机对话系统的主要应用场景为个人助理,通过语音或文字与人机对话系统进行交互,实现个人事务的查询及代办功能,如天气查询、空气质量查询、定位、短信收发、日程提醒、智能搜索等,从而更便捷地辅助用户的日常事务处理。代表性的商业系统有苹果的Siri、谷歌的Now、微软的Cortana、出门问问等。其中,Siri引领了移动终端个人事务助理应用的商业化的发展潮流,它具备聊天和指令执行等功能,可视为移动终端应用的总入口。然而,由于受到语音识别能力、系统本身自然语言处理能力的不足,以及用户使用语音和UI操作两种形式进行人机交互时的习惯差异等限制,因此Siri没能真正担负起个人事务助理的重任。

3. 模型和框架

如图2-18所示，一般的人机对话系统通常包括3个关键模块，即SLU（Spoken Language Understanding，口语语言理解）、DM（Dialogue Management，对话管理）和NLG（Natural Language Generation，自然语言生成）。

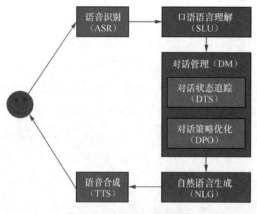

图2-18 人机对话系统组成

SLU：将用户说出的自然语言转换为结构化的语义表示。不同的系统可能采用不同的语义表示方式。识别出"领域、意图和语义槽（Slot）"是常用的语义表示方式。例如，对于用户输入的语句"查一下明天到上海的机票"，语义表示为 < 领域 = 航旅；意图 = 查询机票；语义槽（出发日期 = 明天；到达地 = 上海）>。SLU 可以使用语义分析或语义标注的方式获得，也可以把它分解为多个分类任务来解决。

DM：综合用户当前输入和历史对话中已获得的信息，给出机器答复的结构化表示。DM 包含两个模块：DST（Dialogue State Tracking，对话状态追踪）和 DPO（Dialogue Policy Optimization，对话策略优化）。DST 维护对话状态，它依据 SLU 的结果，把旧对话状态更新为新对话状态。其中对话状态应该包含维持对话所需要的各种信息。如在用户输入语句"查一下明天到上海的机票"后，对话状态由 < 出发日期 =NULL；出发地 =NULL；到达地 =NULL> 变为 < 出发日期 = 明天；出发地 =NULL；到达地 = 上海 >。然后，DPO 根据 DST 维护的对话状态，确定当前状态下机器应如何应答，也即采取何种策略或动作是最优的。仍然是上面的例子，DPO 的结果为 <ask= 出发地 >，即采取的动作为"询问出发地"。若系统动作和槽位较少，则可以使用基于规则的方法选择一种策略。相反，如果对话复杂，每一步采用的策略并没有唯一的标准答案，不同的策略组合可能达到相同的对话效果，只能得到对话结束时用户是否满意等信息。这是典型的强化学习问题，可以使用在棋类游戏中采用的深度强化学习模型进行建模。

NLG：把 DM 输出的结构化对话策略还原成对人友好的自然语言。最简单也是最常用的 NLG 方法是使用事先设定好的模板进行回复的，复杂的则可以使用深度学习生成模型等技术。

4. 实现技术和方案

前文中的系统框架最初是针对任务型人机对话系统提出的，当面向开放域聊天型人机对话系统时，该框架则显得力不从心了。这主要是因为在开放领域中，既无法穷举用户的意图和语义槽，也无法穷举系统的回复策略，因此也很难生成流畅、自然的回复语句。所以开放域聊天型人机对话系统方面的研究并未引起人们的关注。

然而，随着深度学习技术的发展，人们发现可以使用向量隐式地表示用户的意图和回复策略等信息，这些信息可以使用深度学习模型自动地从大量的对话数据中学习出来，同时也可以使用深度学习模型自动地产生流畅的自然语言回复语句。这就打开了开放域聊天型人机对话系统研究的大门。近年来相关的研究可谓如火如荼，在各大自然语言处理领域的顶级国际会议中，人机对话系统方面的投稿量也从几年前的寥寥数篇变成了现在投稿数量最多的几个领域之一。

表2-10中对比了任务型和开放域聊天型人机对话系统在3个关键模块上的区别和联系。

表 2-10　任务型和开放域聊天型人机对话系统的对比

关键模块	任务型	开放域聊天型
口语语言理解	领域及意图识别、语义槽识别	主题识别、关键词识别、情感分析
对话管理	状态追踪、对话策略	记忆网络、对话上下文建模
自然语言生成	基于模板	基于深度学习的编解码

随着在开放域聊天型上的成功应用，深度学习技术也逐渐渗透到任务型人机对话系统中。开始时，人们使用深度学习来实现各个模块，如基于 CNN 进行领域及意图的识别，基于 LSTM 进行语义槽的识别等。现在，越来越多的研究关注是否可以使用端到端的技术，不经过显式的意图、语义槽识别以及对话管理模块，直接生成自然语言回复。和开放域聊天型人机对话系统不同，任务型人机对话系统往往依赖外部的知识库，如同样查询天气信息，不同日期的回复很可能是不同的。因此，结合外部知识库的自然语言生成技术成为目前的研究热点。

5. 服务平台

如果想要自己开发一个人机对话系统，通常需要完成以下工作。

· 定义和准备：定义该人机对话系统支持的领域 / 意图或问题类别，定义语义槽，进行相关的数据标注。

· 训练和实现：训练领域 / 意图或问题分类模型，实现口语语言理解、对话管理和自然语言生成模块。

· 部署：在自己的服务器上，部署实现好的工程，为用户提供服务。

在不同的人机对话系统中，由于领域不同，因此第一步的定义和数据标注通常会有区别；第二步和第三步的工作往往是重复的，所以可以考虑将这两步抽象为一个通用工作流程，作为算法的黑箱，为开发者提供一个通用的人机对话系统服务平台。在该平台上，用户只需完成第一步的任务定义和数据标注工作，后面两个步骤由平台自动提供，因此极大地简化了人机对话系统的开发和部署流程。

各大互联网公司纷纷推出了各自的人机对话系统服务平台，如微软推出的 luis.ai、谷歌收购的 api.ai（现已更名为 Dialogflow）和脸书收购的 wit.ai 等。表 2-11 所示为上述 3 个平台的主要功能支持度的对比。

表 2-11　人机对话系统服务平台对比

平台名称	口语语言理解					对话管理	自然语言生成
	意图识别	实体 / 语义槽识别	系统内置实体数量	自定义实体	自定义特征		
luis.ai	√	√	中	√	√	×	×
api.ai	√	√	多	√	×	√	√
wit.ai	√	√	多	√	×	√	√

可见，3 个平台都提供了基本的口语语言理解功能，基本上可使开发者便捷地开发出一个人机对话系统。

6. 总结与展望

我们将人机对话系统分为任务型、开放域聊天型、知识问答型和推荐型 4 类，并重点介绍了前两类的系统框架和实现方式，即通常包括口语语言理解、对话管理和自然语言生成 3 个模块。虽然开放域聊天型人机对话系统很难显式地建模为这 3 个模块，但在深度学习技术的帮助下，可以对前两个模块进行隐式地建模，并能自然地生成回复，从而实现第三个模块。这一技术反过来又激发了任务型人机对话系统方面的研究。

人机对话系统应用的总体趋势是通过聊天建立人

与机器之间的信任。在聊天中,机器对用户进行画像,进而满足后续的场景化任务执行需求。当前的主要问题包括:聊天时如何能让机器更像人,以及在场景化任务执行中如何做到高效的场景切换。

虽然人机对话系统的研究取得了很大的进展,但是要想真正地通过图灵测试,依然有很长的路要走。如亚马逊组织的对话挑战赛 Amazon Alexa Prize,目标是研制一个社交机器人,能与人流畅地沟通 25 分钟。然而,2017 年的冠军队伍只能维持 10 分钟左右。这主要是因为现有的人机对话系统往往只关注"智商",即完成信息的获取、理解和回复功能。然而,要想让它更像人,这些系统还需要有更多的"情商",即赋予人机对话系统人类式的情感,使其具有识别、理解和表达情感的能力。例如,如果用户询问"今天哈尔滨的气温多少度?",若系统回复"今天哈尔滨零下 20℃",虽然正确回答了用户的问题,但是总缺少点儿人情味儿。若能再补充一句"气温较低,注意保暖呦",那么用户将会感觉自己面对的不再是一台冰冷的机器,而更像是一个善解人意的个人助理。

2.2.4 基于结构化知识监督的事件抽取研究

★ 关键词:自然语言处理 事件抽取

★ 作 者:曾颖 冯岩松

事件抽取(Event Extraction)是信息抽取研究中最具挑战性的任务之一,其主要研究如何从非结构化自然语言文本中抽取出事件的基本信息。事件抽取研究一直是信息抽取领域的热点,研究者们提出了多种事件抽取的方法,并被应用在各种原型系统和研究任务当中。本小节在传统事件抽取任务的框架下提出了一个新的任务形式:使用结构化知识库作为远监督来自动标注文本,构造事件抽取数据集,并以此训练相应的事件抽取模型。这样不仅可以节省大量的人工标注成本,而且可以使机器不断抽取新类型的事件。

随着互联网等新兴媒体技术的普及和发展,网络中的信息呈爆炸式的增长,如何从海量自然语言文本中及时准确地找到需要的信息变得日益迫切。于是,自然语言处理应运而生。自然语言处理是语言学和人工智能领域的分支学科,主要探讨如何处理及运用自然语言。

信息抽取技术是自然语言处理研究领域的重要方面。信息抽取是从松散、无结构的自然语言文本中抽取指定类型的实体、关系、事件等事实信息,并形成结构化数据输出的文本处理技术。

事件抽取主要研究如何从非结构化自然语言文本中抽取出事件的基本信息,如参与者、发生时间和地点、事件类型、事件间的因果关系等,并以结构化的形式呈现出来。事件抽取不仅涉及自然语言处理,很多事件抽取的子问题可以使用数据挖掘、机器学习、数据库等多个学科的技术和方法,其在自动文摘和信息检索、文本挖掘等领域均有着广泛的应用。

事件抽取技术具有广泛的应用场景和重要的现实意义。例如,根据用户感兴趣的话题推送相关事件的周边报道,可以提高个性化新闻系统的表现能力。除了互联网领域,事件抽取还可以辅助其他领域研究。在医疗领域,可以利用事件抽取技术从语料库中提取类似蛋白质分子行为的生物学事件;在金融领域,利用事件抽取技术实时监测突发经济新闻,如公司的兼并和收购、股票交易、分红等,帮助决策者迅速应对市场变化。

很多信息抽取领域的国际评测会议都有针对事件抽取的评测任务,如 MUC(Message Understanding for Comprehension,信息理解研讨会)、ACE

（Automatic Content Extraction，自动内容抽取）、TAC（Text Analysis Conference，文本分析会议）等。它们设计了各种事件抽取的框架，并为研究人员提供了相应的标注数据集和评测方法。在这些评测会议中，ACE评测会议是事件抽取领域最有影响力的评测会议，目前大多数的研究都是围绕该会议的评测任务展开的。

根据ACE商定的定义，事件由事件触发词（Trigger）和描述事件结构的事件元素（Argument）组成。其中，触发词指句子中最能体现事件发生的词；事件元素则包含了事件的参与者和属性（例如时间和地点）。

主流的ACE事件抽取技术可以分为两大类：基于特征抽取的传统方法和基于神经网络的方法。基于特征抽取的传统方法把每个子任务看成一个词分类问题，利用自然语言处理工具提取候选词及其上下文的词义特征和句法特征，并构建特征向量，作为分类器的输入。接下来，在训练阶段，通过传统机器学习方法，例如最大熵模型、支持向量机模型等，学习各种特征的权重以最优化目标函数，并得出分类器。最后，在测试阶段，将测试文本中的每个词视为一个候选触发词（或事件元素），分类器的分类结果就是最终的识别结果。基于神经网络的方法同样将每个子任务视为词分类问题，但是通过神经网络自动学习和表征与事件抽取相关的特征。相比基于特征抽取的传统方法，基于神经网络的方法的优势在于，既不需要花费大量的时间去精心设计和实验验证人工设计的特征，也不需要借助其他自然语言处理工具（词性标注器、命名实体识别器、句法分析器等），避免了误差传递。

但是，研究者发现ACE提供的事件抽取训练集存在以下缺陷。

· 耗费人力和时间：构造数据集之前，每类事件都需要语言学专家设计用于描述其包含的事件元素的模板，并制订触发词和事件元素的详细标注规则；但是在标注过程中，标注人员仍然对一些数据的最终标注结果存在分歧。

· 训练数量有限：ACE 2005英文数据集仅有599篇文章，共16 357条句子；ACE 2005中文数据集也只有633篇文章，共6485条句子。

· 事件类型有限：ACE 2005数据集定义了33种事件子类别及其模板，对现实生活中的事件涵盖远远不够。

正因为标注数据集上存在各种限制，因此，通过类似的标注数据进行监督学习所构建的事件抽取系统的应用场景是有限的。

此外，我们注意到结构化知识库中的某些聚合信息与事件的描述结构是类似的。例如，在Freebase中，有一些特殊的数据类型——CVT（Compound Value Type，复合值类型），用于表示较为复杂的数据结构。图2-19所示为Freebase知识库中的一个收购（business.acquisition）类的CVT节点m.07bh4j7w，其包含了多个属性（图2-19中的有向边），例如m.07bh4j7w的"收购公司""被收购公司"和"年代"分别为"BMC Software""Remedy Corp."和"2004"。不同的CVT属性描述了某一节点不同方面的信息，同时，这些CVT属性恰好对应了一个商业收购事件中的不同元素。除了Freebase中的CVT节点，具有类似特点的结构化知识还有很多，描述特定场景或事件类别的表格也具有类似的特点。例如，在维基百科中，记录奥斯卡获奖记录的表格，或者奥运会中各个项目的获奖记录等。

其中，白底黑边的节点表示Freebase中的复合值节点，浅灰底黑边的节点表示普通节点，深灰底黑边的节点表示普通数据类型。

基于上述发现，我们在传统事件抽取任务的框架下提出了一个新的任务形式：使用结构化知识库作为远程监督来自动标注文本，构造事件抽取数据集，并以此训练相应的事件抽取模型，这样不仅可以节省大量的人工标注成本，同时也可以使机器不断抽取新类型的事件。

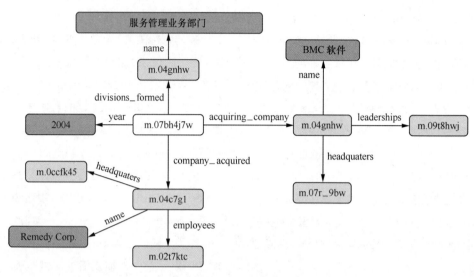

图 2-19 Freebase CVT 节点

1. 事件抽取研究相关工作

事件抽取研究一直是信息抽取领域的热点,研究者们提出了多种事件抽取的方法,并应用在各种原型系统和研究任务当中。本小节主要介绍其中几种相关工作,包括:ACE 事件抽取系统、基于语义词典的远程监督事件抽取、基于结构化知识库的远程监督关系抽取、事件之间的关系抽取和事件的表示学习。

(1) ACE 事件抽取系统

根据前文的定义,一个完整的 ACE 事件抽取系统包括 4 个部分:事件触发词识别、事件触发词分类、事件元素识别,以及事件元素分类。

目前效果较好的 ACE 英文事件抽取系统是 2016 年 Feng 等人提出的 HNN(Hybrid Neural Network,混合神经网络)模型,其框架如图 2-20 所示。该模型将事件触发词的识别和分类看作一个词级别的分类任务,利用 BLSTM(Bidirectional Long Short Term Memory,双向长短期记忆)神经网络来学习关于句子的特征向量表示,同时利用 CNN 捕获局部特征的能力,学习单词附近的语义特征向量,并将两个网络的输出向量拼接起来,最后经过一个 Softmax 层进行分类。

现有的基于神经网络的方法并没有考虑到中文自

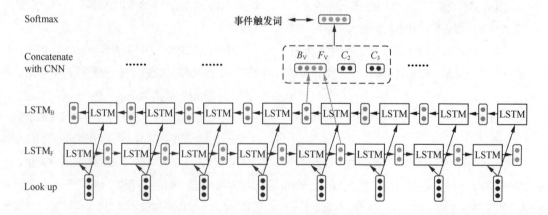

*图 2-20 HNN 模型框架

然语言处理的特性，因而无法处理事件触发词和文本中的词语不完全匹配的特殊情况。

虽然近年来基于深度学习的事件抽取模型在 ACE 2005 数据集上不断刷新纪录，但是该数据集本身的不足导致这些模型的适用场景有限，无法抽取不属于 ACE 会议指定类型的事件。

（2）基于语义词典的远程监督事件抽取

近年来，越来越多的研究者发现了 ACE 数据集的不足，并针对其文本数量有限和事件种类有限两大问题进行了改进。

Liu 等人将语料库 FrameNet 的各词语框架（Frame）或词法单元（Lexical Unit）映射到 ACE 的事件类型，进而用 FrameNet 的例句（Exemplars）扩充 ACE 的语料，并提出了一种基于 PSL（Probabilistic Soft Logic，概率软逻辑）的事件识别方法，提高了事件识别的准确率。

Huang 等人首先使用大量的语义词典（WordNet、VerbNet、PropBank、OntoNotes 等）确定候选的事件触发词和事件元素，并使用递归神经网络（Recursive Neural Network）学习每个事件触发词所代表事件的向量表示。最后通过对事件触发词和元素进行谱聚类（Spectral Clustering）挖掘出更多类型事件的模板，并将这些模板应用在 ACE 和 ERE 数据集上，丰富了这些数据集的事件类型。

（3）基于结构化知识库的远程监督关系抽取

远程监督学习模型没有使用知识库，而与知识库在事件抽取应用上的空白相比，使用知识库进行远程监督关系抽取的研究更多。

早在 2009 年明茨（Mintz）等人就发现 Freebase 三元组信息 <entity_1,relation,entity_2> 描述了很多二元关系信息，如图 2-21 所示。但是，通过标注含有知识库实体对的句子作为关系抽取器训练样例的方法会产生大量噪声，例如 "Steve Jobs passed away the day after Apple unveiled iPhone 4S in 2011.（史蒂夫·乔布斯在苹果于 2011 年推出 iPhone 4S 的第二天去世了。）"。

Relation name	Size	Example
/people/person/nationality	281,107	John Dugard, South Africa
/location/location/contains	253,223	Belgium, Nijlen
/people/person/profession	208,888	Dusa McDuff, Mathematician
/people/person/place_of_birth	105,799	Edwin Hubble, Marshfield
/dining/restaurant/cuisine	86,213	MacAyo's Mexican Kitchen, Mexican
/business/business_chain/location	66,529	Apple Inc., Apple Inc., South Park, NC
/biology/organism_classification_rank	42,806	Scorpaeniformes, Order
/film/film/genre	40,658	Where the Sidewalk Ends, Film noir
/film/film/language	31,103	Enter the Phoenix, Cantonese
/biology/organism_higher_classification	30,052	Calopteryx, Calopterygidae
/film/film/country	27,217	Turtle Diary, United States

图 2-21 Freebase 中的关系名和三元组信息

虽然这句话没有描述乔布斯是苹果的创始人这一层含义，但是因为其恰巧包含了知识库三元组 <Steve Jobs,founder,Apple> 中的两个实体，被错误地标注成了训练正例。解决标注错误问题常采用的方法就是多实例学习（Multi-Instance Learning）。除此之外，Zeng 等人提出分段卷积神经网络（Piece-Wise Convolutional Neural Network），采用分段池化的策略将句子结构考虑进来，分段提取句子不同结构的主要特征。

因为参与事件的元素多数情况下不止两个，所以事件的结构比二元关系要复杂得多，我们可以尝试把事件表示成多元关系，例如，一个"收购"事件可以表示成 <收购方，被收购方，时间，新成立部门> 这样一个四元组。克劳斯（Krause）等人最早提出了基于知识库进行远程监督标注多元关系的方法。他们为每条多元关系挑选出了两个相对关键的事件元素（Essential Arguments），并且要求训练正例必须包含一种关系的所有关键元素，而其他元素可以空缺。受这一方法的启发，我们也挑选出了一些关键事件元素以便对数据集进行标注。

（4）事件之间的关系抽取

事件分析研究中的一个重要方向是事件关系抽取，例如事件间的时序关系、因果关系等。事件间的时序关系抽取是一个分类任务，即判断文本中指定事件对存在哪一种时序关系。Li 等人先提取句子的多种特征，训练一个基准分类器，在此基础之上加入约束规则，采用整数线性规划推理出结果。

事件间的因果关系可以看成时序关系的一种特例。拉丁斯基（Radinsky）等人通过匹配因果模板从新闻标题中自动抽取事件因果对，并将这种因果知识用于新闻事件预测。Zhao 等人在拉丁斯基的工作上更进一步，在抽取事件因果对后，利用 WordNet 和 VerbNet 对事件进行泛化，构建了一个抽象因果网络。在此抽象因果网络上，他们学习事件的向量表示，将其应用在股票预测任务中。

此外，还有研究者提出直接学习事件的低维向量表示，用以衡量事件间的相关度。例如，皮乔塔（Pichotta）等人借鉴了基于 RNN 的语言模型训练词向量的方法，直接对句子级别的事件进行操作，依次输入当前句子中描述的事件，生成下一个句子中的事件。Ding 等人则将事件简化成 <主语, 谓语, 宾语> 三元组的形式，然后用不同的张量分别学习主语和谓语、谓语和宾语、主语和宾语之间的关系，最后依次相乘得到事件向量，模型框架如图 2-22 所示。

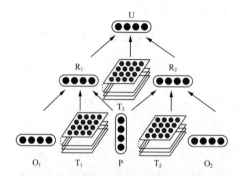

图 2-22　用于学习事件向量表示的神经张量网络模型框架

2. 事件抽取研究方案

事件抽取的监督学习需要大量的标注数据，将耗费时间和人力制订事件模板以及标注规则，效率低下且标注数据集的数量和质量都难以令人满意，从而导致利用这些数据集学习到的模型很难拓展到现实生活的应用中。

因此，本研究任务提出了一种弱监督的事件抽取方案，其由 3 个子任务构成：首先，使用知识库进行远程监督自动标注事件抽取数据集；其次，学习事件抽取模型；最后，利用模型从新闻中抽取出可用于更新知识库的事件。任务框架如图 2-23 所示。

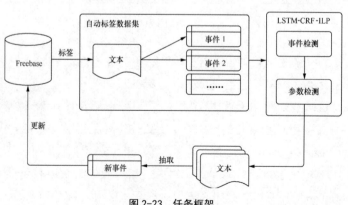

图 2-23　任务框架

（1）使用结构化知识库做远程监督标注数据集

使用 Freebase 知识库做远程监督，并从中挑选 24 类 CVT，共涵盖 280 多万条相关事件实体。同时，使用维基百科页面作为待标注文本。

使用知识库做远程监督需要解决以下 3 个问题。

· 知识库中只有事件元素，没有任何事件触发词相关的信息。

· 知识库不完整，CVT 的某些条目缺少某些属性，例如很多的"收购"事件并不存在"新成立的部门"这一属性。

· 能够符合"包含某个 CVT 所有事件元素"条件的句子很少。

我们引入了关键元素的概念：一个事件的关键元素是指在事件中扮演关键角色且能用于区分其他类型事件的元素。

我们认为关键元素能发挥和事件触发词同样的作用。因此，如果一句话包含了 Freebase 某个 CVT 的所有关键元素（属性），则其描述了该 CVT 对应类型的事件，并且将句子中所有能和 CVT 属性匹配的词（或词组）标注成事件元素。

我们使用下列规则来挖掘关键元素。

· 关键度。一个 cvt 及其属性 arg 的相关性由式（2-7）计算得出：

$$i(\text{cvt},\text{arg}) = \log \frac{\text{count}(\text{cvt},\text{arg})}{\text{count}(\text{cvt}) * \text{count}(\text{arg})} \quad (2-7)$$

其中，count(cvt)、count(arg)、count(cvt,arg) 分别表示 Freebase 中有多少个 cvt 类型的节点、有多少个 arg 属性，以及有多少个 cvt 类型的节点拥有 arg 属性。

· 与时间相关的元素，例如事件发生的日期。

· 我们认为一句话的关键元素应该具有较强的句法关联，因此要求任意两个关键元素在句法树上的距离不应该超过 2。

应用上述 3 条规则对维基百科的页面进行了标注，共收集到了 4.6 万条描述事件的句子。其中，还包含了 5.5% 的句子中存在同一个事件属于多种事件类型的情况，这是 ACE 数据集中没有的，但在真实世界中广泛存在的一类复杂事件。

同时，我们在数据集中增加了 7.9 万条负例，其中 6.6 万条负例因为缺少某个 CVT 的部分关键元素或某些关键元素违背第 3 条规则而无法被标注成包含对应类型事件。

完成数据集的构造以后，我们人工评价了本数据集的一个子集。标注人员被要求判断子集中的每句话是否真实描述了其所标注类型的事件，在子集上的正确率达到了 91%。

（2）学习事件抽取模型

我们将事件抽取任务分成以下两个子任务：事件类型检测（Event Type Detection）和事件元素检测（Event Argument Detection）。

事件类型检测通过找出句子中的关键元素来判断句子中的事件类型。如果句子包含了某一类事件的所有关键元素，则认为其描述了对应的事件。

事件元素检测则是在确定句子描述的事件类型以后，找出句子中剩余的非关键元素。

因为事件元素由多个词组成，所以我们将每个子任务都看成一个词级别标注任务，而不是词分类任务。BIO 的标注模式，即：B-arg——当前词是事件元素 arg 的第一个词；I-arg——当前词在事件元素 arg 的中间；O——当前词不属于任何事件元素。

我们选择了当前模型上表现最好的序列标注模型：BLSTM-CRF，其结构如图 2-24 所示，融合了 BLSTM 网络学习的语境特征和 CRF（Conditional Random Field，条件随机场）网络的标签转移特征，为序列标注任务提供了更多的信息。

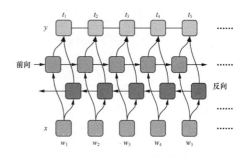

图 2-24 BLSTM-CRF 模型结构

虽然与普通的 BLSTM 相比，BLSTM-CRF 模型能通过 CRF 层的状态转移矩阵禁止一些非法的状态转移（比如 O 后一个词被标注成 I-arg），但还是不能很好地解决标签之间的共现约束问题。因为在事件检测任务中，同一类 CVT 的关键属性在标注结果中必须同时出现，否则毫无意义，所以我们将这一规则转化成 ILP（Integer Linear Programming，整数线性规划）的约束条件，即在神经网络输出的标签分数基础上，增加 ILP 的后处理。

（3）利用事件抽取模型从新闻中抽取事件信息

我们将数据集按照 4:1 的比例随机划分了训练集和测试集，并针对上述两个任务分别进行了人工评测。在人工评测中，我们注意到某些被 BLSTM-CRF-ILP 模型标注出来的正确事件被 Freebase 知识库收录。

因此，我们从 BBC 新闻网站的政治、经济和电视 3 个板块中选取了 397 篇 2017 年 4 月的新闻，并应用 BLSTM-CRF-ILP 模型抽取到了 117 个真实事件，其中 53 个事件未出现在 Freebase 中或与 Freebase 中的 CVT 条目产生了冲突。这意味着，利用知识库作为远程监督，我们不仅可以获得高质量的事件数据集，同时因为抽取的事件和知识库条目结构一样，所以还可以挖掘新的事件用于知识库的补全和更新。

3.总结

本小节基于知识库的某些结构化信息与事件元素相关的发现，提出了一种新的事件抽取方式：利用知识库做远程监督标注网络文本资源，构建一个可供事件抽取研究的英文数据集，在此数据集上构建一个基于 BLSTM-CRF-ILP 模型的事件抽取系统，并将其拓展应用于新闻事件抽取任务。

此外，虽然结构化知识库存储着海量的信息，但是仍有相当多的一部分信息是缺失的，或者是未及时更新的。因此，如何利用面向时效性非结构化文本的事件抽取结果更新现有结构化知识库也是一个非常有意义的研究方向。

2.2.5 解读"人机交互"的核心技术

★ 关键词：计算机语音语义　人机交互

★ 作　者：温正棋　刘斌　张大伟

人机交互是人与计算机之间以一定的交互方式，完成某种任务目标的信息交换过程。整个交互系统从接收用户的输入信息开始，包括语音、表情、手势等多模态信息，对这些信息进行理解并产生输出结果，最后以文字或语音等形式展现出来。

语音作为人与计算机之间的一种重要交互方式，与对话系统构成了人机交互的新闭环。如图 2-25 所示，人机交互首先从用户语音输入开始做一些前端处理，如去除噪声、混响、回声等干扰，然后对语音内容和说话人身份等进行识别，接下来对话系统根据输入信息进行对话逻辑分析和应答语音生成，最后通过语音合成对用户进行反馈。上述语音前端处理、语音识别、说话人识别、对话系统以及语音合成等相关技术的最新进展如何？人机交互未来的发展方向又是什么呢？下面将一一进行介绍。

1.前端处理技术的研究进展

前端处理包括语音降噪、混响抑制和回声消除等关键技术，上述关键技术对于提高远场语音识别的性能至关重要，在智能家居、智能车载和智能机器人等领域有着广泛的需求。目前在工业界非常流行的智能音箱集成了多种语音前端处理技术。接下来介绍语音

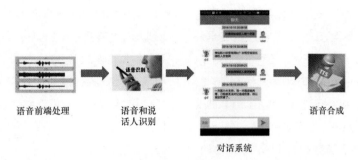

图 2-25 人机交互

前端处理中的关键模块。

① 回声消除

回声消除最早应用于语音通信中,终端接收的语音信号通过扬声器播放后,声音传输到麦克风形成回声干扰。回声消除需要解决两个关键技术问题:远端信号和近端信号的同步问题;双讲模式下消除回波信号干扰的问题。回声消除在远场语音识别系统中是非常重要的模块,典型的应用是在智能终端播放音乐时,先通过扬声器播放的音乐会回传给麦克风,此时就需要利用有效的回声消除算法来抑制回声干扰,这在智能音箱、智能耳机中都是需要重点考虑的问题。典型的回声消除算法处理分为两个阶段:首先通过 FIR(Finite Impulse Response,有限冲激响应)滤波器进行线性自适应滤波,然后进行非线性处理,消除残留噪声的影响。图 2-26 所示是一个更为复杂的回声消除系统的处理流程,先通过麦克风阵列采集音频信号,再通过双声道扬声器播放音频信号。因此,对于这个系统而言,一方面需要考虑如何将波束形成算法与回声消除算法无缝对接,另一方面需要考虑如何对立体声信号进行相关处理。需要说明的是,虽然回声消除算法提供了参考源信号,但是由于扬声器放音时的非线性失真、声音在传输过程中的衰减、噪声干扰和回声干扰同时存在,因此回声消除问题仍具有一定的挑战性。

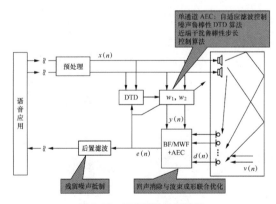

图 2-26 回声消除处理流程

② 语音降噪

语音降噪可以分为基于单通道的语音降噪和基于多通道的语音降噪。基于多通道的语音降噪通过麦克风阵列算法,增强目标方向的声音;基于单通道的语音降噪在谱域上消除各种噪声的干扰。

由于声强与传播距离的平方成反比,因此很难基于单个麦克风实现远场语音交互,基于麦克风阵列的多通道语音增强在远场语音交互中至关重要,多通道语音增强方法通常受限于麦克风阵列的结构,比较典型的阵列结构包括线阵和环阵。麦克风阵列的选型与具体的应用场景相关,对于智能车载系统而言,更多的是采用线阵;对于智能音箱系统而言,更多的是采用环阵。随着麦克风个数的增多,阵列的拾音能力会加强,但算法复杂度和硬件功耗也会相应增加,因此,基于双麦的阵列结构也得到了广泛应用。比较典型的多通道语音增强方法包括:时延求和方法、最小无失真方差响应方法、广义旁瓣滤波方法和多通道维纳滤波方法等。需要结合具体的应用场景选择合适的方法。

基于单通道的语音增强具有更为广泛的应用,在智能家居、智能客服和智能终端中均是非常重要的模块,对于回声消除和多通道语音增强,通常也会通过有效的单通道语音增强方法进行后置滤波,以消除残留噪声的干扰。单通道语音增强主要包括3类主流方法:基于信号处理的语音增强方法、基于矩阵分解的语音增强方法和基于数据驱动的语音增强方法。典型的基于信号处理的语音增强方法包括:谱减法、维纳滤波法和最小均方误差法。这些方法在处理平稳噪声时具有不错的性能,但是在面对非平稳噪声和突变噪声时,性能会明显下降。基于矩阵分解的语音增强方法的计算复杂度相对较高,传统的基于数据驱动的语音增强方法在训练集和测试集不匹配时,性能会明显下降。随着深度学习技术的快速发展,基于深度学习的语音增强方法得到越来越广泛的应用,深层结构模型具有更强的泛化能力,在处理非平稳噪声时具有更为明显的优势,这类方法更容易与声学模型对接,实现基于端到端的语音识别方法。

③ 混响抑制

声音在房间里传输的过程中,经过墙壁或者其他障碍物的反射后到达麦克风,从而生成混响语音。混响受到房间大小、声源和麦克风的位置以及室内障碍物等因素的影响。大多数房间的混响时间为200~1000ms,如果混响时间过短,声音会"发干",变得枯燥无味,不具备清晰感,而混响时间过长会使声音含混不清。混响抑制主要消除晚期混响成分的干扰,保证语音的可懂度。混响抑制可分为基于单通道的混响抑制和基于多通道的混响抑制,多通道混响抑制能

够利用空间信息作为先验知识,相对更容易处理。比较典型的混响抑制方法包括:均衡法、时反法和时延线性预测法。时延线性预测法应用更为广泛,这种方法在高信噪比条件下具有不错的性能,但在实际应用过程中存在计算复杂度较高的问题。为了降低整个前端处理的复杂度,可以采用波束成形的方法实现混响抑制。

前端处理涉及的内容比较多,在系统研发过程中需要考虑回声消除、语音降噪和混响抑制的先后顺序。由于回声消除提供参考源,因此通常优先进行回声消除处理,语音降噪和混响抑制的先后顺序各有优劣,先进行多通道混响抑制再进行语音降噪,可以相对有效地利用空间信息消除混响干扰,而先进行多通道语音降噪再进行混响抑制,可以消除噪声信号对混响模型的影响。此外,语音前端处理算法与后端声学模型的匹配训练,对于提高远程语音识别的性能至关重要。

接下来介绍语音识别中的关键问题,重点介绍语音识别中的声学模型。

2.语音识别技术的研究进展

语音识别主要指将语音转化为文本的过程,主要包括三部分:声学模型、发音词典和语言模型。其处理流程(见图2-27)如下:将前端采集到的语音进行特征提取后,声学特征参数作为声学模型的输入,结合语言模型和发音词典进行解码,最终识别出文本。声学模型是一个声学参数到发音单元映射的模型,也被称为判别模型。主要方法包括传统的GMM-HMM模型、DNN-HMM混合模型、RNN-HMM混合模型、CNN-HMM混合模型、TDNN-HMM混合模型、基于CTC(Connectionist Temporal Classification)的端到端模型和基于注意力的端到端模型。

(1) GMM-HMM 模型

GMM用来对每个状态进行建模,HMM(Hiden Markov Model,隐马尔可夫模型)描述每个状态之

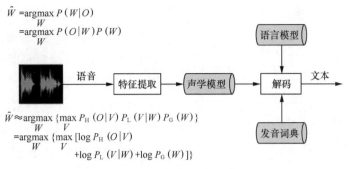

图 2-27　语音识别处理流程

间的转移概率，这样就构建了一个音素或三因子的 HMM 模型建模单元。GMM 的训练速度相对较快，而且基于 GMM 的声学模型（见图 2-28）可以做得比较小，可以移植到嵌入式平台上，但 GMM 没有利用帧的上下文信息，同时 GMM 不能学习深层的非线性特征变换，建模能力有限。

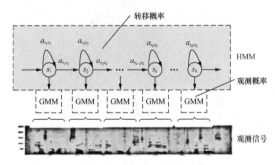

图 2-28　基于 GMM 的声学模型

（2）DNN-HMM 混合模型

随着深度神经网络的兴起，深度神经网络也应用到了语音识别的声学建模上，主要是替换了 GMM-HMM 模型中的 GMM 模型，上端仍然是 HMM 模型加状态转移。在 HMM 模型中可能有 500～10 000 个状态，DNN 模型可以预测出每个状态的概率，输出的就是一个三因子，我们将二者结合起来构建基于 DNN-HMM 的声学模型（见图 2-29）。

（3）RNN-HMM 混合模型

DNN 能利用上下文系统在输入端进行扩帧，同时又可以通过非线性变换学习，但不能利用历史信息捕捉当前的任务，因为扩帧是有限的，不可能无

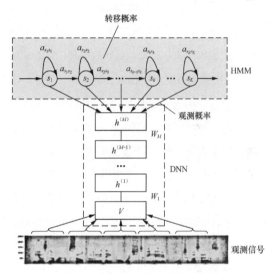

图 2-29　基于 DNN-HMM 的声学模型

限扩下去，所以它输入的历史信息还是有限的。因此，自然而然地有了基于 RNN 的混合声学模型，它将 DNN 模块替换为 RNN 模块，RNN 能够有效地对历史信息进行建模，并且能够将更多的历史信息保存下来，用于将来的预测。但 RNN 训练过程中会存在梯度消失和梯度膨胀的问题，梯度膨胀问题可以在训练过程中增加一些约束来加以解决，即设定一个固定值，防止梯度超过该值。但是梯度消失很难把握，目前有很多方法可以解决这种问题，比较简单的方法是将其中的 RNN 单元变成 LSTM，LSTM 能够很好地解决梯度消失问题，但这样会显著增加计算量，这也是在构建声学模型中需要考虑的问题，如图 2-30 所示。

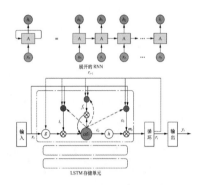

图 2-30　基于 RNN-HMM 的声学模型

（4）CNN-HMM 混合模型

CNN 用于声学建模的传统做法是，在 DNN 的前端加两层 CNN 变换，这样只对参数做了一定的非线性变换，变换完后输入 DNN 和 LSTM 中。但是，随着非常深的 CNN 在图像识别中的成功应用，这些也被运用到了声学模型中，比如谷歌、微软和 IBM 均在 2016 年发表成果证明，非常深的 CNN 声学模型已经超越了其他深度神经网络的声学模型，其词错误率是最低的，如图 2-31 所示。基于 CNN-HMM 的声学模型的优点主要是：CNN 对于语音信号，采用时间延迟卷积神经网络可以很好地对信号进行描述；CNN 比其他深度神经网络更能捕获到特征的不变性。

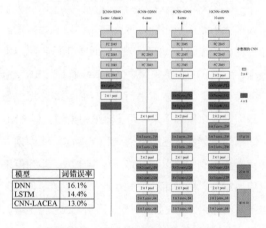

*图 2-31　基于 CNN-HMM 的声学模型

（5）TDNN-Chain 混合模型

声学模型中还有 TDNN（Time Delay Neural Network，时延神经网络）和 Chain 模型（见图 2-32），帧及运算过程中会有一些重叠，TDNN 可有效去除信息冗余。Chain 模型也是一个训练准则，它采用单状态模型，融入了 MMI（Maximum Mutal Information，最大互信息）区分性训练准则，在训练过程中可以实现跳帧，这也加快了解码的速度。总而言之，现在的语音识别模型更新特别快，最重要的核心内容就是数据，如果数据量足够大，得出一个好的结果还是比较容易的，而且现在的语音识别核心模块主要用在一些解码模块的调优上，这相当于是一种艺术。

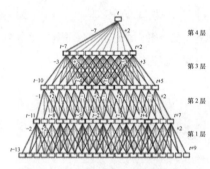

*图 2-32　基于 TDNN-Chain 的声学模型

（6）基于 CTC 的端到端声学模型

CTC 是一种训练准则，只需要输入和输出在句子级别对齐，不需要在帧级别对齐，因此不需要 HMM 模型。

$$L_{CTC} = -\sum_{(x,i)} \ln p(z^i|x) = \sum_{x,i} L(x, z^i)$$
$$\frac{\partial L(x, z^i)}{\partial a_l^t} = y_l^t - \frac{1}{p(z^i|x)} \sum_{u \{ucy_l^t\}} \alpha_{x,i}(t,u) \beta_{x,i}(t,u) \quad (2-8)$$
$$p(z^i|x) = \sum_{u=1} \alpha_{x,i}(t,u) \beta_{x,i}(t,u)$$

CTC 本身是一种训练准则，并不算是声学模型，在 DNN 输出中，每个音素占用的帧数可能有 10 帧、20 帧，虽然它不是一个尖峰，但 CTC 会把它变成一个尖峰，CTC 可以将每一帧变成一个 senone 或者对应一个因数，但每个因数只需几帧，在解码的时候可以把一些空白帧去除，这样可以显著提升解码速度。减少解码帧有两种方法：一种是通过减帧、跳帧的方法；另一种是在解码过程中遇到 Beam 时减少并值，实验结果的跳帧会比较好。基于 CTC 的端到端声学模型如图 2-33 所示。

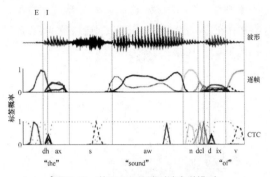

*图 2-33　基于 CTC 的端到端声学模型

（7）基于注意力的端到端模型

在自然语言处理领域应用较多的基于注意力的端到端模型能够从 RNN 历史信息中挑选出比较重要的信息进行建模，尽管目前的准确率比较低，但这应该是一种趋势，至少在自然语言处理领域中证明了它是比较成功的。有文章指出，部分端到端模型的性能已经接近混合模型的性能。

语音识别可以识别语音信号中的内容信息，说话人识别用于识别说话人的身份信息，接下来介绍说话人识别的研究进展。

3.说话人识别技术的研究进展

说话人识别就是声纹识别，下面简单介绍一下现有的 I-vector 系统（身份证矢量系统）以及如何将 DNN 应用到对应的 I-vector 系统中，同时我们也跟踪了端到端的一种方法。基于 I-vector 的声纹识别系统（见图 2-34）通过 UBM（Universal Background Model，通用背景模型）来训练数据，然后训练得到混合高斯模型，通过统计量的提取（如零阶、一阶、二阶）来训练全局差异空间 T，从而提取出 I-vector 因子，最后考虑用不同的补偿方式进行信道补偿，使性能更加完善。同时我们在合成端与最后的识别端也可以考虑不同系统的融合以提高最终的准确率。

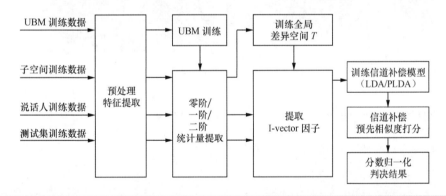

- 采用大规模语料训练出包含更多说话人共性信息的 UBM 模型，能够更为精确地映射出单个说话人的特征信息；
- 采用身份证矢量 I-vector，降维后的矢量更有利于进一步的分类和识别；
- 采用 LDA（Linear Discriminant Analysis，线性判别分析）和 PLDA（Probabilistic Linear Discriminant Analysis，概率线性判别分析）对信道不匹配的情况进行补偿，使系统性能更加完善；
- 采用多特征 [MFCC、FBank、DBF（Deep Bottleneck Feature，深度瓶颈特征）、PLP] 及特征融合技术，能够很好地利用语音中包含的各种有效信息。

图 2-34　基于 I-vector 的声纹识别系统

将 DNN 运用到说话人识别，主要是针对 I-vector 的系统。UBM 训练是一个无监督的训练方式，不考虑音素相关的信息，可以将这部分信息运用到说话人识别中，将前面提到的 I-vector 需要的临界统计量，通过 DNN 模型的输出对其进行替换。在训练 I-vector 的过程中，考虑了每个人的音素相关的不同特征，这样可以更好地对说话人进行识别。基于 DNN 的声纹识别框架如图 2-35 所示。

DNN 还有一种应用形式，采用 Bottleneck 特征替换掉原来的 MFCC、PLP（Perceptual Linear Predictive，感知线性预测系数）相关的特征，这也是从音素区分性（每个人的发音音素不一样）来考虑的。

Deep Speaker 是百度提出的一种端到端的说话人编码方法，其最主要的优点是采用了 Triple Loss 方法，能很好地用于训练中。原来如果要训练一个说话人，可能是输出一个 One-Hot 编码，但 Deep Speaker 的训练语不多，所以训练效果并不是很好。如果采用这种训练误差，就可以构建很多训练参数来进行训练，这样模型会更好。

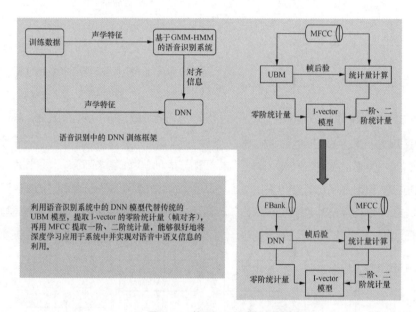

图 2-35　基于 DNN 的声纹识别框架

4. 人机交互技术的研究进展

人与计算机能够进行自然的交流一直是人类的梦想。早在 20 世纪 50 年代，英国数学家图灵就以"机器能思考吗"的论述提出了著名的"图灵测试"。然而，在过去的发展过程中，由于受到人力和资金等因素的影响，因此人机交互与人工智能出现了此起彼伏的发展态势。进入 21 世纪以来，随着技术的发展和硬件成本的下降，人机交互与人工智能有了更深层次的融合，开创了协同发展的新局面。同时，人机交互领域也朝着实用化和智能化并进的目标发展。

人机交互关键问题包括：对话管理、知识构建、自然语言处理与生成等。在一些前沿的人机交互研究中，人们还运用多模态信息融合和智能生成等技术来提升人机交互的自然度和鲁棒性。下面重点讨论人机交互的核心技术之———对话管理（见图 2-36）。

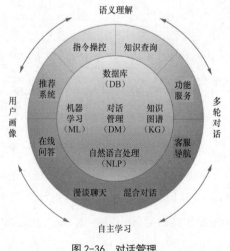

图 2-36　对话管理

在人机交互系统的实际应用中，除了与人们进行日常聊天外，往往还需针对不同领域完成相应的功能。人机交互系统根据不同的应用需求，可分为知识查询、功能服务和漫谈聊天等多种类型，每种类型的对话管理模型、数据库构建方式和语义理解方法等不尽相同。

因此，对话管理至少包括以下两项重要任务：一是如何在某一类对话框架下完成交互意图，二是如何在多种对话类型之间更好地协调对话进程。

以一个简单的智能客服平台技术原理（见图2-37）来说明，它采用基于有限状态机的结构来控制对话的进行。图2-37展示了所有对话片段与用户意图之间的关系，系统根据用户意图和当前知识库中的对话片段跳转到下一个对话片段，并根据每个状态的定义对用户做出应答，整个对话流程是在状态转移过程中实现的。

部分可观测马尔可夫决策过程（POMDP，见图

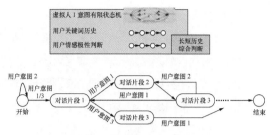

图 2-37　智能客服平台技术原理

2-38）是一种增强学习过程。它是一个六元组，包括状态集合、观察集合、行动集合、回报函数、转移函数和观测函数。当用户输入语句后，首先进行意图分类得到观测值（用户意图），然后根据观测值对信念分布进行更新，最后结合更新的信念分布与POMDP模型得到相应的动作决策（选择执行哪个功能子模块）。其中，信念分布由先验知识进行初始化，并在对话过程中通过不断更新来记忆历史意图。比如用户说"我要去上海"，它会问你从哪里出发、用什么交通工具等填充槽对应信息，最后再去选择调用相应的

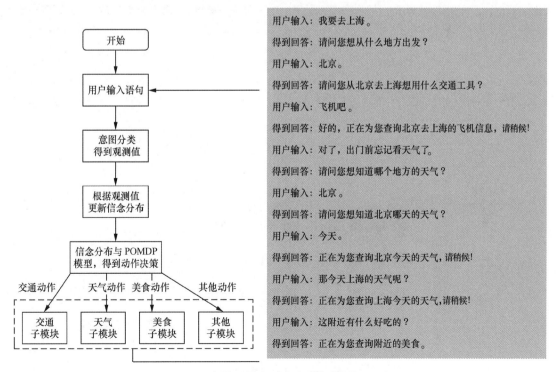

图 2-38　部分可观测马尔可夫决策过程（POMDP）

API。再如用户在查交通和天气过程中都曾输入了"北京",但系统会根据相应的POMDP模型和信念分布得知用户是在讨论哪个话题。其优点是当用户输入一句话时,系统既不会发生话题的意外跳转,也不会将对话过程卡死在某一类子模块内。

5. 语音合成技术的研究进展

语音合成建立文本参数到语音参数的映射模型,目前的方法主要有拼接合成、参数合成和端到端的语音合成,接下来重点介绍几种主流的参数语音合成方法。

基于HMM统计参数的语音合成是在训练过程中建立文本参数(如谱参数和基频参数等)的映射模型,通过决策数聚类的方法对每一个上下文相关的文本特征构建HMM模型,训练其HMM模型。合成时,对于接收到输入文本的HMM模型,通过参数生成算法,生成语音参数,再输出语音。在这个过程中,有3个地方会产生语音音质的下降,一是决策树聚类,二是声码器,三是参数生成算法。针对这3个问题来看看各位研究者提出的解决方法。

针对决策树聚类的问题,可以将HMM决策树聚类变成一个DNN模型,文本参数到语音参数的映射可以通过DNN很容易地实现,而且实验效果会比决策树的好一点,但是并没有达到我们理想中那种很

惊艳的效果。基于HMM统计参数的语音合成如图2-39所示。

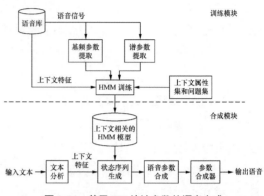

图 2-39 基于 HMM 统计参数的语音合成

除了HMM,还用到了基于DNN和RNN统计参数的语音合成(见图2-40和图2-41),而且RNN中的单元采用LSTM。我们可以把参数生成算法模块从统计参数语音合成中去掉,这样基于LSTM-RNN直接预测出语音参数,通过声码器就可以合成语音。这与RNN-LSTM预测出一阶和二阶统计量以后,采用参数生成算法生成语音参数合成语音的效果差不多。这是因为DNN跳过参数生成算法效果较差,无法考虑上下文信息,参数生成算法能够通过窗口的控制考虑一定的上下文信息,而RNN具有序列建模的能力,因此RNN-LSTM可以去掉其中的参数生成算法模块。

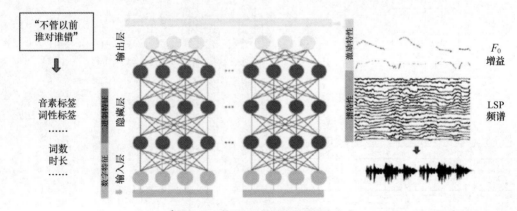

* 图 2-40 基于 DNN 统计参数的语音合成

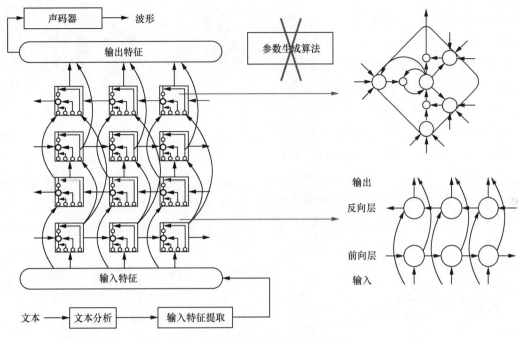

图 2-41 基于 RNN 统计参数的语音合成

近些年业界在解决声码器问题上做了很多工作，比如 WaveNet 其实也属于声码器的模型，它建立了一个线性预测的模型，通过前面的采样点预测出后面的采样点。但是它存在几个问题，比如刚开始速度比较慢，这个问题后期被解决了，而且它并不是一个传统的声码器，需要文本参数作为输入。它的好处是，在输入过程中可以很容易地在后端控制说话人的特征，比如不同说话人的情感特征，这些外部特征都可以进行很好的加入。

还有一个较为成功的例子是百度的 Deep Voice，它将很多模块用深度神经网络去实现，这样在最后通过类似 WaveNet 的合成器来合成，效果也比较理想。

下面介绍两个端到端的语音合成系统。一个是 Char2Wav，这个系统直接对输入的文本进行编码，然后生成一个中间的编码信息，并将生成的编码信息放到解码器中进行最后的合成。这一过程采用 SimpleRNN 的合成器来实现，效果也比较理想，而且是纯粹的端到端的语音合成系统。

另一个便是谷歌提出的端到端的语音合成系统，它与 Char2Wav 比较类似，输入的也是 Embedding（嵌入），合成更加直接，比 RNN 更好。在其第二个版本 Tacotron 2 中，采用了 Tacotron 结合 WaveNet 的方式，用 WaveNet 替换掉 Griffin-Lim 算法，如图 2-42 所示。

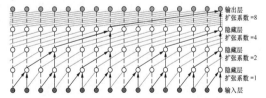

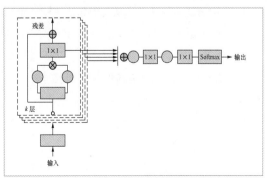

图 2-42 基于 WaveNet 的语音合成

语音合成前期工作主要放在前端文本分析上，因为我们可能更关注听感，但是如果能有一些很好的端到端的模型，那么文本分析的工作并不是很重要，我们也可以在后端加入一些文本分析的结果进行预测（见图2-43），这既是一种尝试，也是一种很好的办法。现有的合成器的音质不再首先考虑我们采用哪种声码器，而采用直接生成的方法在时域上进行合成。语音合成更重要的是一些音库，我们不能忽略音库在语音合成中所占的地位，以及它的重要性。目前，极限元智能科技公司的语音合成定制化不仅支持录音人选型、录音采集、语料标注，还能实现模型迭代训练与合成引擎优化，支持在线和离线两种模式，并适用于多种平台。

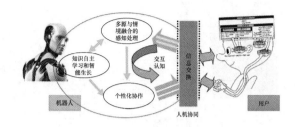

图 2-44 人机交互过程

计算机对人的意图理解和精确反馈一直是人机交互领域的一个重要难题，这不仅要求对话系统具有庞大的知识库体系，还需要针对新的知识不断发现、加工和更新。在人机交互的指导下，通过构建一定的逻辑推理规则，实现从初识认知到短时记忆再到长时记忆的知识学习过程，使得计算机今后变得更加"聪明"。

听觉和视觉是人们日常交流中最常用的信息通道，我们通过对多个通道的信息进行时频分析和融合，构建注意力机制的人工神经网络模型，进一步结合脑神经科学中的多脑区网络研究内容，实现多模态信息融合的神经注意机制和通道补偿机制，从而在未来的交互过程中提升用户意图识别的准确率和鲁棒性，如图 2-45 所示。

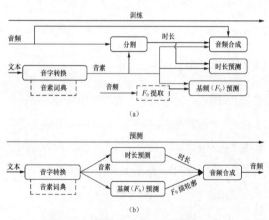

图 2-43 基于 Deep Voice 的语音合成

6. 人机交互未来的研究方向

除了前文提到的语音和文本信息外，未来人机交互过程中还会加入表情、语气、姿态、手势及身份识别等多种模态形式，从而极大地提升用户与机器人交互过程的自然度（见图2-44）。同时，基于多模态融合和情境感知的机器人知识自主学习和智能生长将进一步提升人机个性化协作能力，从而实现人机协同。比如机器人会根据用户交互过程中的内容和表现进行知识积累和矫正，并同步制订用户画像，进而根据这些画像输出个性化声音和应答等。

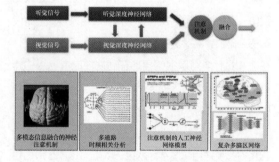

图 2-45 多模态信息融合的神经注意机制和通道补偿机制

语音是人机交互的重要方式之一，其发展与应用越来越引起人们更多的关注。随着新一轮人工智能热潮的兴起，人机对话产业也得到了大力推广。然而，目前这些领域在用户体验效果上仍然存在很大的进步空间，还需要更多人才去不断推进。同时，我们会在多模态融合和智能生长等新型交互技术领域加大研究力度，进一步促进人机交互事业的发展。

2.2.6　基于WaveNet的语音合成声码器研究

* 关键词：语音合成　声码器
* 作　者：凌震华　伍宏传

近20年来，统计参数语音合成方法发展迅速，声学建模与声码器是其中两个关键技术。声学模型将文本特征映射到声学特征，传统上使用HMM来构建。声码器用于从语音波形中提取基频、频谱等声学特征，以及基于声学模型预测的声学特征，以重构语音波形。本小节介绍一种基于神经网络的语音合成声码器，该声码器基于2016年DeepMind提出的WaveNet音频产生模型进行设计，通过直接在波形层面对语音信号建模，能够有效保留原始语音的相位信息，从而打破原有的线性滤波框架，改善传统声码器的性能。

1.语言合成技术发展迅速

语音合成又称文语转换，旨在将文本转换成流利的自然语音。语音合成是人工智能领域的关键技术，在人机交互、信息获取等方面有着重要应用。语音合成系统通常由前端文本分析和后端语音生成两个模块组成。对于基于大语料库的单元挑选与波形拼接合成方法而言，统计参数语音合成方法具有系统尺寸小、鲁棒性高和数据依赖性低等优势，但是该方法合成语音的自然度与真人发音相比，仍有明显差距，其中声学模型建模精度不足与声码器重构语音音质损失是造成该问题的主要原因。

近年来，研究者用DNN等深度学习方法替代传统的HMM来构建声学模型，使声学模型精度与合成语音自然度均得到了有效改善。但是现阶段基于源—滤波器模型的声码器仍然制约着统计参数合成语音质量的进一步提升。首先，传统声码器往往将提取的高维频谱转换成维数较低的倒谱、线谱对等参数，作为声学建模中使用的滤波器表征，这样造成了频谱特征细节的丢失。其次，传统声码器提取的声学特征往往忽略了相位信息，在波形重构过程中使用的语音相位需要依赖最小相位假设和人工设计来生成。最后，传统声码器使用时变的线性滤波器来模拟声道滤波过程，不足以精确描述自然语音的采样点之间存在的非线性相关性。

以现阶段应用较为广泛的STRAIGHT（Speech Transformation and Representation using Adaptive Interpolation of Weighted Spectrum，自适应加权谱内插）声码器为例。在特征提取阶段，STRAIGHT声码器提取每一帧语音信号的基频，以及平滑后去除基音影响的谱包络。由于谱包络维数较高，因此需要通过提取倒谱和线谱对等参数以降低维数。在波形重构阶段，首先将倒谱和线谱对等频谱特征转换为谱包络，然后依据基频特征产生激励信号，最终通过线性滤波重构语音波形。STRAIGHT声码器可以取得较高的合成语音质量，但是其仍然存在低维频谱特征细节丢失和相位信息依赖人工设计等不足。

2.基于WaveNet的神经网络声码器

（1）WaveNet

WaveNet是一种直接在音频信号波形层面进行建模的神经网络模型，具有深层的模型结构以及自回归的生成过程。WaveNet将观测到的音频波形序列 $x=x_1,x_2,\cdots,x_T$ 的联合概率分解为各时刻条件概率的乘积，如式（2-9）所示：

$$p(x)=\prod_{t=1}^{T}p(x_t\mid x_1,x_2,\cdots,x_{t-1}) \quad （2-9）$$

其中每一个因子项表示在给定 t 时刻以前的历史波形信息的情况下 t 时刻波形点的条件概率。WaveNet使用因果卷积神经网络来对该条件概率进行建模。为了利用较长的波形历史来体现语音波形序列的长时相关性，WaveNet 采用了图 2-46 所示的带孔因果卷积网络，在不过多增加模型层数的情况下，实现对输入接受野（Receptive Field）的扩大。

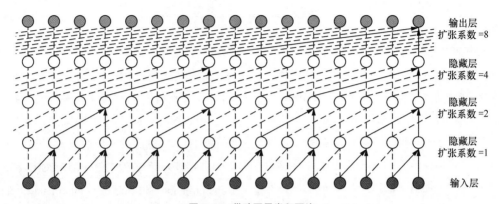

图 2-46　带孔因果卷积网络

参考用于图像生成的 PixelCNN 模型，WaveNet 在神经网络节点计算过程中采用了门控激活函数，以实现更好的有效信息保留与无用信息过滤。为了进一步扩大接受野，加快模型收敛，WaveNet 采用残差网络结构以及参数化的跳跃连接（Skip Connection）来构建深层次的网络结构。原始的 WaveNet 模型使用 μ 律压扩对音频信号进行 8bit 量化，这样在网络输出层可以利用 Softmax 激活函数计算当前采样点波形幅度量化值在 256 个量化区间内的概率分布，同时可以基于最大熵准则进行模型参数的训练。

在生成阶段，WaveNet 采用逐采样点自回归的方式，在每个波形点时刻通过对式（2-9）中的条件概率进行采样，得到当前时刻的波形数值。该波形数值会被作为历史信息，用于后续波形点条件概率的计算。

（2）WaveNet 声码器

本小节介绍的 WaveNet 声码器只关注声学特征到语音波形的重构过程。在之前介绍的 WaveNet 基本结构的基础上，将声学特征作为条件输入模型，即可构造基于 WaveNet 的神经网络声码器。在输入外部条件情况下，WaveNet 模型可以表示为式（2-10）：

$$p(x|h)=\prod_{t=1}^{T} p(x_t|x_1,\cdots x_{t-1},h) \quad (2-10)$$

其中 h 为条件序列，其时域分辨率通常低于语音波形的时域采样率。为了使条件序列和语音波形序列的时域分辨率匹配，需要构造一个上采样变换 $y=f(h)$，然后把变换后的条件信息序列 y 加入 WaveNet 各节点的计算过程中，以生成与输入条件相对应的语音波形序列。加入条件信息后，WaveNet 中每个神经网络节点的计算过程可以表示为式（2-11）：

$$z=\tanh(W_{f,k}*x+V_{f,k}*y)\odot\sigma(W_{g,k}*x+V_{g,k}*y)$$

$$(2-11)$$

其中，*、⊙、$\sigma(g)$ 分别表示卷积运算、点乘运算和 Sigmoid 函数，$W_{f,k}$、$W_{g,k}$ 分别表示第 k 层处理历史波形信息的滤波卷积权值矩阵与门控卷积权值矩阵，$V_{f,k}$、$V_{g,k}$ 对应第 k 层处理条件输入的卷积权值矩阵。

WaveNet 声码器模型结构如图 2-47 所示。其中，将使用 STRAIGHT 等传统信号分析方法提取的声学特征作为 WaveNet 条件信息。此外，WaveNet 声码器模型构建了一个条件网络以保证加入的条件信息的时域分辨率与语音波形序列相匹配。在条件网络中，输入的声学特征先经过 1x1 卷积，然后经过 ReLU 激活，最后通过最近邻上采样加入激活函数中。在模型训练阶段，利用从训练语音数据库自然录音中提取的声学特征与原始波形序列作为 WaveNet 的条件与输出，进行模型参数的训练。在生成阶段，根据给定输入的声学特征与生成的历史波形信息，构建每个采样点的条件概率分布，并通过采样与逐点自回归的方式实现波形的生成。

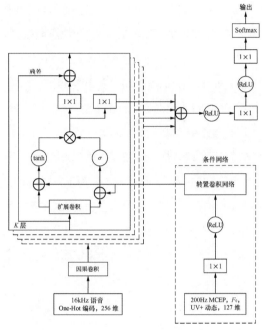

注：MCEP，梅尔倒谱 Mel-Cepstral 的缩写。

图 2-47 WaveNet 声码器模型结构

3. WaveNet 声码器训练

不同于传统的源—滤波器声码器，本小节介绍的基于 WaveNet 的神经网络声码器是数据驱动的深度学习模型，需要利用语音数据进行模型参数的估计。根据训练数据范围的不同可以将其划分为两类，即话者相关模型与话者无关模型。话者相关模型采用单一说话人语音数据进行模型训练，因此模型不具备对于集外说话人的泛化能力。话者无关模型采用混合多说话人的语音数据来进行训练，这样得到的模型对于不同说话人声学特征与语音波形之间的映射关系具有一定的泛化表示能力。

在个性化语音合成等应用场景中，由于目标说话人的语音数据量有限，因此可以利用少量目标说话人数据对话者无关模型进行进一步的自适应训练，即在已经获得的话者无关 WaveNet 声码器模型的基础上，利用目标说话人的语音数据，对话者无关模型进行进一步的优化更新。相比随机初始化只使用单一话者数据进行话者相关训练而言，自适应训练使用话者无关模型作为初始值，更适合目标说话人数据量受限的应用场景。

4. 实验

（1）话者相关 WaveNet 声码器模型

首先介绍我们在话者相关 WaveNet 声码器模型方面的实验结果。实验数据采用中文女说话人的 1000 句语音合成数据库，时长约 2.5 小时，语音格式为 16kHz 采样率和 16bit 量化。其中 800 句作为训练集用于模型参数训练，100 句作为验证集用于模型选择，另 100 句作为测试集，用于声码器效果对比与评估。实验中使用的声学特征包括 STRAIGHT 分析提取的能量、40 维梅尔倒谱（MCEP）以及基频与清浊判决，此外还包括能量、倒谱与基频的一阶与二阶动态特征。

我们分别构建了 3 个具有不同层数的 WaveNet 声码器模型，模型的最大扩张系数、扩张卷积层的通道数和跳跃连接的通道数分别为 512、64 和 256。在验证集上评估各模型在已知自然历史信息的情况下对于当前采样点的分类准确率，结果见表 2-12。根据表 2-12 中的结果可知，随着网络层数的增加和接受野变大，输出的预测准确率会略有上升，但是差异并不大。这可能是由于输入的声学特征和波形相关性较强，使得即使在层数较少、接受野较窄的情况下，模型仍然具有一定的预测性能。这为后续通过简化模型结构提高运行效率提供了可能。

选取表 2-12 中的 40 层 WaveNet 声码器模型，与 STRAIGHT 的重构语音质量倾向性主观测听进行了对比。测听共进行两组，分别使用自然声学特征与 DNN 声学模型预测的声学特征作为输入。结果见表 2-13，两组测试的差异均较为显著。在使用自然声学特征的情况下，WaveNet 声码器模型可以取得优于 STRAIGHT 的生成语音质量，这展示了 WaveNet 声码器模型在重构高质量语音方面的有效性。此外，在输入预测声学特征情况下，WaveNet 声码器模型的合成语音质量也显著优于 STRAIGHT 合成器。这表明该模型具有一定的泛化推广能力，虽然输入的预测声学特征与模型训练时使用的自然声学特征存在一定差异，但其仍可实现高质量的语音波形恢复。

表 2-12 WaveNet 声码器模型验证集波形预测准确率

层数（层）	准确率
20	37.97%
30	38.63%
40	38.87%

表 2-13 对比 STRAIGHT 和 WaveNet 声码器模型重构语音质量的倾向性主观测听结果

输入特征	倾向 STRAIGHT	倾向 WaveNet	无倾向
自然声学特征	31.66%	49.17%	19.17%
DNN 预测的声学特征	30.00%	60.00%	10.00%

（2）Blizzard Challenge 2017

Blizzard Challenge 是国际上规模最大、影响力最强的语音合成评测活动，每一届都会吸引美国卡内基梅隆大学、英国爱丁堡大学、日本名古屋工业大学、IBM 研究院和微软亚洲研究院等世界一流大学、研究机构与企业参加。Blizzard Challenge 是为了使全球各研究机构在统一任务下，评估不同语音合成技术的性能而开展的活动，极大地促进了语音合成技术的发展。

在 2017 年的 Blizzard Challenge 中，中国科学技术大学语音及语言信息处理国家工程实验室团队提交了使用 WaveNet 声码器的统计参数语音合成系统参与评测。在内部测试中，比较了 3 个不同统计参数语音合成系统自然度的 MOS（Mean Opinion Score，

平均主观意见分），3 个系统分别是基于 LSTM-RNN 神经网络结构的基线系统（见图 2-48 中的 LSTM-RNN 系统）、基于基线系统使用 GAN 进行后滤波增强（见图 2-48 中的 GAN 系统），以及基于 GAN 系统使用 WaveNet 声码器重构语音（见图 2-48 中的 WaveNet 系统）。3 个系统的自然度 MOS 如图 2-48 所示，从中可以看出 WaveNet 声码器对改善统计参数语音合成系统的合成语音自然度的有效性。

在 Blizzard Challenge 2017 的最终评测结果中，使用 WaveNet 声码器的参测系统（系统编号为 G）在 16 个参测系统中的自然度 MOS 和段落总体印象得分排名第二，这两项指标在所有参测的统计参数语音合成系统中排名第一。具体测试结果如图 2-49 和图 2-50 所示，其中系统 A 为用作参考的自然语音，系统 I 为科大讯飞提交的基于单元挑选与波形拼接的合成系统。

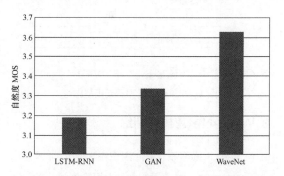

图 2-48 Blizzard Challenge 2017 内部测试中 3 个系统的自然度 MOS

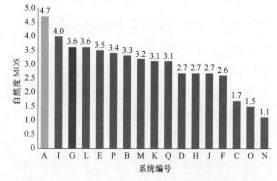

图 2-49 Blizzard Challenge 2017 各参测系统的自然度 MOS

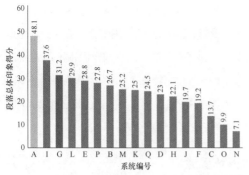

图 2-50　Blizzard Challenge 2017 各参测系统的段落总体印象得分

(3) WaveNet 声码器的话者无关及自适应训练

我们对 WaveNet 声码器的话者无关与自适应训练方法进行了初步测试。实验采用公开的多说话人语料库 VCTK 以及 CMU Arctic 语料库进行。其中 VCTK 用于话者无关 WaveNet 声码器模型的训练，CMU Arctic 作为目标说话人用于自适应训练与测试。VCTK 包含 109 位不同口音的英语母语说话人的语音数据，时长共约 44 小时。本小节选取了其中 100 个说话人的 90% 的语音数据（时长约 37 小时）作为训练集进行话者无关 WaveNet 声码器模型的训练。实验选取了 CMU Arctic 中文女说话人的 slt 数据（共 1132 句，时长约 1 小时）作为自适应数据（包含 1032 句）以及测试集（包含 100 句），用于对比目标说话人不同数据量情况下的自适应训练与话者相关模型训练的 WaveNet 声码器性能。实验中使用的声学特征包括 STRAIGHT 分析提取的能量、40 维梅尔倒谱以及基频与清浊判决标志。

我们对使用 100 句和 1032 句情况下的自适应训练与话者相关训练 WaveNet 声码器模型分别进行了重构语音质量的倾向性主观测听实验，测听结果见表 2-14。两组测试的差异均较为显著。由表 2-14 可知，在使用 100 句训练数据的情况下，自适应训练方法所得 WaveNet 声码器的重构语音质量显著高于话者相关训练方法，而在使用 1032 句训练数据的情况下，话者相关训练方法重构语音质量更高。

表 2-14　使用不同数据量的自适应模型和话者相关模型重构语音质量倾向性主观测听结果

目标说话人数据量（句）	倾向自适应	倾向话者相关	无倾向
100	76.75%	12.75%	10.50%
1032	17.50%	45.00%	37.50%

5. 总结

本小节介绍了基于 WaveNet 的神经网络声码器的相关研究工作。该声码器采用神经网络非线性变换与机器学习模型训练的方式，从输入的基频、频谱特征中重构语音波形，有效解决了传统源—滤波器声码器存在的频谱细节与相位丢失等问题。实验结果表明，在输入自然声学特征和预测声学特征情况下，该神经网络声码器均能取得优于传统 STRAIGHT 声码器的重构语音质量；在目标说话人数据量较少的情况下，通过组合话者无关与自适应训练的方法，可以取得相对话者相关训练而言更好的客观和主观性能表现。现阶段的 WaveNet 声码器仍然存在生成复杂度高和效率低等问题，如何通过模型结构优化来降低运算复杂度，利用 Parallel WaveNet 新型的网络结构提高 WaveNet 声码器生成阶段的并行化水平，将是后续的重要研究内容。

2.2.7　2017 TREC 任务赛：基于 LSTM 的问题相似度学习方法

★ 关键词：自然语言处理　记忆模型　相似度学习

★ 作　者：安炜杰　李波

本小节介绍的是我国在 2017 LiveQA 任务中设计的系统，此系统由小 i 机器人和华东师范大学合作完成，主要由三部分组成：候选答案检索、问题相似度衡量和答案重排。

1.开放领域问答的挑战

开放领域问答近年来是一个非常重要的研究议题。与 2015 年和 2016 年的任务类似,2017 LiveQA 的任务是处理雅虎问答网站上最近的、尚未被人工回答的问题,参赛者被要求在一分钟之内给出 1000 字以内的回复。

这一任务的主要挑战在于:一是没有足够大的数据集能够覆盖大量不同用户的所有问题;二是指定问题和其语义相似问题之间并没有共同的词法单元;三是问题描述部分包含大量无关信息。

首先,在社区问答网站中收集语义相似的问答对作为候选问答对。下一步衡量原始问题和候选相似问题的相似度。之前在问答任务中使用深度学习方法的工作获得了目前为止最佳的结果。这些方法有着相同的目的,就是学习问题或答案精确的语义表示。在我们的系统中,使用了两个 LSTM 学习网络(基于知识记忆的 LSTM 和基于位置注意力的 LSTM)来增强隐藏空间的问题表示。然后衡量原始问题和候选相似问题之间的语义相似度,与关键词相似度方法进一步结合。在此之后,我们在答案重排部分使用问题相似度和其他问答对的属性,例如候选问答对的来源和位置权重。最终,排名最高的候选回答作为最佳答案被返回。实验结果表明,本小节介绍的方法比 2017 年提交的所有方法都表现得更好。

2.系统概述

图 2-51 所示为我们在 2017 LiveQA 任务中设计的系统架构,该系统由三部分组成:候选答案检索、问题相似度衡量、答案重排。候选答案检索部分从特定的社区问答网站中搜索相似问题,然后获得候选问答集。问题相似度衡量部分衡量原始问题和从上一步获得的候选相似问题之间的相似度。答案重排部分将每个问答对的相似度与外部信息相结合,然后将最相似的候选回答作为最佳答案返回。这一步假设最相似问题的答案能够比其他答案更好地回答原始问题。

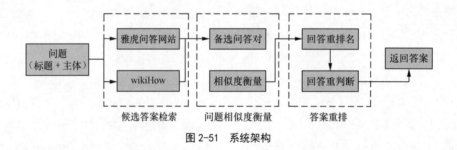

图 2-51 系统架构

(1)候选答案检索

对于每个问题 $Q=\{$ 标题,主体,类别,qid$\}$,我们首先在社区问答网站上进行搜索,生成候选问答集。在这一步,我们希望尽可能多地得到相似的问答对。总体来说,高质量、综合性的候选问答集决定了答案的质量。一开始,我们从以下几个方面考虑选择了大量社区问答网站:

- 问题数量和质量;
- 数据获取难度;
- 网络稳定性;
- 时间花费。

然后,我们建立特定的网络爬虫,从雅虎问答、wikiHow 等网站中抓取相似问题和备选答案。由于不同网站有不同的问答对结构,因此我们为问答对定义了一个通用容器,这个容器主要包括以下几个部分。

- 标题:问题的标题。
- 主题:问题的主题,通常是问题的描述。
- 最佳答案:网站上的最佳或唯一答案。
- 来源:表明这一问答对来自何处。
- 权重:搜索结果列表中的原始顺序。更明确地说，当我们搜索一个问题时，网站会返回一个相似问题列表，它更像是位置权重信息。

在这一步中，没有对原始问题进行如移除停用词这样的预处理。因为我们发现，如果移除了问题中的停用词，就会丢失语义特征。

（2）问题相似度衡量

原始问题 $Q=\{$标题，主体，类别，qid$\}$，候选问答对 $QA=\{C_1，C_2，\cdots，C_n\}$，$C_i=\{$标题，主体，最佳答案，来源，权重$\}$。基于语义和关键词，我们以 $Q-$ 主体和 C_i- 主体来衡量 QA 中的每个 C_i。

① 语义相似度

使用两种改进的 LSTM 进行语义相似度衡量：一种将知识记忆与 LSTM 结合来进行问题标题表示，另一种使用位置注意力用于增强候选问题的表示。

基于知识记忆的 LSTM：图 2-52 所示为我们使用的基于知识记忆的 LSTM（KM-LSTM）。我们使用在答案选取任务中表现较好的双向 LSTM 模型来获取问题标题和候选标题的初步语义表示（分别以 q 和 R_c 代表）。为了缩短问题标题和候选标题之间的知识间隔，我们提出了使用知识记忆模块来获取问题标题并加入相关知识的语义表示。首先使用向量化的知识表示来初始化知识记忆模块，使用 TrecQA 数据集中较为重要的前 K 个信息词的词向量。然后通过计算原始问题标题 q 和知识记忆模块中的知识向量的相似度来得到与该问句相关的知识权重信息。在此之后，将知识向量的加权求和与 q 结合来获取新的结合知识的问句标题表示 R_q。

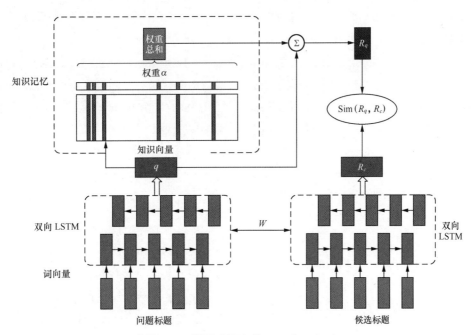

*图 2-52 基于知识记忆的 LSTM（KM-LSTM）

基于位置注意力的 LSTM：我们使用了双向 LSTM 模型隐藏空间中的句子建模。为了获取问题标题的复合表达式，我们使用了经典注意力，它只依靠隐藏向量生成注意力权重。考虑到候选，我们提出了位置注意力方法，并在经典注意力的基础上增加了额外的步骤：找到候选标题中问题词的共现位置；使用位置影响传播策略将问题词的影响传播到其他位置；根据传播影响，为候选标题中的每个词生成位置影响向量；将位置影响向量用于注意力机制中。

有了问题标题和候选标题的表示，就可以利用多种相似度功能来衡量它们之间的关系。我们使用了曼哈顿距离相似函数和比其他可选表现稍好的 l1 规范。

$$\text{Sim}(R_q, R_c) = \exp(-\|R_q - R_c\|) \quad (2\text{-}12)$$

② 关键词相似度

问题中的关键词信息改善了答案选择的效果。问题中的关键词往往表明了问题的主题。虽然两个问题可能有几乎一样的表示，但由于词向量的缺点，因此它们关注的可能是截然不同的主题。为了弥补这一弱点，我们使用了 BM25 模型来计算关键词匹配分数。

我们在问题标题和问题描述上都建立了指标来抓取更多信息。在以上两个 LSTM 模型中，我们考虑的是标题之间的相似度。因此在这一步中，我们考虑了使用问题主题和问题描述的信息来弥补之前步骤中的不足。

（3）答案重排

在得出候选问答对的相关分数之后，我们根据权重参数，并重新考虑每个 C_i 的答案后，对候选问答对进行重新排名。总的来说，根据人工观察，我们认为来自雅虎问答网站的候选问答对更有价值。同样，根据搜索结果列表的展示顺序给排在前列的问答对较高的权重。就像之前提到的，来源和权重参数表明了影响。然后我们定义了一个简单的重排打分函数，如式（2-13）所示。假设最相似问题的答案能够比其他答案更好地回答原始问题时，我们会判断答案是否符合条件。更详细地说，我们将回答长度控制在 1000 字以内，并移除答案文本中不可阅读的字符。

$$\text{分数} = (\alpha \cdot \text{SSS} + (1-\alpha) \cdot \text{SWS}) \times \text{权重} \times \text{来源} \quad (2\text{-}13)$$

SSS 代表的是语义相似度，由 KM-LSTM 或基于位置注意力的 LSTM 计算得出，SWS 代表的是由 BM25 模型计算得出的关键字相似度，α 是调整值。由于 SSS 为 0~1，因此通常也把 SWS 放在这个区间里。

3. 实验

（1）实验设置

参数设置。我们使用 Glove 项目的词向量。网络中的参数使用高斯分布随机初始化。隐藏层规模调至 128。KM-LSTM 和基于位置注意力的 LSTM 在 TREC-QA 上进行训练，批处理规模为 512，最长句为 40 个词。使用交叉熵损失函数作为训练目标，并利用 Adadelta 算法进行参数更新。最佳参数基于验证集上的最佳 MAP（Maximum A Posteriori，最大后验）表现获取。

评估度量。在 LiveQA Track 的最终测试中，结果首先由 TREC 编辑使用 5 级标准进行评估。

· 4（极佳）：使用大量有用的信息完全回答了问题。

· 3（良好）：部分回答了问题。

· 2（一般）：略微包含了有用信息。

· 1（差）：未包含有用信息。

· –2（不可阅读）：答案不可阅读。

表现评估标准如下。

· AVG：在所有问题上的平均得分，1~4 级的分数被映射到 0~3，而分数为 –2 则被视为 0。

· S@i：回答问题得分高于 i（i=2,3,4）的数量 / 总的问题数量。

· P@i：回答问题得分高于 i（i=2,3,4）的数量 / 本系统有回答的问题数量。

（2）实验结果

表 2-15 所示为系统在所有问题上进行评估的主任务中的评估结果。"ECNU_ICA-EastChina NormalUniversity" 使用 KM-LSTM 来衡量问题之间的语义相似度，"ECNU_ICA2-EastChinaNormal University" 则使用基于位置注意力的 LSTM。通过观察，系统在主任务中的所有评估标准下都具有极佳表现。使用 KM-LSTM 的运行比使用基于位置注意力的 LSTM 的运行略好，这表明基于知识的问句表示比位置影响在通用问答任务中更重要。

除此之外，医学问题也被评估，这一子任务的评估结果见表 2-16。可以观察到，系统可以比较所有提

表 2-15　TREC 2017 现场问答项目主任务（所有问题）评估结果

RunID（运行身份标识）	AVG	S@2	S@3	S@4	P@2	P@3	P@4
ECNU_ICA-EastChinaNormalUniversity	2.0136	0.833	0.695	0.48	0.838	0.7	0.483
ECNU_ICA2-EastChinaNormalUniversity	1.939	0.794	0.662	0.452	0.813	0.677	0.462
中间值	0.889	0.421	0.25	0.126	0.487	0.286	0.144
最大值	2.013	0.833	0.695	0.48	0.838	0.7	0.483

表 2-16　TREC 2017 现场问答项目医学子任务评估结果

RunID（运行身份标识）	AVG	S@2	S@3	S@4	P@2	P@3	P@4
ECNU_ICA-EastChinaNormalUniversity	0.257	0.225	0.147	0.029	0.228	0.149	0.03
ECNU_ICA2-EastChinaNormalUniversity	0.5	0.216	0.127	0.059	0.268	0.159	0.073
中间值	0.5515	0.245	0.142	0.059	0.331	0.178	0.0775
最大值	0.794	0.392	0.265	0.098	0.429	0.273	0.111

交的运行的统计值。不仅如此，使用基于位置注意力的 LSTM 的运行比使用 KM-LSTM 的运行表现更好，这说明在医学问题中我们应该更注意词的位置。

4. 结论

我们在报告中发表了在 TREC 2017 LiveQA 所做的包含 3 个组成部分的系统架构。要找到具有语义相似度的候选问答对，我们使用了两种 LSTM 学习网络——KM-LSTM 和基于位置注意力的 LSTM 来学习隐藏空间中的问题语义表示，表现都很出色。

2.3　智能语音语义技术的应用落地发展

2.3.1　阿里巴巴的自然语言处理技术应用与发展

* 关键词：自然语言处理　机器翻译　机器阅读理解
* 作　者：黄恒　孙常龙（常龙）　李琳琳（琳嫣）　张琼（复歌）　王睿（马司）　骆卫华　吴晨（绥兽）　刘晓钟　司罗

自然语言处理（NLP）被誉为"人工智能皇冠上的明珠"，自然语言处理技术推动人工智能整体的发展，从而使人工智能技术可以落地实用化。许多科技公司在人工智能方面的投入不遗余力，人工智能对于阿里巴巴而言同样重要，自然语言处理更是如此。在美国斯坦福大学发起的 SQuAD（Stanford Question Answering Dataset，斯坦福问答数据集）文本理解挑战赛上，阿里巴巴凭借 82.440 分的成绩打破了世界纪录，并且超越了人类 82.304 分的成绩，机器阅读的准确率首次超越人类。本小节主要介绍阿里巴巴 iDST-NLP 团队近年来所做的工作，包括自然语言处理基础服务与自然语言处理技术应用两个方面，揭秘阿里巴巴自然语言处理技术的落地应用与未来发展。

自然语言处理技术在推动人工智能产业发展方面起到了至关重要的作用。20 世纪初期至中期，自然语言处理技术经历了语言学与统计学的轮流主导，直到

20世纪90年代，随着计算机算力的显著提升，基于统计学的自然语言处理技术逐渐成为主流。近年来，随着深度学习技术的快速发展，基于深度神经网络的学习方法逐渐取代传统的机器学习方法，并在算法性能上一再突破，本小节的重点不在于讨论自然语言处理的发展历史，而是关注一些自然语言处理技术与成就。

1. NLP基础服务

iDST-NLP团队打造了一个包含词汇级、短语级、句子级和篇章级自然语言基础模块在内的自然语言处理体系。功能包括分词、词性标注、新词发现、序列注音、命名实体识别、词素分析、语言模型、关键词识别、词语权重、语法诊断分析、意图识别以及关系抽取。技术不仅适用于汉语，还适用于其他多种语言。目前，除汉语以外，iDST-NLP团队重点面向英语、俄语以及东南亚语（泰语、印尼语、马来语、菲律宾语、越南语）进行技术研发。例如，目前团队自主研发的多语言分词系统支持英语、俄语、印尼语、泰语、菲律宾语以及越南语等多种语言，不仅能对被空格分开的词语进行切分，还能对无空格的词语进行切分。例如，将buyabag切分为buy a bag。

目前该基础模块技术体系可以支持阿里巴巴大生态的自然语言处理基础服务，覆盖了新零售、数据产品部、优酷、搜索、蚂蚁金服、菜鸟、口碑、阿里妈妈、OS（操作系统）事业群、飞猪、CCO（首席文化官）、阿里云、神马、AE（全球速卖通）、Lazada以及B2B在内的多个BU（Business Unit，业务部门）的国内以及国际业务。其对业务指标的提升体现在准确率、召回率、F值、ctr、gmv、加购率和询单转换率等多个维度，效果持续稳健，是业务方搭建生产链路的基石组成部分。该平台支持阿里巴巴大生态（新零售、金融、物流、娱乐、旅行等）每天多达1300亿次来自170多个业务方的自然语言处理需求，同时也打造了产品级的组件，并进行市场化的输出。

2. 自然语言处理技术及应用

（1）文本挖掘之文本结构化

阿里巴巴具备庞大的电商信息，包括商品、店铺和资讯内容等，其中含有大量的文本信息，文本挖掘和结构化处理是理解这些信息并进行合理分发的第一步工作，其中主要包含层次文本分类和关键属性标签抽取两项任务。

层次文本分类用以解决样本标签具备的结构化特性可表示成树或者DAG（Directed Acyclic Graph，有向无环图）形态时的分类问题，从功能上看，树中的叶子节点分为强制叶子节点和非强制叶子节点：前者要求每个样本被细分到最底层的叶子节点，而后者可在中间层级停止。相较于传统的平层分类，层次分类在信息检索方面更符合实际业务情况，譬如商品、内容的分类体系可以被看成一棵由粗到细的分类树，同时由于这棵树涵盖的总的叶子类目节点数量非常大（大于10 000），并且每个叶子类目涵盖的商品、内容数量严重不平衡，因此会引起训练传统平层分类方法时产生出拟合。层次分类引入了分类节点的上下文信息，相较于传统的平层分类而言，增加了局部性和全局性的优势：局部性——可将层次分类的过程按照分层或者分节点的方式进行，即每层或者每个父节点是一个分类器，负责当前局部的分类；全局性——在层次结构中，每个分类节点都有各自的父节点和子节点，并且一般而言，不同深度的节点，其分类结果正确与否带来的实际收益/损失也不尽相同。因此，在某些方法下，会考虑使用全局的带权的损失函数进行算法调优，从而在业务上得到最优效果。

传统的层次分类方法通常考虑局部性最优（Top-Down方法）或者全局性最优（Big-Bang方法），譬如使用stacking（堆叠法）的方式将多个分类器组合，每个分类器负责一层或者一个父节点，以保证每个分类器在局部分类问题上最优。这种方法会出现误差累积，在上层节点分错后，叶子节点的分类一定是错的，并且在层次过深、叶子节点过多时，会导致需要叠加多个分类器，造成学习参数"爆炸"，开销非常大。而考虑全局性最优的方法通常把叶子类目加上其路径当作一个新的标签，然后类似平层分类，使用一个分类器学习整体分类准确率，这类方法在样本不均衡时会产生算法性能问题。随着深度学习的出现，单个分类器的泛化性越来越强，也有一些研究者提出了新的 stacking NNs 的方法来替代传统的 stacking SVM，或者平层统一分类。虽然利用 DNN 之后整体准确率会上升，但还是无法避免单纯使用局部方法或者全局方法产生的缺陷。我们在这个问题上设计了一种可以进行全局调优的 Top-Down 方法，在相关的业务问题上，准确率均能达到 95% 以上，并且在公开数据集上性能优异。

文本结构化的另一个重要问题则是关键属性标签抽取，我们需要知道这段文本在讲什么产品或者事件，有什么重要的特性。在此我们借助了自然语言处理中常见的序列标注方法，这类方法常用于解决分词、命名实体识别等问题。我们通过在传统方法（如 HMM、CRF）中引入流行的深度学习来构造不同粒度的特征表示，从而极大地提升了算法性能，这一点也在同行以及最近几年的学术研究中得到证明。除此之外，我们结合层次分类得到的领域知识也能进一步提升算法性能。

这些工作支持着阿里巴巴数以亿计的内容分类和打标任务，不仅应用于后台管理系统，也广泛应用于诸如内容搜索、淘宝头条、微淘、阿里小蜜等诸多内容化场景，其中成熟的技术将对外提供服务，支持在线调用。

（2）文本挖掘之情感分析

情感分析在阿里巴巴有着广泛的应用，每天调用次数达 50 亿次以上。文本情感分析，又称意见挖掘（Opinion Mining），是对带有情感色彩的主观性文本进行分析、处理、归纳和推理的过程，它是自然语言处理领域的一个重要研究方向，在工业界和学术界有着广泛的应用和研究。根据文本处理粒度的不同，

针对单语言、单领域可以分为词汇级、属性级、句子级、篇章级情感分析任务，如图 2-53 所示。在每个处理粒度中又包括多种任务和技术，而跨领域、跨语言、多模态等情感分析技术也是我们研究的重点。这里我们重点介绍词汇级、属性级、句子级的情感分析技术及应用。

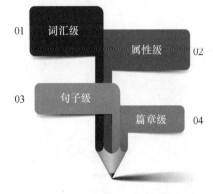

图 2-53 针对单语言、单领域，情感分析任务的 4 种类型

词汇级：目前已经有很多公开的情感词典，包括中文和英文两种，但是这些情感词典一般都是通用领域的，对于特定领域/行业，需要对应领域/行业的情感词典。例如，针对电商领域，不同行业的差别比较大，"衣服大"和"手机屏幕尺寸大"，这里的"大"的情感显然不一样，基于此，我们构建了分行业的电商情感词典。这里利用句子级的情感分析算法得到大量带情感的句子集合。然后通过情感词向量学习算法，学习嵌入情感信息的词向量，再利用聚类方法对情感词向量进行聚类。另外，通过序列标注方法学习和预测评价中的属性词和情感词，将得到的情感词集合与基于情感词向量聚类的簇结合起来，进而扩充情感词集合。最后训练情感分类器来判断情感词典集合中哪些词是情感词，并通过人工抽样校验来得到情感词典。将得到的情感词典再次迭代，以支持句子级的情感分析任务，通过不断迭代来扩充情感词典的规模，解决跨领域时冷启动的问题。

属性级：属性级情感分析包括属性的识别、属性的情感词识别以及属性的情感分类。例如，

"颜色很漂亮,但是材质太差",其中的"颜色""材质"就是所需的属性,而我们的任务就是提取类似的三元组"<颜色,漂亮,正向>""<材质,太差,负向>"。目前提取的方法主要有两种:无监督及有监督。前者主要基于专家词典或者依据句法规则,而后者则利用深度学习结合序列标注方法,进行单一维度属性或"属性+情感词"的联合抽取。

句子级:针对给定句子判别其情感极性(Polarity)。极性是所表达的情感,按照情感类别体系的不同,可以将情感极性划分为若干等级。我们在商品评论的情感极性分类任务上先后做了多种方法的实验,实验证明,结合深度学习后,融合词性和语言学特征的方法效果最好,并且在一些公开数据集上效果达到了最佳。

3.机器翻译

阿里巴巴的机器翻译在阿里巴巴的业务场景中主要应用在电商、沟通等垂直领域。服务的业务方包括AliExpress、Lazada、ICBU、天猫国际、淘宝海外、钉钉和阿里云等重要的国际化业务(见图2-54),帮助这些业务解决在国际化发展进程中各国本地化过程所面临的最基本的语言问题。其中,阿里巴巴国际化最重要、最核心的仍然是电商业务,阿里巴巴的机器翻译在整个电商链上都提供了基础服务能力,包括在SEO(Search Engine Optimization,搜索引擎优化)、搜索、商品标题、商品详情(类目/属性/描述)、商品评论、实时沟通以及审核风控等电商基础数据领域,都提供了全面的实时翻译服务能力,满足了各个国家的用户对信息的基本阅读需求,每天能够提供近十亿级的在线翻译服务,提供峰值达数万QPS(Query Per Second,每秒查询率)的语句翻译能力。其主要能力包括机器翻译与语种识别。

机器翻译:支持20个语种、44个语言方向的机器翻译,包括英语与汉语、俄语、葡萄牙语、西班牙语、法语、阿拉伯语、德语、希伯来语、印地语、印尼语、意大利语、日语、韩语、荷兰语、波兰语、泰语、土耳其语、越南语互译,马来语到英语单向翻译,汉语与英语、日语互译,汉语到韩语、泰语、印尼语单向翻译等。

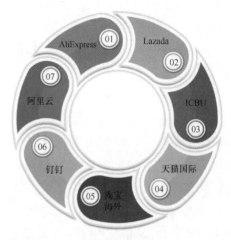

图2-54 阿里巴巴的机器翻译服务的业务方

语种识别:支持英语、葡萄牙语、西班牙语、德语、意大利语、法语、印尼语、荷兰语、土耳其语、越南语、韩语、阿拉伯语、日语、俄语、希伯来语、泰语、汉语、印地语、波兰语等语言的自动语种识别。

电商领域的机器翻译面临的挑战很大,既有通用机器翻译技术的挑战,例如,双语结构差异、双语语序差异、词语的歧义很普遍、双语词汇形态不一致以及双语文化背景差异等;也有电商领域特有的挑战,例如领域内训练数据的不足、所需翻译的句子不规范、电商术语翻译缺乏、电商领域包含的子领域场景较多,等等。另外,阿里巴巴的翻译平台支撑的业务量巨大,对架构也提出了巨大的挑战。

(1)语料数据建设

机器翻译能力建设的一个重要的方面就是训练语料的获取。机器翻译模型优化面临的最大问题就是训练语料不足,尤其是对一些非主流的语种,比如英语到印尼语的翻译。我们在语料数据方面主要是通过语料源自动发现、爬虫智能调度和跨语言语料自动抽取等方法来实现互联网语料数据的大规模周期增量获取的。在语料数据处理上，通过语言模型 Doc2Vec 和基于 CNN/RNN 的分类策略，从通用真实语料中挖掘领域相似数据。通过 IBM Model 和基于神经网络的语料质量打分模型，实现语料质量的精细评估。针对电商术语翻译缺乏问题，通过电商领域的 NER（Named Entity Recognition，命名实体识别）能力挖掘电商场景的专业词（产品、型号、修饰、类目等），建立多语言电商知识库，解决专业术语的翻译准确度问题。阿里巴巴在电商单语、电商双语、电商品牌词表、电商高频词以及电商专业词等具备电商特色的数据方面有很深的积累，极大地促进了电商领域翻译质量的提高。

（2）模型技术

由于整个机器翻译领域从 2014 年开始采用了最新的深度学习技术，因此在模型方面有了重大改变，翻译性能也因此有了重要突破。我们及时跟进了机器翻译领域内的最新技术，将我们的翻译系统从基于短语的 SMT（Statistical Machine Translation，统计机器翻译）模型升级到了基于深度学习的 NMT（Neural Machine Translation，神经网络机器翻译）模型。NMT 模型又经历了基于 RNN、CNN 和基于自注意力（Self-Attention）的 Transformer（谷歌团队提出的 NLP 经典模型）等几种结构，我们的团队复现了这些模型，并在业务上进行了应用。

我们有针对性地对其中一些具体问题进行了攻关。例如，将某种语言翻译到词汇形态丰富的语言（例如俄语、西班牙语等）时，会出现大量"未登录词"这一问题，对此我们进行了重点研究。神经网络翻译模型受限于其可以使用的词表大小，因此经常会遇到词表无法覆盖源端和目标端词语的情况，特别是在处理词汇形态丰富的语言时，词表对全部语料的覆盖度往往不够，这就导致很多"未登录词"的产生，严重影响翻译质量。我们提出了一种为词干和词缀构造独立神经网络进行预测的创新思路，更有效地应用了语

言学信息。通过和多个比较有影响力的已有工作 [基于 Subword（词根）和 Character（字母）的方法] 进行对比，在 5000 万量级的超大规模数据集上，我们的方法可以成功地在基于 RNN 和 Transformer 两种主流的神经网络翻译模型上得到稳定的提升。基于这种方法的文章已经被 AAAI 2018 接收并发表。

电商领域包含的子领域场景较多，比如商品标题、用户反馈和旅游口语等。跨领域的机器翻译可能会出现一些令人不能接受的错误，但是如果针对每个子场景调用不同的模型，则会导致训练和翻译效率低下。为此，我们提出了多领域混合方法，实现了基于分领域的词向量加权编码方案。这种方法能够用一个模型实现多个子领域的翻译，相比于用一个通用模型来进行翻译而言，这种方法的翻译效果得到了大幅提高。

（3）模型训练

由于 NMT 模型的结构复杂，且深度神经网络模型本身的训练过程一般又会涉及大量计算，因此 NMT 模型往往需要较长的训练周期。从 2017 年 2 月初开始，阿里巴巴的翻译团队与计算平台事业部的 Deep Learning 团队合作，共同开发了基于模型参数平均策略的 NMT 分布式训练系统，并于 2017 年 3 月底完成了第一个版本的发布。在 2017 年 4 月的英俄电商翻译质量优化项目中，该系统大大提高了训练速度，使模型训练时间从 20 天缩短到了 4 天，为项目整体迭代和推进节省了很多时间成本。

（4）服务架构

阿里巴巴的机器翻译服务于阿里巴巴数十个产品线的上百个应用，在线翻译接口日均提供近 10 亿个词的调用，需要保证服务的高可用性和高稳定性。整体在线服务架构通过分层多级缓存和同步、异步双层架构，支撑"双十一"峰值时数万 QPS 的调用，通过引擎配置系统实现翻译引擎的秒级切换。在保障架构稳定性方面，实现了应用维度配置降级限流机制、全链路日志跟踪分析和多维度实时监控告警保障系统

99.99% 的可用性。

（5）新模式探索

除了常规的基于文本的翻译，阿里巴巴也做了新翻译模式的探索。阿里巴巴结合 iDST（institute of Data Science & Technologies，数据科学与技术研究院）的语音识别技术，开发了中英双向实时语音翻译，基于对话模式实现了实时翻译。在 2018 年 CES 展会上，阿里巴巴为 CES 的现场观众提供了实时语音翻译产品互动，通过模拟买卖家询盘沟通场景，将语音翻译技术应用到买家和卖家的实时沟通过程中，帮助买家和卖家跨越语言鸿沟，畅享自然流畅的交流体验，促进双方交易的达成。

4. 商品标题与查询生成

商品标题是卖家和买家在电商平台沟通的重要媒介，用户在搜索入口输入查询（Query）检索，在搜索结果页浏览商品列表，选择目标商品，最终完成购买。在整条购物成交链路中，商品标题、商品描述、商品图片等各种信息共同影响着用户的购买决策。从机器翻译的角度来看，商品标题可以被认为是一种卖家语言，搜索查询是一种买家语言，搜索匹配的过程就是构建两种语言沟通的"通天塔"的过程。

根据中国互联网络信息中心发布的第 47 次《中国互联网络发展状况统计报告》，截至 2020 年 12 月，我国手机网民规模已经达到 9.86 亿。越来越多的在线购买行为已经从 PC 端转移到无线端（App 端），并且两者的差距还在进一步扩大，因此各大电商平台的资源也在往各自的 App 端倾斜。PC 端和 App 端最明显的区别在于显示屏幕尺寸，通常智能手机显示屏幕为 4.5～5.5 英寸（1 英寸 =2.54cm），远小于 PC 端的屏幕尺寸。

当前淘系商品（C2C）标题主要由商家撰写，为了提高搜索召回率以促进交易成交，商家往往会在标题中堆砌大量冗余词，尤其是当用户在手机端浏览的时候，过长的商品标题由于屏幕尺寸限制而显示不全，只能做截断处理，严重影响用户体验。用户如果想要获取完整的标题，还需要进一步点击进入商品详情页。此外，在个性化推送和推荐场景中，商品短标题作为信息主体，对长度也有一定的限制。如何使用尽可能短的文本体现商品的核心属性，进而引起用户的点击和浏览兴趣，并提高转化率，是值得深入研究的问题。

相比一般的自然语言文本，商品（短）标题有其特殊性，我们将其归纳为以下 3 点。

- 半结构化：商品标题一般是半结构化的文本，通常大部分淘宝商品标题也符合"品牌名 + 型号名 + 修饰词 + 产品名"的结构。传统的商品标题优化方法大部分是基于打标和规则的，而且也取得了不错的效果。

- 核心属性词透出：商品标题的压缩对错误的容忍度较低，如果压缩商品标题导致商品的核心属性（如品牌、核心产品词等）丢失，在电商场景下，会严重影响用户的使用体验，甚至会引发商家投诉。比如，商品原标题为"正品华蜀 f819 翻盖老人机一键收音机大字体大声超长待机老人机"，其中核心产品词是"老人机"，"一键收音机"是核心产品词的修饰词，但是容易被误判为核心产品词，如果在短标题中只透出"一键收音机"，丢失核心产品词"老人机"，显然是不可接受的。另外，商家在商品标题里堆砌的某些词，可能是在长期实践中被证明是对提高用户点击率和成交转化率有帮助的关键词，如果贸然去掉，可能会影响商品的成交率。

- 长度限制：不管是在 PC 端还是 App 端，由于受到设备屏幕尺寸、产品形态等因素的限制，因此对商品标题的长度一般都有严格限制。我们在与业务方的合作中发现，在大部分业务场景下，商品标题透出需要控制在 14～16 个字。以手机淘宝 App 首页的"有好货"频道为例，选品的标题由"达人"改写产生，经统计发现，商品原标题的平均长度达到 32.94 个字，改写后的透出短标题平均长度仅为 13.25 个字，压缩率超过 50%。

基于规则的传统优化方法可以生成效果不错的商品短标题，但是会严重依赖打标和词权重（Term Weighting）算法，整个处理流程比较长，而且需要针对不同类目进行特定优化。完全数据驱动的序列到序列（Seq2Seq）方法可以避免前期的打标和预处理操作，直接进行端（商品原标题）到端（商品短标题）的训练和生成。幸运的是，我们积累了大量的淘系数据和用户搜索日志信息，可以用于 Seq2Seq 模型的训练。

Ptr-Net（Pointer Network，指针网络）由温亚尔斯（Vinyals）等提出，是 Seq2Seq 的一个变种，它的输出相当于指针，每一步指向输入的某一个位置作为输出。和标准的 Seq2Seq 模型不同，Ptr-Net 不依赖于解码的状态，而直接依赖注意力，从输入序列中挑选合适的词作为输出，Ptr-Net 的这个特性很适合用来处理抽取式文本摘要任务。

我们使用用户成交查询数据来辅助学习原始标题中的词权重信息。由于我们的标题生成任务也是基于 Ptr-Net 的 Seq2Seq 来实现，因此，受已有工作的启发，我们认为如果将两个任务进行联合训练，应该能获得比两个任务单独进行训练更好的效果。其中主任务是商品标题生成，由于在电商场景中，标题由有经验的商家撰写，改写标题可能会引起商家投诉，因此这里我们严格限制，不对原标题进行改写，生成的词只能来源于原标题。另外，考虑到生成短标题对转化率的影响，我们利用引导用户最终成交的用户搜索来提高转化率。我们将日志生成认为是翻译任务，将卖家撰写的长标题作为卖家语言，将用户输入的日志作为买家语言，利用买家语言对长标题的关注度，以更好地训练模型，提高转化率。

和大多数文本生成任务一样，文本摘要评测一直是一项困难的任务，常见评测方法包括人工评测和自动评测两种。最通用的自动评测方法是微软亚洲研究院林钦佑博士提出的 ROUGE，其将算法生成的摘要和人工生成的参考摘要进行对比。人工评测主要是对结果采样之后进行人工评估，衡量摘要中是否保留了原文中的重要信息，同时考虑生成的摘要是否符合语法、是否冗余、是否连贯。在具体的业务场景下，还可以通过线上指标来进行效果评测。

常用的基线（Baseline）方法之一是直接根据预设长度截取商品标题的前 N 个字作为商品短标题。同时，我们也将原始的 Ptr-Net 方法和用多任务学习之后的效果进行了比较。结果显示，直接截断方法表现最差，因为该方法未考虑标题的语义信息，导致核心产品词通常出现在原始标题的后半部分，所以经常出现产品词被截断的情况。相对截断方法，Seq2Seq 方法在 ROUGE 指标上有优势，而多任务学习的方法取得了最好的效果，超过了原始的 Ptr-Net 方法。

这一工作加上后续基于规则的优化后，短标题生成先后上线服务于手机淘宝、天猫、商家事业部、人工智能实验室和 Lazada 等多个业务方。同样的技术，我们也计划用于生成商品短文本描述和创意文案。

5. 机器阅读理解和QA

MRC（Machine Reading Comprehension，机器阅读理解）作为 QA（Quality Assurance，质量保证）技术中的全新领域，允许用户输入非结构化文本及问题。机器在阅读理解的基础上，从文本中寻找答案并回答用户问题。对于阿里巴巴来说，机器阅读理解技术的最直接应用，就是让"阿里小蜜"能直接阅读说明书并回答用户的问题。机器阅读理解的评测维度分为 EM（Exact Match，精准匹配）分数和 F1（准确率和召回率的平均，模糊匹配分数）两种，而 SQuAD 评测显示，阿里巴巴的 MRC 技术已经达到了很高的水平。SQuAD 是行业内公认的机器阅读理解标准水平测试，也是该领域的顶级赛事，被誉为机器阅读理解界的 ImageNet（图像识别领域的顶级赛事）。和 ImageNet 一样，SQuAD 的成绩排名也会定时更新。微软和阿里巴巴先后于 2018 年 1 月 3 日和 2018 年 1 月 5 日在 SQuAD 官方平台提交模型，阿里巴巴的结果在 2018 年 1 月 11 日先于微软产出并被公布，微软的结果在 2018 年 1 月 12 日紧随其后产出并被公布。

主办方美国斯坦福大学在阿里巴巴的模型产出结果的同时向阿里巴巴发了贺信，表彰其机器阅读理解系统首次超越人类水平。微软结果发布后，鉴于双方在更细分维度上的评测结果各有千秋，官方给出了排名并列第一的说法。

本次阿里巴巴参与测评的系统名为 SLQA，即 Semantic Learning for Question Answering，是 iDST-NLP 团队提出的"基于分层融合注意力机制"的深度神经网络系统。评测证明，相比传统方法，SLQA 的效果取得了显著的提升。采用传统方法解决机器阅读理解问题，一般会分为以下几个步骤。

· 对问题、篇章分别进行词法、句法分析，并针对分析结果进行特征提取。

· 基于特征采用 LR（Logistic Regression，逻辑回归）、CRF 等模型进行答案边界预测。

· 采用梯度下降类算法在训练集上进行优化，拟合数据分布。

在此过程中，基础语言模型、依存分析等模块的准确率在一定程度上会影响训练效果，特征工程的优劣也同样影响着训练是否能得到可用的模型。随着深度学习在自然语言处理领域的大量应用，很多场景，如切词、词性标注、翻译、命名实体识别等端到端模型逐渐取得接近并超越传统模型的效果。在机器阅读理解场景下，iDST-NLP 团队设计了 Semantic Learning Net，即 SLQA 的算法模型。该模型模拟人类在做阅读理解时的一些行为，包括结合文章内容审题、带着问题反复阅读文章、避免阅读中遗忘而进行相关标注等。iDST-NLP 团队总结，人类在进行阅读理解时，常见思维顺序如下。

· 通读文章，理解文章主题和大体内容，然后读题，了解提问内容及关注点。

· 带着问题找答案，将问题同文章做关联，并结合文章主题，理解问题重点。

· 在文章中确定答案查找范围，并再次重点阅读其附近的文字。

· 为避免忘记问题，再次审题，并结合上一步中找出的重点区域进行答案圈选。

· 对挑出的答案候选进行精筛，确定最正确的答案。

结合以上思路，iDST-NLP 团队构建模型的主要思想是在捕捉问题以及将其与文章中的特定区域关联的同时，借助分层策略，逐步集中注意力，使答案边界清晰。同时，为避免过于关注细节，iDST-NLP 团队采用融合方式将全局信息加入注意力机制中，进行适度纠正，确保关注点正确。这种逐步聚焦并兼顾全局的策略，不同于其他参赛者（已公布）的策略，也是 iDST-NLP 团队此次刷榜登顶的关键所在。

目前业界主流的基于端到端学习的机器阅读理解模型主要为 Encode-Interaction-Pointer（编码-交互-指示）框架。基于上述分析，SLQA 系统包含如下基本结构：Encoder Layer（编码器层）、Attention Layer（注意力层）、Match Layer（匹配层）以及 Output Layer（输出层）。

· 编码器层用于表示学习，可以理解为语言模型层，用以将文章及问题从离散字符转变为蕴含语义的表征向量。团队采用了多层双向 LSTM 并分别对文章和问题进行主题和重点词关注。

· 注意力层在得到了有效的问题及文章表征向量后，为表达依据问题定位答案的过程，缩小了候选答案的查找范围，将搜索空间通过注意力机制约束，主要进行多层融合注意力表示，对问题和文章进行相关性对齐（Align），并不断补充全局信息。每一次对齐都基于下层信息并在此基础上更加细化（段落→句子→短语→词），采用的方式分别为融合注意力（文章到问题，问题到文章）和自注意力（问题自身，文章自身）。

· 匹配层用于对融合信息后的问题和文章进行匹配。iDST-NLP 团队采用双线性矩阵来学习经过多层信息过滤后的文章和问题匹配参数，由于在前一阶段无关信息已经被过滤，因此最后的匹配可完成答案的定位工作。

· 输出层结合匹配信息对文章中的词汇进行标

注，预测相应词汇在答案开始位置或结束位置的概率。之后，模型会抽取可能性最高的一段连续文本作为答案。

iDST-NLP 团队采用的技术就是基于以上 4 层的深度神经网络模型，重点探索和研究第三层（Hierarchical Attention Fusion Network，多层注意力融合模型）。iDST-NLP 团队负责人司罗表示，本次 SQuAD 评测登顶得益于 NLP 团队自身的完善性。"自然语言处理领域内的很多技术方向可以互相借鉴，例如机器阅读理解任务，我们就借鉴了机器翻译的一些技术。应该说，我们的机器阅读理解技术是建立在我们更强大的自然语言处理能力上的。"

本次登顶只是阿里巴巴相关技术研发的一个侧面，其所指向的"创新的问答系统"的落地应用才是 iDST-NLP 团队的重要发展方向。由于 iDST-NLP 团队支持阿里巴巴大生态下的问答技术业务（如与"阿里小蜜"合作的智能客服等），因此着眼点其实一直放在业务应用场景而非单纯的技术突破上。"阿里小蜜"是由阿里巴巴很优秀的客服业务团队打造的，"阿里小蜜"和 iDST-NLP 的合作是阿里巴巴的第一个真正把机器阅读理解应用在大规模客服场景下的工作。除"阿里小蜜"外，SLQA 系统在售前咨询场景也能发挥作用。面向商家的智能客服"店小蜜"是阿里巴巴售前咨询场景的典型案例。顾客在购物时，往往会对商品信息进行询问，确认后才会下单购买，例如"荣耀畅玩 5C 的双摄像头拍照效果有什么特点？"，而这些信息往往已经存在于商品的详情描述页。"店小蜜"通过机器阅读理解技术，使机器对详情页中的商品描述文本进行更为智能的阅读和回答，在降低卖家服务成本的同时提高购买转化率。着眼于整个社会，机器阅读理解也有着巨大的价值。试想机器自动阅读病历回答病人关心的问题，自动阅读旅游场景的说明书来回答旅行者的问题，自动阅读繁复的法律税务条款来帮助人们解决法律报税的问题等。

尽管社会价值巨大，但目前的机器阅读理解技术还面临着很大的挑战。例如，该技术对于解决 Wiki 类客观知识问答问题已经取得了比较好的结果，但对于复杂问题仍处于比较初级的阶段。这是由于 Wiki 场景的数据相对充分，文档结构也清晰，内容描述较正规。而其他广大的应用场景常常存在训练数据不足、文档知识不明确和描述不完整等问题，有不少甚至要通过多步推理才能得到答案。这对阿里巴巴和整个行业提出了新的挑战。司罗表示，阿里巴巴希望拥有建立完善的自然语言技术的能力，在领域自适应、多步推理、知识自动抽取和归纳等方面进行全面且充分的准备，迎接这些挑战。

2.3.2　从网络理论认识知识工程

★ 关键词：知识工程　复杂网络理解

★ 作　者：谭培波　史晓凌　高艳

本小节提出从复杂网络理论认识知识工程的新视角，将知识工程中的本体实例作为复杂知识网络中的一个节点，建立整个知识体系的知识网络图。研究该网络的整体特征，确定网络的性质，为知识工程的未来发展提供理论依据，并介绍在某石油公司知识工程项目中的应用现状和未来应用设想。

1. 知识工程概述

在谈知识工程之前，首先来了解什么是知识。对知识的深刻认识源于互联网的普及应用，我们并没有因为能容易搜索到很多资料而提高认识和解决问题的能力，这就是所谓的信息爆炸与知识贫乏的矛盾。为此，人们提出了"知识金字塔"的概念，认为知识应分为4个层次——DIKW，即数据（Data）、信息（Information）、知识（Knowledge）、智慧（Wisdom），最底层是数据，最顶层是智慧。DIKW模型认为，知识是建立在信息之上的对事物相互关系的认识，也就是说，知识是信息的关联，平常泛泛而谈的知识很多是数据或者信息，而不是知识，比如互联网上搜索到的文本属于信息而不是知识。解决问题的能力本质上是一种对未来的推理能力或者预测能力，它依赖于知识的多少而不是信息或者数据的多少。

学术上正式提出知识工程概念的是美国斯坦福大学的计算机科学家爱德华·A. 费根鲍姆（Edward A. Feigenbaum）教授，他在1977年的第五届国际人工智能会议上首次提出了KE（Knowledge Engineering，知识工程）的概念。虽然现在人工智能已成为学术界和企业界的研究主题，但是在1977年，费根鲍姆就认为，知识工程是人工智能的原理和方法，尤其是对于那些需要专家知识才能解决的复杂的应用难题。

前面提到，知识实际上是信息之间的关系，假设用函数$y=f(x)$描述知识，y和x分别代表数据和信息，而它们之间的关系f才是解决问题、预测结果需要的知识。知识工程的重点是工程，其包括两个方面，其一是用工程学的方法获取f，重点是f的表达，以及根据f的表达需要制订出的(y, x)数据采集过程、f的计算和优化过程等；其二是对f的工程应用，主要是在新的外在条件或者输入参数x的情况下，预测出新的y，并通过实践检验这个y的有效性。知识工程是一个工程循环过程，通过对y的应用效果不断累积新的(y, x)数据，从而不断修正f，使得预测和现实无限接近。

知识工程在国内基本处于研究的初始阶段，主要集中在计算机科学与人工智能领域，在企业中的应用几乎没有涉及。中国科学院的陆汝钤研究员通过对知识工程的历史必然性进行研究，将知识工程上升为知识科学的范畴，使得知识工程的研究进入学术研究的正轨；浙江大学潘云鹤教授等从形象思维方面入手，研究了语义知识与图形图像之间的转换，这在语义理解方面独具特色；石纯一教授等研究了基于智能体的KQML（Knowledge Query and Manipulation Language，知识查询操作语言）；中国科学院的史忠植研究员研究了知识获取到知识发现的CommonKADS（Knowledge Acquisition Documentation and Structuring，知识获取的文档化与结构化）方法；北京科技大学的杨炳儒教授深入研究了知识工程所揭示的逻辑学问题，为知识推理奠定了理论基础。这些研究成果只从理论上研究了知识工程的某一方面，而没有构成一个完全实用化的工程系统。

北明智通（北京）科技有限公司研究团队从复杂网络理论视角认识知识工程，并将相关技术和产品应用于某石油公司，通过建立一个实用的工程平台，实现知识的挖掘、智能化获取和应用，为知识工程的领域化、工程化应用提供了有益借鉴。

2.基于复杂网络理论研究领域知识的步骤

（1）复杂网络理论的基本思想

将问题用网格或网络进行抽象建模，这是以有限元为基础的工程计算的传统处理手法。随着互联网的发展，一个全球关联的动态网络，较之一座桥梁或者一幢大楼的有限元网络，具有了很多崭新的特征。由此，1998年沃茨（Watts）和斯特罗加茨（Strogatz）提出了小世界网络理论模型，由于这些网络具有非线性、随机互联、数量巨大等性质，因此又统归于复杂网络，以区别于能够通过线性方程求解的简单工程网络。一般将复杂网络分为随机网络、规则网络和小世界网络等几种形式（见图2-55）。每种网络的形成有其独特的原因，比如无标度网络形成的根本原因是增长和偏好。因此，从拓扑特征上研究网络的静态和动态特性，确定网络的形式，由此开展网络的动力学研究，能够为实现对网络的有效控制和合理应用奠定基础，比如开展热点网络的生长、传播、协同以及网络安全的研究，是"互联网+"时代亟待解决的重要问题,实践的需要倒逼学术界必须对复杂网络的功能和结构进行深入的理论和实践研究。

复杂网络在数学上用图 $G(V, E)$ 来表示,其中 $V(G)$ 是由所有节点组成的节点集,$E(G)$ 是由所有边构成的边集,其中 $E(G)$ 中的每条边 e_i 都由节点集 $V(G)$ 中的两个点(u、v)与之对应,即边是通过两点定义的一条线段。在现实中,节点解释为参与网络的个体,网络个体总数一般代表网络的规模,可以用参数 $N(V)$ 表示;边可以解释为个体之间的相互作用,总的相互作用决定了网络整体表现出的高层特征,可以用网络的边总数 $L(E)$ 表示。

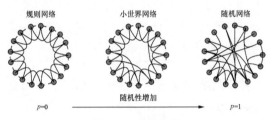

图 2-55　复杂网络

网络结构的宏观性质体现在多个方面,一般由给定网络 $G=(V,E)$ 的每个节点和边的微观量,通过统计或者非线性运算的方法得到,就像通过单个分子的特征统计运算得到整体的温度一样,这些参数一般用网络的静态几何量表示,主要有度及其分布、度相关性、平均集聚系数、平均最短路径、子图等。

将数学上的网络理论应用于现实中的网络,将现实网络置于统一的网络理论框架之下进行研究,挖掘几何参数的知识,并对结果进行解释和验证,对提高人们解决问题、探索未知世界的能力具有重要意义。这首先需要找到一种合适的理论网络模型来描述现实网络。一般来说,现实中的实体网络具有两大特征:一是具有层次性和较高的聚集程度;二是具有较短的平均最短路径。

随机网络具有短的平均最短路径,但一般而言,其聚集程度较低,这和实际网络的聚集程度较高的特征不一致;和随机网络对应的是规则网络,它具有高的聚集程度和长的平均最短路径,也和实际的网络所遵循的最短路径效应不一致,不能很好地模拟实际网络;小世界网络是在随机网络的基础上,对规则网络每个顶点的所有边,以概率 p 断开一个节点,并重新连接,连接端点从其他顶点中随机选择。小世界网络具有高的聚集程度和短的平均最短路径,这和很多实际的网络相似。例如互联网上的很多网络(社区、微信群等),以及传染病模型,都是小世界网络对实际网络的一个较好的描述。

现实世界中还存在另外一种网络,比如按地域管理的互联网、科层管理的社会组织网络,其整体和部分之间具有高度相似的结构形式,这种网络节点度数呈幂率分布,因此又称为幂率网络,或称为无标度网络。无标度网络的特点是节点的自相似结构和高度弥散性,网络中大部分节点的度数很低,但也存在度数非常高的中枢节点。无标度网络将鲁棒性和脆弱性结合在一起,实现了矛盾的统一。巴拉巴西(Barabasi)和艾伯特(Albert)的研究表明,网络节点不断增长和按某种偏好进行选择性连接,是产生幂率分布的根本原因。

复杂网络理论展示了"规则网络或随机网络→小世界网络→无标度网络"的进化过程,聚集程度由低到高,最终实现了复杂网络系统在整体性能上的提升。

(2)知识的网络图表达方式

一般认为,知识约有 9 种表达方式,遵循点→线→面的层次不断上升、复杂度不断提高的进化过程。点的表达方式如产生式表示法、谓词表示法、基于知识体表示法等;线的表达方式是指以句子整体语义为核心的表达方式,比如框架表示法、面向对象表示法、基于语言场表示法等;面的表达方式是指网络的多线段表示法,如语义网络表示法、基于范例表示法、基于 Rough Set(粗糙集)表示法等。

从知识工程的发展实践来看,现在越来越多地用网络图来表示知识,这和人们的认识本质有关。研究表明,人们通常是通过图片或者识图来认识事物的。但是,知识的不同表达方式之间并不是孤立的,而是存在相互依赖、不断递进的关系，高进化级别的面的表达方式，是以低层的点和线的表达为基础的。所有的知识表达方式，首先以识别句子中的实体对象为起点，这是点的实现；其次识别整个句子的语义，实际上就是识别句子中的多个实体，从而归纳出整个句子的框架或语义，这是线的实现；通过不同句子之间关系的构建，实现知识的网络表达，这是面的实现。

语义网络的知识表达具有层次性，可以深层次地表达知识，直接而明确地表达概念与实体的语义关系，模拟人的语义记忆和联想方式。本体是表达领域知识、建立语义网络的支撑技术，其实现的基本思路是：首先，对句子中的实体点进行识别和标注，找出句子中实体所属的概念；其次，对整个句子进行分类，识别句子的语义框架，根据实体点的性质确定框架元素的值；最后，根据句子之间的篇章关系，识别句子之间的关系，实际上就是语义框架或者业务之间的关系，从而构建领域的语义网络。

（3）基于网络理论应用知识工程的步骤

知识工程一般是从领域实用角度对知识进行分析，建立知识的应用体系。基于网络理论应用知识工程的一般步骤如下。

· 确定领域与信息来源。从解决领域问题需要的知识出发确定信息来源，一般为内部或者外部的文献。信息需要具有一定的时间跨度，为演化分析做准备。

· 构建文本网络。以篇章为单位进行概念、实体及其关系分析，构建本体网络。这是一个反复迭代的过程，需要仔细检查并排除异常情况，使得挖掘出来的本体网络是能够解释的。

· 知识网络类型确定。根据知识网络的静态几何参数确定知识网络的类型——规则网络、随机网络、小世界网络还是无标度网络。

· 知识网络解释分析与新知识产生。根据知识网络的类型和形状，分析其原因，比如，是否有偏好或者节点的增加，进行解释和验证，并对知识网络的演化进行预测，从而实现知识创新。

3.复杂网络理论在某石油公司知识工程项目中的应用

（1）建立知识工程软件平台

某石油公司面向上游研发业务的知识工程平台是一个四层架构，主要实现信息采集、知识存储、知识运维和知识运用功能（见图2-56）。可以看

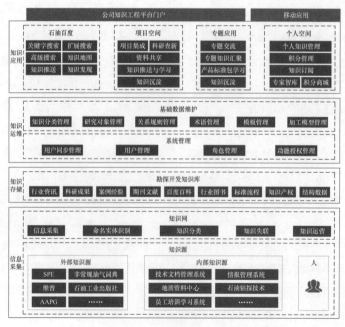

图 2-56　知识工程平台架构

到，在信息采集层，除了该公司内部的各种信息系统之外，还包括了外部知识源，如 SPE。首先，通过基于本体的加工挖掘，构建该公司上游研发业务的领域语义网络，实现由信息向知识的转换，即知识工程的第一个工程应用；然后，通过搜索、推送等方式实现知识在业务中的工程化应用，同时实现知识网络的不断演化，即知识工程的第二个工程应用。

（2）本体网络构建与分析

按照基于网络理论应用知识工程的步骤，在数据层需要建立从词到句子到篇章的标注语料库，如图 2-57 所示。通过标注语料，主要采用 CRF++ 算法建立标注模型，实现对新的语言对象的识别。

通过大量的语料标注，采用统计的方法实现对完全无意义的数据的理解。标注是赋予字符意义的过程，是整个知识工程平台建设的重点，也是一个从人工开始不断实现自动处理的过程。统计语料库建设的必要性还在于，语言是有生命的复杂系统，它随时间不断变化，而所有这些变化都体现在最新发表的文章中，通过不断跟踪和发现新的语言现象，更新语料库，可以保持知识工程平台的活性，保持知识工程平台的生命力。

知识工程是一个工程循环过程，需要自动处理收集到的数据，然后通过人工校验，不断丰富语料库，最终实现知识的挖掘。语料库建设重点之一是人工校验，只有领域专家才能胜任这一角色，这在某种程度上增加了知识工程的独特性。很难出现一个通用的知识工程系统，因为通用的、普遍的知识在现实中很难成立。

某石油公司建立了一个有限的本体概念网络（见图 2-58），目前主要服务于上游勘探开发业务。这个概念网络所包含的定位类对象（如油藏、盆地等）约有 20 万个，关系主要有 4 种：包含、相似、相邻和所属。对象还具有各自的属性。

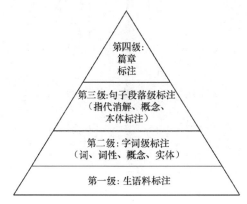

图 2-57　标注语料库建设规划

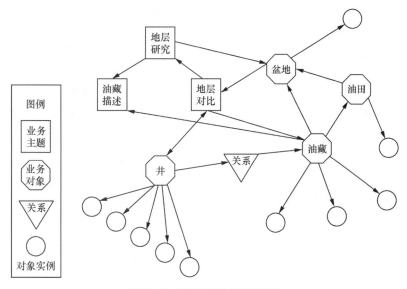

图 2-58　知识工程概念网络分析

实体之间的关系和实体的属性在图的性质上体现为两种特征，属性作为叶子节点，不再往外做关联；而关联的两个点是两个实体，它们可以不断往外扩展关联关系，直到所有的实体都关联在一起。

图2-59所示为根据川22井的完井资料梳理出来的既有实体也有业务的本体网络，节点包含对象实体、业务、属性等类型，关系包括业务之间的顺序关系、地层包含关系、属性关系等。其中右侧从上到下的一根灰色的主线是钻遇地层线；左上角是按照钻井→录井→完井的顺序构成的业务流程。在钻遇地层线的右侧是侏罗纪地层，左下部分是三叠纪地层。显然，两个地层构成了不同的集合。

从现实意义来看，这显然是一张层次分明的幂率图，分成3个不同的区域。

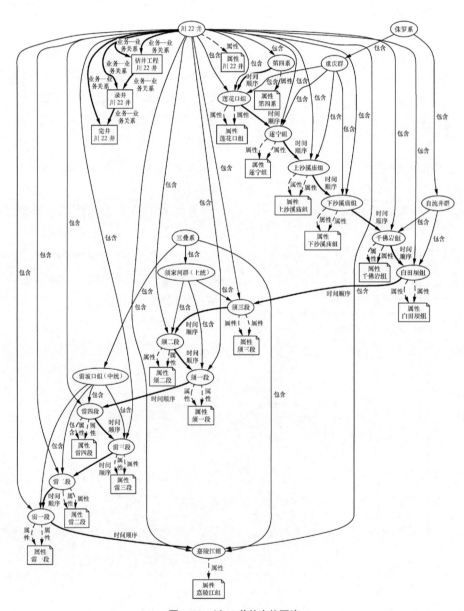

图2-59 川22井的本体网络

将以上本体网络转换为邻接矩阵之后，用UCINET软件进行分析，将其划分为3个部分，计算结果如图2-60所示。可以看出，划分出来的3个分块和实际的3个分块完全一致。这说明，通过网络静态参数的计算，可以挖掘出它们共性的物质基础，从而挖掘出新的知识。

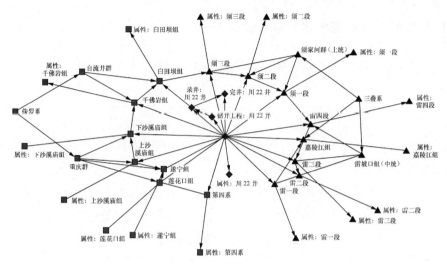

图2-60　川22井本体网络分块

（3）本体网络的应用

该石油公司启动知识工程项目建设的目标是实现1分钟内获得专题相关知识，一天内得到问题的答案或线索。基于这个目标，目前这个阶段主要通过智能搜索、主动推送等手段实现知识的挖掘、汇聚与获取，辅助问题解决。在未来的应用设想中，则进一步深化语义框架和知识网络演化的研发应用，实现面向问题的科研创新应用和领域技术布局分析。

该石油公司的搜索、推送、知识图谱等应用主要基于建立的语义网络，实现知识、业务、岗位、人/角色关联，使知识工程平台能够识别用户意图和知识内容，从而实现精准匹配和关联汇聚。

同时，知识工程平台还提供基于语义的统计分析与推理功能，进而实现热点分析和趋势分析。

未来，将深化语义框架的研发应用，针对特定的问题场景进行知识的表达，识别出问题产生的原因，获得采取的方案等知识，使人机交互问题得以解决（见图2-61）。通过分析跟踪网络的建立和演化过程，在整体上刻画行业知识的模式变化，分析形成这个模式的原因，建立技术的进化体系，引导构建技术图谱，实现提前布局，抢占发展先机。

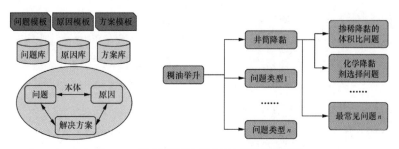

图2-61　面向问题的知识体系与语义网络建设

网络理论从网络拓扑结构的静态和动态演化特性出发对整个复杂系统进行分析，开辟对知识的新认识。在某石油公司知识工程项目中，我们对其上游研发知识进行同样的网络分析，并在知识工程平台实现应用，为该方法的领域化、行业化应用提供了有益借鉴。

2.3.3 利用自然语言处理技术控制金融风险

★ 关键词：自然语言处理　金融风控管理

★ 作　者：晋耀红

互联网经济的发展给商业银行的经营管理和风险管理带来了诸多前所未有的挑战，传统的事后风险监控方式已经越来越难以适应新形势的要求。本小节以某银行为案例背景，介绍如何利用自然语言处理技术，通过对企业工商、税务、司法、行政处罚、新闻舆情等非结构化数据的分析挖掘，从宏观、中观和微观层面实现对地域、行业和企业的舆情监控，生成可视化的知识图谱和企业关联关系图谱，实现对企业风险的全方位监控。

1. 银行当前的业务背景

（1）企业跨境跨业跨界经营，关联关系复杂

企业跨境、跨业、跨界经营，股东和实际控制人对外投资频繁，集团关联关系更加分散化和隐蔽化。银行作为债权人所面临的风险呈现新型化、复杂化、交织化等特征，新的风险事件不断涌现，各种风险相互叠加，在不同区域、群体间，跨产品、跨渠道快速传播，银行预判风险点和管理控制风险的难度越来越大。

（2）金融脱媒，银行资金监控手段有限

金融脱媒，大资管时代不期而至，企业在资本市场的运作更加复杂化，配资、杠杆、结构化已成为市场常态。资金以各种方式汇集并被投入高风险资产，高杠杆、跨境套利、流入关联企业等，对外投资关系错综复杂，银行对资金流向的监控手段非常有限。

（3）获取信息不及时，内外部信息不对称

银行内部信息来源单一，系统留存信息基本凭借客户经理贷前调查的纸质材料，而对企业的经营状况、财务风险、司法涉讼等信息更新不及时，贷后检查的频率跟不上风险衍变的速度。内外部、前中后台信息不对称，客户自己掌握的信息多于客户经理，客户经理掌握的信息多于风控人员，风控人员掌握的信息又多于后台合规人员，信息呈现倒挂现象。

2. 技术方案探索

本案例的技术方案由数据获取、风险特征挖掘、关联图谱构建、风险预警建模等几个层次构成，风控技术方案示意如图2-62所示。

（1）数据获取

风险控制的基础数据包括内部非结构化数据、结构化数据和外部非结构化数据、结构化数据。内部非结构化数据主要是由第三方或合作方获取的研究报告、咨询信息等，内部结构化数据包括企业工商信息和风险管理信息等；外部非结构化数据主要是各类社交媒体、垂直论坛、政府、社区和新闻网站上的公开信息等，外部结构化数据包括人行征信报告和银监会数据等（见图2-62）。

以本案例为例，互联网数据获取与分析主要分为3种渠道。

· 借助爬虫技术采集和分析全网的新闻数据，用机器学习和自然语言分析追踪企业和行业信息，从而获取关于企业违约的舆情信息。

·从政府机构获取数据,包括企业工商信息、欠税信息、涉诉信息、裁判文书、法院判决、失信被执行、质监、环保等各类行政处罚信息、专利信息等。为保证数据的准确性,应采取源头对接的形式。

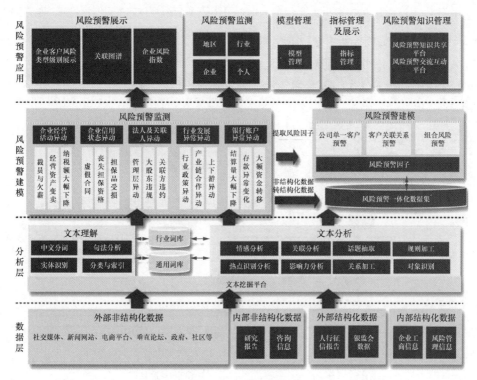

图 2-62 风控技术方案

·从第三方机构采购数据。为了扩充数据源,本案例还对行业研究报告、第三方研究报告、行业和地区评级报告、人行和银监会公开报告、政府招标等官方信息源进行文本采集和分析。

(2)风险特征挖掘

利用自然语言处理技术,根据领域词库、通用词库等对非结构化的数据进行分析挖掘,实现文本数据的信息提取、标签处理,完成非结构化到结构化的转换。核心的语义分析技术可以简单表示为如下几类。

·数据预处理技术:停用词过滤、模式选择、模式替换等。

·文本处理技术:词法分析、句法分析、篇章分析等。

·浅层语义处理技术:情感分析、实体识别、特征抽取、关联词汇推荐等。

·机器学习处理技术:分类、聚类算法,如朴素贝叶斯、K 均值等。

·基于模型的规则处理技术:概念分类、信息抽取、关联关系、统计语言模型等。对采集获取到的外部数据,利用自然语言处理技术进行分析并挖掘其中的风险特征,以风险标签的形式输出。其中涉及风险特征的标签 23 类共百余个,包括企业工商信息、涉诉、欠税、行政处罚、专利等政府机构发布的权威数据风险标签,也包括企业经营异常、违约、破产、裁员、招聘需求下降等互联网特有的风险标签。每日更新风险标签 2000 个以上。

通过对互联网相关数据的统计及借鉴行业专家的经验,可以将一些频率和风险都较高的标签作为高预警指标,如失踪、死亡、违规、违约、评级下调、处罚、公开谴责、经济纠纷、重大事故、重大变故、资产查封、产能过剩、停止生产、歇业、企业重组、资不抵债、环境污染、巨额罚款等。

（3）关联图谱构建

对采集获取的外部数据中的企业关联关系，利用机器学习和知识图谱技术进行分析挖掘，构建企业关联图谱，发现关联风险。关联图谱构建步骤如下。

· 发现文本中存在的大量实体，如企业名、银行名、企业高管等。

· 发现文本中实体之间的关系，包括企业之间的关系，如投资、担保、违约、收购、股权转让等，以及企业与个人之间的关系，如股东、高管、离职等。

· 将同一实体的关系链接起来，形成企业关联图谱，最多支持6层链接。图2-63所示为某企业的投资关系关联图谱。

除了上述基础的关联关系外，还可将供应链关系和企业资本关系作为维度，对上市企业资本系做出标识。

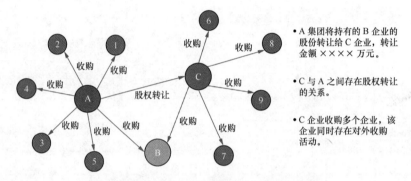

图2-63 某企业的投资关系关联图谱

（4）风险预警建模

在风险特征挖掘、关联图谱构建的基础上，利用机器学习模型对风险进行自动预警和管理。模型算法主要涉及逻辑回归、决策树、分层分析、聚类分析、时间序列、SVM、KNN（K-Nearest Neighbor，K近邻）、语义关联和频繁项关联等人工智能算法。

利用大量结构化数据及分析后的结果对企业的经营活动异常、信用状况异常、法人及关联人异动、行业发展异常等进行监控，根据企业发生风险的不同将其分为不同的等级，通过企业的综合评分体系提取风险因子对企业进行评级打分，并及时提供预警。

以3类典型的风险模型探索为例。

· 企业风险指数模型。以宏观统计数据、互联网舆情数据和企业违规行政处罚类数据为基础，通过加权平均计算出企业风险分数，再通过归一化处理形成企业风险指数，对单个企业风险进行预警。企业风险指数模型可以根据企业类型（上市企业、债券企业、授信企业）和企业经营性质（国企、民企）等分类形式进行语言模型建设。企业风险指数模型原理如图2-64所示。

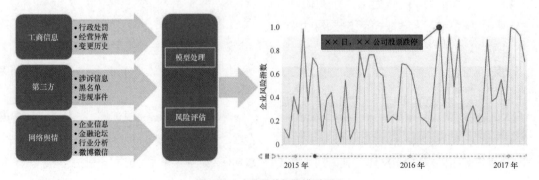

图2-64 企业风险指数模型原理

·行业风险模型。根据行业舆情信息、行业上下游信息等，通过行业企业风险系数等模型，处理计算出行业风险指数，作为行业风险的风向标，及时发现行业风险变化。

·地区风险模型。根据所监控的企业范围和注册归属地，将企业所在地区按照风险指数模型计算，通过各机构对全国各地区风险评级情况、各地经济 GDP 等，分别进行加权平均，再加入该地区相关企业的平均风险指数，最后汇总和标准化为地区风险指数。

3.风控管理应用

本银行案例综合企业各方信息，将各项指标转换为可量化的评分数值，展示企业画像、企业风险、关联图谱、企业综合评分、监测、预警等，便于用户快速了解企业的综合能力和发展潜力。以地区、行业分类的方式展示企业风险，输出企业征信报告。采用数据可视化方式，为用户提供多维度信息展示。

该案例依托大数据平台，实现数据采集、存储、清洗、分析、提取、展示和输出的全生命周期。作为风控分析的坚实基础，大数据平台确保了数据的数量和质量，通过数据清洗，去除虚词和无意义、与业务无关的杂质数据，建立语言模型，采用先进的语义分析认知技术，成功将各类看似杂乱无章的数据转化为业务相关的结构化数据，利用各类风险计算公式，实现企业的风险预警。

（1）预警模型

本案例从互联网采集企业信息，包括企业工商信息、法人、股东、高管信息、诉讼信息、欠税信息、失信被执行信息、行政处罚信息、招聘信息、新闻、微博舆情等，对它们进行标签化处理。运用朴素贝叶斯算法、DT、随机森林算法完成局部维度分类，最终组合成一个完整模型，根据风险级别实现预警监控。

通过时间轴形式对历史重要标签进行汇总展示，可以系统、完整地展现事件的发展轨迹，有助于风控人员发现企业风险、把握企业变化趋势。

图 2-65 所示的风险指数趋势图更是以直观的方式展示了某网站一定时间范围内的风险指数趋势。

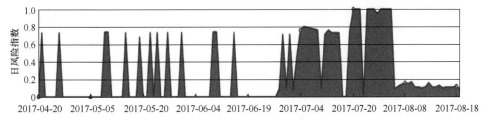

图 2-65　某网站日风险指数趋势

（2）企业画像

以企业为基准构建全方位、多维度、高透明的企业画像，通过工商、舆情、司法、财报、债券等经营数据的交叉验证、横向关联，针对存量数据分析对公客户、关联上下游企业，做到动态预警、精准刻画，融合结构化、非结构化的企业大数据。

（3）关联关系挖掘

运用 D3.js 技术自主开发可视化关联关系图谱，挖掘集团间、企业间隐性的关联关系，尝试把企业与实际控制人、股东、担保、投资等信息进行上下游打通，迅速判断企业与个人、企业与企业、个人与企业之间的连带关系，及可能导致利益转移的其他关系。把传统的静态、割裂、机械、切片式的企业关联数据转换为动态、联系、全面、发展的新型关联关系，为金融行业各业务部门的企业风险控制、潜在客户挖掘、贷前贷中贷后的管控提供可靠的决策依据。

（4）征信报告

征信报告运用内、外部数据综合评价企业的各项指标，提供工商信息、舆情树、关联幕后、风险失信、监管抽查、年检年报和舆情新闻信息报告的查询及下载。

（5）风险标签

通过自然语言处理技术、全网精准采集能力、大数据风控模型建设等人工智能技术，本案例自主创建了 1000 个金融专属标签，设计了 15 套风控模型，并通过 24 178 家企业客户连同关联企业逾百万家的海量数据的反复验证，实现以毫秒级的速度精确关联互联网舆情风险信息，全维筛查支持 20 余种维度的智能、深度、组合条件，同时按照行业、企业、地域、产品等多角度呈现可视化大数据风控信息，其预警级别及监测范围见表 2–17。

表 2–17 预警级别及监测范围

预警级别	监测范围
一级预警	债务违约
	资产保全
	失信被执行
二级预警	法人变更
	资产重组
	盈利下降
三级预警	减持股份
	劳资纠纷
	复牌公告

4. 总结

大数据时代背景下，海量数据已经成为一种战略资源。金融机构面临风险的复杂性、隐蔽性和传染性不断加剧，大数据应用已为大势所趋。

充分利用大数据平台的计算能力、领先的语义分析技术和先进的舆情标签分析能力，为金融行业提供业务支持和辅助决策，这对突发事件的预警、隐藏风险及时预知、有效规避金融风险有着深远且重大的意义。随着数据的累积、系统性能的提升、功能及业务流程的完善，风险预警能力将有质的飞跃。

大数据风控建模还处于初级阶段，前方还有很多道路需要探索：面对风险、欺诈的复杂性和传播速度不断升级，将不断考验模型的有效性，面对新的风险，大数据风控模型需要在试错中不断迭代，完善更多复杂特征、维度特征，使模型在不失准确率的前提下提高风险预测能力。从宏观、中观、微观 3 个层面建立模型，寻找文本中的对象、属性关系，初步建模，使用人工标注的训练文本，通过机器学习、深度学习等技术，不断完善模型体系。行业方面，优先专注垂直领域，逐步扩展至各个行业，最终形成各类预测模型，丰富模型应用，提高模型准确率，防止在模型生成时因过拟合而降低预测效果。

—点评—

语言是知识和思维的载体，无论是对个人，还是对人类群体，都非常重要。因此，智能语音语义就成为计算机与人工智能领域的重要分支。这是一个融计算机科学、数学、语言学乃至社会学等于一体的领域，既涉及对语言的识别和认知，也包括在此基础上进行的语音语义的翻译转换，包括由之形成的新型人机交互方式，并可由此向各领域融合扩展，形成越来越多的新技术、新产品、新服务、新应用。

近年来，大数据、深度学习等新兴技术的出现，以及与分词、词性标注、句法分析等既有技术的结合，推动了智能语音语义领域的快速发展。语音识别的准确率快速提高，语音输入法、语音记录软件已进入日常生活。语义处理能力显著增强，智能客服成为电子商务网站的利器，智能网联汽车等热点研发产品也深度运用了智能语音语义技术与产品。

我国对智能语音语义技术的发展非常重视，在语音识别、语音合成、人机交互、机器翻译等方面水平领先。智能音箱正走入越来越多的家庭，手持翻译机成为境外游游客的标配。在政务服务、金融服务、商务服务等领域，智能语音语义也实现了一定程度的普及。未来，体育新闻、金融新闻的自动生成，赛事的手语解说等，都有望成为智能语音语义技术的新发展方向和新应用领域，进一步推动我国智能语音语义市场规模的扩大。

CHAPTER 03

人工智能芯片

—导读—

芯片是信息技术产业的核心基础产品，人工智能芯片也是人工智能产业发展的核心基础。近年来，人工智能的快速发展催生了对新型、专用芯片的需求，也使芯片产品的种类与发展路径不断丰富。同时，人工智能芯片已应用在智能手机等产品中，为智能拍照等新功能的实现提供了支撑。本章主要介绍人工智能芯片的定义、种类、发展历史，并介绍人工智能芯片的前沿技术发展与主要应用进展情况。

3.1 人工智能芯片发展概述

3.1.1 人工智能芯片：从历史看未来

★ 关键词：人工智能芯片　发展历程　市场现状　挑战

★ 作　者：宋继强

人工智能芯片是当前科技、产业和社会关注的热点，也是人工智能技术发展过程中不可逾越的关键阶段。由于目前的人工智能算法都有各自的长处和短处，只有给它们设定一个合适的应用边界，才能更好地发挥它们的作用。因此，确定应用领域就成为发展人工智能芯片的重要前提。

人工智能的研究自1956年达特茅斯会议以来，起起伏伏已发展了60多年，最近几年取得了重大突破。人工智能系统在语音识别、图像识别、围棋等诸多领域取得了超越人的能力的成果。究其原因，业界普遍认同有三大要素合力促成了这次突破：深度学习算法、海量的数据和充足的算力。其中，充足的算力得益于摩尔定律在最近20年的发展，实现在可以接受的价格、功耗和时间内完成人工智能算法所需的计算。

摩尔定律由英特尔创始人之一的戈登·摩尔（Gordon Moore）于1965年提出，至今已有50多年。如果按照每两年单位面积上的晶体管数量翻倍来计算，目前的晶体管密度大约是当年的6400万倍。在摩尔定律发展的前30年里，人工智能的研究经历了逻辑推理时代和专家系统时代。芯片的计算和存储能力从早期不能满足复杂人工智能任务的需求，到逐步超越。20世纪80年代出现了专门支持专家系统的计算机（如20世纪八九十年代的Symbolics计算机）和性价比更高的基于x86微处理器的个人计算机（20世纪90年代后成为主流）。1995年之后的20年，摩尔定律的量变推动了质变，开启了信息时代的技术飞跃。根据英特尔的处理器芯片能力和零售价格对比测算，单位价格可以购买到的计算力提升了1.5万倍，从而使通用CPU可以支持各种人工智能任务。但是，CPU的架构未必对各种人工智能算法都是最优的。对于目前主流的深度学习算法，需要有更强并行计算能力和更大存储带宽的芯片架构来提高训练速度或者达到工作时的实时性要求。因此，在深度学习领域出现了多种"CPU+专用芯片"的异构计算方案。另外，与脑启发式（Brain-Inspired）的深度神经网络不同的类脑（Brain-Like）计算研究也推出了先进的神经拟态芯片（Neuromorphic Chip）来支持超高能效比（Energy Efficiency Ratio）的自然学习方式。

可以说，通过芯片技术来大幅增强人工智能研发能力的条件已经成熟。虽然经典的等比例缩小已经放缓速度，但是未来十年将是人工智能芯片发展的重要时期，无论是架构上还是设计理念上都将有巨大的突破。

1. 人工智能芯片概述

人工智能芯片是一个很热门的话题，但有趣的是，它却从来没有出现过一个统一的定义。20世纪80年代后期，神经网络算法的兴起和模式识别成为人工智能的主要应用，但20世纪90年代初的CPU（80486）在执行图像识别等任务时的效率并不高。从那时起，使用专用芯片来解决计算资源和内存访问问题的研究就已经开始了，包括GPU、DSP（Digital Signal Processor，数字信号处理器）、FPGA、ASIC（Application-Specific Integrated Circuit，专用集成电路）等方式。人工智能芯片的设计理念可以分为两类：一类是确定性地加速某类特定的算法；另一类是使芯片自身具备灵活性，可以适应不同工作任务的需要，甚至也包括自身具备学习和适应能力。我们称前一类芯片为人工智能加速芯片，后一类为智能芯片。神经网络芯片的研究就是很好的例子，其在理念上可以分为两大阵营：一个是脑启发计算阵营；另一个是类脑计算阵营。

人工智能的研究都试图达到一个终极目标，就是让一台机器或一个系统达到或者超越人的智能能力来完成一个交互任务。这个交互任务包含感知、理解、分析、决策和行动的一系列环节，所以不仅仅是图像识别或语音识别这一个感知步骤。脑启发计算和类脑计算两大阵营都以脑科学（主要是神经科学）的进展作为共同的理论基础，借鉴脑的结构、神经传导、认知行为等方面的研究来进行工程实践。但在工程实践的理念上，这两大阵营产生了明显的差异。脑启发计算阵营主张实用，力求实现功能，而不拘泥于实现方式是不是与脑的结构和工作方式相同。因此他们致力于研发ANN（Artificial Neural Network，人工神经网络）训练、推导的加速芯片。而类脑计算阵营主张尽可能地模拟脑的结构和工作方式，从而具备生物脑的多种优良能力。因此他们致力于研发基于SNN（Spike Neural Network，脉冲神经网络）的神经拟态芯片。举两个简单的例子：造飞机到底要不要像鸟，做机器人到底要不要像人。毋庸置疑，不像鸟的飞机可能比鸟飞得快得多，不像人的机器人在执行具体工作时效率可能远超人类。此外，仿生鸟（Festo公司研发）和四足动物（波士顿动力公司研发）所展现出的能力和技术含量也让人叹为观止。因此，我们无须评判这两种理念的高下，而应更期望它们能带来快速的技术进步。

由此可见，科学地评价人工智能芯片不能只从一个维度（如计算力或者功耗）甚至某个算法的点去看，而应该全面、立体地去看。我们认为，至少有3个维度可以用来评价：

· 应用的领域（安防、无人驾驶、金融、搜索等）；

· 解决的问题（训练、推导、自适应、场景推理等）；

· 部署的条件（前端、边缘、云端、特殊工况如车载等）。

任何一款人工智能芯片都有一组指标，包括尺寸、价格、功耗、计算力、内存容量、访存速度、实时性、架构可变性、工作条件等。在每个维度上取不同的值，会产生对某些指标的不同要求。例如，当芯片的应用领域是金融防欺诈分析时，对实时性要求不高；当应用领域是搜索时，对实时性要求就很高。当确定了3个维度的取值后，就可以判断人工智能芯片的指标是否合适。下面以"应用领域＝安防"为例来说明结合不同的维度取值对人工智能芯片指标的要求（见表3-1）。

表 3-1　安防领域对人工智能芯片指标的要求

解决问题	部署条件	尺寸	功耗	计算力	实时性	工作条件
车牌识别	摄像头	很小	<10W	0.5～2TOPS	高	户外
人脸识别	摄像头	很小	<10W	0.5～2TOPS	高	户外
群体行为识别	网络录像机	小	<100W	4～8TOPS	中	户外或室内
异常检测	网络录像机	小	<100W	4～8TOPS	中	户外或室内
行为识别训练	数据中心	无明确限制	无明确限制	>10TOPS	低	数据中心
场景理解训练	数据中心	无明确限制	无明确限制	>10TOPS	低	数据中心

2. 人工智能芯片的发展历程

关于人工智能芯片的研究早在 20 世纪 80 年代就开始了。美国加州理工学院的卡弗·米德（Carver Mead）教授是现代大规模集成电路设计的开拓者，他在 20 世纪 80 年代转向研究用集成电路来模拟神经拟态系统。20 世纪 90 年代初，英特尔的 ETANN 和 Yann LeCun（杨立昆）提出的 ANNA 也是关于神经网络加速芯片的研究。经过 30 多年时间的发展，目前人工智能芯片的种类非常丰富，主要有众核处理器、DSP、FPGA、GPU、ASIC、神经拟态芯片等。2014 年之前，人工智能芯片还只是学术界的一个研究方向；2014 年之后，基于深度学习的视觉识别算法和语音识别算法能力的大幅提升，让产业界看到了应用人工智能技术的美好前景，人工智能芯片开始得到产业界和学术界的共同关注。2016 年和 2017 年，人工智能围棋程序 AlphaGo 接连击败韩国的世界冠军李世石和中国的世界冠军柯洁，让世人看到人工智能能力提升的惊人速度。除 AlphaGo 本身优秀的算法设计之外，这个成果离不开 DeepMind 为训练 AlphaGo 所使用的人工智能加速芯片的贡献。同时，在 AlphaGo 的版本演进过程（AlphaGo Lee → AlphaGo Master → AlphaGo Zero）中，我们看到了人工智能加速芯片方案的变化（从 GPU 到 TPU）所带来的加速效率的巨大提升和功耗的巨大下降。这说明对于特定的任务，选择合适的人工智能芯片能带来巨大的效益。

这一次人工智能的热潮（从 2012 年 ImageNet 上深度学习算法取得的重大突破开始）和前两次人工智能热潮的发展前期并无二致。它们都是由学术界发起、在某些特定领域取得了过人的成绩，从而激发了世人对人工智能的憧憬。而前两次人工智能热潮转入寒冬是因为其没有在更广泛的领域产生商业价值。其根本原因一方面是由于当时人工智能算法和解决方案的能力限制，另一方面是因为当时并没有性价比足够高的人工智能芯片方案。第二次人工智能寒冬距今已有 20 多年，摩尔定律的持续推动让今天的芯片能力有了翻天覆地的变化。我们有充分的信心相信人工智能芯片可以支持这次人工智能的热潮走向真正广泛的产业化应用，成为未来智能产业的基石。我们也欣喜地看到，在第三次人工智能热潮启动之时，我国的研究人员和企业抓住时机开始研发面向深度学习的人工智能芯片，并且已经取得了一定的成果。由于未来智能产业应用的多元化和人们对通用人工智能更高的能力的追求，因此在人工智能的算法和芯片架构设计的发展上还有许多亟待提高的空间。下面简介过去 30 多年全球人工智能芯片的发展过程和主流技术，为读者提供参考。

（1）人工智能加速芯片的发展历程

简单地说，人工智能加速芯片的目标就是对指定的一类算法或者任务进行加速，从而达到目标应用领域对速度、功耗、内存占用和部署成本等方面的要求。算法通常包括人工神经网络和视觉数据预处理等算法；任务通常包括图像识别、语音识别、视频检索、搜索引擎优化、无人驾驶和机器人等数据密集型任务。

人工智能加速芯片通常都要对标主流 CPU 来体现其加速的程度。作为基础知识，我们首先介绍 CPU 的发展历程，以及为什么对于人工智能应用而言它不够快。众所周知，计算机的 CPU 是为了执行通用任务（如操作系统、办公软件、邮件、画图等）而设计的，所以指令的粒度小，灵活性很高。以英特尔的 CPU 发展历史为例，在 2006 年英特尔推出 Core 系列和 Xoon 系列的多核处理器之前，CPU 都是单核的，加速主要靠提高 CPU 主频和指令并行度。从最初的 80386 到 Pentium M，单核主频已经从 16MHz 上升到 2133MHz（1985—2003 年）。为提高指令并行度，CPU 架构设计引入了多种先进技术，包括超标量、乱序执行、分支预测、指令/数据预取、推测执行和缓存优化等。由于标量执行单元对于矢量数据处理的先天不足，英特尔从 Pentium 开始引入支持 SIMD 运算的 MMX 指令（后来演进为 SSE、AVX），专门用于优化矢量运算。在软件优化的辅助下，还可以通过多线程和软件流水线技术来进一步提高指令并行度。由于人工智能算法通常需要处理大量的矩阵运算，因此提高单核性能主要靠 SIMD 优化。

通常来说，在单核处理器上通过各种软硬件技术能够达到所有计算单元（标量 +SIMD）的理论最高并行度的 70% ～ 80% 就已经非常好了。由于持续提高 CPU 主频会碰到功耗瓶颈（Power Wall），因此进一步提高 CPU 吞吐量的办法就是增加处理器的内核数量。近几年来，CPU 的计算内核数量快速增加，从 4 核、8 核已经发展到在 PC 市场上超过 10 核，在服务器市场上超过 20 核。对于经典的冯·诺依曼计算机架构来说，增加内核带来的最大挑战就是存储的架构。虽然内核数量增加了，但是片上的多级 Cache（高速缓存）的容量却不能同比例增加。多个内核之间有共享的 Cache，同时还通过总线访问同一个物理内存。因此，软件层面（包括操作系统和应用程序）的优化调度就非常关键。在多核上执行无关的任务时通常并行性最好，如果要共同执行同一个任务，就要解决相互之间的数据依赖和访问内存冲突问题。目前主流的深度学习算法训练时的数据访问量很大（数百万个神经元和上亿个参数），分布在多核上处理时，对多核之间的通信和内存访问带宽都提出了很高的要求，通常都超出了通用 CPU 的设计要求。

CPU 因为要面对成百上千种工作任务来进行设计和优化，所以不可能牺牲灵活性来专门为某一类应用做优化。即使增加相应的加速单元也需要考虑性价比和普遍性等因素，所以只能达到相对优化的加速比。而设计人工智能加速芯片时没有这一限制，可以非常专一地针对具体任务进行优化。举个例子，就像视频编解码加速芯片一样，一旦视频编解码标准确定，就可以根据标准设计出非常高效的加速芯片。人工智能加速芯片的研发主要有两种方式：一种是利用已有的 GPU、众核处理器、DSP 和 FPGA 芯片来做软硬件优化；另一种是设计专用的芯片，也就是 ASIC。下面分别介绍它们的技术特点和实例。

① GPU

GPU 作为图形加速芯片，是显卡的核心。它原来的功能是帮助 CPU 执行图形显示的任务，尤其是 3D 图形显示。从 20 世纪 90 年代中期开始，图形操作系统 Windows 日益流行，3D 游戏日益增多，而 CPU 执行 3D 图形绘制任务的效率不高，由此催生了专门做图形加速的 GPU。GPU 通过硬件加速 3D 图形绘制流水线，特别是在真实感渲染纹理、光照和物理效果方面十分高效。英特尔的现代 CPU 中都包含了 GPU（称为集成 GPU）。然而，嵌入式 GPU 受体积、功耗和成本限制，性能上可以满足大部分图形应用的需求，但对于 3D 图形绘制这类要求很高的应用，仍然需要独立显卡的支持，也就是需要单独的 GPU 芯片。英伟达和 AMD/ATI 是独立显卡领域的领先公司。

GPU 架构与 CPU 架构的不同之处在于，其没有复杂的程序控制逻辑和 I/O 中断的部分，只专注于提供大量的图形计算资源和数据流处理的任务调度。由于 GPU 擅长处理大规模可并行计算的数据流，并为浮点矢量运算配备了大量计算资源，因此在原来的 3D

图形加速之外，GPU 也成为 HPC（High Performance Computing，高性能计算）领域的主力芯片之一。2007 年，英伟达推出了 CUDA（Compute Unified Device Architecture，计算统一设备体系结构）通用计算平台，并提出了 GPGPU（General Purpose GPU，通用 GPU）的说法，希望为 GPU 的巨大算力找到更多的应用领域。深度神经网络的训练过程计算量极大，而且数据和运算恰好是可高度并行的（Embarrassingly Parallel）。因此，CUDA+GPU 在深度学习加速方面发挥了巨大的作用，成为学术界研究深度学习的主流平台，其后逐步推广到产业界。但由于 GPU 不能支持复杂程序逻辑控制，因此仍然需要高性能 CPU 配合来构成完整的计算系统（如英伟达的 DGX-1 深度学习系统中配置了英特尔至强处理器）。

2017 年，英伟达发布了最新的基于 Volta 架构的 GPU。基于 Volta 架构的 Tesla V100 芯片采用了专为深度学习优化的 SM（Streaming Multi-Processor，流式多处理器）架构，其中新增了专为深度学习矩阵算法构建的混合精度张量核心（Tensor Cores）。Tesla V100 有 80 个 SM，每个 SM 内有 8 个张量核心，每个核心每时钟周期执行 64 次浮点 FMA（Fused Multiply-Add，融合乘加）运算。整个 Tesla V100 的张量核心在深度学习训练时，可以比 Pascal 架构的 P100 提供高 12 倍的峰值 TFLOPS（Tera-Floating-Point Operations Per Second，万亿次浮点运算每秒）。此外，Volta SM 还将 L1 Cache 与共享内存整合，让程序员灵活组合以获得最佳的访存性能。在最佳性能模式下，V100 的 TDP（Thermal Design Power，热设计功耗）为 300W 左右，适用于在数据中心执行的深度学习训练和推理任务。

② 众核处理器

面向高性能计算的众核处理器是专门设计用来处理并行程度高的计算任务的，例如地质数据分析、基因测序、气象模拟等。与 GPU 不同的是，它支持的计算任务的控制逻辑和数据类型比 GPU 复杂很多，基本上和 CPU 类似。2000 年后，该领域的芯片研究一直很活跃，如 IBM CELL 和 Kalray MPPA。英特尔的至强融核处理器（Xeon Phi）是典型的众核处理器，其中 2017 年发布的 KNL 代表了众核处理器的领先水平。如图 3-1 所示，KNL 最多有 72 个 x86 核，每一个核支持 4 个线程，共 288 个线程。每个核还配备两个 512bit 宽的矢量加速器（AVX-512），可以同时处理 64 个字节进行矢量运算。内存方面集成了 16GB 多通道的高速内存，程序员可以把它配置成 Cache，也可以配置成自己管理的内存。此外，KNL 还集成了 OPA（Omni-Path），就是高速的网络互联。内存和 OPA 的架构改进打破了访问内存和多节点互联的瓶颈，即使增加到甚至上千个节点互联，仍然可以保持接近线性的性能提升。KNL 还可以作为主处理器，这样可以避免与主机通信的 PCIe 带宽瓶颈。众核处理器在架构上并非完全针对深度神经网络的特点进行优化，其特点是在提供高密度的张量运算加速的同时，保持多线程流程控制的灵活性，例如基于随机森林算法集成的深度森林算法在 KNL 上的训练效率高于在 GPU 上的效率。与 GPU 类似，众核处理器适用于在数据中心执行的人工智能训练和推理任务。

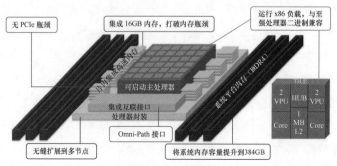

图 3-1　KNL 架构

③ DSP

DSP 是电信、广播、医疗图像、消费电子以及工业和电动机控制等嵌入式系统的核心器件。DSP 对数字信号流执行快速的数值运算（基本运算、复杂滤波以及信号分析功能，如快速傅里叶变换和离散余弦变换），其运算能力是普通 CPU 无法比拟的。CPU、GPU、众核处理器都属于冯·诺依曼架构，程序指令执行时间会受访存时延影响，不保证实时性。而 DSP 可以保证实时性，这得益于几个架构设计的特点：其一是采用哈佛架构，有分离的指令和数据总线；其二是片上存储采用简单快速的便笺存储器（Scratchpad Memory）；其三是有快速乘加器、硬件辅助循环、单周期指令、硬件地址发生器、VLIW（Very-Long Instruction Word，超长指令字）等。DSP 给予程序员完全的控制权，在规定时间内完成任务。

DSP 种类繁多，能用于人工智能加速的通常是用于图像和视频处理的 DSP，例如高通 Hexagon 685、CEVA NeuPro 等。这些 DSP 中都加入了专为深度神经网络定制的加速部件，例如 CEVA NeuPro 中的矩阵乘和累加器、全连接的激活层（Activation）和池化层（Pooling）。由于体积小、功耗低和实时性等特点，因此它们非常适合被用在前端设备中，例如手机和摄像头。

④ ASIC

比 DSP 更专用的芯片架构是 ASIC。ASIC 的特点是面向特定用户的需求，批量生产时，与 CPU 和 DSP 相比，其具有体积更小、功耗更低、可靠性更高、性能更高、保密性增强、成本降低等优点。ASIC 分为全定制和半定制。全定制设计需要设计者完成所有电路的设计，因此需要大量人力、物力，灵活性高，但开发效率低。如果设计较为理想，则全定制的 ASIC 芯片能够比半定制的 ASIC 芯片运行速度更快。半定制使用库中的标准逻辑单元（Standard Logic Cell），这些逻辑单元已经布局完毕，而且在不同的工艺下验证过，较为可靠，设计者可以较方便地完成系统设计。现代 ASIC 通常包含整个 32bit 处理器，类似 ROM、RAM、EPROM、Flash 的存储单元、其他功能模块和 I/O 接口。这样的 ASIC 常被称为 SoC（System on a Chip，片上系统）。

20 世纪 90 年代初，英特尔的 ETANN 和 LeCun 关于字符识别的神经网络加速芯片都是 ASIC 芯片。无人驾驶领域著名的 Mobileye 公司推出的 EyeQ3、EyeQ4 都是为辅助驾驶的视觉识别算法加速的 ASIC 芯片。近年来，加速深度学习算法的 ASIC 芯片逐渐增多，较为突出的是谷歌 TPU（Tensor Processing Unit，张量处理器）。TPU 专门设计用于加速在数据中心为搜索业务进行的神经网络推理过程（包括 MLP、CNN、LSTM）。它采用低精度（8bit 或 16bit）矩阵运算加速器（256×256 MACs）和 24MB 片上联合缓存，不仅提高了性能，降低了功耗，并且保证了实时性（99% 的请求可以在规定时间内得到响应）。在谷歌数据中心的实际应用组合测试中，TPU 比同时期的 GPU 或 CPU 平均提速 15～30 倍，能效比提升 30～80 倍。英特尔收购 Nervana 公司后推出的 NNP（Neural Network Processor，神经网络处理器）与脸书合作进行测试。国内的寒武纪、比特大陆、地平线等公司也都推出了深度神经网络加速的 ASIC 芯片。与视频编解码芯片不同的是，基于 DNN 的算法没有标准，而且算法还在不断演进中，所以 ASIC 设计需要保持一定的可编程性，通常都需要软硬件协同设计。英特尔收购 Movidius 公司后推出的 Myriad X VPU（Vision Processing Unit，视觉处理单元）就是一个很好的例子。Myriad X 的架构中除了有传统的视觉处理 ASIC 中常见的图像和视频处理固定功能硬件加速器之外，还加入了神经网络运算的专用加速器神经计算引擎（Neural Compute Engine）。它的可编程性体现在有 16 个可编程的 SHAVE 核心，内有 128bit 的 VLIW 矢量处理器，可以通过软件优化来加速不同的算法。Myriad X VPU 可以在很低的功耗下提供 4TOPS 的计算能力，非常适合用在智能终端上，其架构如图 3-2 所示。

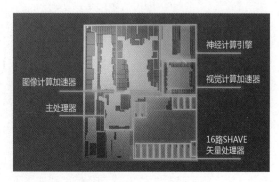

图 3-2　Myriad X VPU 架构

⑤ FPGA

FPGA 是在 PAL（Programmable Array Logic，可编程阵列逻辑）、GAL（Gate Array Logic，门阵列逻辑）、CPLD（Complex Programming Logic Device，复杂可编程逻辑器件）等可编程器件的基础上进一步发展的产物。它是作为 ASIC 领域中的一种半定制电路而出现的，既克服了全定制电路在灵活性方面的不足，又克服了原有可编程器件门电路数量有限的缺点。它采用了 LCA（Logic Cell Array，逻辑单元阵列）这样一个概念，内部包括可配置逻辑模块、输入/输出模块和内部连线 3 个部分。FPGA 是可编程器件，它的逻辑是通过向内部静态存储单元加载编程数据来实现的，存储在存储器单元中的值决定了逻辑单元的逻辑功能以及各模块之间或模块与 I/O 间的连接方式，并最终决定了 FPGA 所能实现的功能。FPGA 允许多次编程，一般通过原理图、硬件描述语言（Verilog 或 VHDL）对数字系统建模，运用 EDA（Electronic Design Automation，电子设计自动化）软件仿真、综合，生成基于一些标准库的网络表，配置到芯片即可使用。它与 ASIC 的区别是用户不需要介入芯片的布局布线和工艺问题，而且可以随时改变其逻辑功能，使用灵活。另外值得一提的是，FPGA 可以自定义 I/O 接口，提供非常高的带宽并且保证低时延，对于打破人工智能应用中的访存瓶颈非常有用。

目前提供 FPGA 芯片的公司主要有 Xilinx 和 Altera，它们可提供从小型嵌入式设备到数据中心使用的多种 FPGA 芯片。例如，英特尔收购的 Altera 公司，其对前端/边缘设备可以提供基于 Arria 系列

FPGA 芯片的 DLA（Deep Learning Accelerator，深度学习加速器），使能效提高数倍，利用非常低的功耗就能实时执行复杂的人工智能算法。此外，对数据中心可以提供 Stratix 系列 FPGA 芯片，例如微软的 Project Catapult 和 Project Brainwave 都采用了大规模 FPGA 来对用户应用直接加速，保证确定的低时延响应。Project Brainwave 展示了对于规模化部署的基于 LSTM 的自然语言处理模型，可以达到亚毫秒级别的时延，与在 CPU 上优化的几十毫秒时延相比获得了数量级的加速。国内的深鉴科技公司也基于 FPGA 设计深度学习的加速器架构，可以灵活扩展用于服务器端和嵌入式端。

（2）智能芯片的发展历程

智能芯片的首要目标是让芯片像人一样能使用不同的人工智能算法进行学习和推导，处理感知、理解、分析、决策和行动等一系列任务，并且具有适应场景变化的能力。在满足这个能力的前提下，进一步提高芯片的能效比，使其接近人脑的工作功率。一个直接的科学问题就是：为什么不到 2 千克的人脑可以完成目前最强的超级计算机也完成不了的任务呢？当然不是因为纯粹的计算力和记忆力。而且，人类可以同时拥有几十、上百种技能，但是人工智能却非常专用。面向综合、自适应能力的智能芯片研究目前有两类设计方法：一类是基于类脑计算的神经拟态芯片；另一类是基于可重构计算的软件定义芯片。

① 神经拟态芯片

美国加州理工学院卡弗·米德教授在 1980 年转向研究用集成电路来模拟神经系统，由此产生了神经拟态（Neuromorphic）这个术语。今天，神经拟态主要是指用模拟、数字或者模/数混合 VLSI（Very Large Scale Integrated Circuit，超大规模集成电路）（也包括神经元或者神经突触模型的新型材料或者电子元器件研究）和软件系统来实现神经网络模型，并在此之上构建智能系统的研究。神经拟态工程已发展成一个囊括神经生物学、物理学、数学、计算机科学和电子工

程的交叉学科。神经拟态研究陆续在全世界范围内开展，并且受到了各国政府的重视和支持，如美国的脑计划、欧洲的人脑项目（Human Brain Project）等。

TrueNorth 是 IBM 在 2014 年发布的神经拟态芯片。在这个只有邮票大小（4.3cm²）的芯片上，4096 个并行分布的神经内核集成了 100 万个"神经元"，每个神经元有 256 个"突触"，用了 54 亿个晶体管，然而功耗却只有 70mW。加载了神经网络模型的 TrueNorth 芯片能够以超低功耗完成实时感知和推理的任务。目前，TrueNorth 在单芯片上支持的神经元个数最多。但是，它不具备自学习能力，加载到 TrueNorth 上的模型（必须在其他平台上训练出来）在推理过程中不会改变，即没有适应能力。

在 2018 年国际消费电子展（CES 2018）上，英特尔展示了一款名为 Loihi 的神经拟态计算芯片（Neuromorphic Computing Chip）。神经拟态计算从人脑的信息处理机制中获得灵感来构建人工智能系统。Loihi 是先进的神经拟态计算处理器，它采用英特尔领先的 14nm 工艺制程，集成度高，在 60mm² 的芯片上有 13 万个神经元和 1.3 亿个神经突触。Loihi 支持多种脉冲神经网络架构。最重要的是，它具有可编程学习能力，能够在线自主训练，并且支持多种学习算法，包括监督学习、非监督学习、增强学习等。Loihi 的能效比通用处理器高 1000 倍。围绕 Loihi 神经拟态计算芯片，英特尔成立了神经拟态研究社区，旨在推动神经拟态计算理论、算法和应用生态的建设与发展。

② 软件定义芯片

软件定义芯片，顾名思义就是让芯片根据软件进行适应与调整，这是一项在芯片架构设计上的创新，它源自传统的冯·诺依曼架构，但又与之不同，其与 FPGA 需要在很细粒度上重新配置电路的组合逻辑和时序逻辑也很不同，它设计了函数化的硬件架构。其设计理念是根据一个任务有多个等效处理软件的假设，设计一套方法和工具使计算结构适应应用，从而让软硬件动态选择性改变。简单来说，就是将软件通过不同的管道输送到硬件中来执行功能，使得芯片能够实时地根据软件/产品的需求改变架构和功能，实现更加灵活的芯片设计。沿用这种架构设计出来的专用芯片，可以让芯片的计算能力按照软件的需求来调整适应，而不是沿用传统芯片设计的刚性架构，让应用适应架构。对于现在尚未定型/统一的各类人工智能算法而言，可重构计算成了人工智能芯片设计的一个重要研究方向。

清华大学设计的 Thinker I 是一块实验性质的验证芯片（见图 3-3），其证明了软件定义芯片这一架构在人工智能芯片设计中的可行性——效果很好。Thinker 系列芯片可以动态地调整计算和内存需求，以满足正在运行的软件的需求。这一点非常重要，因为许多实际生活中的人工智能应用程序（识别图像中的对象或理解人类语言）需要不同类型的具有不同层数的神经网络的组合。2017 年，Thinker 系列芯片设计团队在计算机硬件设计领域的国际顶级期刊 IEEE Journal of Solid-State Circuits 上发表了一篇关于 Thinker 系列芯片的设计理念的论文。随后又推出了两款 Thinker 系列芯片，分别为 Thinker II 人脸识别芯片（能够做到 6ms 人脸识别，准确率超过 98%）和 Thinker S 语音识别芯片，功耗只有 200 多微瓦，只需要一节 7 号电池就可运行一整年，而且可以进行声纹识别。MIT Technology Review 也罕见地对此进行了报道。

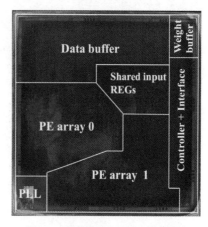

图 3-3　清华大学 Thinker 系列芯片

3. 人工智能芯片市场现状分析

目前全球各大芯片公司都在积极进行人工智能芯片的布局。英特尔的布局非常全面，既提供了多种芯片类型的产品，又覆盖了从终端到数据中心的使用场景。终端可以使用 Movidius 公司和 Mobileye 公司的 ASIC 芯片。边缘计算可以使用 ASIC 芯片和 FPGA 芯片。数据中心可以灵活选择至强可扩展处理器、众核处理器和 NNP 等芯片方案。英特尔还通过神经拟态芯片 Loihi 积极探索新的计算模式。其他公司也在各自的优势领域推进人工智能芯片的研究，例如英伟达在终端和数据中心分别提供不同性能和能效比的 GPU 芯片，Xilinx 公司除了在传统的 FPGA 上提供人工智能加速模块支持之外，还于 2018 年 3 月宣布推出新一代人工智能芯片架构 ACAP（Adaptive Compute Acceleration Platform，自适应计算加速平台）。这是一款高度集成的多核异构计算平台，能根据各种应用工作负载的需求对硬件层进行灵活变化。

目前的人工智能芯片在某些具体任务上可以大幅超越人的能力，但究其通用性与适应性，与人类智能相比都还相差甚远，大多处于对特定算法的加速阶段。人工智能芯片"皇冠上的明珠"是通用人工智能芯片，并且最好是淡化人工干预（如限定领域、设计模型、挑选训练样本、人工标注等）的通用人工智能芯片。我们认为，构成未来人工智能芯片的关键要素主要包含以下几部分。

- 可编程性：适应算法的演进和应用的多样性。
- 架构的动态可变性：适应不同的算法，实现高效计算。
- 高效的架构变换能力或自学习能力。
- 高计算效率：避免使用指令这类低效率的架构。
- 高能效：约 5TOPS/W。某些应用，功耗小于 1mW。某些应用，识别速度大于 25 帧 / 秒。
- 低成本：能够进入家电和消费类电子领域。
- 体积小：能够装载在移动设备上。
- 应用开发简便：不需要芯片设计方面的知识。

4. 人工智能芯片的发展趋势

实际上，目前还没有出现像 CPU 一样的人工智能通用算法芯片，人工智能的"杀手级"应用还没出现，未来还有很长一段路要走。在应用方面，"无行业不 AI"，如人脸识别、语音识别、机器翻译、视频监控、交通规划、无人驾驶、智能陪伴、舆情监控、智慧农业等，似乎人工智能涵盖了人们生产生活的方方面面。然而，哪些应用真的需要人工智能？我们希望人工智能帮助解决什么样的问题？什么是人工智能的"杀手级"应用？什么样的人工智能应用是我们每天都需要的？这些问题到今天仍没有解决。

人工智能应用距离落地还有很长的路要走，而对于芯片从业者来说，当务之急是研究芯片架构问题。从感知、传输到处理，再到传输、执行，这是人工智能芯片的一个基本逻辑。但是，智慧处理的基本架构是什么？到目前还没有人能够说得清楚，研究者只能利用软件系统、处理器等去模仿。软件是实现智能的核心，芯片是支撑智能的基础。短期内应以异构计算（多种组合方式）为主来加速各类应用算法的落地（看重能效比、性价比、可靠性）；中期应发展自重构、自学习、自适应的芯片来支持算法的演进和类人的自然智能；长期则应朝着通用人工智能芯片的方向发展。

（1）通用人工智能计算

人工智能的通用性实际上有两个层级：第一个层级是可以处理任意问题；第二个层级是可以同时处理任意问题。第一层的目标是让一种人工智能的算法可以通过不同的设计、数据和训练方法来处理不同的问题。例如现在流行的深度增强学习方法，大家用它训练下棋、打扑克、视觉识别、语音识别、行为识别、运动导航等。但是，不同的问题使用不同的数据集来独立训练，模型一旦训练完成，只适用于处理这种问题，而处理不了其他问题。所以，可以说这种人工智能的算法和训练方法是通用的，而它训练出来用于处理某个问题的模型(是对具体解决这个问题的算法的表示,可以理解为程序中的一个模块)是不通用的。第二层的目标是让训练出来的模型可以同时处理多种问题,就像人一样可以既会下棋,又会翻译,还会驾驶汽车和做饭。这个目标更加困难,首先是还没有发现哪一种算法可以如此全能,其次是如何保证新加入的能力不仅不会影响原有能力的稳定性,反而可以弥补原有能力的不足,从而更好地处理问题。例如,我们知道多模态数据融合可以比只使用单模态数据有更好的准确性和鲁棒性。

(2)通用人工智能芯片

"通用人工智能芯片"就是能够支持和加速通用人工智能计算的芯片。关于通用人工智能(有时也被称为强人工智能)的研究,就是希望通过一个通用的数学模型,能够最大限度地概括智能的本质。那么,什么是智能的本质?目前比较主流的看法是,系统能够具有通用效用最大化能力,即系统拥有通用归纳能力,能够逼近任意可逼近的模式,并能利用所识别到的模式取得一个效用函数的最大化效益。这是很学术化的语言,如果通俗地说,就是让系统通过学习和训练,能够准确高效地处理任意智能主体(例如人)能够处理的任务。通用人工智能的难点主要有两个,一是通用性(算法和架构),二是实现复杂度。

通用人工智能芯片的复杂度来自任务的多样性和对自学习、自适应能力的支持。所以,我们认为通用人工智能芯片的发展方向不会是一蹴而就地采用某一种芯片来解决问题,因为理论模型和算法尚未完善。较为有效的方式是先用一个由多种芯片设计思路组合的灵活的异构系统即人工智能芯片的异构系统(Heterogeneous System of AI Chips)来支持,各取所长,取长补短。当架构成熟时,就可以考虑设计 SoC 来在一个芯片上支持通用人工智能。

5.面临的挑战

人工智能芯片是当前科技、产业和社会关注的热点,也是人工智能技术发展过程中不可省略的关键阶段。无论哪种人工智能算法,最终的应用必然通过芯片来实现,无论是 CPU 还是文中提及的各种人工智能芯片。由于目前的人工智能算法都有各自的长处和短处,因此只有为它们设定一个合适的应用边界,才能更好地发挥它们的作用。因此,确定应用领域就成为发展人工智能芯片的重要前提。遗憾的是,人工智能的"杀手级"应用目前尚未出现,已经存在的一些应用对于人们的日常生活来说也还不是刚需,不存在适应各种应用的"通用"算法。其实,也不需要全部通用,只要能像人一样可以同时拥有多种能力,并且可以持续学习改进,就已经很好了。因此,人工智能芯片的外部发展还有待优化。

架构创新是人工智能芯片面临的一个不可回避的挑战。我们要回答一个重要问题:是否会出现像通用 CPU 那样独立存在的人工智能处理器?如果存在,它的架构是怎样的?如果不存在,那么目前以满足特定应用为主要目标的人工智能芯片就一定只能以 IP 核的方式存在,最终被各种各样的 SoC 集成。这是一种能快速满足具体应用要求的方式。

从芯片发展的大趋势来看,现在还是人工智能芯片的初级阶段,无论是科研还是产业应用,都有巨大的创新空间。从确定算法、领域的人工智能加速芯片向具备更高灵活性、适应性的智能芯片发展是科研发展的必然方向。神经拟态芯片技术和可重构计算芯片技术允许硬件架构和功能随软件变化而变化,实现以高能效比支持多种智能任务,在实现人工智能功能时具有独到的优势,具备广阔的前景。

需要注意的是,性能测试中使用的软件和工作负荷可能仅在英特尔微处理器上进行了性能优化。诸如 SYSmark 和 MobileMark 等测试均基于特定的计算机系统、硬件、软件、操作系统及功能。上述任何要素的变动都有可能导致测试结果的变化。可以参考其他信息及性能测试(包括结合其他产品使用时的运行性能)以对目标产品进行全面评估。

3.1.2　人工智能芯片：加速智能时代发展的发动机

★ 关键词：人工智能芯片　分类　产业　应用
★ 作　者：王哲　冯晓辉

随着人工智能的应用领域不断扩张，人工智能芯片已成为战略高地，从传统芯片厂商、互联网巨头到初创公司纷纷布局。据 Tractica 相关数据，到 2025 年全球人工智能芯片市场规模将达到 726 亿美元，年复合增长率达到 46.14%。芯片作为人工智能的核心部件，在技术驱动和需求牵引下，市场规模增速有望逐年提升。

1. 人工智能芯片的基本概况

（1）人工智能芯片的概念

芯片作为一种内含集成电路的硅片，是为计算机及其他电子设备提供计算能力支持的关键半导体元器件。"人工智能芯片"概念的出现和兴起，与近年来人工智能深度学习算法的发展密切相关。广义而言，在人工智能系统中，能够实现利用数字计算机或者数字计算机控制的机器模拟、延伸和扩展的算法芯片均可被称为人工智能芯片；狭义而言，人工智能芯片主要是指针对人工智能算法进行电路或者器件定制的芯片。

随着人工智能技术的发展，学术界和产业界对人工智能芯片的界定均处于不断丰富和完善的过程中。近年来，深度学习算法在计算机视觉和图像识别、语音识别、搜索引擎、广告推荐计算等领域的成功应用在很大程度上改变了传统的计算机算法框架，成为实现人工智能技术的核心算法。深度学习算法简洁、可并行性高，但数据量和计算网络规模庞大、运算量激增，传统的软件加速方法已经难以满足深度学习算法对计算性能、功耗和实时性的需求，实现硬件加速及优化对人工智能技术的发展和应用具有重要意义。因此，当前产业领域所说的人工智能芯片通常指神经网络处理器，其目标是在提高深度学习网络计算效率的同时，降低芯片功耗。

（2）人工智能芯片的分类

① 通用性角度划分

从通用性角度考虑，可将人工智能芯片分为通用型人工智能芯片和专用型人工智能芯片。通用型人工智能芯片指的是利用通用算法和架构，实现人工智能算法的芯片。专用型人工智能芯片是对指定的一类算法或者任务进行加速，从而达到目标应用领域对速度、功耗、内存占用和部署成本等方面的要求。

专用型人工智能芯片能够大幅度提升人工智能算法的运行效率，而通用型人工智能芯片在应用场景上更具灵活性。目前大多数人工智能学习任务使用不同的数据集进行独立训练，模型一旦训练完成，难以在其他类型的场景中实现推广，因此通用型人工智能芯片落地仍有难度。不过，实现运算效率与任务灵活性的有机统一是未来人工智能算法的发展趋势，人工智能芯片在通用性和专业性上的结合，有助于实现算法、计算、性能、功耗异构设计的平衡。

② 技术角度划分

由于以 CPU 为主的传统通用计算芯片无法满足现有深度学习数据量大、并行性强、计算密集等需求，因此专用于深度学习算法加速的人工智能芯片在产业应用中逐步兴起。目前，CPU 主要用于数据预处理阶段，深度学习的模型训练和判断推理中主要运用的是 4 种人工智能芯片，包括 GPU、FPGA、ASIC 和类脑芯片等。

GPU 又称显示核心、视觉处理器、显示芯片，早期是专为执行图像渲染任务而设计的，是一种在个人电脑、工作站、游戏机和一些移动设备上处理图像运算工作的微处理器。GPU在执行深度学习算法的过程中实现了对CPU的全面超越，这主要是因为CPU是为执行通用计算任务而设计的，既无法牺牲灵活性专门为某一类算法做优化，也无法满足深度学习算法的并行计算要求。而GPU擅长并行计算和浮点运算，具有较强的矩阵运算能力，在处理图形数据和复杂算法方面拥有比CPU更高的效率，目前已在深度学习的训练环节中被广泛使用。

现场可编程门阵列（FPGA）是一种集成了大量基本门电路及存储器的芯片，通过烧入FPGA配置文件定义门电路及存储器间的连线，实现特定的功能，用户可根据自身需要重复编程。FPGA实现了对高性能和通用性的折中，适合处理小计算量、大批次的计算任务，对于大量的矩阵运算具有低时延的特点，适合在推断环节支撑海量的用户实时计算请求。相较于GPU，FPGA具有性能高、能耗低的特点；相较于ASIC，虽然FPGA实现同样功能的系统功耗较高、材料面积较大，但具有更强的灵活性。因此，FPGA可灵活支持各类深度学习的计算任务，目前已被大量应用于深度神经网络模型的加速器。

专用集成电路（ASIC）是面向特定需求设计和制造的芯片，具有性能高、体积小、功耗低等特点，但通用性较差，一旦流片后便无更改余地，比较适合性能要求高、市场明确的电子设备使用，谷歌的TPU系列和寒武纪的DianNao系列是两个有代表性的基于ASIC的人工智能芯片。ASIC具有前期研发投入巨大、不可配置、高度定制的特点，必须保证规模的出货量，以摊薄单颗芯片成本，若市场的深度学习算法方向发生变化，ASIC前期投入将无法回收，因此ASIC具有较大的市场风险。但ASIC作为专用型人工智能芯片的性能大大高于FPGA，在无人驾驶、视频监控、智能手机等人工智能技术应用方向明确的细分领域中，ASIC有望成为主流。

类脑芯片是一种模仿人脑神经处理信息架构的芯片。类脑芯片主要基于脉冲神经网络，通过脉冲在不同的神经元之间传递权重，将内存、CPU和感知器集成在一起，突破了传统的冯·诺依曼体系，实现了高效的数据运算。类脑芯片功耗较低，计算精度比现有神经网络模型低，目前尚处于理论研究阶段，离产业应用还有一定距离。

③ 应用角度划分

深度学习算法的实现分为数据预处理、模型训练（Training）和判断推理（Inference）3个环节，其中后两个环节对人工智能芯片的运算能力要求较高。因此，从应用角度看，人工智能芯片可被划分为训练层适用型和判断推理层适用型。

模型训练环节是指通过大量数据输入，采取增强学习等非监督学习方法，训练出复杂的深度神经网络模型。训练过程涉及对海量训练数据和深度神经网络结构的计算，计算规模庞大，一般需要GPU集群花费数天到数周不等的时间来训练算法模型。目前，GPU在深度学习的训练环节中暂处主流地位。

判断推理环节是指利用训练好的算法模型，使用新的数据"推断"出各种结论。其中，在数据中心完成的推断被称为云端推断，在各类型终端设备上完成的推断被称为设备端推断。例如，视频监控设备通过后台的深度神经网络模型，判断一张抓拍到的人脸是否属于黑名单。判断推理环节的计算量相比模型训练环节少，但仍然涉及大量矩阵运算。在判断推理环节，除了少量使用CPU或GPU进行运算外，FPGA以及ASIC均能发挥重大作用。

从系统架构看，作为本轮人工智能技术主流路线的深度学习算法借鉴了云计算的模型体系，分为云端和终端两大部分：云端集中处理对计算能力和数据吞吐能力要求较高的模型训练和判断推理任务；终端则配合云端进行数据预处理、推断结果显示和执行等相对轻量化的简单任务。但随着终端计算能力的突破，以及用户对判断推理实时性、数据隐私性要求的提升，判断推理功能开始由云端向终端迁移。

2. 人工智能芯片的产业格局

（1）企业主体类型

目前，全球人工智能芯片产业中活跃着三大类型的企业：一是传统芯片厂商；二是互联网巨头；三是创新创业公司。

① 传统芯片厂商

传统芯片厂商具有较大的市场存量和丰富的技术经验，转型发力人工智能芯片具有一定的竞争优势，代表芯片厂商包括英特尔、英伟达、ARM、华为海思、海康威视、中星微电子等。其中，英特尔作为PC时代芯片市场的垄断者，在人工智能时代通过收购增强自身实力。英伟达在GPU领域深耕多年，占据着云端训练和推理的制高点，同时通过开发车载计算平台主攻无人驾驶领域，为开源深度学习ASIC芯片架构开拓了广阔的终端市场。ARM发布的最新CPU和GPU芯片进一步优化了并行计算，提高了数据吞吐量，提升了深度学习的推断效率。华为海思基于华为在集成电路设计方面的基础，与寒武纪联合推出了应用于华为手机的麒麟970人工智能芯片。海康威视和中星微电子作为传统的安防企业，致力于将人工智能芯片应用于智能安防领域。

② 互联网巨头

互联网巨头以平台生态搭建者的身份，在人工智能芯片生态中扮演着重要角色。谷歌为提升深度学习训练能力而研发的TPU已在其开源人工智能平台TensorFlow上运行，在深度学习训练环节对GPU形成了冲击。百度着力提升百度大脑的计算能力，发布了数款基于百度大脑深度学习的FPGA云计算加速芯片，并将其运用到Apollo无人车平台和DuerOS开放平台中。阿里巴巴通过大规模投资入股人工智能芯片初创公司布局人工智能芯片产业，自2015年以来，相继投资了中天微科技、Barefoot Networks、寒武纪、深鉴科技、耐能等人工智能芯片公司。

③ 创新创业公司

人工智能芯片具有与深度学习算法和特定场景深度结合的特点，ASIC芯片相对定制化，专利技术壁垒略低于CPU等通用型芯片，为创新创业的后起之秀提供了相对广阔的空间。创新创业公司主要立足于细分领域，采取差异化竞争策略，在实现人工智能芯片在特定场景下的单点突破方面颇有建树，其中大部分创新创业公司具有大企业或科研院所背景，具有较强的技术实力、人才优势和资本条件。国外的主要代表公司有硅谷的Movidius（已被英特尔收购）、Cerebras、Graphcore、Wave Computing，我国的寒武纪、深鉴科技、地平线机器人、深思创视等。

（2）产业生态格局

人工智能芯片全球产业生态如图3-4所示。

深度学习训练环节对并行计算和矩阵运算的要求较高。GPU擅长并行计算和浮点运算，具有较强的矩阵运算能力，在处理图形数据和复杂算法方面拥有比CPU更高的效率，已在该训练环节中被广泛使用，目前在深度学习GPU加速市场，英伟达表现突出。不过，谷歌于2017年发布TPU 2.0后，对GPU在训练环节的市场地位产生了一定的冲击。TPU是一款针对深度学习加速的ASIC芯片，能高效支持训练环节的深度网络加速，已被谷歌应用于开源深度学习框架TensorFlow中，预计将结合谷歌云服务，通过TensorFlow Cloud，为人工智能开发者提供服务。

深度学习在云端推断（Inference on Cloud）环节主要面向数据中心市场。由于经过GPU集群训练得到的深度神经网络模型往往非常复杂，其推断算法大多具有计算密集型和存储密集型的特点，较难被部署到资源有限的终端用户设备上，因此需要将云端推断能力部署在人工智能应用架构上。在云端推断环节，GPU不再是最优的选择，大型云计算企业纷纷布局"云计算+FPGA芯片"。FPGA作为一种可编程芯片，具有高灵活性和低时延，能够在确保数据中心对FPGA的巨大投资不因市场变化而陷入风险的同时，提供最佳用户体验，适合部署于提供海量虚拟化服务的云计算平台中。英特尔意图通过深

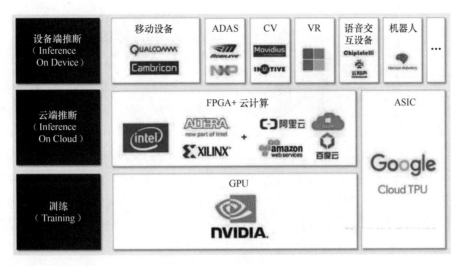

图 3-4 人工智能芯片全球产业生态
（资料来源：赛迪智库整理，2018 年 3 月）

耕"CPU+FPGA"解决方案实现转型；谷歌希望利用 TPU 生态占据云端推断市场；亚马逊 AWS、微软 Azure、阿里云等则在探索以"云服务器+FPGA 芯片"模式替代传统 CPU，以支撑推断环节在云端的技术密集型任务。其中，亚马逊 AWS 已推出基于 FPGA 的云服务器 EC2 F1；微软早在 2015 年就通过 Catapult 项目在数据中心实验"CPU+FPGA"方案；百度则选择与 FPGA 巨头 Xilinx 合作，在百度云服务器中部署 Kintex FPGA 用于深度学习推断；阿里云、腾讯云均有类似围绕 FPGA 的布局；此外，定位于深度学习 FPGA 方案的深鉴科技公司，已经获得了 Xilinx 公司的战略性投资。由此可见，目前云端推断芯片领域竞争最为激烈。

深度学习设备端推断（Inference on Device）环节要求终端设备本身需要具备足够的离线推断计算能力，对具有高算力的低功耗异构芯片需求较大。当前，人工智能芯片已经被应用于智能手机、高级辅助驾驶系统、计算机视觉设备、虚拟现实设备、语音交互、机器人等终端设备中。智能手机中嵌入深度神经网络加速芯片，正在成为业界的一个新趋势，吸引许多传统系统级芯片厂商入场角逐 ADAS（Advanced Driver Assistance System，高级辅助驾驶系统），需

要处理海量由激光雷达、毫米波雷达、摄像头等传感器采集的海量实时数据。计算机视觉终端包括智能摄像头、无人机、行车记录仪、人脸识别迎宾机器人、智能手写板等终端设备，具有大量本地计算需求，拥有广阔的市场前景。不过，总体而言，全球市场上各类型的人工智能应用终端仍远未成熟，各人工智能技术服务商在深耕各自领域的同时，形成了丰富的人工智能芯片产品方案。

（3）人工智能芯片产业规模

当前，随着人工智能芯片、大数据、云服务等软硬件基础设施的逐步完善和成熟，人工智能正向各行各业加速渗透，市场规模将加速扩大，为人工智能芯片产业发展带来巨大契机。如图 3-5 所示，2016 年，专用于人工智能的芯片市场规模约为 6 亿美元。其中，我国人工智能芯片市场规模约为 15 亿元人民币。

2019 年，全球人工智能芯片市场中，CPU、GPU、FPGA、ASIC 占比分别为 39.2%、41.0%、10.3% 和 9.6%，其中 GPU 占据了龙头地位。预计到 2025 年，CPU、GPU、FPGA、ASIC 份额占比将分别为 10.5%、56.8%、22.2%、10.7%。

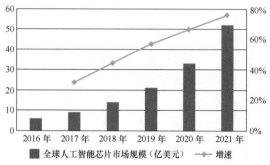

图 3-5　2016—2021 年全球人工智能芯片市场规模
（资料来源：Technavio，赛迪智库整理，2018 年 3 月）

在 GPU 领域，全球范围内产业集中度很高，基本集中于传统芯片厂商之手。2019 年，英伟达、AMD 分别占据了独立 GPU 市场 73% 和 27% 的份额。FPGA 具有高性能、低能耗以及可硬件编程等特点，广泛用于通信、工业自动化等领域，市场规模将保持持续增长。2019 年，全球 FPGA 市场规模为 69.06 亿美元。到 2025 年，FPGA 整体市场规模有望达到 125 亿美元，年复合增长率达 10.42%。FPGA 技术难度和专利门槛极高，市场份额十分集中。目前，FPGA 市场基本上被 Xilinx、Altera（已被英特尔收购）、Lattice 和 Microchip 四家公司占据，2018 年其市场份额占比分别为 56%、31%、3%、2.6%。其中，Xilinx 和 Altera 两大公司对 FPGA 的技术和市场占据绝对垄断地位，占据了近 90% 的市场份额。在 ASIC 领域，当前的市场规模较小，基于 ASIC 开发人工智能芯片的周期较长，目前仍处于起步阶段，主要有谷歌、寒武纪等公司。

（4）人工智能芯片的主要企业

传统芯片厂商、互联网巨头和初创公司纷纷布局人工智能芯片市场。传统芯片厂商（如英特尔、英伟达）基于现有芯片架构向人工智能芯片延伸，其优势在于对硬件的理解优于竞争对手，但也会困顿于架构的图圄。互联网巨头（如谷歌）以生态建立者身份涉足芯片设计，其优势在于根据生态灵活开发定制各类 ASIC。初创公司（如我国的寒武纪等）紧抓人工智能芯片全新架构的潜在机遇，其优势在于精准把握了人工智能芯片细分领域的市场需求。

① 英特尔

英特尔是 PC 时代芯片领域的霸主，在错失移动互联网时代之后，英特尔在人工智能时代积极顺应变革。据统计，英特尔投资（Intel Capital）在过去几年内是全球人工智能领域最激进的投资机构之一，将 FPGA 芯片巨头企业 Altera、深度学习创业公司 Nervana、无人驾驶行业领导者 Mobileye、机器视觉芯片厂商 Movidius 等悉数收入麾下。2017 年 3 月，英特尔将旗下与人工智能相关的业务全部整合，成立了人工智能产品事业部，以期构建更连贯、统一的人工智能研发生态环境。未来，英特尔将基于自身 Xeon、Xeon Phi 处理器硬件平台的优势，整合收购而来的各类人工智能技术资源，打造涵盖芯片硬件、库和语言、框架、工具和应用在内的端到端全栈解决方案。

2015 年，英特尔收购了 FPGA 芯片企业 Altera，通过整合 Xeon 处理器和全定制化的 FPGA 加速器，提升在工作负载波动时的算法性能。2016 年，通过收购深度学习创业公司 Nervana，英特尔将其 ASIC 芯片——Nervana Engine 纳入旗下并更名为 Lake Crest，之后开发了 Knights Crest，将 Xeon 处理器和 Nervana 公司的工艺技术整合，以实现在深度学习训练环节的优化。2017 年，英特尔收购无人驾驶行业领导者 Mobileye，基于其最新的核心产品——EyeQ5 芯片，打造开源、定制化的无人驾驶解决方案。2019 年，英特尔宣布与脸书合作开发人工智能芯片，以提高人脸识别能力；同时，英特尔无人驾驶汽车电脑部门负责人表示，旗下 Mobileye 公司已规划日本所有道路，使用的摄像头已嵌入日产汽车公司的汽车中。

② 英伟达

英伟达是一家以设计 GPU（见图 3-6）为主业的半导体公司，在该领域深耕多年，拥有数以千计的专利发明和突破性技术。英伟达于 1999 年发明了 GPU，推动了 PC 游戏市场的发展，重新定义了现代计算机图形技术,并彻底改变了并行计算。当前,英伟达在 GPU 芯片市场拥有垄断地位,占据了 70% 以上的全球市场份额。随着人工智能技术的飞速进步,GPU 的并行计算优势在人工智能深度神经网络训练中的巨大潜力逐步显现,英伟达因而开始在人工智能计算、无人驾驶等领域深入布局,成为 GPU 在人工智能计算领域应用的领导者,与谷歌、微软、IBM、百度等企业建立了广泛的合作关系。

图 3-6　英伟达基于 Volta 架构的 Tesla V100 GPU
（资料来源：赛迪智库整理，2018 年 3 月）

2021 财年,英伟达营收同比增长 53% 至 167 亿美元,尤其在游戏这一核心领域创下了新的财年收入纪录。2021 财年,英伟达游戏 GPU 实现收入 77.6 亿美元,占其总收入的 46.5%,游戏业务的增长,部分得益于 AI 技术提升了其产品的市场竞争力。英伟达的 GPU 产品主要包括 PC 端处理器 GeForce、移动处理器 Tegra（图睿）和深度学习芯片 Tesla（特斯拉）。其中,Tesla 系列主要用于人工智能计算环节,核心产品包括基于 Pascal 架构和 Volta 架构的系列芯片,广泛用于数据中心加速、深度学习训练和智能终端设备。Tegra 系列芯片用于构建 DRIVE PX 开放式人工智能车辆计算平台,可实现包括高速公路无人驾驶与高清制图在内的无人驾驶功能。

③ 谷歌

谷歌是一家业务涵盖互联网搜索、云计算、人工智能等诸多领域的跨国科技企业。谷歌于 2011 年成立人工智能部门,致力于通过搭建软硬结合的开源平台来构筑人工智能生态体系,既深入布局人工智能底层软硬件技术,又全力覆盖互联网搜索、智能家居、无人驾驶等在内的应用场景。目前,包含谷歌搜索、谷歌 Now、Gmail 等在内的多数产品服务均应用了人工智能技术。

在人工智能芯片领域,谷歌研发了一款专为机器学习而定制的 TPU。迄今为止,谷歌共发布了四代 TPU 芯片,其中第一代 TPU 芯片仅面向人工智能推断环节,在举世瞩目的 AlphaGo 人机大战中提供了强大的算力支撑;第二代 TPU 芯片（Cloud TPU）（见图 3-7）除用于推断环节外,还可自下而上用于训练环节,主要应用在图像和语音识别、机器翻译等领域。目前,谷歌无意单独对外销售 TPU 硬件产品,而是专用于 TensorFlow 开源平台,部署在 Google Compute Engine 云计算引擎平台上,以云服务形式进行销售共享,为数据中心加速市场带来全新需求体验,以进一步挖掘云计算服务市场。

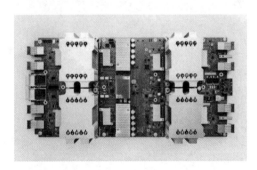

图 3-7　谷歌第二代 TPU 芯片（Cloud TPU）

④ 寒武纪

北京中科寒武纪科技有限公司是人工智能芯片初创企业。寒武纪聚焦人工智能基础性计算需求,推出了相对通用的 ASIC 加速芯片产品。在发展路径上,寒武纪采取自下而上的发展战略,从低功耗嵌入式的终端人工智能芯片解决方案入手,逐步向服务器云端训练环节芯片延伸。寒武纪团队具有丰富的芯片设计开发经验和人工智能研究经验,因而具备国内领先的理论技术储备和研发实力。

寒武纪是全球第一个成功流片并拥有成熟产品的

人工智能芯片公司，目前主要拥有3种处理器结构，即寒武纪1号（DianNao，面向神经网络的原型处理器结构）、寒武纪2号（DaDianNao，面向大规模神经网络）和寒武纪3号（PuDianNao，面向多种机器学习算法）。当前，寒武纪拥有3条产品线：一是智能终端处理器的IP授权，智能IP指令集可授权集成到手机、可穿戴设备、摄像头等终端芯片中；二是终端芯片，主要面向智能手机、安防监控、可穿戴设备、无人机和无人驾驶等各类终端设备；三是服务器芯片，以PCIe加速卡形式部署于云服务器，谋求拓展人工智能训练和推理市场。2016年，寒武纪IP授权已获得1亿元订单。2017年，华为麒麟970处理器中搭载的NPU即寒武纪1号的衍生型号Cambricon-1A处理器。2017年，寒武纪公布了机器学习处理器MLU（属于ASIC）的研发规划，以布局云端训练环节芯片。2019年6月，寒武纪正式宣布推出云端人工智能芯片中文品牌"思元"、第二代云端人工智能芯片思元270（MLU270）及板卡产品。

⑤ 国内其他主要企业

除寒武纪外，国内还涌现出了地平线机器人等一批人工智能芯片领域的创新创业公司。他们紧抓国内人工智能产业蓬勃发展的政策、市场和资本机遇，以及人工智能芯片相关技术尚未成熟的技术机遇，以人工智能细分领域的定制化芯片为切入点，积极开展技术创新，推动我国人工智能和集成电路产业不断向前发展。

地平线机器人成立于2015年7月，主要瞄准计算机视觉在无人驾驶、智能城市、智能家居等应用场景下的特定需求，开展人工智能视觉芯片的研发。目前已推出了面向无人驾驶的"征程"系列处理器和面向智能摄像头的"旭日"系列芯片产品。地平线机器人拥有一支具备较强研发能力的核心团队，创始人余凯曾创办了国内第一家基于深度学习的人工智能研发机构——百度深度学习研究院。当前，地平线机器人已成为国内人工智能产业的明星企业，获得了众多创投资本的高度青睐。

深鉴科技成立于2016年2月，主要侧重于在计算机视觉、语音识别等细分领域，开发软硬件结合的深度学习加速方案。当前，深鉴科技已推出用于无人机、安防和数据中心的嵌入式FPGA板卡、嵌入式视觉人工智能芯片"听涛"和"观海"。

深思创芯成立于2017年1月，致力于计算机视觉、智能无线等领域的芯片及系统方案研发，未来还将孵化类脑芯片项目。深思创芯的核心团队具备多年的芯片开发经验。

3.人工智能芯片的应用

人工智能芯片是承载人工智能技术发展和应用推广的基础。一方面，人工智能芯片尚未成熟，成为影响人工智能应用推广的因素之一；另一方面，人工智能芯片在应用场景驱动下不断发展、前景广阔。在技术发展和需求驱动的双重因素下，人工智能芯片在云计算数据中心、无人驾驶、消费电子等领域逐步渗透落地。

（1）云计算数据中心

人工智能走向云端的趋势使云计算成为人工智能芯片应用的重要方向之一。当前，各大科技公司纷纷在自有云平台基础上搭载人工智能系统，包含GPU、FPGA、ASIC等多种人工智能芯片可在服务器端进行高并发计算，实现深度学习训练和云端推断。

GPU具备强大的峰值计算能力和数据并行处理能力，适用于深度学习的训练环节。同时，GPU可作为企业大型数据中心的加速器，大幅提高其计算性能和数据吞吐量（见图3-8）。在全球数据中心市场朝着计算需求扩张方向前进的大背景下，借助GPU加速，云计算数据中心成为不可逆转的趋势，能更好地服务于搜索、社交网络、流媒体视频、数据库大数据分析和企业协作等商业应用。FPGA兼具高性能、高灵活和低功耗等特点，适用于硬件平台加速和企业数据中心。FPGA可根据业务形态来配置不同的逻辑以实现不同的硬件加速功能，性能功耗比显著高于GPU。目前，全球范围内包括IBM Power、脸书、微软 Azure、亚马逊 AWS、腾讯云、阿里云、百度云在内的七大超级数据中心均采用了"FPGA+云计算"解决方案。ASIC 只有规模量产后成本才能降低，原本适用于终端领域，但由于功耗低、计算效率高，因此谷歌积极布局云端 ASIC。谷歌 TPU 是 TensorFlow 平台的定制化芯片，通过插入数据中心机柜的硬盘驱动器插槽使用。TPU 可从硬件层面适配 TensorFlow，提供软硬一体化的高性能云计算服务。

视觉、信号处理和机器学习任务。此外，高通相继发布了智能汽车芯片骁龙 602A 和 Snapdragon 820 平台，以实现大部分 ADAS 功能。2017 年 3 月，我国的地平线机器人推出集成了 NPU 的无人驾驶平台"雨果"（见图 3-9）。2019 年，地平线机器人在 CES Asia 2019 上表示，地平线机器人在车规级人工智能处理器产品上将有突破性进展。2019 年下半年，地平线机器人的第二代人工智能芯片产品全面量产出货。

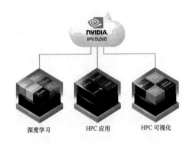

图 3-8 英伟达 GPU 云加速平台
（资料来源：英伟达官网，赛迪智库整理，2018 年 3 月）

图 3-9 地平线机器人"雨果"无人驾驶平台
（资料来源：地平线机器人官网，赛迪智库整理，2018 年 3 月）

（2）无人驾驶

随着人工智能技术逐步应用于无人驾驶领域，针对该领域的人工智能芯片应用也应运而生，主要用于实现 ADAS 功能。鉴于汽车驾驶场景对安全性、可靠性和时延的特殊要求，定制化的车载人工智能芯片是未来发展的必然选项。当前，该领域的人工智能芯片主要采用"CPU+GPU"形式，以 CPU 完成逻辑处理，以 GPU 负责并行计算和图像处理。此外，部分企业开始尝试开发用于无人驾驶的 ASIC 芯片。

2015 年和 2016 年，英伟达陆续发布了集成 Tegra 系列处理器的无人驾驶汽车车载计算平台 DRIVE PX 和 DRIVE PX2，可对汽车周边环境进行探测监控，实现环视系统、碰撞规避系统、行人检测系统和驾驶员状态监测系统等。2016 年 9 月，英伟达再次发布基于 Volta 架构的 Xavier 芯片，作为无人驾驶汽车的计算机视觉加速器。以色列 Mobileye 公司（已被英特尔收购）的 EyeQ 系列芯片也是无人驾驶领域人工智能芯片的典型代表，EyeQ 专门针对无人驾驶场景下的人工智能算法进行优化，可出色完成计算机

（3）消费电子

当前人工智能芯片主要部署于云端，未来随着人工智能在消费电子领域的逐步落地，终端的本地推断需求将逐步显现，部署于消费电子终端的人工智能芯片也将迎来巨大的发展空间。该领域的人工智能芯片需满足低成本、低功耗、便携性等多重要求。目前，以智能手机为典型代表，人工智能正在逐步应用推广。

2017 年 9 月，华为发布了全球首款移动终端人工智能芯片麒麟 970（见图 3-10），随后发布了搭载麒麟 970 的 Mate10 智能手机。麒麟 970 采用新型异构计算架构，内置了业界首颗专用的人工智能计算硬件处理单元 NPU（寒武纪 Cambricon-1A 处理器），实现了终端的本地智能化，在语音识别、人脸识别、传感器数据采集融合等方面发挥作用。2017 年 9 月，苹果发布的 iPhone X 搭载了 A11 仿生芯片，其中同样内置了独立的人工智能芯片——神经网络引擎（Bionic Neural Engine），该芯片显著提升了 iPhone X 面部识别的成功率和安全性。未来，在终端实现高水平离线智能化的人工智能芯片将逐步成熟，并大量应用于消费电子领域。

图 3-10 华为发布麒麟 970 芯片
（资料来源：赛迪智库整理，2018 年 3 月）

4. 人工智能芯片产业发展展望

（1）技术强基，多层布局

人工智能虽然尚处于"弱人工智能"发展阶段，但实现运算效率与任务灵活性的有机统一是未来人工智能算法的发展趋势，为人工智能提供算法支持的人工智能芯片在人工智能发展中扮演着举足轻重的角色。未来应着力加强技术创新能力，实现人工智能芯片在通用性和专业性上的结合，推动人工智能算法、计算、性能、功耗异构设计的平衡。

（2）产业发展，价值先行

2017 年国务院《新一代人工智能发展规划》的战略目标指出，到 2025 年，我国人工智能产业将进入全球价值链高端，人工智能核心产业规模将超过 4000 亿元。当前人工智能芯片在云服务、消费电子、无人驾驶等应用领域前景较广阔。不过，在产业迅猛发展的同时应该看到，虽然深度学习占据了人工智能技术发展的主导路径，但深度学习并不等于人工智能，目前主流的人工智能芯片方案需要警惕产业路径变化的问题。同时，人工智能在终端应用的爆发虽然能够加速推动人工智能芯片商业化落地，但是如果未来上述产品的市场渗透率低于预期，那么探索进一步塑造人工智能芯片的产业价值势在必行。

（3）顶层推动，培育市场

从政府角度出发，可以从以下四大方面推动我国人工智能芯片产业发展。一是制定人工智能芯片产业发展规划，布局人工智能芯片设计、制造、应用各个环节，加大对人工智能芯片企业的扶持力度，提高企业基础研发能力；二是开展人工智能芯片企业认证等相关工作，实施优惠政策，培育标杆企业，打造人工智能芯片生态圈，推动产业发展；三是创造人工智能芯片应用市场，政府部门作为企业的客户，促进企业技术更新，加快人工智能芯片企业差异化发展；四是加大国家"核高基"（核心电子器件、高端通用芯片及基础软件产品）专项及其他各类专项资金对人工智能芯片基础研发、产业化、推广应用的支持力度。

3.2 人工智能芯片的技术前沿与应用进展

3.2.1 Thinker：可重构混合神经网络计算芯片

★ 关键词：神经网络计算芯片 架构 优化技术
★ 作　者：尹首一 欧阳鹏 唐士斌 涂锋斌 李秀冬 郑时轩 陆天翼 谷江源 刘雷波 魏少军

深度神经网络已被广泛应用于人工智能系统中，神经网络计算芯片成为学术界和工业界的关注热点。Thinker 是一款基于可重构计算架构的低功耗神经网络计算芯片，其支持卷积网络、全连接网络和递归网络的混合计算。为了实现高能效，Thinker 提出了对应于混合神经网络 3 个特征的 3 种优化技术：每个处理单元支持位宽自适应计算，以满足神经层的不同位宽；PE（Processing Element）阵列支持按需分区和重新配置，以并行处理不同的神经网络；基于多 Bank 存储系统设计保证了数据复用和并行访问。测量结果表明，该芯片的能效最高可达到 5.09TOPS/W。

1.混合神经网络计算架构Thinker

深度神经网络已被广泛应用，并在许多智能应用中实现了超高的精度，如图像分类、物体检测、语音识别、动作识别和场景理解等。典型深度神经网络中的神经层可分为卷积层、全连接层和递归层。卷积层擅长特征提取，全连接层通常用于分类，递归层在序列数据处理中表现良好。这 3 种神经层可以单独使用，也可以组合起来构建更复杂的神经网络。事实上，实际应用中的深度神经网络通常都是由两种或 3 种神经层组合构成的。例如，著名的 AlexNet 就是由卷积层和全连接层构成的。将由卷积层、全连接层和递归层组合而成的神经网络定义为混合神经网络。

深度神经网络通常具有高吞吐量的特点，需要大量的并行计算和内存访问。近几年提出的几种神经网络处理器大多只关注优化卷积计算，在处理一个混合神经网络时，存在一些不足。首先，混合神经网络具有更多类型的非卷积操作，占总计算量的比例较高。如果只有混合神经网络中的卷积层被加速，那么非卷积层将成为性能提升的瓶颈，有必要设计出支持多种操作的低位宽可重构计算单元，以加速整个混合神经网络。其次，现有的神经网络处理器中采用的基于时间复用的计算方式对混合神经网络的处理而言效率不高。采用时间复用方式计算全连接层和递归层时会导致计算资源的浪费及性能下降。因此，为混合神经网络设计一个高效的计算流程非常重要。最后，专门为卷积计算而设计的现有神经网络处理器中的存储器存取机制不适用于全连接层和递归层。设计用于卷积

数据流的存储系统不能保证同时为卷积层和非卷积层提供所需的并行数据，这会导致资源利用率低。因此，需要设计一个灵活而高效的分块数据管理和访问机制。

这儿提出了一种混合神经网络计算架构 Thinker，针对 3 种神经层的特征进行了针对性的优化。Thinker 具有以下 3 个特点。

• 两种类型的可重构处理单元支持位宽自适应计算并涵盖混合神经网络的所有基本操作，可以高效地处理卷积层、全连接层和递归层。

• 两个 16×16bit 的可重构处理单元阵列支持按需阵列分区（ODAP），能够并行处理卷积层、全连接层和递归层，从而最大化计算资源利用率。

• 支持 ODAP 和内存分块将任意混合神经网络配置到 Thinker 上。

2.Thinker系统架构

（1）整体架构

Thinker 的整体架构如图 3-11 所示。两个 16×16bit 的 PE 阵列是主要的计算单元。每个 PE 阵列可以划分为不同功能的子阵列，PE 阵列可以自由配置，执行位宽自适应操作。缓冲控制器管理两个 144KB 的多分块片上缓冲器，为 PE 阵列提供数据。Thinker 的整体执行由有限状态控制器控制，通过可配置的 I/O 接口和解码器单元加载权重和配置信息。

可重构 PE 阵列：PE 阵列中有两种类型的 PE（通用 PE 和超级 PE）。它们都包含一个位宽自适应计算单元，可以配置为两个 8×16bit 乘法器或一个 16×16bit 乘法器。如图 3-12（a）所示，通用 PE 支持卷积层、全连接层和递归层的 MAC 操作，其功能由 5 位配置字（S_1、S_3、S_6、S_7、S_{11}）控制。超级 PE 由 12 位配置字（$S_0 \sim S_{11}$）控制，如图 3-12（b）所示，可执行 5 种操作：池化、tanh、Sigmoid、标量乘法和加法。具体的模式与状态如图 3-12（c）所示。图 3-13 所示为 4 种主要功能的数据流。每个 PE

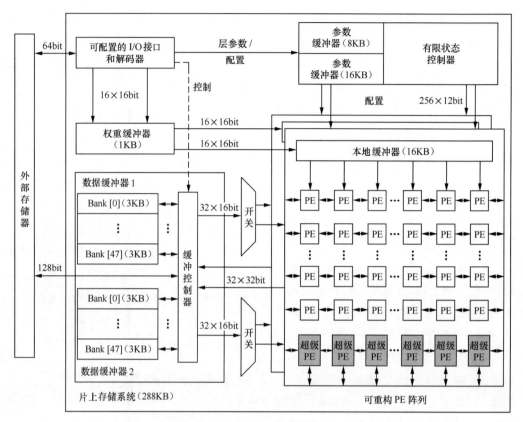

图 3-11 Thinker 的整体架构

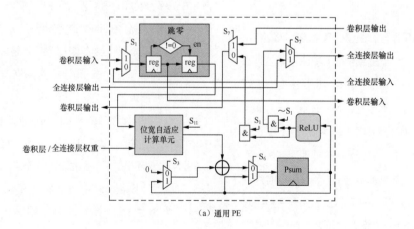

(a) 通用 PE

*图 3-12 PE 阵列架构

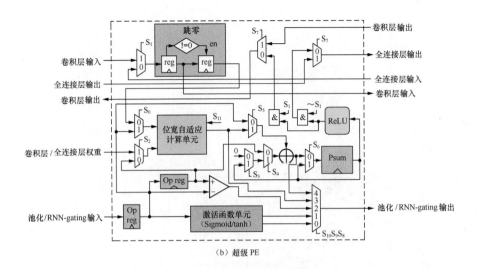

*图 3-12 PE 阵列架构（续）

阵列支持"跳零"以减少冗余操作和降低功耗。每个 PE 阵列有 3 组 I/O 端口，分别用于左侧、右侧和底部的数据输入/输出。输入从左/右侧加载到 PE，并水平移动到阵列内部的 PE，而每个 PE 阵列上的输出值在相反方向上移动到阵列的边缘。每列的权重总线向 16 个 PE 传输权重。通过这些硬件设计，每个 PE 阵列可以分成至多 4 个不同的功能子阵列，并具有独立的 I/O 端口，实现并行工作。

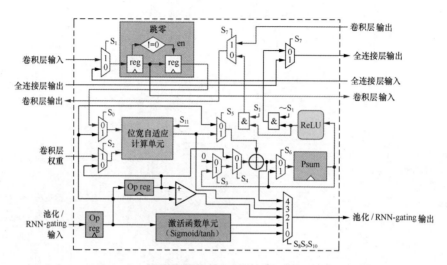

(a)卷积层计算(红)/卷积层输入正向路径(绿)/卷积层输出反向路径(蓝)

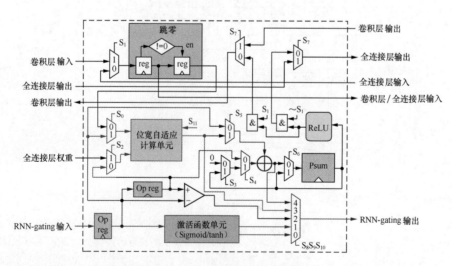

(b)全连接层计算(红)/全连接层输入正向路径(绿)/卷积层输出反向路径(蓝)

*图 3-13 主要功能的数据流

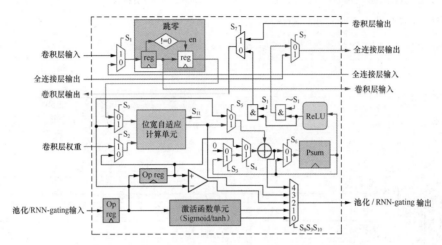

（c）RNN-gating 中的 Sigmoid、tanh（红）/ 乘法（绿）/ 加法（蓝）

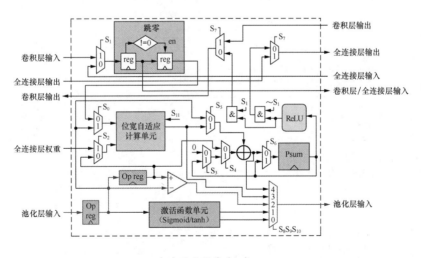

（d）池化操作（红）

图 3-13 主要功能的数据流（续）

片上存储系统：两个144KB的多Bank SRAM缓冲器（缓冲器1和缓冲器2）存储中间数据并实现数据复用。每个缓冲区有48个Bank，最多可以支持48×16bit的数据并行输入PE阵列。PE阵列和片上缓冲器之间的数据交换与片上缓冲器和片外DRAM之间的数据预取同时工作，由缓冲控制器管理控制。图3-14所示为阵列参数、层参数和PE配置。

有限状态控制器：主要负责对Thinker芯片进行配置和控制。首先，阵列参数字是一个66bit字，表示PE的分区参数、Batch大小（BS）、神经网络层数以及第一层参数的基地址。其次，层参数字用于控制某一神经层的计算，包含输入数据和权重的基地址、Kernel大小以及输出特征图通道数等。最后，PE配置字直接控制每个PE的开关，从而决定其工作状态。

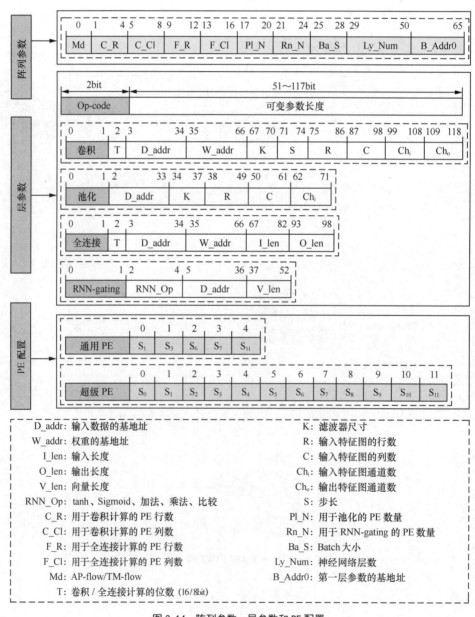

图3-14 阵列参数、层参数和PE配置

运行期间,有限状态控制器先读取参数缓冲区中的阵列参数和层参数,然后控制器通过解码这些参数来识别每个 PE 的功能,并在配置缓冲区中选择相应的 PE 配置字。最后,每个 PE 配置字通过 PE 阵列和配置缓冲区之间的点对点连接发送。

(2) PE 阵列的计算流程

在 PE 阵列中,输出点的计算固定在各自的 PE 上,复用权重,并分别在垂直和水平方向上输入特征点(称为输出固定数据流)。

对于卷积层,如图 3-15(a)所示,输入数据通过左边的 I/O 端口从片内缓冲器加载到最左边的 PE 列。在每个循环中,这些数据通过正向路径传递给右边的相邻 PE。一列中的 PE 并行计算相同输出特征图的不同点,不同列的 PE 分配有各自的输出特征图。当一个输出点计算完成后,结果通过反向路径从右向左传递,最后通过最左侧的 I/O 端口发送到缓冲器。

对于全连接层,如图 3-15(b)所示,输入数据通过右边的 I/O 端口加载到 PE 阵列,并每隔一个周期向左传递给相邻的 PE,输出数据则从左向右移动。同一行中的 PE 复用输入数据来计算同一输出层中的多

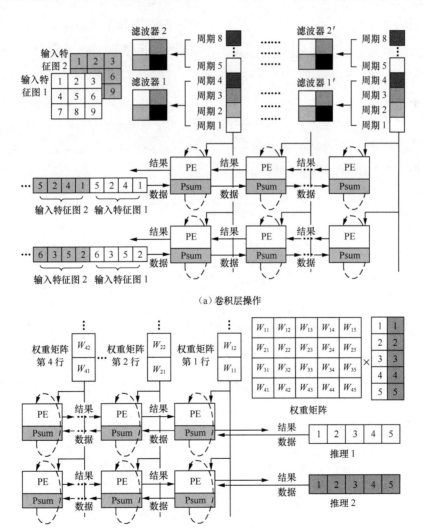

(a)卷积层操作

(b)全连接层操作

图 3-15 计算流程

个点，而不同的行复用权重在一个 Batch 中负责不同的推断过程。

在加载到 PE 阵列之前，卷积层的输入数据分块后被载入片上数据缓冲区，全连接层和递归层的输入数据尺寸相对较小，可以全部加载到片上数据缓冲区。

池化和递归层中的门控操作在超级 PE 上执行，它通过底部 I/O 端口从片上缓冲区读取输入数据，并将结果发送回去。

3.Thinker芯片的优化技术

（1）位宽自适应计算

位宽缩放是提高计算效率的有效方法。在 Thinker 架构中，位宽自适应计算单元在 8/16bit 计算中具有更高的效率和资源利用率。

每个 PE 有两个 8×16bit 乘法器，支持两种计算模式。如果 PE 配置字中的 S_{11} 为 0，则两个 8×16bit 乘法并行计算；否则，两个乘法器组合为一个 16×16bit 乘法器以支持 16bit 操作。

如图 3-16 上半部所示，当权重的位宽小于 8bit 时，来自卷积层不同 Kernal 或全连接层/递归层神经元的两个权重被拼接为一个 16bit 权重。高 8bit 部分和低 8bit 部分分别在两个乘法器上与相同的 16bit 输入数据相乘。每个乘法器的结果都表示为一个 25bit 字，然后将两个 25bit 结果连接成一个 50bit 字，并将 S_{11} 设置为 0。

当权重的位宽大于 8bit 时，这两个乘法器组合为一个 16×16bit 乘法器。如图 3-16 下半部所示，来自两个乘法器的结果被发送到移位和加法单元。通过零填充将高 25bit 的结果移位 8bit 并与低 25bit 相加。通过将 S_{11} 设置为 1，输出结果。

（2）按需阵列分区（ODAP）

在常规方法中，神经网络的各层被依次调度到 PE 阵列中，这种方法我们称之为 TM-flow。这种方法在处理混合神经网络时会顾此失彼：当计算卷积层时无法充分利用 DRAM 带宽，当计算全连接层/递归层

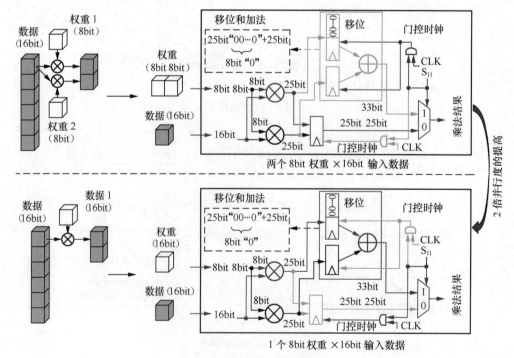

图 3-16　位宽自适应计算

层时将导致 PE 的利用率不足。这儿提出了 ODAP 方法 AP-flow。AP-flow 的性能取决于 PE 阵列的分区结果。对于给定的混合神经网络，存在最佳阵列分区方案。在图 3-17（a）中，以 LRCN 为例来说明 AP-flow 的计算过程。通过计算量和访存量的评估，最佳阵列分区方案为：15×13 个通用 PE 分配给卷积层；15×3 个通用 PE 分配给全连接层；池化和 RNN-gating 分别分配 9 个和 7 个超级 PE。如图 3-17（b）所示，在 AP-flow 中，一个 Batch 中的卷积层和全连接层的执行被安排在两个连续的流水线中。在全连接层计算开始之前，输入数据已经在之前的流水线阶段准备就绪。卷积层在一个 Batch 中的所有推断在一个流水线中，全连接层/递归层在一个 Batch 上的不同推断在不同行中同时执行，以便复用权重。

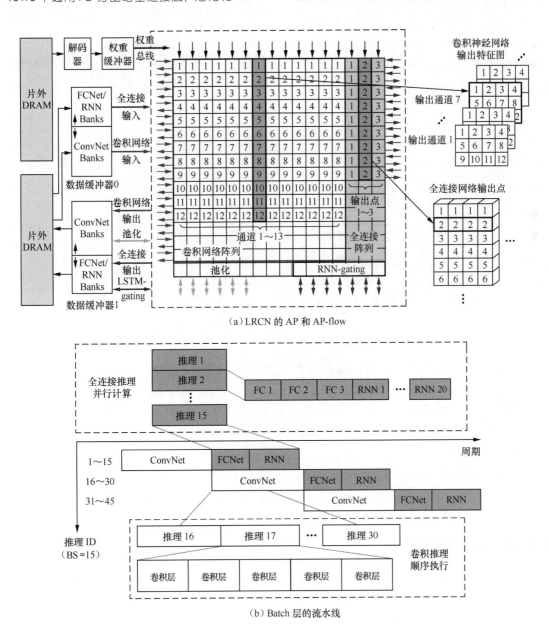

图 3-17 最佳阵列分区方案

（3）编译流程和配置过程

集成的编译流程如图 3-18 所示。在导入混合神经网络参数和芯片规格后，分区模型首先进入遍历循环（步骤 1）。在每次迭代中，固定一组可行变量，然后生成最优的缓冲区分区结果（步骤 2）。接下来，计算给定循环变量下时钟周期数（步骤 3）。在遍历之后，比较 TM-flow 和 AP-flow 的性能以确定最终的布局方案（步骤 4）。最后，阵列参数和层参数分别从分区结果和网络拓扑中生成。

Thinker 芯片在执行混合神经网络之前，阵列分区和各层参数首先被加载到 Thinker 的参数缓冲区中，并将 PE 配置字加载到配置缓冲区中。运行期间，将输入数据和权重发送给 Thinker 的数据缓冲区。Thinker 的配置过程如图 3-19 所示。有限状态控制器首先读取存储在参数缓冲区的地址 0 处的阵列参数字，其指示工作模式（AP-flow 或 TM-flow）、分区参数、BS 和神经层的数量。其次，读取层参数字。根据这些参数字，控制器识别每个 PE 的功能，并在每个 PE 的配置缓冲区中生成 PE 配置字的索引。最后，每个 PE 的相应配置字从存储在配置缓冲区中的总共 16 个字（普通 PE）或 21 个字（超级 PE）中选择，并在一个周期内发送到 PE 阵列。

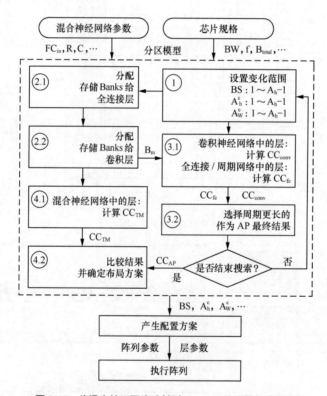

图 3-18　将混合神经网络映射到 Thinker 处理器的编译流程

4. Thinker 芯片实现与评估

Thinker 芯片采用 65nm LP CMOS（Complementary Metal Oxide Semiconductor，互补金属氧化物半导体）工艺流片。图 3-20 所示为芯片管芯照片和芯片规格。

（1）与最先进的设计进行比较

在 200MHz 的标称频率和 1.2V 电压下，Thinker 芯片处理器的峰值吞吐量达到 409.6GOPS，功耗为 386mW，对应的能效为 1.06TOPS/W。当电压缩小至 0.67V 时，吞吐量和功耗在 10MHz 时分别降至 20.4GOPS 和 4mW，对应 5.09TOPS/W 的能效。

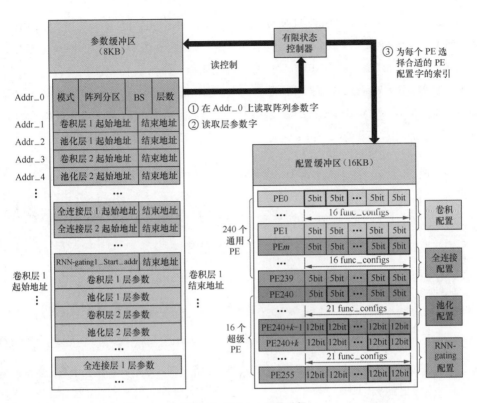

图 3-19 Thinker 配置过程

技术	TSMC 65nm LP
芯片尺寸	4.4mm×4.4mm
芯体尺寸	3.8mm×3.8mm
门	2.95M（NAND2）
SRAM	348KB
工作电压	核心电压：0.67~1.2V，I/O：1.8V
频段	10~200MHz
峰值吞吐量	409.6GOPS
工作模式	8/16bit
卷积层	Kernel 宽度：1~16 Kernel 高度：1~16 Stride：1~15
全连接层	输入长度：1~65 536 输出长度：1~65 536
支持的RNN	LSTM、GRU 等
其他操作	池化、Sigmoid、ReLU 等

图 3-20 芯片管芯照片和芯片规格

表 3-2 所示为 Thinker 芯片与 Eyeriss、CNN-SOC、DNPU、ENVISION 和 This Work 芯片在 AlexNet 的相同基准上的比较，运行频率为 200MHz。Eyeriss 在固定的 16bit 模式下可实现 0.166TOPS/W 的能效，功耗为 278mW。CNN-SOC 支持 8bit 和 16bit 操作。通过动态电压和频率调节，在 8bit 模式下，能效

最高可达 1.89TOPS/W，功耗为 41mW。DNPU 和 ENVISION 都支持 4bit、8bit 和 16bit 操作。DNPU 和 ENVISION 分别通过 4bit 操作实现 3.9TOPS/W 和 3.8TOPS/W 的能效。This Work 芯片在位宽自适应模式下处理 AlexNet，实现 368.4GOPS 的吞吐量，消耗 290mW 功率，对应于 1.27TOPS/W 的能效。

Thinker 芯片的面积和功耗占比情况分别如图 3-21 和图 3-22 所示，PE 阵列占用了 57.77% 的面积，消耗了 46.59% 的功耗，缓冲区占用了 32.37% 的面积，但仅消耗了 3.60% 的功率。由于数据重复使用，因此共享输入寄存器通过多 Bank 缓冲区节省了 11.2% 的功耗。

表 3-2　与其他先进芯片的比较

参数	Eyeriss ISSCC2016	CNN-SOC ISSCC2017	DNPU ISSCC2017	ENVISION ISSCC2017	Thinker
芯片技术 /nm	65	28	65	28	65
核心区面积 /nm²	3.50×3.50	6.20×5.60	4.00×4.00	1.29×1.45	3.80×3.80
电压 / V	0.82～1.17	0.575～1.10	0.77～1.10	0.65～1.10	0.67～1.20
核心频率 /MHz	100～250	200～1175	50～200	25～200	10～200
芯片上的 SRAM/KB	181.5	5625	290	144	348
PE 数量	168	288	776	256	512
DAP 数量	0	16	0	0	0
峰值表现 / TOPS	0.084@16bit	0.752@8bit	1.20@4b	0.076@4bit	0.410@8bit
位宽 / bit	16	8/16	4/8/16	4/8/16	8/16
电源可扩展性 / mW	94～450	>39	34.6～279	7.5～300	40～386
电能效率可扩展性 / TOPS·W⁻¹	0.14(63.2GOPS,16bit)@250MHz,1.17V ～ 0.25(23.1GOPS,16bit)@100MHz,0.82V	<2.9 (133GOPS,8bit)@200MHz,0.575V	10.(279GOPS,16bit)@200MHz,1.1V ～ 8.1(280GOPS,4bit)@50MHz,0.77V	0.26(76GOPS,16bit)@200MHz,1.1V ～ 10(75GOPS,4bit)@50MHz,0.65V	1.06(409.6GOPS,8bit)@200MHz,1.2V ～ 5.09(20.4GOPS,8bit)@10MHz,0.67V
基准	AlexNet	AlexNet	AlexNet	AlexNet	AlexNet
工作电压 / V	1.0	0.575	1.1	1.0	1.2
工作频率 / MHz	200	200	200	200	200
功耗 / mW	278@16bit	41@8bit	279@4bit	44@4bit	290@adaptive bit-width
吞吐量 / GPOS	46.2@16bit	77@8bit	1088@4bit	76@4bit	368.4@adaptive bit-width
电能效率 / TOPS·W⁻¹	0.166@16bit	1.89@8bit	3.9@4bit	3.8@4bit	1.27@adaptive bit-width

注：ISSCC 是 International Solid-State Circuits Conference 的简称，即国际固态电路会议，是集成电路设计领域屈指可数的顶级会议。

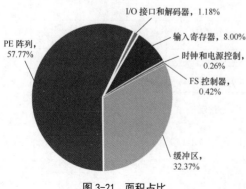

图 3-21　面积占比

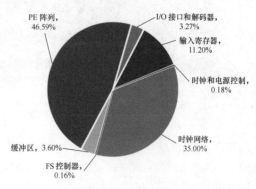

图 3-22　功耗占比

(2) 面积效率和 PE 阵列可扩展性的分析

在 Thinker 架构中，通用 PE 和超级 PE 可以通过复用计算资源来实现多种功能。图 3-23 和图 3-24 分别显示了通用 PE 和超级 PE 的区域分解情况。通用 PE 的总门数为 4358，在通用 PE 中，主要单元是乘法器和加法器，约占总面积的 81%。由于它们可以在卷积层操作和全连接层操作中共享，因此 16bit 模式和 8bit 模式的区域利用率分别为 91% 和 90%。主要的空闲资源包括一些选择器和寄存器。在超级 PE 中，为了支持 RNN 中的 Sigmoid 函数和 tanh 函数，激活单元通过线性拟合来实现，占据 67.8% 的面积。因此，超级 PE 的总门数达到了 13 619。超级 PE 的面积利用率为 2%～72%。超级 PE 的总数仅为 32 个，与 480 个通用 PE 相比，它们对整体区域利用率的影响非常小。当在 PE 阵列上处理神经网络时，总体区域利用率由主要的卷积层和全连接层决定。例如，当 AlexNet 以 200MHz 的频率在 16bit 模式下处理时，面积利用率约为 86.4%，面积效率为 14.18GOPS/mm²。与采用 65nm 技术制造的最先进的神经网络处理器相比，Thinker 处理器的面积效率高于 Eyeriss（6.86GOPS/mm²），与 DNPU（18.75GOPS/mm²）的面积效率相当。

理论上，与小型 PE 阵列相比，大型 PE 阵列可以提供更多的分区选择。然而，在片上存储器容量和片外存储器带宽的限制下，大型 PE 阵列将遭受低 PE 利用率的影响。因此，中型 PE 阵列将实现最佳的能效。我们通过使用 AlexNet 工作负载进行仿真来评估不同阵列大小的 AP-flow 与 TM-flow 的吞吐率。如图 3-25 所示，当阵列尺寸小于 20×20bit 时，AP-flow 的性能是占优势的。随着阵列尺寸的增加，AP-flow 的优势明显增加。当阵列尺寸大于 20×20bit 时，曲线进入存储器带宽主导区，并且 AP-flow 的优势相较于 TM-flow 变得更稳定。

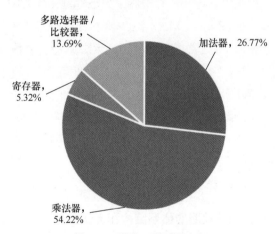

图 3-23　通用 PE 的面积占比

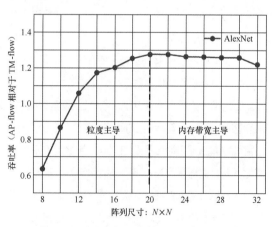

图 3-25　在 AlexNet 上的阵列可扩展性评价

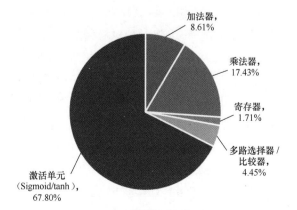

图 3-24　超级 PE 的面积占比

5. 结论

Thinker 芯片是一个基于可重构架构设计的混合神经网络计算芯片，该芯片采用 65nm LP CMOS 工艺制造。其由两个 16×16bit 大小的可重构的异构 PE

阵列组成，可提供 409.6GOPS 的峰值吞吐量。为了提高能效，每个 PE 支持位宽自适应计算，以充分利用计算资源，与基准相比能够将吞吐量提高 1.93 倍。同时，PE 阵列可按需分区，并行处理不同的神经层，硬件资源利用率高，能效可提高 11%。此外，基于多 Bank 的存储系统可减少大量冗余存储器访问，并可灵活地为 PE 阵列提供数据，从而将能效提高 1.17 倍。实验结果显示，采用这些优化技术，最高可实现 5.09TOPS/W 的能效。

3.2.2 寒武纪：智能处理器和基准测试集

★ 关键词：智能处理器　基准测试
★ 作　者：杜子东

智能处理器作为支撑人工智能产业发展的关键基础，是传统 IT 企业和互联网企业巨头关注的重中之重。然而，目前产业仍然存在产业化程度不高、标准体系不健全、基准测试平台缺乏、评估规范缺失等问题。寒武纪的人工智能芯片可以在计算机中模拟神经元和突触的计算，对信息进行智能处理。通过设计专门的存储结构和指令集，寒武纪的人工智能芯片每秒可以处理 160 亿个神经元和超过 2 万亿个突触，功耗却只有原来的 1/10。寒武纪为国内人工智能芯片生态做出了巨大的努力，并且寒武纪已成为全世界智能芯片领域的独角兽公司。

人工智能自 1956 年在达特茅斯会议上被提出后，就一直是计算机学科的"皇冠"，吸引着人们的注意力。当时的计算机科学家试图以刚刚出现的计算机实现能够具有与人类智慧相当的机器。此后几十年，人工智能领域出现了很多不同的方法，包括专家系统、演化计算、机器学习等。特别是机器学习，其通过算法有效地解析输入数据，被认为是一种可以实现人工智能的方法。机器学习在过去取得了广泛的应用（如广告推荐、人脸识别）并得到了长足发展，机器学习算法包括神经网络、决策树、支持向量机等。现在广泛流行的深度神经网络也属于机器学习的一种。

自 2006 年以来，伴随着深度学习算法取得突破性进展，神经网络再次进入人们的视线，这一次是神经网络自它出现后的不到一百年时间里的第三次复兴。在许多人工智能的任务上，如图像识别、语音识别、自然语言处理等，人工神经网络都超越了过去最优的机器学习算法，如支持向量机、随机森林等，从而被广泛地应用于不同领域，如无人驾驶、安防监控、辅助系统等。同时，人工神经网络也开拓出了新的领域，在智能处理上取得了突破性的成果，如游戏、围棋等。自 2016 年起，AlphaGo 相继击败了包括李世石、柯洁在内的人类围棋的世界冠军，从而使人工智能首次在围棋上战胜了人类。而后在 2017 年，AlphaGo Zero 和 AlphaZero 则在不需要人类棋谱的基础上自我学习。目前，人工神经网络被广泛认为是目前和未来最重要的人工智能技术之一。

1.智能处理器的体系结构和人工智能

不同于以往，神经网络这一次的复兴，除了算法的改进之外，还有两个重要的推动力，分别是规模庞大的数据和飞跃式提升的计算力。特别是计算力的提升，使得神经网络能够在大规模的样本上完成训练。神经网络模拟大脑处理信息的方式，计算按照不同的层进行组织，信息逐层进行计算。随着神经网络的不断发展，网络当中的层的规模越来越大，层的计算模式也越来越复杂，同时神经网络变得越来越深，即层数越来越多。换言之，神经网络的规模不断扩大，待训练的参数（计算量）也随之增加，比如目前较大的神经网络有 6000 多万个参数，而另一些神经网络中则有 10 亿甚至 100 亿个参数需要训练，这对计算力提出了严峻的考验。由于神经网络巨大的计算需求，因此不同的硬件加速方案被提出，这里面就包括采用 CPU、GPU、DSP、FPGA 和 ASIC 的方案。例如，谷歌大脑曾经用 1.6 万个 CPU 核运行数天来学习如何识别猫脸；脸书采用 256 个英伟达高端 GPU P100 来加速网络训练。这其中，特别是 ASIC 作为效率最优的计算解决方案，受到了学术界和工业界的广泛关注。ASIC 是针对专门、特定算法实现的硬件电路，这种面向特定需求、专注于解决定制问题的解决方案，通常具有体积更小、功耗更低、可靠性更高、性能更高等优点，给予设计人员更大的灵活性，这些特性使得 ASIC 成为神经网络处理器设计首选。例如，在学术界，2014 年中国科学院计算技术研究所设计了一个小尺寸、高吞吐量的神经网络加速器 DianNao，该加速器可以在 3mm² 面积上达到与主流 GPU 相当的性能。同时，中国科学院计算技术研究所团队将其扩展为多核的 DaDianNao，达到了主流 GPU（英伟达 K20M）20 倍以上的速度。在国外，2016 年 5 月谷歌公布了其为开源项目 TensorFlow 优化设计的 ASIC 电路 TPU，AlphaZero 采用 5000 多个专用的芯片 TPU 进行计算。这里，我们将以上提到的硬件加速方案称为 IP（Intelligence Processors，智能处理器）。

在过去的十多年时间里，我们一直专注于智能处理器的架构研究，提出了 DianNao 家族（DianNao、DaDianNao、ShiDianNao、PuDianNao）和 Cambricon 系列（Cambricon、Cambricon-X）。下面首先介绍我们过去所提出的一些架构，然后介绍针对智能处理器的基准测试集工作。

2. 智能处理器：DianNao家族和Cambricon 系列

DianNao 是一个开创性的工作，它是国际上首个深度学习处理器架构。DianNao 的架构如图 3-26 所示。一个简化的控制处理器用来读取自定义的 SIMD 指令，从而控制所有的模块进行相应的操作。数据通过 DMA（Direct Memory Access，直接存储器访问）流入/流出处理单元。计算模块 NFU（Neural Functional Unit）共有 T_n 个单元，每个单元在同一个流水线阶段可以同时完成 T_n 个乘法、T_n 个数相加，以及一个激活函数操作 [见图 3-26（a）]。对于 MLP/CNN/DNN 来说，输入可以被所有的输出神经元共享，而权值通常不固定，DianNao 每次读取 T_n 个输入神经元送给 T_n 个输出神经元，权值最多需要读取 $T_n \times T_n$ 个数据。采用 T_n=16 的 DianNao 在保持功耗为 485mW、1GHz 主频的同时，面积开销仅为 3mm²（TSMC 65nm 工艺），而相对于 2GHz SIMD 结构的 CPU 加速比达到了 117，功耗仅为其 1/21。

DaDianNao 在这基础上将 NFU 与周围的局部存储组成一个 tile[见图 3-26（b）]，多个 tile（DaDianNao 中是 16）通过局部互联组成一个 node[见图 3-26（c）]，多个 node 通过 HT2.0 连接组成并行计算能力超强的 DaDianNao。ST 28nm 工艺下，64 节点系统相较于 GPU 加速比达到 450，功耗仅为其 1/150。同时，值得注意的是，每个节点的面积开销达到了 68mm²。

ShiDianNao 是一个嵌入式的更加专用的架构，如图 3-27（a）所示。它的核心思想是利用 CNN 中权值共享的特点进行设计和优化，根据最终的实现结果，加速器的能耗为 DianNao 的 1/54，这也是因为 DianNao 的定位是更广泛的神经网络算法。ShiDianNao 的高效率不仅是因为消除了 DRAM 存取（缓冲区计算），也是因为仔细地最小化了各个处理单元（处理单元的拓扑为半环拓扑二维处理阵列）之间的数据移动操作，以及传感器和 SRAM 存储有 CNN 的数据的 SRAM 片上存储之间的数据移动操作。

PuDianNao 为机器学习处理器，针对的不单单是神经网络算法，同时考虑了更多的机器学习算法，如 KNN、K 均值等。PuDianNao 的架构主要由若干个功能单元、3 个数据缓存（热缓存、冷缓存、输出

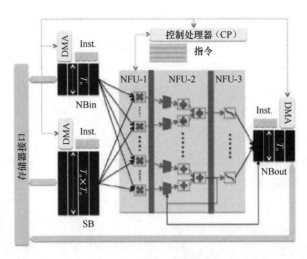

（a）DianNao：NFU 结构

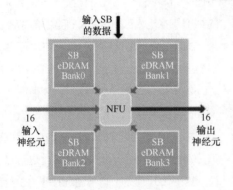

（b）DaDianNao：一个 tile 的结构

（c）DaDianNao：一个 node 的结构（包含 16 个 tile）

图 3-26　DianNao 的架构

缓存）、一个指令缓存（Inst Buffer）、一个控制模块（Control Module），以及 DMA 控制器组成，其中核心的 MLU 如图 3-27（b）所示。作为提供机器学习硬件加速支持的 MLU，其内部由 Counter、Adder、Multiplier、Adder tree、Acc、Misc 的 6 级流水线组成。MLU 可以通过配置完成许多不同的操作，如 LR/SVM/DNN 中的高频操作——内积运算、神经网络中的非线性运算等。

Cambricon-X 则针对稀疏神经网络，通过硬件解决神经网络中出现的非规整性问题。对于网络中存在的稀疏连接，其通过 IM（Index Module，索引的硬件模块），从而完成对稀疏数据的稠密化处理，使稀疏向量/矩阵运算转换成常规向量/矩阵运算，如图 3-27（c）所示。

Cambricon 则试图从根本上解决之前较为专用的神经网络处理的问题，即不断发展的新算法和比较固化的硬件结构之间的矛盾。Cambricon 针对神经网络领域定义了 Cambricon 指令集，并给出了相应的原型处理器架构设计，如图 3-27（d）所示。Cambricon 指令集本身采用了类似于 RISC 指令集的设计思想，将神经网络算法中的算法分解至矩阵、向量和标量的原子操作，提供了 43 条下载 – 存储的指令，从而灵活地支持不同的神经网络算法。

3.智能处理器的基准测试集：从 BenchNN 到 BenchIP

基准测试集一直是计算机研究与发展的基础，有效地推动着面向不同方向的硬件和软件设计的演

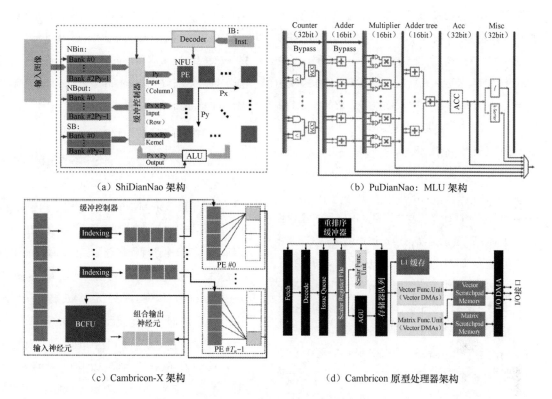

图 3-27 ShiDianNao 和 Cambricon 嵌入式架构

进。基准测试集的作用体现在两个方面:第一,基准测试集为不同的设计提供了统一的量化标准,从而可以在不同的方面对不同的设计进行相对公平的比较;第二,基于基准测试集的基准测试能够为设计方案提供详细的评估结果,以供设计人员对结构进行优化,从而使设计人员能够对结构不断进行优化、迭代和演进。例如,在传统的通用 CPU 领域,SPEC CPU 系列一直伴随着整个 CPU 的发展和进步,为不同的 CPU 架构设计提供量化的评估结果。PARSEC 则在 2008 年被提出,主要面向多核领域,为多核领域的基准测试提供测试标准。可以看到,基准测试集在计算机相关的设计和实现过程当中必不可少,起着重要的核心作用。

在智能处理器领域,同样有着这样的基准测试集。2012 年,寒武纪提出了全球首个面向神经网络处理器的基准测试集,称之为 BenchNN。五年之后,随着深度学习算法的剧烈演进和智能处理器的爆炸式发展,联合工业界包括科大讯飞、京东、锐迪科、AMD 和阿里巴巴在内的多家企业,我们推出了新一代面向智能处理器的基准测试集,并称之为 BenchIP,具体如下。

(1) 2012 年: BenchNN

2012 年,联合 CEA、CNRS、IBM、INRIA 和美国威斯康辛大学在内的多家机构,我们推出了全球首个面向神经网络处理器的基准测试集 BenchNN,用于评测包括 CPU、GPU、ASIC 加速器在内的不同硬件平台运行神经网络任务的表现。在详细介绍 BenchNN 的具体内容之前,先详细地回顾一下当时该领域的发展状况。

2012 年,20 世纪 90 年代神经网络的第二次低潮仍然影响着大多数的研究者,然而,也有一些研究者开始关注深度学习算法。也正是在这一年,美国斯坦福大学李飞飞教授的 ImageNet 工作开始被越来越多的人所了解,相关的 ILSVRC 也进入第 3 个年头。在前两届，SVM 大行其道，而这一年，加拿大多伦多大学的辛顿教授第一次将神经网络算法应用到 ILSVRC 的任务上，并一举成为挑战赛的冠军。在当时，一些后来著名的工作已经开展，比如采用 ReLU 作为激活函数，采用 Dropout 防止训练过拟合。然而，总体来说，当时研究者主要关注的是深度卷积神经网络，并将其应用在图像识别领域。

同时，体系结构的研究者也相应地关注到了这样的发展趋势。比如，法国 INRIA 的特曼（Temam）教授提出了针对 UCI 机器学习存储库任务的可容错的小型神经网络加速器，通过加速的 MLP 来加速 90% 以上 UCI Machine Learning Repository 的任务。同时，GPU 也被研究者用来进行加速深度神经网络。2009 年美国斯坦福大学的拉贾特·雷纳（Rajat Raina）和吴恩达在 GPU 上训练参数多达一亿个的神经网络，运行速度相较于用传统双核 CPU 要快近 70 倍，把训练的时间从几周缩短到一天。2010 年瑞士学者丹·奇雷桑（Dan Ciresan）和合作者发表了关于用 GPU 训练针对手写数字识别的神经网络的论文，其结果表现出色，在英伟达 GTX280 GPU 上的计算速度比传统 CPU 快了 40 倍。

BenchNN 正是诞生在这样的背景下。设计加速器的一个关键在于选择合适的点，合适的点能够很好地平衡加速器的适用范围和效率。通常来说，如果需要支持众多的应用，即要求足够灵活，加速器就会损失一定的效率，比如可配置电路。如果针对特定少数应用，加速器则可以足够高效，如定制 ASIC；但是针对众多的应用，则需要设计众多的加速器。值得注意的是，针对当前主流的应用负载，英特尔和美国普林斯顿大学的研究人员根据近些年的负载变化，总结得到 RMS（Recognition、Mining、Synthesis，识别、挖掘、综合）类应用，提出 PARSEC 基准测试集。而 BenchNN 则将 PARSEC 基准测试集中的 12 个任务改写成采用神经网络算法来实现，从而得到面向神经网络处理器的基准测试集。BenchNN 中主要有 5 个不同的神经网络算法，分别是 MLP、CNN、HNN、SOM 和 CeNN，即多层感知器（Multilayer Perceptron）、卷积神经网络（Convolutional Neural Network）、霍普菲尔德神经网络（Hopfield Neural Network）、自组织映像（Self-Organization Mapping）和细胞神经网络（Cellular Neural Network）。

（2）2017 年：BenchIP

经过五年时间的发展，神经网络算法和相关硬件发展迅速，取得了长足的进步。在这样的状况下，过去所设计的 BenchNN 在新的形势下有些力不从心，因此我们对 BenchNN 进行了迭代演进，推出了新一代的智能处理器基础测试集，即 BenchIP。神经网络算法被应用到方方面面的领域中，变得更加多样化。不同类型的神经网络算法被研究人员提出。例如，RNN 被广泛应用于语音领域；LSTM 则被提出并用于语音和自然语言处理领域；残差网络（Residual Network）则在 2014 年被提出，并进一步提升了图像的识别精度；Faster R-CNN 则在物体识别方面取得了好的结果。因此，神经网络中有了多种多样的不同类型的层。例如，反卷积和反采样在语义分割领域用于特征重建；归一化层（Normalization）包括 LRN（Local Response Normalization，局部响应归一化层）、LCN（Local Contrast Normalization，局部对比归一化层）和 BN（Batch Normalization，批量归一化层），引入了不同神经元之间的竞争，从而在图像及其他领域用于特征抽取。神经网络算法的多样性也进一步推动了结构和硬件的演进，结构设计人员也开始思考许多以前没有被考虑的特性。

硬件在这几年也迎来了突破性的发展。通用计算架构 GPU 的性能突飞猛进。例如，英伟达的 Tesla P100 显卡拥有 3584 个单精度、1792 个双精度核心，单、双精度浮点性能分别高达 10.6TFLOPS、5.3TFLOPS，同时还搭配了 4096bit 16GB HBM2 高带宽显存，并支持全新的 NVLink 互联总线，取代了传统的 PCIe。脸书用 256 块 P100 可以在 1 小时内完成 ImageNet 识别任务的训练，这在过去通常需要 3 天甚至更长的时间。同时，各种专用于神经网络的定制 ASIC 架构的数量也呈现出爆发性的增长。相较于 GPU 的低效，专用加速器在效率上有数量级的优势。中国科学院计算技术研究所团队的 DianNao 家族和 Cambricon 系列则是其中的典型代表。2016 年的国际体系结构顶级会议上出现了数量众多的新型架构。国际体系结构会议甚至有 3 个专门的关于神经网络的环节，录取的相关文章占总数的 1/6。值得注意的是，这些来自国际顶尖机构（包括美国哈佛大学、麻省理工学院）的研究成果都引用了之前 DianNao 家族和 Cambricon 系列的论文。神经网络结构的多样性则对新的基准测试集提出了新的挑战。

虽然神经网络和算法蓬勃发展，但基本、合适的基准测试集仍然不存在。BenchNN 涵盖了非常有限的神经网络类型；百度的 DeepBench 则仅包含了基本的神经网络操作；美国哈佛大学的 Fathom 则不够全面，缺乏一些很重要的元素，也没有提供完整的测试方法。因此，我们所提出的 BenchIP 一方面包含主流的神经网络算法，我们称之为 Macrobenchmark，从而保证了基准测试集的代表性和完备性，提供了对于完整的神经网络负载的评测；另一方面包含不同的层，我们称之为 Microbenchmark，从而保证基准测试集具有提供细粒度的评测能力，包括压力测试和特性测试等。

所有的 Microbenchmark 都来自神经网络的单独的一个层。采用细粒度的测试集的测试方法在过去被广泛采用，用于系统和结构的评测和优化，许多细粒度的测试集会专门针对某一方面进行设计。例如，用于测试系统存储带宽的 STREAM 基准测试集，英国爱丁堡大学提出 OpenMP 细粒度基准测试集专门用于评估 OpenMP 系统的同步开销、循环优化等。因此，在 BenchIP 中，我们提供 Microbenchmark。选择 Microbenchmark 中的层基于 3 点考虑：首先，Microbenchmark 中的测试层应该是被广泛使用的重要的层；其次，Microbenchmark 中的测试层应该具有极大的差异性，从而降低冗余度；最后，Microbenchmark 应该体现未来网络的发展趋势，对未来可能出现的神经网络算法具有较大影响。对于每个 Microbenchmark，我们都提供 7 种不同的配置，其中 3 种配置来自实际网络，一种极小配置用于测试小规模数据/计算下的效率，3 种极大配置在不同的方面提供压力测试。

所有的 Macrobenchmark 都是完整的网络。Macrobenchmark 对于评测智能处理器是十分重要的：一方面，Macrobenchmark 都是用于完成端到端智能处理任务的网络，可以给出智能处理器对于完整任务的处理性能；另一方面，层和层之间的调度优化对于智能处理器也特别重要，例如层融合技术。理想情况下，Macrobenchmark 应该来自实际工业界使用的网络，比如商业公司使用的网络。然而，正是由于商业的原因，这样的设想是不太现实的，因此许多公开的网络和数据集被选择。幸运的是，这些网络正是目前工业界许多实际模型的原型，也具有足够的代表性。

BenchIP 提供了测试环境和测试方法。对于一个基准测试集，测试环境和测试方法是十分重要的，这对于使用一个基础测试集是十分实际的问题。例如，CPU 的基准测试集 SPEC 提供了一键编译运行式的测试体验。BenchIP 的测试环境如图 3-28 所示。

BenchIP 提供基于 Caffe 深度学习框架的编程方式（见图 3-28），通过 API 调用厂商提供的库来运行测试程序，并回收测试结果。这里，智能处理器的硬件特性如稀疏等也因此可以被支持。值得注意的是，硬件的一些其他参数（如面积等）也应一并提供给 BenchIP，从而和测试结果一起送至评估模型中进行进一步分析。BenchIP 使用性能（Performance）、功耗（Power）、面积（Area）和准确度（Accuracy）作为主要的评价指标，其中前 3 个是典型的硬件评价指标，而第 4 个则是主要针对 NN 应用的典型评价指标。另外，对于 Macrobenchmark，BenchIP 还提供了一些能够更好地反映设计效率的综合性的指标，例如反映能耗效率的"Operations per Joule"、反映运算效率的"Operations per second",以及反映芯片面积效率的"Accuracy affected by area savings"等。

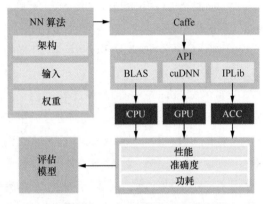

图 3-28 BenchIP 的测试环境

基于对整个智能处理器的观察和认知,从 BenchNN 出发推出的新一代的智能处理器基准测试集 BenchIP 在 3 个方面完整地满足了整个领域对基准测试集的需求。首先,BenchIP 填补了整个领域缺乏一个完整的基准测试集的空白,提出了一整套用于智能处理器的基准测试集,具备完备性、可移植性和公平性。其次,BenchIP 同时包含了完整的工业级的测试环境和测试方法,这是现阶段其他基准测试集所不具有的。最后,BenchIP 包含覆盖不同领域的完整网络和具有不同特性的细粒度的测试集,从而可用于智能处理器的测试和优化。从 2012 年到 2017 年,算法和硬件领域都发生了翻天覆地的变化,也取得了令人瞩目的成果,相应的基准测试集也从 BenchNN 发展到了 BenchIP。智能处理器作为支撑人工智能产业发展的关键基础,是国际传统 IT 企业和互联网企业巨头关注的重中之重。BenchIP 制订了智能处理器在不同框架、不同算法情况下的评价方法和评价指标,针对不同智能处理器在不同场景、不同应用、不同学习模型下的性能差异,得到客观有效的人工智能芯片的评价结果,为产业提供了科学有效的评价依据。

4.未来发展

立足于过去的研究工作,于 2016 年成立的寒武纪研发了深度学习专用处理器原型芯片、智能处理器指令集、商用深度学习专用处理器、MLU 智能芯片,与中科曙光合作推出基于寒武纪芯片的人工智能推理专用服务器 Phaneron。寒武纪的产品高效支撑各种平台的智能应用,对比传统芯片,其可达数量级的性能领先、成本缩减、功耗降低,并已申请大量国内外专利,具有完全自主知识产权。

3.2.3 端侧人工智能芯片的挑战和展望

★ 关键词:人工智能芯片 端侧人工智能芯片

★ 作 者:谭洪贺 余凯

人工智能的发展重心已逐渐从之前的云端向终端转移,相伴而生的是人工智能芯片产业的全面崛起。目前国内外的人工智能芯片领域正在逐渐升温,众多人工智能芯片初创企业开始陆续涌现。2018 年,人工智能的竞争进入白热化阶段,各大公司已经从一开始的拼技术、拼履历、拼"大牛",陆续进入拼行业、拼落地的实干阶段。初创公司的第一批人工智能芯片也已在 2017 年面世,人工智能进入市场验证阶段,抢占市场成了 2018 年人工智能企业的关键目标。端侧人工智能已成为业内的热门话题,迎来全新的发展机遇。

目前,人工智能芯片已经成为学术界与产业界关注的热点,各种人工智能芯片的消息陆续发布,或者来自国内外的科研院所,或者来自广为人知的科技巨头，还有相当一部分来自初创公司。据不完全统计，目前国内号称正在开发人工智能芯片的公司达50家左右。在全球范围内，从事人工智能芯片开发的公司已然上百家。而且，很多公司都是2017年才成立的。

端侧人工智能芯片在保障利用人工智能算法处理巨量数据所需的算力的同时，还具有高度的灵活性，能够针对具体应用场景做出更好的优化。同时减少了传输过程所产生的时延，大幅降低了通信需求在应用端承担的沉重压力，此外在隐私保护和数据安全方面也具有难以替代的优势。

端侧人工智能芯片的诸多优点吸引了大量研究者聚焦于此。然而，机遇总是与挑战并存，在发展过程中它所面对的难题也并不比传统芯片曾经面对过的更少。甚至可以说，由于人工智能业界日新月异的快速发展，因此，人工智能芯片，尤其是端侧人工智能芯片实质上正面临着前所未有的挑战。在这个蓬勃繁荣、群雄并起的竞技场上，人们参与的并不是一场单纯比拼速度的赛跑，而更像是一组跨栏比赛，考虑到每个挑战的难点各不相同，甚至可以说是面对着一场障碍越野赛：参与其中的每一个玩家都需要越过重重障碍才能抵达终点。在这场竞技中，人工智能芯片的任何从业者都无法在通向王者的道路上如履平地。那么先来了解一下横亘在面前的这些难题。

1. 端侧人工智能芯片的挑战

（1）达摩克利斯之剑

在算法层面，从目前的发展阶段可以看到，并没有一项通用的人工智能算法能够稳定自如地"一统江湖"。一方面，在不同的应用领域中需要有针对性地采用特定的人工智能算法；另一方面，即使在同一应用领域中，人们也仍然在致力于研究新的人工智能算法，以期能够更快速、更准确、更高效地解决相应的问题。例如，ResNet结构、MobileNet结构、SSD算法、FCN算法、Faster R-CNN算法等，每经过一段时间，就会有新的结构或算法推出，将人工智能应

用的精度提高或将计算复杂度降低。与此同时，从事人工智能算法研究的公司和机构更是有增无减。这些快速变化的算法限制了人们对端侧人工智能芯片的通用性预期。

对于人工智能芯片而言，人工智能算法的这种进化过程，无异于一柄高悬在头顶的达摩克利斯之剑。

算法与芯片发展的规律毕竟是不同的。在这里并没有一个统一的信号来规范算法进化的周期与芯片研发的周期相互协调一致。由于芯片流程中设计、验证、工艺实现的时长会远远超过理论算法的产生、优化以及平台运行的时长，因此在芯片开发期间很可能会涌现出更强的新算法，那么仍在流程中的芯片就需要冒着"成片即落伍"的风险去完成它的诞生之旅。

因此，致力于开发人工智能芯片的公司，都有这样一柄高悬在头顶的达摩克利斯之剑。在此情形之下，该如何选择？是退缩畏惧，满足于"小富即安"的状态，还是义无反顾，向更高的目标全力以赴？这也许是每个人工智能芯片从业者需要首先向自己提出并回答的问题。

"这是最好的时代，这是最糟的时代。"任何影响深远的技术变革在兴起时给人们带来痛并快乐着的感觉，都与狄更斯的这句名言不谋而合。人工智能技术的第一丛浪花"拍打"着人们的认知前端，让人们感受到它背后涌动的巨大潜力和无穷活力。然而，业界的力量正驱动着一波又一波巨浪到来，人们必须集中注意力去迎接一次又一次快速的更新和迭代，并从中分辨出最好的那条路径。当你认知、甄选和更新的速度能够赶上下一波巨浪时，才能避免与大量竞争者一起被"拍扁"在沙滩上的命运。

（2）阿喀琉斯之踵

在现实世界中，热力学第一定律对于智慧生物而言是意义重大的：当高速摩擦做功转化为热量时，木柴就燃烧起来，钻木取火在数千年前为我们祖先的生存保驾护航。然而，它也并不总是发挥积极一面的作用，例如人体的免疫系统，在与病菌作战时所释放的

热量反而会让一个健壮的成年人高烧不止,甚至危及生命。芯片所面对的第二个挑战,同样来源于此。

热力学第一定律决定了,人工智能芯片在处理数据运算时,必须消耗电能,同时产生热量。目前人工智能芯片的算力越强,功耗普遍越高。因此,随着人工智能应用对算力需求的不断增加,人工智能芯片的功耗问题日渐突出。

大算力下的高功耗可以说是人工智能芯片的"阿喀琉斯之踵",对端侧人工智能芯片而言更是如此。这是因为端侧人工智能芯片的功耗受到两方面的限制:一是电力供应有限,很多场景下只能通过 USB 线、网线来给产品供电,甚至只能使用电池;二是散热能力有限,一些端侧产品由于形态和使用环境的限制,根本不允许在芯片上放置主动散热装置,只能通过被动方式来给芯片散热。

因此,单纯地将芯片算力由几百 GOPS 提高到几十 TOPS(GOPS 和 TOPS 都是算力单位,指每秒执行的操作次数,1T=1000G=10^{12})是不够的,还需要同时考察人工智能芯片能效(单位功耗下的算力)的高低。能否解决大算力带来的高功耗问题,将成为端侧人工智能芯片的胜负之争。

(3)安泰俄斯之力

当人工智能芯片的算力普遍进阶到一定程度时,制约它实际处理表现的不再是理论计算速度。另一个关键因素就此浮现出来:人工智能芯片吞吐数据的带宽能否与计算速度相匹配。

为了解释这一点,让我们来考虑一个问题:当你想要乘出租车去往首都国际机场搭乘飞机时,决定你何时从市内出发的最关键因素是什么?

我相信肯定不是首都国际机场的飞机能够飞多快。对于多数人来说,这个最关键因素通常是机场高速有没有堵车。即使不久以后你会以每小时几百公里的速度飞行,但在通往机场的拥堵高速上,你不得不先耐着性子,像蜗牛一样慢慢挪动。如果你有过同样的经历,那么你一定很容易理解我接下来要说的这个问题。

在数据带宽受限的状态下,数据与算力就好像分别位于一条拥堵高速的两端:一端是海量的数据,另一端是高频的处理速度。但数据只能通过一条固定宽度的通路向后者输入,因此后者即使拥有能够处理更多数据的算力,也只能大部分空置,导致最终整体的处理效果令人遗憾,完全无法达到理论极限。

当然,并不是完全没有办法来匹配这两端,HBM(High Bandwidth Memory,高带宽显存)的高带宽方案可以解决这个问题,然而它的代价是高昂的。使用 HBM 内存的显卡动辄上千美元,这是端侧人工智能芯片根本无法承受的成本。

只有通过较小的代价来解决数据带宽受限的问题,完成与数据源头的有效匹配,人工智能芯片才能充分发挥算力,才不会像希腊神话中的安泰俄斯一样,因为离开力量的源泉——大地,而遭遇惨败。

2. 解决痛点,力在芯片之上

虽然挑战不小、困难不少,但是"没有挑战就不会形成门槛,没有困难就不会铸就壁垒"。对于开发人工智能芯片的公司来说,"这是最好的时代",是因为我们都在做人工智能芯片;"这是最糟的时代",也是因为我们都在做人工智能芯片。前面提到过,现在正在做人工智能芯片的公司和机构不下百家,每家都在从各自的领域和角度做着各自的努力,有的已经发布公开,有的正在通往发布的路上。全球的人工智能芯片从业者,都正力图从各种角度解决端侧人工智能芯片所面临的这些挑战。

(1)人工智能芯片加速架构,从发散趋于收敛

微架构类型可以分为冯·诺依曼结构和非冯·诺依曼结构。一些传统的 CPU、DSP、GPU 公司依旧没有放弃冯·诺依曼结构,这表示冯·诺依曼结构依然还有潜力可挖掘。但是在原有的架构上增加深度学习加速器,并不能有效地解决带宽的问题,反而有可能为了通用性以及产品的前向兼容而产生功耗的问题。

人工智能的基础计算有一个新特点，即参与计算的数据既不是CPU的标量，也不是DSP或GPU的向量，而是张量。在现有冯·诺依曼结构中融合张量计算不是一件简单、容易的事。此时，非冯·诺依曼结构有了独特的优势，一些公司直接推出了数据流结构的处理器，结合异步设计，得到了不错的效果。例如，在云侧，众所周知的谷歌TPU就是基于脉动阵列的结构设计，Wave Computing公司的数据流架构的DPU芯片在国外反响也不错。在端侧，国内也有不错的设计提出。

从处理器核间的架构角度来说，同构多核和异构多核都是选择。针对端侧人工智能芯片，异构多核是更现实的一种选择。在异构多核里，不同的核做不同的事。例如，CPU核负责控制，并肩负前向兼容和生态维护的任务；DSP核负责一些传统的信号处理算法，如语音降噪等；GPU核负责一些传统的图像处理，如图形变化和图像显示等。为了满足人工智能应用的需求，神经网络加速器则成为SoC中新加入的另一个异构核。比如，国外的苹果A11处理器、国内的华为麒麟970处理器。

现在各种人工智能芯片的架构发布呈现百家争鸣之势，和当年CPU指令集架构的纷争很像。在经历技术的沉淀和市场的考验之后，只会剩下少数几种架构来应对不同的领域。

（2）计算存储一体，从幕后走向台前

从技术角度看，解决带宽问题，无非两种思路。

一种思路是增大供给，如前面所说的使用高带宽的HBM，问题就是对端侧人工智能芯片来说，功耗和成本都是问题。即使将负责存储数据的存储器和负责计算的计算逻辑封装在一起，也只是近内存计算（Processing Near Memory），并不能打破带宽瓶颈。

另一种思路就是减少需求，比如将需要传输的护具进行压缩，然后再传输，就能降低对带宽的要求。内存内计算（Processing In Memory）也是一种减少带宽需求的方法。内存内计算将计算置于存储器内部，数据在存储器单元内直接完成计算并保存结果，不需要从存储器的端口传输出来交给计算逻辑进行处理。只有在需要最终结果的时候，才从端口读取数据，占用带宽。内存内计算的研究并不是新话题，但是随着人工智能应用的发展，也推动了内存内计算在加速神经网络计算方面的研究。从国际学术会议上发表的论文来看，内存内计算相关的研究机构数量和研究质量都呈现出增长和提高趋势。尤其是基于忆阻器的研究技术正趋于成熟，已经有这方面的公司正在将此技术做商业推广，预计在不远的将来就会看到规模的应用实例。

（3）神经形态芯片，路漫漫其修远兮

科学家从来没有停止"仿生"的脚步，尤其是对最复杂生物器官大脑的仿生研究。一个简单的想法是，如果我们能够使用芯片来模拟大脑神经元和突触的电活动，那么这种芯片就可能具有大脑一样的智能。这类芯片，可以称为"类脑芯片"或者"神经形态芯片"。神经形态芯片的创意可以追溯到几十年前。美国加州理工学院的退休教授、集成电路设计的传奇人物卡弗·米德在1990年发表的一篇论文中首次提出了这个概念。

已有不少机构和公司在这方面取得了不错的进展，例如IBM的TrueNorth使用54亿个晶体管模拟了100万个神经元，大概相当于一只蜜蜂的大脑。英特尔在2017年发布的Loihi芯片比一个简单的虾脑更复杂一些。

关于神经形态芯片的描述，都会提到其突出的优点：低功耗。这是因为所模拟的神经元之间的通信是以脉冲的方式进行的，是一种异步通信机制，并且只有在需要的时候才会进行通信。对端侧人工智能来说，这是个好消息。

当然，神经形态芯片的成果并不能威胁到传统芯片行业。首先，与目前各个公司发布的人工智能芯片相比，神经形态芯片的计算能力不具有优势。其次，芯片发展过程是一个产业积累的过程，神经形态芯片在设计方法、软件工具以及应用开发等方面，还需一段积累的过程。即使有科技巨头和科研机构的不懈探索，这也是一段漫漫的长路，但是很有可能推动人工智能的下一次浪潮。

3. 普及端侧人工智能，功在芯片之外

端侧人工智能应用的落地和推广，不可能只依赖于人工智能芯片开发，还有很多功夫要花在芯片开发之外。

（1）人工智能算法和人工智能芯片开发的一体化

在 IT 产业中有一个"安迪 – 比尔定律"：Andy gives, Bill takes away。安迪指英特尔前 CEO 安迪·格鲁夫（Andy Grove），比尔指微软前 CEO 比尔·盖茨（Bill Gates）。这句话的意思是，硬件提升所带来的性能的提高，都会很快被软件消耗掉。从一定角度看，似乎硬件总是不能满足软件应用的需求，这一方面说明了应用在不断升级，另一方面也说明了软件开发和硬件开发之间的不协调。在对能效和成本不敏感的领域，这种不协调并不重要，但是，在端侧，软硬件的协调就至关重要。

对端侧人工智能应用来说，传统的芯片公司和算法公司合作的模式已然遇到了困难。一方面，如前所述，这种合作模式始终无法解决人工智能算法的快速迭代与芯片的慢速迭代之间的矛盾。另一方面，出于商业利益的考虑，以算法为核心的算法公司和以芯片为核心的芯片公司之间始终无法倾囊相授，根本不可能实现水乳交融的合作。

除了性能方面的考虑，做产品的都知道上市时间的重要性。将算法和芯片作为一个整体来进行开发，肯定具有先天的优势。

"算法加芯片"的一体化开发模式是地平线机器人成立伊始就坚定的模式，所以地平线机器人发布的第一代人工智能芯片不仅性能达到了目标，而且可以快速直达应用。

谷歌无疑是"算法加芯片"一体化开发方面的实践者，其发布的芯片 TPU 以及 Pixel Visual Core 都融合了对算法的思考。算得上"算法加芯片"一体化实践者的另一家公司，是以色列的 Mobileye 公司。微软为自家的 Hololens 应用专门开发了 HPU 芯片，也算是这个思路。

在经历了合作模式的磕磕碰碰之后，越来越多的公司会认识到"算法加芯片"一体化的重要性，可能有的会直接放弃，有的则会加大投入拥抱这种模式。

（2）基于人工智能芯片的智能方案平台化

这波来势汹汹的人工智能浪潮，不只是简单的人工智能芯片之间的战争，也是人工智能方案的战争。从人工智能芯片到人工智能应用，还有大量的工作要做。在人工智能应用落地的过程中，如果我们只做人工智能芯片，从模式上就已经输在了起跑线上，面对传统公司的围剿必然无法走得长远。

要想在战局中脱颖而出，就不能只做人工智能芯片，应在人工智能芯片的基础上做端侧智能解决方案的平台，这可能与大多数人所熟悉的芯片公司的模式有所不同。芯片公司之间的竞争异常激烈，要想摆脱这个层面的竞争，需要跳出平面，提高维度。智能方案平台化，就是一种提高维度的思考。这也是地平线机器人成立之初就选定的模式。在人工智能浪潮下，平台化将成为越来越多公司的选择。

在已有平台上增加对人工智能应用的硬件支持，并提供人工智能应用开发环境，这是移动端芯片公司必然的选择。虽然有些公司已经在移动端"坐稳江山"，但是他们不敢怠慢。以高通为例，其发布的 AI Engine 支持客户自己开发人工智能应用，可以将客户的人工智能应用根据情况自动分配到其平台的 CPU、GPU 或 DSP 上。又如联发科不仅增加了支持神经网络的定制模块，也推出了名为 NeuroPilot 的人工智能平台。ARM 在这方面也动作频频。不得不说的还有国

内的华为，不仅在其麒麟 970 中加入了神经网络加速器，还发布了对应的开发平台。

（3）人工智能芯片的部门化和战略化

人工智能需要 3 个要素：数据、算法和算力。目前还没有一个公司能在这 3 个要素方面完全做到自给自足，但是随着人工智能应用的普及，在一个要素上已经做强做大的科技公司必然会向另外两个要素扩张，从一些公司的动态中已经可见这种趋势。

一种可见的趋势是，人工智能芯片开发将逐渐成为科技公司的独立部门，或者说，越来越多的科技公司会设立独立的人工智能芯片部门。在这波人工智能浪潮之前，就已经有这样的榜样，如苹果自研处理器给自己的手机使用，华为海思逐步成长为国内第一的芯片设计公司。在当前的人工智能时代，更多的公司会走上这条路。如特斯拉先后抛开 Mobileye 和英伟达，宣布开始自研无人驾驶处理器。又如国内的监控公司海康威视，正在自研视觉处理芯片以用于自家的安防摄像头。不只是关注端侧的公司，百度和阿里巴巴都在积极设计用于云侧服务器的人工智能芯片。

另一种可见的趋势是，足够有野心的巨头公司正在布局人工智能领域，包括战略投资人工智能芯片公司。英特尔先后收购了端侧视觉芯片公司 Movidius、无人驾驶芯片公司 Mobileye 和云侧服务器芯片公司 Nervana。互联网公司阿里巴巴这几年也先后投资了多个人工智能芯片初创公司，包括国内的深鉴科技、寒武纪和国外的耐能。

随着人工智能应用的落地，人工智能芯片公司数量的增长会放缓，人工智能芯片的部门化和战略化发展却会增速。

不管你是否愿意接受，以人工智能为主角的新技术革命已然到来，端侧人工智能的发展必将改变人类生活的方方面面。

3.2.4　端侧人工智能芯片构筑华为终端智慧化之路

★ 关键词：端侧人工智能芯片　产业格局　终端应用

★ 作　者：芮祥麟　张守杰

人工智能承担着未来进入和管理数字世界的责任，并提供个性化的主动服务。在智慧互联时代，手机不再仅仅局限于通话和上网功能，而是扮演起"懂你"的智慧助手角色，能够主动感知用户状态和周边环境，并主动提供精准服务。但是在智慧互联时代，手机、平板电脑等个人终端侧的性能、功耗问题已经成为阻碍移动人工智能技术发展的最大掣肘。

第三次人工智能浪潮的兴起，得益于数据、算法和算力方面的突破，尤其是深度学习技术的突破。该技术需要训练大型神经网络的"深层"结构，且每层可以自动抽取不同维度的对象特征，并按照这些特征综合给出结果。其特点是，不再依赖于硬件代码和事先定义的规则，而依靠模拟人类大脑的神经网络系统，从案例和经验中习得算法。尽管人工智能在汽车、金融、消费品与零售、医疗、教育、制造、通信、能源、旅游、文化娱乐、交通、物流、房地产、环境保护等方面取得了巨大成功，但是其服务通常构建在数据中心和云服务器中。而在智能终端上面，由于网络速度、存储空间、处理器计算能力等与云端的运行环境存在巨大差异，因此严重制约了基于人工智能技术的端侧智慧化服务构建的进程，当前以 CPU/GPU/DSP 为核心的传统计算架构已经不能够适应人工智能时代对计算性能的需求。

具体而言，在手机侧，由于其具备随时性、实时性和隐私性等重要特点，因此人工智能本地处理能力就变得尤为重要，当前手机侧的性能问题已经成为阻碍移动人工智能技术发展的最大掣肘。手机作为一个随身设备，与服务器相比，体积、供电、散热和能耗等都面临巨大的挑战。因此，手机 SoC 芯片既要不断追求更好的性能，同时对每一个能力的加入又必须用最大的性能密度和最好的能源效率的方式来进行，这对芯片的设计提出了超高的要求与挑战。

2017 年，华为在业内率先发布了麒麟 970 处理器，这是华为首个端侧人工智能芯片，其从硬件层面解决了在端侧运行人工智能模型的性能与功耗问题，这让智能终端具备了强大的运算能力。并且华为在其上构建了面向移动终端的人工智能开放计算平台，命名为 HiAI。其综合世界各地的人工智能开发者和开放的生态环境，针对大量实时化、场景化和个性化的数据，在强劲持久的芯片处理能力支持下，通过人工智能技术构建的智慧化服务终端就能具备类人的认知能力，让手机成为人的分身和助手。

下面将针对在终端设备中通过人工智能技术构建终端智能服务所面临的实际问题，介绍一套从端侧人工智能芯片自底向上构建的端侧软硬件开放平台，即华为 HiAI 开放计算平台。该平台将使终端应用开发者和第三方厂商可以以较低成本且高质量地在终端实现人工智能服务，有效地平衡了终端设备的性能与功耗，并利用实际数据说明了其在端侧智慧化服务生态构建中的实际效果。

1. 华为首款端侧人工智能芯片麒麟970

麒麟 970 选择了具有最高能效的异构计算架构来大幅提升人工智能的算力，是全球首款内置 NPU（Neural-network Processing Unit，神经元网络单元）的人工智能处理器，其人工智能性能密度大幅优于 CPU 和 GPU，拥有强大的运算能力。相较于 4 个 Cortex-A73 核心，在处理同样的人工智能应用任务时，性能上，NPU 是 CPU 的 25 倍、GPU 的 6.25 倍（25/4）；能效比上，NPU 更是达到了 CPU 的 50 倍、GPU 的 6.25 倍（50/8），这意味着麒麟 970 芯片可以用更少的能耗更快地完成人工智能计算任务。以图像识别速度为例，麒麟 970 可达到约 2005 个图像 / 分钟，而在没有 NPU 的情况下每分钟只能处理 97 个图像，这种超级的人工智能运算速度远高于 iPhone 7 Plus 的 487 个图像 / 分钟、三星 S8 的 95 个图像 / 分钟等业界同期水平。

麒麟 970 HiAI 架构中另外两个重要的组成部分——CPU 和 GPU，也有新的提升：采用了最新的 TSMC 10nm 工艺，在指甲大小的芯片上集成了 55 亿个晶体管，其中包含 8 核 CPU、12 核 GPU、双 ISP、1.2Gbit 高速 LTE Cat18 Modem。麒麟 970 CPU 能效提升 20%，率先商用 Mali-G72 MP12 GPU，与上一代相比，图形处理性能提升 20%，能效提升 50%，可以更长时间地支持 3D 大型游戏的流畅运行，支持 VR/AR 等全新一代移动互联网体验。

2. 人工智能芯片及平台的产业格局

（1）人工智能芯片的发展

人工智能芯片也被称为人工智能加速器或计算卡，即专门用于处理人工智能应用中的大量计算任务的模块（其他非计算任务仍由 CPU 负责）。人工智能芯片的计算场景可分为云端人工智能和终端人工智能。深度学习的计算场景可分为 3 类，分别是数据中心的训练、数据中心的推断和嵌入式设备的推断。前两者可以总结为云端的应用，后者可以概括为终端的应用。

针对云端的应用，IBM 分别在 2011 年和 2014 年发布了 TrueNorth 第一代和第二代类脑芯片，2017 年高通也发布了第三代骁龙芯片，其在通用平台上做了针对人工智能任务的内核优化，骁龙 845 芯片也针对移动端做了优化。英伟达的 GPU 解决方案已经成为人工智能云端训练必不可少的元素之一。同时，英特尔和微软也自主研发了专用的 FPGA 芯片用于人工智能任务。谷歌于 2016 年 5 月公布了 TPU ASIC，并在 2017 年谷歌 I/O 大会上推出了 Cloud TPU，以支持人工智能的神经网络训练及推理。

在端侧，2017 年 9 月，苹果发布了 iPhone X，搭载 64 位架构 A11 神经处理引擎。为实现基于深度学习的高准确性面部识别解锁方式（Face ID），并解决云接口（Cloud-Based API）带来的时延和隐私问题，以及庞大的训练数据和计算量与终端硬件限制之间的矛盾，iPhone X 采用了"师生"培训、中间层、联合图、分割 GPU 工作项、匹配框架的神经引擎等方案。在车载等专用领域，Mobileye 公司和意法半导体公司共同开发了第五代 Mobileye 系统芯片 EyeQ。预计从 2020 年开始，新产品将用作全无人驾驶汽车执行传感器数据整合功能的中央计算机。除此之外，在视频监控领域，2016 年中星微电子也发布了星光智能一号嵌入式神经网络处理器，4 个 NPU 核芯片加快了人工神经网络模型运算速度。此外，针对目前人工智能加速芯片中内存访问的性能瓶颈问题，已有一些针对内存计算的硬件优化方法，例如在 CNN 计算中使用 1bit 权重。

本小节所介绍的华为人工智能芯片和 HiAI 开放计算平台是针对端侧的解决方案，并通过对比展示了与上述产品和工作相比的优势。

（2）深度学习框架的发展

深度学习框架是一种为了降低人工智能技术落地门槛的软件包。目前主流的深度学习框架主要有：谷歌大脑部门开发的 TensorFlow、开源深度学习软件包 Caffe，微软研发的开源平台框架 CNTK，美国华盛顿大学和卡内基梅隆大学联合开发的 MXNet，目前已为 Apache 开源项目、出自加拿大蒙特利尔大学实验室的基于 Python 的深度学习框架 Theano，百度自主研发的 PaddlePaddle 平台，还有由脸书的人工智能研究团队发布的 Python 工具包 PyTorch。每种深度学习框架的侧重点和实现方式各不相同、各有千秋，当前正处于遍地开花的情况，还未出现某家独大的局面，因此竞争非常激烈。

为了能够在基于 Android 的终端设备中可以运行深度学习框架来完成人工智能任务，上述框架大都分别开发了对应的移动端版本，例如 TensorFlow 已经发布了 TF-Lite 端侧版本，并可以通过 Android 8.0.1 的 NN API 在端侧灵活调用。在 iOS 设备方面，为了支持深度学习框架在端侧可以高效、高质量地运行，苹果已发布针对 iOS 的机器学习框架 Core ML。

3.以人工智能芯片为基石的端侧人工智能开放计算平台HiAI

（1）华为 HiAI 开放计算平台

为了发挥华为 NPU 在处理人工智能任务时的最大性能，并把端侧最好的人工智能能力开放给全球 Android 开发者来构建丰富的人工智能应用，下面主要介绍华为从 NPU 硬件自底向上构建的人工智能开放计算平台 HiAI。

首先，HiAI 是面向移动终端的人工智能计算平台，构建了三层人工智能开放生态：服务能力开放、应用能力开放和芯片能力开放。其整体在生态上的开放架构如图 3-29 所示。端、芯、云结合的三层开放平台为用户和开发者带来了更多的非凡体验。

其次，从技术维度上，HiAI 基于 NPU 硬件，逐步向上搭建了软件服务架构，其构建目标具体体现在以下 4 个方面。

图 3-29　HiAI 平台的三层生态架构

- 为第三方开发者降低人工智能应用开发的门槛：其上支持业界主流深度学习框架所训练好的人工智能模型，其下适配不同的华为终端、芯片等硬件版本，其中部署了面向各主流人工智能应用所需要的服务引擎接口，不同类别的开发者可以按需选择合适层次的 API 与开发方法。此外还完美支持 App 解耦、独立部署和升级，并支持人工智能模型的在线更新等实用功能，显著降低了应用上架的开发成本。

- 丰富端侧人工智能能力：HiAI 支持五大类别，例如计算机视觉、语音识别、自然语言处理、推荐系统等共 50 多种直接调用的人工智能服务接口，全面覆盖核心服务入口。

- 实时高效灵活的人工智能加速能力：CPU、GPU、DSP 和 NPU 等异构资源灵活调度，满足开发者加速神经网络模型计算和算子计算的需求。

- 完整开发工具支持：一键拖曳式 API 模型调用开发工具、实用的模型编译与压缩工具等，还配备了完备的在线开发者手册、线上专人支持等。

综上，实现上述目标的软件架构如图 3-30 所示。

（2）华为 HiAI 工具链

为了使第三方开发者能够更有效且以最低成本使用 HiAI，通过华为 NPU 提高人工智能服务能力，HiAI 配备了完整的工具链，即 HiAI 引擎工具集（HiAI

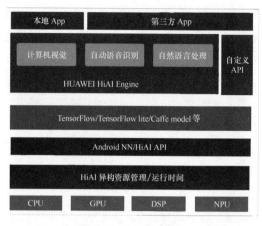

图 3-30　HiAI 软件架构

Engine Tools）。

通过 HiAI 引擎工具集，开发者可以快速集成华为人工智能 API，使用 EMUI 系统提供的人工智能能力，显著降低开发门槛，缩短上线周期，快速引入人工智能服务能力，构筑 Android 应用开发竞争力。

HiAI 引擎工具集针对不同开发者人群制订了不同的服务策略。对于无自有人工智能模型的开发者，基于业务需求，直接使用应用层人工智能 API，不涉及自有人工智能模型训练及部署问题。而对于自有人工智能模型的开发者，利用 HiAI 引擎工具集的开发作业流如图 3-31 所示。

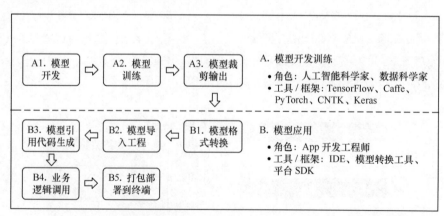

图 3-31　对于自有人工智能模型的开发者，利用 HiAI 引擎工具集的开发作业流

HiAI 引擎工具集面向自有人工智能模型的开发者，帮助开发者快速将已有模型转换为 HiAI 格式，提供两种转换方式：本地转换与云端转换，帮助开发者快速搭建转换环境，提供模型预分析、模型转换、

代码生成等功能,并提供一键接入华为终端开放实验室功能,为开发者提供快捷、高效、流畅的全系列华为远程真机调试。此外,部署了人工智能模型商店,人工智能模型开发者可将模型上传至人工智能模型商店,实现可搜索、可动态下载使用的功能。

4.华为 HiAI 生态实践之路

(1) HiAI 生态整体思路

HiAI 的生态开放能够使第三方开发者便捷、实时、高效、灵活地在端侧实现人工智能特性,以此极大限度地降低人工智能功能的端侧构建成本,具体可以体现在如下几方面。

- 便捷性:提供常用的人工智能业务功能 API,可在移动设备上高效运行。
- 实时性:提供与处理器硬件无关的加速 API,可在移动设备上加速模型计算、算子计算。
- 高效性:提供模型编译、模型加载、模型运行、模型销毁等人工智能模型管理 API。
- 灵活性:提供基本的算子计算 API,包括卷积、池化、全链接等接口。

(2) HiAI 生态构建的实践案例

HiAI 开放计算平台正式开放了 20 多项人工智能能力,助力第三方开发者快速丰富其产品的能力与应用场景,进而提升用户的价值。

目前有一些合作伙伴已"享受"到了通过 HiAI 的赋能与 NPU 计算力的加持所带来的产品能力与体验的显著提升。如微软翻译,通过 HiAI 的加速,使离线图片以及文本翻译的速度端到端整体提升了 3 倍。在计算机视觉方面,性能的提升尤为突出,如在 Prisma 上,一张图片的风格转换时间为 10s 左右,通过 HiAI 加速 4 倍,仅需 2.5s 即可转换完成。同时,还能应用 HiAI 开放的场景识别能力,智能推荐当前图片适合的风格滤镜,用户无须在动辄几十上百个滤镜中去选择,进一步提升了用户的转换效率。能效比方面,HiAI 也表现不俗,快手用户在终端设备上直播,超过 5 分钟,一些终端设备就会发热,壳温超过 36℃,NPU 的能效比比 CPU 高 50 倍,通过 HiAI 优化,长时间直播毫无压力。

HiAI 开放计算平台的人工智能能力将持续丰富与提升,不遗余力地提升合作伙伴的产品体验,使其更具竞争力。

5.未来方向

未来,随着华为人工智能芯片的硬件创新,开发者可以解锁更多的人工智能服务体验,例如端侧在线学习、强化学习方法、多异构芯片的人工智能模型联合调度方案,并结合端侧特征,提出人工智能运算的安全运行解决方案,以保护用户隐私和实现数据安全。

3.2.5 稀疏化:神经网络计算新范式

★ 关键词:神经网络计算 稀疏化
★ 作 者:江帆 李鑫 梁爽 韩松

一直以来,深度学习计算遇到的最大瓶颈其实是带宽问题,而非计算本身。为了实现高效的深度学习计算,必须使软硬件同时进行优化,不仅在算法上压缩到更小,硬件上更要支持压缩后的深度学习算法。基于稀疏化的深度压缩技术正是能解决这个问题的最好方法,通过在算法侧进行稀疏化剪枝等操作,将深度神经网络模型压缩十几倍,让其计算更快、功耗更低。

1.导语

近年来,深度神经网络凭借其在图像、语音等领域的卓越性能，被越来越多地应用在实际工业场景中。以大规模图像识别数据集 ImageNet 为例，当基于传统视觉特征算法的识别准确率在 70% 以下即出现瓶颈时，基于 CNN 的模型却可以实现 80% 以上的准确率，而最新的算法模型更是可以超越人眼实现 94.9% 的识别准确率。

但是，当算法模型的准确率在不断提升的同时，模型本身的复杂度也在不断增加。以常见的 AlexNet、VGG-16 和 ResNet-50 等模型分析来看，处理单帧图像所需要完成的计算操作高达数十亿次每秒到数百亿次每秒之多，权重参数个数也多达数兆到数十兆。这种算力及存储需求对于片上硬件资源有限的计算芯片而言将形成非常大的压力——如果想要进行实时的智能识别，往往需要非常昂贵的高性能芯片，并且功耗巨大，只能在云端应用。

为突破这一瓶颈，不少研究者在设计更小的算法或者更加高效的芯片架构上进行了很多的探索，但是将算法与芯片分开来看，始终会存在一定的瓶颈：要么算法不是最适合"跑"在芯片架构上的，要么芯片架构不是为实际最常用的算法设计的。而实现最高效的深度学习计算的可行路径之一便是采用软硬件协同优化的方法，从软件角度对算法模型进行压缩处理，以降低算法模型本身的复杂度，在实现等效模型执行效果的同时，减少对硬件运算资源及存储资源的需求，提升硬件的执行能效比，如图 3-32 所示。

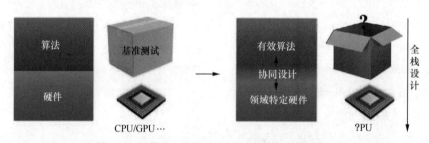

图 3-32　从算法、芯片分开设计，到软硬件协同设计

众所周知，深度学习计算的主要瓶颈在于带宽：每个神经网络都拥有海量参数，而每个参数都会被反复使用数十到数百次，因为读取内存的需求极大。对于深度学习计算而言，往往不是芯片的性能不够高，而是芯片无法从内存获取足够的数据，即"喂不饱"。英伟达的系列产品内存技术由 GDDR5 逐渐升级到最新的高带宽内存 HBM2，正是为了解决这个问题。如果我们能够在算法侧将算法压缩到更小，不就能很好地解决这个问题，让芯片计算得更快吗？

同时，芯片的功耗有一大部分来自内存的读取。如图 3-33 所示，进行一次内存读取的能量消耗，比单次的计算要高 2～3 个数量级——这是一个非常恐怖的数字。如果我们能够降低深度学习的内存读取能量消耗，就可以大大降低芯片的功耗，把深度学习部

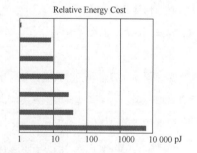

图 3-33　读取一次内存所消耗的能量

署于各种各样的低功耗设备上。

基于稀疏化的深度压缩技术正是能解决这两个问题的方法：通过在算法侧进行稀疏化剪枝等操作，将深度神经网络模型压缩十几倍，让其计算更快、功耗更低。此项技术不仅在 2016 年的机器学习顶级会议 ICLR 上获得最佳论文奖项，而且在 2017 年计算机体系结构顶级会议 ISFPGA 上获得了最佳论文奖项。

深鉴科技以稀疏化压缩软件与硬件加速技术为核心，已经形成了包括端上人脸识别、视频结构化等技术在内的智能安防、无人驾驶产品，以及包括语音识别等技术在内的云端加速器产品，并与国内外超过 100 家企业达成合作并实现应用。下面就对深度神经网络压缩技术进行详细的分析介绍。

2. 深度神经网络压缩技术

神经网络压缩往往会在计算量和精度损失之间进行折中，一般说来，从基准模型出发，随着计算量的降低，模型的精度也会相应地下降。神经网络压缩的目标就是在计算量降低的同时，尽可能地减少精度的损失。

如图 3-34 所示，目前主流的神经网络压缩技术的两个重要步骤是剪枝和量化。剪枝指的是将一个稠密的网络转换成一个稀疏的网络；量化则是指将一个全精度的浮点网络转换成一个定点的网络。在剪枝和量化的基础上执行霍夫曼编码，可以在不损失网络模型精度的情况下实现 35～49 倍的模型规模压缩。但稀疏化处理后的神经网络由于其数据分布的不规则性，使其不能在传统的 CPU 或 GPU 上进行加速，因此需要设计全新的硬件结构来针对稀疏化后的神经网络进行有效的加速。后面介绍的技术将围绕剪枝和量化这两方面展开。

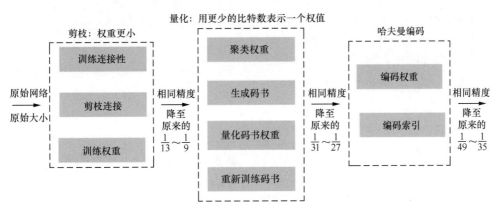

图 3-34　神经网络压缩技术

（1）剪枝

在深度神经网络中，剪枝是一种将稠密网络转换成稀疏网络的方法。深鉴科技的联合创始人韩松博士在 2015 年发表的 *Learning both Weights and Connections for Efficient Neural Networks* 一文中首先提出了利用剪枝的方法进行神经网络压缩，并在 2016 年的 *Deep Compression: Compression Deep Neural Networks with Pruning, Trained Quantization and Huffman Coding* 一文中结合量化和霍夫曼编码，提出了深度压缩的方法，在模型的参数和计算量上都取得了很好的压缩效果。剪枝的方法一经提出就得到了学术界和工业界的广泛关注。近年来，学术界持续有各种新的剪枝方法涌现出来，比如高效 DNN 的动态网络剪枝（Dynamic Network Surgery for Efficient DNNs）、卷积神经网络以实现资源高效推理（Pruning Convolutional Neural Networks for Resource Efficient Inference）。

神经网络中绝大多数都是乘法和加法的运算。剪枝，顾名思义，就是把神经网络中两个神经元之间的连接剪掉，也就是把相应的权重设置为 0。从这里可以看出，剪枝虽然能把很多权重设置为 0，但如果想要达到降低计算量的效果，是需要软件和硬件配合的。比如在 CPU 或 GPU 上，如果不采用稀疏化的表示方法，权重 0 和另一个输入数据相乘依然会送到乘法器中进行一次计算，并没有真正达到提速的目的。

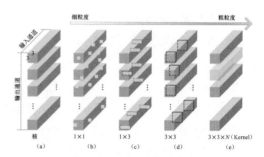

图 3-35　CNN 中不同粒度的剪枝

剪枝的方法适用于所有神经网络，但针对不同的神经网络，具体的方法会有所区别。比如 CNN 是有卷积核的，因此剪枝的时候可以有各种不同的粒度，而 RNN 的基础计算就是矩阵相乘，因此就只有细粒度剪枝这一种选项。后面的内容主要针对 CNN 以及 RNN 中的 LSTM 网络展开，LSTM 网络上的方法可以推广到其他 RNN 的结构上。

① CNN 剪枝

·不同粒度的剪枝

由于 CNN 的卷积核是一个四维的结构，因此 CNN 剪枝可以在不同的粒度上进行，它既可以将神经网络中的权重一个一个分别剪成 0，也可以将一片一片的权重整体剪成 0。图 3-35 所示为 CNN 中不同粒度的剪枝情况，图 3-35（a）展示了一组三维的卷积核，该卷积核的空间尺寸是 3×3；图 3-35（b）是细粒度剪枝的情况，1×1 的 "0" 随机分布在整个卷积核中；图 3-35（e）是最粗粒度的情况，它直接剪掉了一个或者多个三维的卷积核；图 3-35（c）和图 3-35（d）则介于图 3-35（a）和图 3-35（e）之间，它们分别按照形状 1×3 和 3×3 进行剪枝。

从硬件实现的角度来看，不同粒度的剪枝实现的难度也大不相同。粗粒度的剪枝剪掉了整个三维卷积

核，等效于修改了网络结构，减少了该层网络输出的通道数目，因此任何硬件都可以在不做任何改动的情况下受益。而对于细粒度剪枝来说，矩阵中的 "0" 完全随机分布在矩阵中，剪枝的收益需要在特殊设计的硬件架构上才能体现出来。中间粒度的剪枝也需要运行在特殊设计的硬件架构上，只不过由于 "0" 的分布更规则，因此硬件设计的难度会低一些。从压缩的效果来看，在相同稀疏度的前提下，细粒度压缩更多地保留了有价值的参数，因此精度损失也最小。而粗粒度剪掉了整个卷积核，精度损失自然更大一些。总的来说，细粒度保持精度的效果好，硬件实现难度大；粗粒度使所有硬件都受益，而精度损失略大。

·CNN 剪枝方法

对于 CNN 剪枝，整体上采用了迭代剪枝的方法，通过不断重复网络分析、剪枝和精修这 3 个步骤，逐步将神经网络压缩到期望的稀疏度。图 3-36 所示为 CNN 压缩流程，在网络分析上，提出了基于增强学习的全自动分析方法，自动分配各层的稀疏比例；在每一层剪枝的过程中，采用多种准则，力求保留更多的有效信息。

·CNN 剪枝实验

这里给出了一组分类网络的剪枝结果，网络的结

图 3-36　CNN 压缩流程

构是 ResNet-50，实验的数据集是 ImageNet。采用 Top5 Accuracy 作为模型精度的评价指标。图 3-37 所示为 4 种不同的粒度下模型精度随稠密度的变化情况，稠密度为"1"表示原始未压缩的模型。从图 3-37 中可以看出，在参数量压缩到 40% 的情况下，1×1、1×3 和 3×3 这 3 种较细粒度的压缩都能比较好地保持网络的精度，其精度损失都在 0.5% 以内。纵观四者对比，粗粒度剪枝剪掉的是整个三维的卷积核，因此可以计算出剪枝后网络的计算量。通过图 3-37 可以看出，粗粒度剪枝仍然取得了不错的结果：在计算量压缩到 43% 的情况下，精度损失控制在 1% 以内。对比 4 种粒度的剪枝结果，与前面分析得到的结论一致，剪枝粒度越细，保持精度的能力越好。

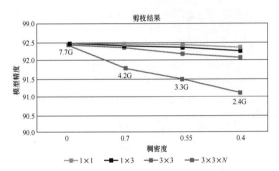

图 3-37　ResNet-50 在不同粒度下的剪枝实验

② LSTM 剪枝

在 LSTM 前向计算中，绝大部分计算集中在矩阵与向量相乘上。LSTM 剪枝，主要就是对 LSTM 结构中的稠密矩阵进行稀疏化。LSTM 剪枝的结果，需要配合专门的定制硬件加速平台才能实现高效的利用。对于 GPU 而言，LSTM 网络一般的稀疏化水平（如 20%）很难带来计算性能上的显著提升，因此前人开展的研究工作相对较少。

深鉴科技针对 LSTM 的剪枝，在语音识别领域开展了广泛的研究，其中部分成果发表在 FPGA 2017 会议论文 *ESE: Efficient Speech Recognition Engine with Sparse LSTM on FPGA*（以下简称 ESE）中。ESE 一文中提出的剪枝技术能够在几乎不影响精度的前提下，以较小的时间代价将网络稀疏化到 10% ~ 20% 的水平，同时在剪枝的过程中充分考虑了硬件设计结构，通过算法软件和硬件的高效协同，充分发挥硬件的计算优势，为深度神经网络在定制硬件加速平台上的部署开拓了新思路，为低功耗高性能 LSTM 前向传播的实现提供了新的解决方案。

· LSTM 剪枝方法

ESE 一文针对 LSTM 的剪枝方法，借鉴了深度压缩中的思路，主要包含 3 个步骤：敏感度分析、剪枝和微调（重训）。首先，通过敏感度分析，确定多层 LSTM 中每个矩阵（或组合）的压缩率；其次，将矩阵权重结合绝对值等参考指标进行稀疏化；最后，通过合理使用掩码矩阵，将稀疏的网络进行微调训练，在维持压缩率的前提下，使网络恢复精度。

值得一提的是，为了充分发挥 ESE 一文中基于 FPGA 的强大并行计算能力，我们创造性地提出了考虑负载均衡的剪枝方法。由于矩阵中的每一行与向量相乘都是相互独立的，因此可以在多个 PE 中采用并行计算的方式同时进行。对于稠密矩阵而言，由于每个元素（无论是否为"0"）都参与运算，因此多个 PE 并行计算并不会面临负载不均衡的问题。然而，由于采用压缩技术对稠密矩阵进行了稀疏化，存储和参与运算的都是非"0"元素，因此 PE 之间会面临负载不均衡的问题，如图 3-38 所示。

由此可见，PE 之间负载越不均衡，空载周期越长。考虑负载均衡的剪枝方法，其本质在于，在对矩阵进行压缩之前，先将其划分成大小相似的子矩阵，其中各子矩阵中含有相似数目的非"0"元素，然后对各个子矩阵采用相近的压缩率进行压缩，并采用特定的稀疏矩阵存储方式（如 CSC 格式）进行存储。

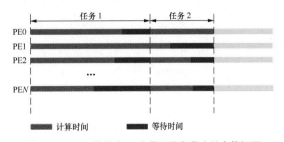

图 3-38　LSTM 剪枝中 PE 负载不均衡带来的空载问题

图 3-39 所示为考虑负载均衡进行矩阵压缩的一个示例。以 PE0～PE3 为例，在不考虑负载均衡的压缩方式下，PE 的处理速度受制于处理时间最长的 PE（PE0），需要 5 个时钟周期；而在考虑负载均衡的压缩方式下，PE0～PE3 含有相同数目的非"0"元素，计算时间相似，从而减少了空载周期，只需要 3 个时钟周期就能完成计算，大大提升了计算速度。

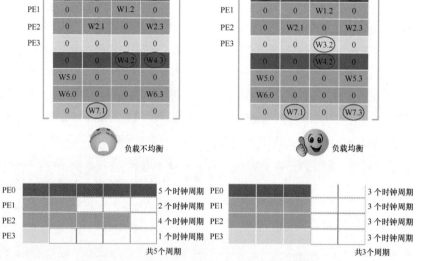

图 3-39 考虑 PE 之间负载均衡的剪枝方法对并行处理速度的提升

上述剪枝方法不仅适用于最基本的 LSTM 结构，也适用于 LSTM 的各种变体（如具有递归投影层的 LSTM，简称 LSTMP），不仅支持单向 LSTM，也支持双向 LSTM，同时可以推广到 GRU 等其他 RNN 结构。

· LSTM 剪枝实验

针对 LSTMP 结构，在 3000h 含噪声的实际中文数据集（Real_3000）上，采用 3 层 LSTM 模型进行剪枝实验，实验结果如图 3-40 所示。

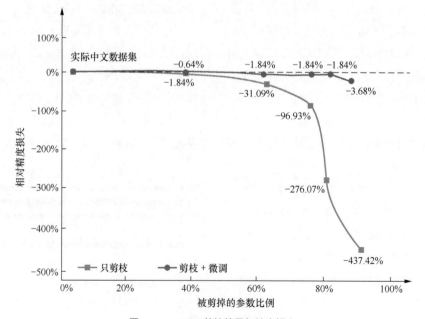

图 3-40 LSTMP 剪枝效果与精度损失

其中，当模型被稀疏化到 17.76% 时，WER（Word Error Ratio，词错误率）在同一测试集上从 16.3% 上升到 16.6%，相对精度损失仅为 1.84%；当模型被稀疏化到 10.47% 时，相对精度损失约为 3.68%。针对稀疏化到 17.76% 的模型，基于其他几组测试集也做了测试，精度的相对损失也都在 2% 以下。

针对最基本的 LSTM 结构，采用 LibriSpeech_1000 小时英文公开数据集，基于 6 层双向 LSTM 模型做了类似的剪枝实验，得到了类似的结论，可以在几乎不影响精度的前提下，将模型稀疏化到 15%～20%，这就为充分发挥定制硬件加速平台的性能提供了极大的便利。

（2）量化

① 量化实现

神经网络的两个阶段是训练（Training）和推理（Inference）。对于浮点网络而言，训练和推理过程中的权重（Weight）、激励（Activation）以及梯度（Gradient）都是浮点数。量化是将浮点网络转换为定点网络的过程，如果量化了网络的权重和激励，推理的过程就可以完全在定点整数上运行；如果进一步量化了梯度，则整个网络的训练和推理都可以在定点整数上运行。

相比于浮点计算，定点计算不仅快，而且节省存储空间，因此量化也成为神经网络压缩中一项非常重要的技术。同剪枝一样，量化也需要在量化的比特数和精度损失之间进行折中，量化的比特数越低，计算

量越小，精度损失越大。对于常见的 CNN，将权重和激励量化到 8bit 是比较普遍的，更低比特的量化也已经成为研究的热点。对于 LSTM 网络，8bit 通常不能满足应用的需求，权重和激励往往需要量化到 12bit 甚至 16bit。

我们的目标主要是加速神经网络推理，因此不考虑梯度的量化。在量化方法上，CNN 和 LSTM 网络也完全一致，只是在量化的比特数上有区别。具体来说，为了硬件实现的便利，采用了均匀对称量化的方法，先将网络的权重量化到指定的比特数，再利用一些标定数据，确定出激励的量化间隔。如果量化在测试集上有比较大的精度损失，则采用定点训练的方法进一步进行校准。

上述量化将浮点数转换成定点整数，定点整数之间是等间隔的，我们称之为均匀量化。不同于均匀量化，在深度压缩中提出了一种非均匀量化的方法。非均匀量化依赖一个通过聚类获取的码表，码表将网络权重对应到相应的聚类中心，并存储其量化值。相比于均匀量化，非均匀量化保持精度的能力更强，但码表的确定以及硬件实现相对更复杂。

② 量化实验

我们对 CNN 常见的分类网络在 ImageNet 上进行了量化实验，权重和激励都量化到了 8bit，实验的结果如表 3-3 所示。可以看出，对于常见的分类网络，8bit 量化取得了很好的效果，量化之后的 Top5 精度损失基本都在 0.3% 以内。

表 3-3　CNN 量化实验

网络	Fp32 Baseline	8bit 量化	Top5 精度损失
Inception_v1	87.68%	87.58%	0.10%
Inception_v2	91.04%	90.82%	0.23%
Inception_v3	93.29%	93.00%	0.29%
Inception_v4	94.80%	94.64%	0.16%
ResNet-50	92.09%	91.95%	0.14%
VGG-16	89.85%	89.76%	0.09%
Inception-ResNet-v2	95.13%	94.97%	0.16%

对于 LSTMP，基于剪枝后的稀疏网络，分别在 LibriSpeech_100 小时英文数据集与 Real_3000 小时中文数据集上进行了量化实验。将权重量化到 12bit，激励量化到 16bit，实验结果如表 3-4 所示。在小数据集 LibriSpeech 上，10.3% 稠密度的网络在量化之后比原始网络的 WER 甚至还要更低一些，在 Real_3000 的大数据集上，17.76% 稠密度的网络在量化之后依然能够保证和原始精度一致。

表 3-4 LSTMP 量化实验

数据集	稠密度	WER
LibriSpeech_100	1.0（float）	12.22%
LibriSpeech_100	10.3%（量化）	12.14%
Real_3000	1.0（float）	16.6%
Real_3000	17.76%（量化）	16.6%

③ 稀疏化神经网络处理器结构设计

· CNN 处理器结构设计

基于亚里士多德架构的量化。亚里士多德架构是深鉴科技针对 CNN 设计的。目前 CNN 一般用来处理图像相关的智能问题，而此架构灵活与可扩展的特性使它可被应用于各种不同规格的终端中。在指令集设计上，亚里士多德架构采用了高度灵活的混合粒度指令，既能支持传统标量/矢量和矩阵运算，也能支持更高维度的卷积、池化等网络层操作；在整体结构上，选用了 CPU+MIMD 异构定制加速核的方案，采用了针对量化优化的应用域定制并行计算单元，同时使用了层次化的片上权重及特征图缓存设计。亚里士多德架构可以通过配套的开发工具套件 DNNDK 来针对不同的 CNN 模型进行硬件编程，支持粗粒度的剪枝以及线性量化，并在数据流上给予了特定优化，从而保证了 CNN 在硬件整体执行过程中的高效率。

压缩对性能的提升。以一个实际的 SSD 检测网络为例，展示压缩对网络性能的提升效果。基准网络是一个计算量为 120Gbit/s 的 SSD 网络，用于检测 4 类目标：车、人、非机动车以及背景。基准网络和压缩后网络的性能用 mAP 来衡量，如图 3-41（a）所示。从图中可以看出，网络的计算量压缩到 19Gbit/s（16%）时，精度还略有提升，压缩到 11.5Gbit/s 的时候，mAP 下降 1% 左右。将这些网络分别部署在深鉴科技的两款 DPU 上，用帧率来衡量网络的运行速度。从图 3-41（b）可以看出，压缩对于网络的提速非常明显，比如计算量为 11.5Gbit/s 的网络在两个平台上就比原始网络分别提速了 8 倍和 6.3 倍。当然，压缩对速度的提升肯定达不到理论上计算量的下降，就像是上面 11.5Gbit/s 的网络，计算量降低到了 1/10，而实测的加速比并没有达到 10 倍。这是由于经过粗粒度的剪枝，网络的通道数变少了，因此硬件上的并行度也相应地有所降低，导致 DPU 的效率略有下降。

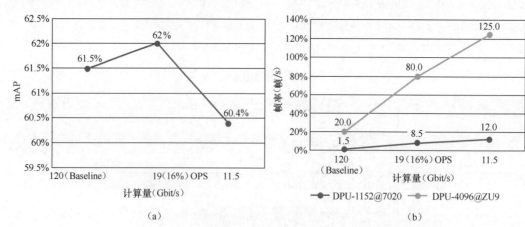

图 3-41 检测网络压缩效果以及网络压缩前后性能对比

CHAPTER 03 人工智能芯片

· LSTM 处理器结构设计

Descartes 平台是深鉴科技基于 FPGA 平台开发的第一款异构智能计算加速解决方案，可以帮助客户快速建立高性能、低功耗的机器学习开发平台，其核心原理请参考论文 ESE 中的阐述。

面对单向、双向 LSTM 结构及其变体 LSTMP，ESE 一文中的 FPGA 都取得了比 GPU、CPU 较明显的性能优势，具体效果如下。

针对基于 Real_3000 小时数据集的 LSTMP 模型的加速效果如图 3-42 所示，在 32 路输入的情形下，CPU、GPU 和 FPGA 具体的性能对比如图 3-43 所示。值得一提的是，ESE 一文中的 FPGA 针对多路语音，支持完全独立的并行计算，无须多路之间等待，且无须拼成 Batch。

针对 LSTM 结构，深鉴科技基于亚马逊云服务 AWS F1 构建了由 FPGA 加速的端到端语音识别系统，推出了 DDESE（DeePhi Descartes Efficient Speech Recognition Engine）解决方案，并发布在 AWS Marketplace 中。

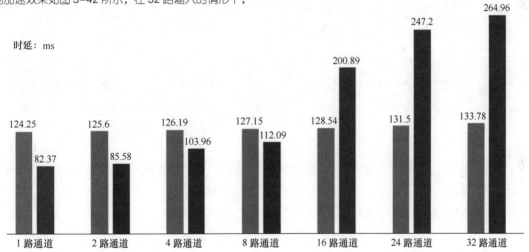

参数：输入维度 153，LSTM 尺寸 2048，输出维度 1024，3 层单向 LSTM，剪枝后的稠密度为 17.76%。
本地 CPU 型号：Intel Xeon CPU E5-2690 v4 @ 2.60GHz（56 个处理器）
每一路输入数据均为 100 帧

图 3-42　ESE 一文中的 FPGA 针对基于 Real_3000 小时数据集的 LSTMP 模型在不同路通道情况下的加速效果

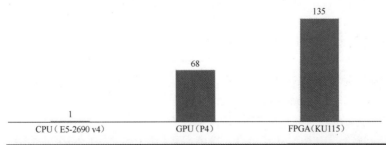

硬件	CPU（E5-2690 v4）	GPU（P4）	FPGA（KU115）
时延	18 155.22ms	264.9576ms	133.778ms
功耗	—	62W	53W
加速比	1×	68×	135×

图 3-43　ESE 一文针对基于 Real_3000 小时实际中心数据集的 LSTMP 模型执行推理与 CPU、GPU 的对比结果

DDESE 是深鉴科技自主研发的高效端到端自动语音识别引擎,它使用了算法、软件、硬件协同设计的深度学习加速解决方案(包括剪枝、定点、编译和 FPGA 执行推理)。DDESE 采用了 DeepSpeech2 框架和 LibriSpeech_1000 小时英文数据集来进行模型训练和压缩。

为了对比性能,这里分别使用了单向 LSTM 模型和双向 LSTM 模型,LSTM 都是 5 层,输入维度为 672,LSTM 尺寸为 800,输出维度为 800,采用的输入语音时长为 1s。

如果只加速模型的 LSTM 层,DDESE 对于单向和双向 LSTM 模型可以分别取得相比于 GPU 2.87 倍和 2.56 倍的加速比,如表 3-5 所示。

表 3-5 DDESE 针对单向和双向 LSTM 模型相比 GPU 的加速效果

模型	对比基准(cuDNN)	压缩信息	硬件频率	时延	加速比
单向 LSTM 模型	WER=15.608	WER=17.033	290MHz	23.76ms(E2E)	1.11x
	E2E=26.42ms	稠密度 =20%		7.88ms(LSTM)	2.87x
	LSTM=22.60ms	16bit 权重 /ACT			
双向 LSTM 模型	WER=10.764	WER=11.51	200MHz	32.61ms(E2E)	1.30x
	E2E=42.35ms	稠密度 =15%		15.07ms(LSTM)	2.56x
	LSTM=35.58ms	16bit 权重 /ACT			

备注:E2E 是端到端的简称,ACT 是激活值的简称。

3.总结

深鉴科技提出的深度压缩技术可将深度神经网络压缩一个数量级而不损失其预测精度,从而降低计算的复杂度和减少存储空间。该技术受到了工业界和学术界的广泛关注,一举囊括 ICLR 2016、FPGA 2017 在内的最佳论文奖项;深鉴科技也受邀在 2016 年芯片工业界顶级会议 Hot Chips 上作相关报告。在产业界,英伟达的 S-CNN 结构及其深度学习加速器 NVDLA、寒武纪的 Cambricon-X 结构等都开始针对网络的稀疏性进行了特定处理,谷歌在其 ISCA17 介绍 TPU 的论文中也提到了"稀疏性将在未来的设计中具有高优先级(Sparsity will have hight priority in future designs)"。可以预见,未来的深度学习处理器设计离不开软件和硬件的协同优化,稀疏化技术将被越来越多地应用到云端及移动端的人工智能产品设计中,为突破硬件资源限制、实现更高的计算性能提供了可能。

3.2.6 神经形态计算发展现状与展望

★ 关键词:神经形态计算 现状 展望
★ 作 者:陈怡然 李海 陈逸中 陈凡 李思成 刘晨晨 闻武杰 吴春鹏 燕博南

神经形态计算是一个包含硬件开发、软件支持、生物模型,三者缺一不可的研究。其终极目标之一是模仿生物结构来实现电子脑以期达到人工智能。这种仿生学方法创造了高度连接的合成神经元和突触,可用于神经科学理论建模,并解决具有挑战性的机器学习问题。该技术的前景是创造一个像大脑一样具有学习和适应能力的系统,但这项技术存在很多挑战,从建立准确的大脑神经模型,到寻找材料和技术来构建支持这些模型的设备,到开发一个能使系统自动学习的编程框架,再到创建具有类脑功能的应用程序。下面将对神经形态计算研究的发展过程进行仔细的回顾,并通过指出新研究的需求点来激励进一步的工作。

1. 神经形态计算的组成与分类

神经形态计算可以定义为任何以模拟神经－生物为体结构的计算。现今的神经形态计算可以分为四大方向：新形态硬件、类神经网络、人脑模拟以及人工智能。

新形态硬件包含器件、电路、硬件体结构、系统架构等，忆阻器、模拟－数字混合信号仿生电路单元、非传统冯·诺依曼结构计算等，都属于此方向的研究范围。此方向多以硬件来模拟生物信号及其信号传递方式。许多以仿生信号研究为出发点的设计，即以脉冲信号来取代传统的时钟信号。其概念延伸出的模拟－数字混合信号仿生电路及非传统冯·诺依曼结构则是一大研究热点。创新的器件（如忆阻器）则以接近人类记忆细胞的运作方式实现部分拟似生物结构计算。由于人脑是一个极低功耗的计算系统，因此若能重现人脑计算单元并将其应用于现有的系统中，我们将能实现一个极低功耗的计算系统并将其应用于各个领域。

类神经网络是近年来最大的研究热点之一。以深度学习为基础的类神经网络目前已被广泛用于各种人工智能的研究方向，其核心是以数学模型来模拟人类神经元及突触的结构，并结合多层次传导来模拟大量神经元联结进行计算。经过长时间的发展，现代的类神经网络已发展成近似于非线性统计模型并大量使用于人工智能的应用。此外，类神经网络以片上网络配合软硬件以数值方式来模拟脑内神经传导系统，此类研究着重于理解脑部信号传导的方式，以期了解大脑的运作方式。

类神经网络向上延伸则是人脑模拟，此方向的研究主要依赖上述多种基础硬件作为主体，再加以整合成大型脑模拟。在此方向的神经形态计算中，相对应的软件及生物脑模型占有非常大的比例，这类研究主要是从生物的角度去理解脑内运作，而非针对现有计算单元进行改进或是提供跳跃性进步。同时，这也能让脑科学家及神经科学家更好地理解人类脑部疾病，如阿尔茨海默症等。最后，则是终极的人工智能，或称为矽脑——以电子脑的方式重现人工智能。目前深度学习虽属于人工智能的一环，但此处所强调的人工智能则更接近人脑的启发式学习，尚未有一个完整的理论结构或是系统来支持相关等级的人工智能研究。

2. 神经形态计算模型的演进

（1）神经形态计算模型的历史发展

神经形态计算模型包括神经网络的各种组成部分，及其相互协调运作的原理。常见的神经形态计算模型一般由神经元和（神经）突触构成，并描述它们之间的构成关系。神经元与突触本是生物学的概念，但在神经形态计算系统中也有实现其功能的对应模块。在指导硬件系统设计时，神经形态计算模型如何定量、准确、简化地描述神经元和突触，直接决定了计算系统的性能、功耗与设计复杂度。本小节将介绍常见的神经元模型、突触模型与神经网络模型针对不同应用的演变。

① 神经元模型

根据与生物学是否相符，神经元模型大致可分成 5 类。

· 生物学模型：1952 年 Hodgkin-Huxley 模型以四维非线性方程组准确描述了离子进出神经元的行为，但计算难度较高。2015 年，Morris-Lecar 模型将其简化至二维非线性方程组，从而降低了仿真计算的难度。

· 生物学表象模型：区别于生物学模型，此类模型关注重现神经系统的功能，但并不一定严格按照生物学过程计算。FitzHugh-Nagumo 模型与 Hindmarsh-Rose 模型通过削减模型参数大大简化了 Hodgkin-Huxley 模型，从而使集成电路实现有了可能。2003 年，Izhikevich 脉冲模型模拟了 Hodgkin-Huxley 模型中的簇放电（Bursting and Spiking）行为，降低了计算难度，同时重现了神经元的行为。

2009 年，Mihalas-Niebur 模型则以四次二元非线性方程组重现了簇放电行为。

· 神经元+其他生物学模型：一些其他模型很难被归为生物学表象模型，如膜动力学（Membrane Dynamics）、轴突与树突模型等。

· Integrate-and-Fire 神经元：此类一般采用过脉冲神经网络的设计，因此十分简单。

· McCulloch-Pitts 神经元：其他模型都是 McCulloch-Pitts 神经元的衍生物。McCulloch-Pitts 神经元是指满足 $y_j = f(\sum w_{i,j} x_i)$ 的神经元。y_j 为第 j 个输出，$w_{i,j}$ 为第 i 个神经元到第 j 个神经元的突触权重，f 是激活函数。

② 突触模型

突触模型可分为两大类：受生物学启发的模型与传统人工神经网络模型。受生物学启发的模型具有与生物的神经网络相同或相似的工作原理；传统人工神经网络模型并非严格按照生物学原理工作，比如 FNN（Feedforward Neural Network，前馈神经网络）。值得一提的是，突触一般是神经形态计算系统中数量最多的部分，而神经形态计算系统的硬件设计，重点也在于对突触的优化。除非模拟还原生物学神经网络的行为，否则一般硬件设计上的突触越简单，越可降低设计难度。比如在简化的突触模型中加入的可塑性（Plasticity）机制，描述了权重值在时域上的变化，而可塑性本身也被证明与生物大脑的工作原理有关。

1998 年及后来的离子泵模型从化学角度详细描述了突触之间的相互影响。2010 年前后的离子通道模型也属于描述突触间化学传导的模型。此类模型均比 Hodgkin-Huxley 模型更深入描述了突触工作原理的本质，归为受生物学启发的模型。

作为传统人工神经网络类的突触模型，STDP（Spike-Timing Dependent Plasticity，脉冲时间相关可塑性）具有长期增强（Long-Term Potentiation）与长期抑制（Long-Term Depression）的性质，其模拟了生物大脑中对应的时域，并由对应的硬件实现。

③ 神经网络模型

神经网络模型描述神经元与突触间的连接关系：一方面可遵从生物原理，另一方面也可具有不同的拓扑结构。图 3-44 所示为常见的神经网络拓扑结构：前向网络模型具有单向、简单的特点；而循环网络模型可以反复利用网络权重。不同的连接关系，比如稀疏连接、局部连接与完整连接，可以产生不同的训练与推理性能。

   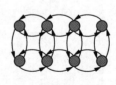

前向网络　　前向网络及部分循环　　稀疏循环网络　　局部循环网络　　全部链接循环网络

图 3-44　神经网络拓扑结构

应用神经网络模型，不同的神经元与突触模型可组成多种多样的神经网络，从而形成种类丰富的神经形态计算系统。脉冲神经网络结合不同的拓扑结构，可衍生出前向脉冲神经网络、循环脉冲神经网络、脉冲深度神经网络、脉冲概率网络等。具有不同特点的神经形态计算模型的出现，给神经形态计算带来了更多的可能。对于神经形态计算系统设计者而言，则应根据具体应用的要求选取合适的模型，以满足性能需求并取得最优化的结果。

（2）神经形态计算模型与深度学习模型的互动

神经形态计算模型的发展始终得益于同时也受制于我们对人类脑神经信息处理的了解。生物技术手段（如神经探针）可以让我们比较容易地获得人类脑神经信息处理过程中各个步骤的静态结果，但目前对动态过程的研究还面临很多挑战，比如神经元集群编码方式。此时深度学习模型的主要作用就是辅助神经形态计算模型对上述动态过程进行建模。具体来说，神经形态计算模型一般重点关注神经元建模、神经脉冲信号的生成方式、神经信息处理过程中各个步骤的输入/输出以及步骤之间的信息交互。而深度学习模型比较擅长的是对人脑神经信息处理过程中每个步骤的特定功能模拟，这是因为目前深度神经网络拟合"输入 输出"映射的能力很强，但深度神经网络中相邻层之间的连接方式过于简单，因此只能对应到一个复杂神经决策过程中的某个局部。

以人脑视神经通路的建模过程为例，输入图像通过视网膜感光细胞转变成神经脉冲信号，并经侧膝体进入 V1～V4 区，然后进入以 TE 区为代表的目标识别通路和以 MT 区为代表的动作识别通路。在上述视觉信息处理过程中，神经形态计算模型主要负责感光细胞建模、脉冲信号生成以及模拟信号在各视觉功能区之间的正向和反向传递过程。每个功能区内部的实现过程则由深度学习模型来模拟，比如 V1 区视基元的最优表征、动作识别通路中对 V4 区输出的有效编码、由高级功能区向低级功能区反向传递过程中在每个功能区上的更新方式。

3.神经形态计算平台的发展

（1）基于传统 CMOS 技术的神经形态电路单元设计

利用传统的 CMOS 技术来实现神经形态计算电路的科研实践早在 20 世纪 80 年代就已经出现。正如之前所述，不同应用往往采用不同的神经元模型和突触模型。

早期的 Izhikevich 脉冲模型因为模型简单并且能够对生物行为进行准确模拟而被广泛关注，科研人员针对 Izhikevich 脉冲模型进行了大量的电路实践，实现了一个通用性更高的脉冲型神经元模型，其硬件电路支持 6 种生物体中常见的脉冲类型，对脉冲行为和尖峰行为的模拟更加精确。积分发射模型和泄露积分发射模型，由于模型简单且易于实现，因此是近年来比较流行的神经元模型。神经形态计算系统的硬件设计的重点在于对突触的优化。在脉冲型网络的突触设计中，科研人员对 STDP 进行了大量的电路实践，提出了一种单个浮栅晶体管突触模型，并实现了一种可塑性更高的突触模型，更好地支持了突触权重值在时域的变化特性。非脉冲型网络的突触电路也被广泛应用在神经形态计算系统中，这部分的电路实践主要应用于多层前馈神经网络中。

（2）不同计算平台上的神经形态计算实现

部署神经形态计算一般需要两个阶段：首先，训练神经网络来确定其权重参数；其次，将神经网络应用于推理过程，运用先前训练的权重参数对未知输入进行分类、识别和处理。作为通用计算平台，GPU 被最为广泛地应用于深度神经网络的加速任务。在 GPU 平台上，连接层的计算多被映射到矩阵运算；GEMM（General Matrix Multiply，通用矩阵乘法）是网络训练和推理的核心，主要进行输入数据和权重的大规模矩阵相乘。GPU 通过使用并行 ALU（Arithmetic and Logic Unit，算术逻辑单元）的集中控制，以 SIMT（Single-Instruction Multiple-Thread，单指令多线程）方式处理数据。ALU 从内存层次结构中提取数据，但不能直接通信。英伟达的 Volta 架构配备了用于深度学习矩阵算术的张量核（Tensor Core）。这样的运算单元每个时钟执行 64 个浮点混合精度操作（FP16 输入乘全精度的积和 FP32 累积），8 个张量核每个时钟在流式多处理器中执行总共 1024 个浮点运算。Tesla V100 GPU 引入了张量核，与以前的基于 Pascal 架构的 GP100 GPU 相比，GEMM 的运算性能提升了 9 倍以上。提高深度神经网络应用的计算效率和对于功耗的进一步改进需要使用 FPGA 或 ASIC 加速器，比如 Synapse-1 和 DianNao 系列。其中，谷歌的数据中心部署了 TPU，专门用于提升神经网络的推理效率。TPU 的内核是 65 536 个 8 位矩阵乘法单元，提供92TOPS的峰值吞吐量和28MB可软体管理的片上内存。因为对内存的数据访问比算术单元消耗更多的能耗，所以矩阵单元使用脉冲阵列的设计来减少对统一缓冲器（Unified Buffer）的读/写操作。

与此同时，研究人员也设计了专用芯片来实现神经形态计算，在这里我们将其划分为模拟信号型（混合信号型）和数字信号型神经形态计算。大多数神经形态计算的专用芯片基于脉冲神经网络对神经元的运转方式进行模拟，并使用STDP根据不同的任务训练网络参数。这种情况下的轴突被实现为用于芯片内本地连接的常规导线。对于长距离的片外通信，有时需要模拟信号和数字信号间的相互转换。

模拟信号型神经形态计算方式所面临的最主要的问题是如何有效利用模拟生物电路灵活、高效地完成计算任务，关键问题是如何才能使突触和神经元通过闭环网络自适应地完成数据交互。由德国海德堡大学研发的Spikey芯片是一项有代表性的工作。Spikey芯片包含了由400个电容实现的硬件"神经元"，用来对信息进行特征提取。当施加于神经元上的电压超过特定阈值时，触发"神经信号"，从而模拟生物神经元积分发放模型。神经突触电路采用模拟可变电阻实现。通过神经元在Spikey芯片中的不同连接方式，可以实现对不同脑电路的模拟。该团队正致力于研究Spikey的扩展项目——BrainScaleS（Brain-Inspired Multiscale Computation in Neuromorphic Hybrid Systems，神经形态混合系统中的脑启发多尺度计算）。通过晶圆级整合，单个晶元内可集成大约20万个神经元和4900万个突触。BrainScaleS实现了一种高度可配置的神经形态计算机器，大大提升了对神经微电路建模的灵活性。如图3-45所示，BrainScaleS置于一个标准的19英寸机架中。IFAT（Integrate-and-Fire Array Transceiver，积分发射模型阵列收发器）由来自美国加州大学圣迭戈分校的Gert Cauwenberghs团队提出，它在内部进行模拟计算，与外部则通过数字模式进行通信。神经元之间没有硬件连接，允许尽可能高的连通性和可编程性。为了实现高吞吐量并确保与其他神经形态计算芯片的协同工作能力，一个被称为AER（Address-Event Representation，地址事件表示）的数字通信协议被用于IFAT中神经元间及IFAT与外部硬件之间的通信。在最近的工作中，一个拥有65k个神经元的IFAT针对脉冲神经计算采用了低功耗和高吞吐量连通性的设计。这一内部模拟、外部数字的晶片采用90nm CMOS工艺在一个4mm×4mm的裸片上制作，并安装在16k并行定址神经元的4个象限。图3-46所示为神经元晶片的显微照片和布局。另两个著名的模拟或混合信号型神经形态计算平台是FACETS和Neurogrid，如表3-6所示。

图3-45 BrainScaleS

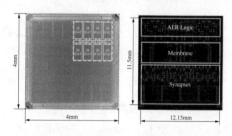

（a）IFAT芯片显微照片　（b）神经元芯片布局

图3-46 神经元晶片的显微照片和布局

表3-6 一些著名的神经形态计算平台

平台	IFAT	FACETS	Neurogrid	TrueNorth	SpiNNaker
设计者	美国加州大学圣迭戈分校	德国海德堡大学	美国斯坦福大学	IBM研究院	英国曼彻斯特大学

续表

平台	IFAT	FACETS	Neurogrid	TrueNorth	SpiNNaker
模拟/数字	混合	模拟	混合	数字	数字
神经元类型	脉冲	脉冲	脉冲	脉冲	脉冲
神经元数目	65 000	512	983 000	1 000 000	192 000
吞吐量	73MEvent/s	65MEvent/s	91MEvent/s	1GEvent/s	5MEvent/s
能耗	22pJ/SynEvent	—	31.2pJ/SynEvent	26pJ/SynEvent	8nJ/SynEvent

2014年，IBM推出了名为TrueNorth的"脉冲神经元集成电路"。TrueNorth芯片采用脉冲神经元作为基本加速模型，通过模拟人脑的生物特性来完成计算。与Spikey芯片不同，TrueNorth芯片采用数字电路同时实现运算和通信。芯片内包含4096个突触核、100万个神经元和2.56亿个突触。然而，突触权重和脉冲的低量化分辨率大大限制了应用在TrueNorth芯片上的神经网络模型的推理（如分类）准确率，此时一种新的学习方法被用于约束在TrueNorth芯片上使用神经网络模型所产生的随机偏差。与IBM提供的默认学习方法相比，这种方法可以将所需的突触核减少68.8%或加快计算速度6.5倍，甚至推理准确率也略有提高。英国曼彻斯特大学的弗伯（Furber）等人开发的SpiNNaker平台在数字信号型神经形态计算芯片的低功耗设计上进行了非常有意义的尝试。系统内集成了3万个定制的数字芯片，每个芯片有18个ARM内核和一个128MB的共享本地内存。单个芯片可以模拟192 000个神经元和800万个可塑突触，而功耗仅为1W。与模拟信号型神经形态计算系统相比，数字信号型神经形态计算系统的灵活性更高，并可适应神经形态应用的多样化需求。然而，由于数字信号型神经形态计算系统大多采用同步设计，时钟消耗了大量动态功耗，因此如何扩展在低功耗系统中的应用始终是数字信号型神经形态计算芯片面临的首要问题。

（3）基于新型器件的神经形态计算电路设计

正如前文所述，始于20世纪80年代的类脑计算系统基于VLSI搭建神经系统网络。类脑计算系统的搭建主要包含两部分：突触和神经元。在传统的系统设计中，突触和神经元的设计基于CMOS技术，比如基于电容/静态随机存储器、模拟电路、数字电路的突触设计。然而，传统基于CMOS技术的上述设计需要大量的设计消耗，因而极大地阻碍了它们的应用和进一步的系统在面积和功耗上的缩放。因此，新材料、新器件和新的电路设计在类脑计算中的应用在近年来受到了广泛关注。

随着材料和器件在后硅（Post-Silicon）时代的发展，比如自旋器件（Spin Device）、相变器件（Phase Change Device）和忆阻器的发现以及它们在存储上的应用，为新的类脑计算设计提供了可能。采用相变存储器作为突触设计的类脑计算系统被发布，其中，两个相变存储器连接配对可实现一个突触的功能。这一类脑计算系统实现了一个两层内含200万突触的脉冲神经网络，它达到了92%的准确率和112μW（单个突触）的功耗。为进一步降低系统功耗，美国普渡大学的罗伊（Roy）等人提出将自旋器件用于突触和神经元的设计并运用自旋-互补金属氧化物半导体（Spin-CMOS）混合电路实现神经网络。在每个神经元中，自旋器件完成信息的接收、积累和传输，同时一个加权的晶体管决定进入神经元的电流，从而实现突触的功能。与基于CMOS技术的现有混合信号类脑计算系统相比，使用基于此自旋技术的CNN在应用于一些常见图像处理（如边缘提取、运动检测、数字化等）任务时可以使计算量降低到原先的1/100。另一新器件在类脑计算中的应用是基于忆阻器的神经网络设计，忆阻器用于构建突触、数字或模拟电路，从而用于神经元设计。忆阻器表现出突触的生物特性，并且具有其他技术无法达到的高密度、低功耗、多个非挥发存储状态和高稳定性，这些特性使这一技术得到广泛关注，并被认为是最具潜力的技术之一。下面对基于此技术的电路设计细节及发展概况作进一步分析。

自美国加州大学伯克利分校的 L. O. Chua 教授从理论上提出第四类电子元器件的 30 年后，惠普实验室在 2008 年首次宣布此电子元器件的发现，即忆阻器。如图 3-47 所示，基于忆阻器的交叉阵列可以高效地实现数学上的向量 – 矩阵计算，而向量 – 矩阵计算是人工神经网络的基本计算。高密度交叉阵列的每一点由忆阻器实现，突触的权重由忆阻器的阻值状态表示。通过同时并行地给每条字线输入，并通过每个忆阻器节点的电流在位线底部加和累积得到输出，即实现高效的向量 – 矩阵计算。忆阻器突触单元多基于 3 种结构：只有忆阻器、忆阻器和晶体管串联、忆阻器和选择器串联。多种基于忆阻器的模拟、数字和数 / 模混合的类脑计算系统被提出。在传统的基于忆阻器的电路系统中，模拟电路（如放大器、数 / 模信号转换器等）被用于搭建神经元，实现信号的转换和传递，因而导致大的计算单元和信号失真。为解决这一问题，C. Liu 等人提出了一种基于忆阻器的脉冲神经网络。该脉冲神经网络提供脉冲的数字化接口，具有优异的抗噪声能力和信号传输能效。突触网络由基于忆阻器和晶体管串联的交叉阵列实现。C.Liu 等人设计出了一种新型高速的积累 – 放电电路。实验数据表明，该脉冲神经网络可以节约大于 50% 的计算量。M. 普雷齐奥索（M. Prezioso）等提出了另一种基于忆阻器的单层神经网络，其中拥有 30 个突触单元的突触网络仅由忆阻器单元实现，并可以实现线上学习功能。惠普实验室提出了基于忆阻器的点乘运算系统，用于类脑计算和神经网络应用。为了解决基于忆阻器的线上学习速度慢以及大量器件写入和读取的问题，惠普实验室同时提出了一种快速转化算法，可以实现基于真实器件参数的仿真。同时，相对于真实芯片仿真，其可实现 1000～10 000 倍的加速。

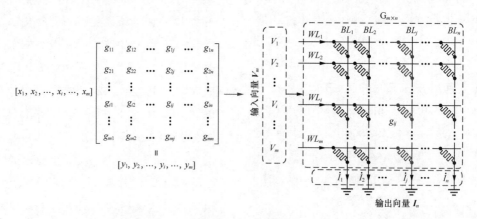

图 3-47　忆阻器交叉阵列实现向量 – 矩阵计算

4.神经形态计算的未来趋势

（1）神经形态计算发展的瓶颈

之前我们讨论了神经形态计算系统的各种组件：网络模型、算法以及硬件系统。尽管在神经形态计算和神经网络的硬件实现等领域中已经存在着大量的研究工作，但这其中最为重要的一个问题还有待解决，就是如何将新材料、新器件集成到计算系统中，用一种可扩展（Scalable）的方式去验证和实现神经形态计算系统。神经形态计算的领域相当广泛，放眼未来，我们如何使用神经形态计算，需要包括材料科学、神经科学、电子工程和计算机科学等多个领域的研究投入。

首先，从机器学习的角度来看，最有趣的问题是开发适用于神经形态计算系统的训练和/或学习算法。迄今为止，大多数硬件实现都针对特定问题进行了专门研究，目前的大多数工作主要使用传统硬件来执行深度学习应用程序，并使用大规模并行运算集群和加速器来开发和训练深度神经网络。神经形态计算系统为探索不同的训练和学习机制提供了一个新平台。如果使用得当，预计神经形态计算的硬件设备可能会对提高脉冲神经网络的性能产生类似的影响，这类似于 GPU 对深度神经网络的影响。换句话说，当算法开发人员不依赖于网络和/或训练方法的慢速模拟时，应用的开发速度要快得多。为了实现这种创新，算法开发人员需要超越传统算法，如反向传播和思考冯·诺依曼架构之外的框架。这不是一件容易的事，但如果成功的话，它可能会彻底改变我们对机器学习和神经形态计算可能的应用的类型的看法。

其次，对于制造和表征用于神经形态计算装置的新材料，材料科学的研究重点在与生物神经系统相似的材料上。同时，神经科学家需要更深入地研究生物神经系统，并将其运用在高效神经形态计算系统中。

（2）新型材料与计算架构对于神经形态计算发展的影响

根据之前的介绍，新型纳米尺寸忆阻器的发明使得神经形态计算芯片的研究有了突飞猛进的发展。但同时，基于新型纳米器件的类脑计算系统的实现也面临着新的挑战。首先，由于人工神经网络的突触连接具有很明显的稀疏特性，因此当连接非常稀疏的时候，采用交叉阵列实现的突触电路会带来很大的硬件资源浪费。在这种情况下，采用灵活的独立式突触设计是一种更优的选择。相反，在近乎突触全连接的情况下，完全由独立式突触设计构成的类脑计算系统的电路开销又会明显高于交叉阵列。因此，在具体的大规模类脑计算系统设计的工程实践中，需要针对具体的应用需求，结合两种不同的突触设计各自的优点。在大规模类脑计算系统的实现过程中，如何有效地分割网络从而对连接结构选取最优的突触设计方式，同时如何进一步优化硬件提高实现效率是当前大系统网络实现所面临的主要问题。其次，忆阻器交叉阵列是一个纯电阻网络结构。因此，导线上的压降现象（IR-Drop）以及潜通路（Sneak Path）直接影响在忆阻器交叉阵列计算和编程操作中最终到达各个忆阻器上的信号的强度，从而限制了交叉阵列的规模。在每一个忆阻器上串联一个选择器（Selector），包括晶体管（Transistor）、二极管（Diode）等，可以有效地降低潜通路带来的编程量及计算电流的流失，从而提高计算和编程的可靠性。然而，选择器所带来的额外电路开销会使得交叉阵列的集成密度降低。IBM 和惠普实验室等研究机构正在致力于开发新型非线性纳米选择器以取代传统的电路元件，从而在不影响继承密度的基础上提高交叉阵列的规模。

如图 3-48 所示，不难看出，神经形态计算系统的设计重点已从一开始的提高计算并行度（Parallelism）和速度逐渐演变为近些年来的低功耗（Low Power）和解决冯·诺依曼瓶颈，体现了从单纯的生物启发式计算模型的实现到突破传统计算机体系结构局限性的转变。随着认知计算的广泛应用，预计未来神经形态计算向解决实际问题方向靠拢的这一趋势会变得更明显，并逐渐与深度学习技术加快融合。

（3）生物学发现与算法的发展

在人工智能算法的发展过程中，神经生物学、动物行为学和社会心理学的相关研究发挥了两项重要作用。一是通过分析人类神经系统与外界环境交互中的精细调节过程来设计用于复杂决策的新算法。对人类神经元和脑连接方式的进一步研究可以启发我们重新设计出更灵活有效的网状结构学习系统，而不拘泥于现在的深度神经网络和贝叶斯图模型。对于人类神经信息处理通路中目标识别、动作识别、记忆存取、肌肉控制的交互方式研究，可以让我们为机器人设计出包含决策执行单元的图像理解子系统，有效地联系"知"和"行"。二是通过分析关于人类神经系统组成结构和信息处理通路的新生物学证据来对现有算法进行重大改进和详细解释。需要对现有算法进行改进和解释的原因是，近年来人工智能在各领域的广泛应用中暴露出了很多问题，比如算法对于复杂多变环境的适应性不佳，发生预测错误时无法精确定位是哪个算法模块或参数引发问题。这就需要参照人类学习过程中的迁移学习方法来提高算法在不同应用场景中的鲁棒性，还需参考人类神经信息处理通路的分层可解释性以提高算法的错误定位能力。

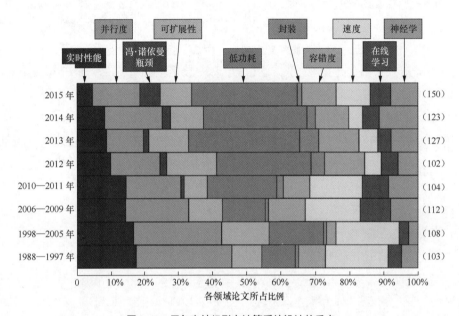

图 3-48　历年来神经形态计算系统设计的重点

5.总结

近年来，深度学习网络开启的人工智能的发展，使人类在人工智能的方向上前进了一大步。但整体而言，目前的研究成果离电子脑这个终极目标还有很长的一段路要走。距 1950 年图灵提出"机器会思考吗？"这一问题 70 余年后的今天，我们相信神经形态计算将会是可能的答案。

3.2.7　英特尔Loihi神经拟态芯片：引领智能计算新突破

★ 关键词：神经拟态计算　神经拟态芯片　智能计算
★ 作　者：杜宇阳　刘忠轩　宋继强

神经拟态计算是从人脑的信息处理机制中获得灵感，利用脉冲神经网络进行处理的计算架构。Loihi 是英特尔在 2018 年国际消费电子展上展示的新型神经拟态芯片（见图 3-49）。它采用英特尔领先的 14nm 工艺制程，在 60mm² 的芯片上集成了 13 万个神经元和 1.3 亿个突触，每个突触的能效达到创纪录的 1.7pJ。对于规模化的 LASSO（Least Absolute Shrinkage and Selection Operator，最小绝对收缩和选择算子）优化问题，Loihi 在能效时延乘积上较 1.67GHz 凌动 CPU 有超过 1000 倍的提升。Loihi 在数字脉冲神经网络芯片技术方面有了一系列创新。本小节将从 Loihi 的原理背景、算法支持、体系结构、软件环境及应用各方面进行系统介绍。

图 3-49　英特尔 Loihi 神经拟态芯片

模集成电路（也包括神经元或者突触模型的新型材料或者电子元器件研究）和软件系统实现神经网络模型，并在此之上构建人工智能系统的研究。神经拟态工程已发展成为一个囊括神经生物学、物理学、数学、计算机科学和电子工程在内的交叉学科。从米德教授和他的学生们（Misha Mahowald 和 Kwabena Boahen）开始，神经拟态研究陆续在全世界范围内开展，并且受到了各国政府的重视和支持，如美国的脑计划（BRAIN Initiative）、欧洲的人脑项目（Human Brain Project），以及我国提出的类脑计算计划等。

人类实现通用人工智能的努力几起几落。传统的基于符号推理和当前的基于 CNN 的人工智能方法可以在一些特定任务上表现超过人类，但这离我们的期望仍有很大差距。而神经拟态计算正是为了解决这些已有人工智能方法的不足，可以被视为人工智能计算发展的第三个阶段。人工智能计算的 3 个阶段分别为（见图 3-50）：第一阶段是传统的智能计算，通过已知给定的过程产生答案；第二阶段是基于深度学习的智能计算，利用已知答案通过训练来获得答案产生的过程；第三阶段是基于神经拟态的智能计算，通过同时支持多种学习方法来对多个过程自适应地强化对答案的匹配。而 Loihi 神经拟态芯片正是第三阶段的代表性计算芯片。

1.神经拟态计算

迈克·梅伯里（Mike Mayberry）曾表示："Loihi 神经拟态芯片从脑神经脉冲通信和突触可塑性中得到的启发而设计。人脑的这些特点能够帮助计算机高效地实现自主学习和自主决策。"

美国加州理工学院的卡弗·米德教授是现代大规模集成电路芯片设计的开拓者之一。米德教授在 1980 年转向研究用集成电路来模拟神经系统。神经拟态（Neuromorphic）这个术语由此而生。今天，神经拟态主要是指用模拟、数字或者模/数混合大规

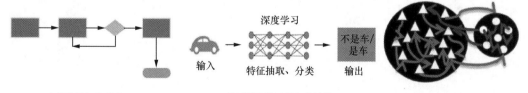

（a）传统的智能计算　　　　（b）基于深度学习的智能计算　　　　（c）基于神经拟态的智能计算

图 3-50　人工智能的 3 个阶段

那么，Loihi 是如何工作的呢？它能让我们建造出可比人类的人工智能系统吗？Loihi 中的脉冲神经网络究竟和深度学习或者 CNN 有何区别？Loihi 设计中还藏着什么秘密呢？下面试图探究一二。

2.神经科学和人工智能

对于个人来说，宇宙也许就存在于我们的大脑中。物理的宇宙宏大而深奥，精神的宇宙却微小而神秘。人类被自身的好奇驱使从而去探索大脑的奥秘由

来已久，计算机科学想要从人脑中得到智能的秘密也必须从理解我们的大脑开始。神经生物学、心理学、认知科学等学科对此进行了超过百年的研究，其至今仍是科学研究的热点。神经科学从组织，到细胞，再到分子水平的研究取得了巨大进展。我们对大脑的认知虽然还远不能完全揭示大脑是如何工作的，但是对脑神经系统的组织生理学或信息处理机制的认识已经达到了很高的水平。本小节以3个诺贝尔生理学或医学奖为代表，从3个不同层次了解大脑。

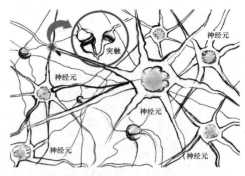

（1）大脑组织层次：脑神经网络

人脑由大约860亿个神经元构成，突触（神经元的连接）的数量约为1000万亿个，其中仅大脑皮层（大脑表面约1/8英寸厚的区域，完成人的认知活动的主要区域）就有大约300亿个神经元，而每个神经元大约最多有10 000个突触，如图3-51所示。

（2）神经生理层次：神经元生成、传播和接收神经脉冲

每个神经元主要由树突（Dendrite）、细胞体

西班牙神经生物和病理学家圣地亚哥·拉蒙·卡哈尔（Santiago Ramóny Cajal）在100多年前就手工绘制了很多神经网络图；他因为对脑神经的微观组织结构（神经网络）所做出的贡献而获得1906年诺贝尔生理学或医学奖。拉蒙·卡哈尔是现代神经科学的先驱，他留下的数百张优雅、精细的神经网络手绘图至今仍然在教学中被使用。

图3-51　脑神经网络（神经元连接部分称为突触）

（Soma）和轴突（Axon）组成。前一个神经元的轴突和下一个神经元的树突之间的连接部分称作突触。通过化学物质来控制的突触（Chemical-Gated Synapse）是大脑记忆和学习的基本单元。图3-52所示为神经元和神经脉冲信号的生成。

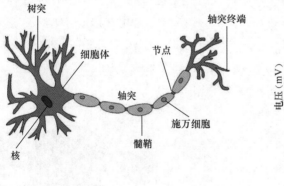

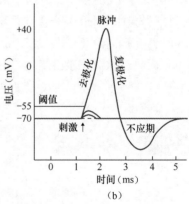

英国生理学家艾伦·劳埃德·霍奇金（Alan Lloyd Hodgkin）和安德鲁·菲尔丁·赫胥黎（Andrew Fielding Huxley）因对神经元细胞膜中的离子通道在神经脉冲信号的生成与传播模型方面研究所做出的贡献而获得1963年诺贝尔生理学或医学奖。

图3-52　(a) 神经元；(b) 神经脉冲信号生成

（3）信息处理层次：脑神经网络有选择地提取特征

从信息处理的角度来看，大脑对外界的输入刺激以神经编码的形式在神经网络间进行一系列通信和

转化。Hubel-Wiesel（休布尔-威塞尔）实验揭示了视觉神经系统进行边缘检测、移动检测、空间深度检测和颜色检测的机制，奠定了现代计算机视觉处理的生物学基础，如图3-53所示。

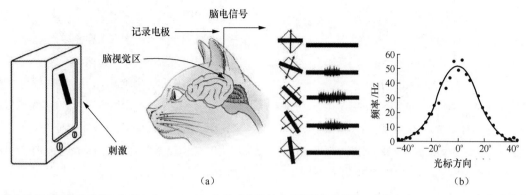

加拿大神经生理学家戴维·休布尔（David Hubel）和瑞典神经生理学家托尔斯滕·威塞尔（Torsten Wiesel）发现了脑视觉神经对输入光信号刺激的选择性反应。因为对视觉神经系统的信息处理研究的贡献，休布尔和威塞尔获得了1981年诺贝尔生理学或医学奖。

图 3-53　(a) Hubel-Wiesel 实验；(b) 主视觉皮层（V1）对光标方向的选择性反应

神经拟态计算的基本方法论是根据大脑的工作原理来构建智能系统，并着重关注如何将神经网络实现在集成电路上。需要特别强调的是，神经拟态计算绝不是机械地模仿人脑，而是根据已知的对人脑智能的产生有决定性作用的计算原理来指导设计人工智能系统，正如基于空气动力学理论的喷气式飞机和火箭不用像鸟类扇动翅膀一样扇动机翼就能在天空飞翔甚至遨游宇宙，大大超越了鸟类的飞行能力。

事实上，人类一直在将对脑和神经系统（包括神经科学、心理学、认知科学等）的研究成果应用于人工智能，并且硕果累累，例如，基于人工神经网络的 CNN、时间差分强化学习算法、LSTM 等都能在人脑中找到相似的机制。下面来看看掀起当前人工智能浪潮的 CNN 是如何向人脑学习的，也借此厘清 Loihi 神经拟态芯片支持的脉冲神经网络和 CNN 有什么区别。

3. 脉冲神经网络和CNN对比

首先，CNN 是一种特殊的人工神经网络，其特殊性在于利用卷积核在输入地址空间上有规律地通过卷积运算提取特征。这种人工神经网络建立在人工神经元（Artificial Neuron）的基础上，而人工神经元有着非常悠久的历史，最早可以追溯到 1950 年其前身即感知机。简单地说，人工神经网络是一种基于脉冲发射率（Spike Firing Rate）的神经网络，即简化的脉冲神经网络。下面解释这种简化是如何完成的。

如前所述，神经元通过突触将脉冲信号传递给下一个神经元［如图 3-54（a）所示］，我们将神经脉冲序列（Spike Train）描述为一个函数 $\rho_b(t)=\Sigma_i\delta(t-t_i)$（其中每个 t_i 有一个脉冲）。这些脉冲经过 $K(t)=\frac{1}{\tau_s}e^{-\frac{t}{\tau_s}}$ 过滤后，向下一个神经元的输入电流 $I_s(t)$ 可表示为（其中 N 为突触的数目，w 为突触参数或权重）：

$$I_s(t)=\sum_{b=1}^{N}I_b(t)=\sum_{b=1}^{N}w_b\int_{-\infty}^{t}K(t-\tau)\rho_b(\tau)d\tau$$

如果不考虑神经脉冲的精确时间，而笼统地将这些脉冲序列表示为脉冲发射率，即用 u_b 替换 ρ_b，并对 $I_s(t)$ 求时间的导数，然后将输入和突触参数表示为向量的形式（τ_s 为时间常数）：

$$\tau_s\frac{dI_s}{dt}=-I_s+\sum_{b}w_bu_b=-I_s+\boldsymbol{w}\cdot\boldsymbol{u}$$

根据前文所述的 Hodgkin-Huxley 模型［如图 3-54（b）所示］，神经元细胞膜输出电压（这里仍然代表脉冲发射率）与输入电流的关系表示为（其中 G 为可选的线性或者非线性函数）：

$$\tau_r\frac{dU}{dt}=-U+G(I_s(t))$$

最后，对于静态的神经脉冲输入（例如我们看一张猫的图片）以及稳态（Steady State）的神经脉冲输出（例如我们识别出来这是一只猫），$\frac{dI_s}{dt}$ 以及 $\frac{dU}{dt}$ 都将为0，于是得到：

$$v_{ss}=G(\boldsymbol{w}\cdot\boldsymbol{u})$$

这就是人工神经网络（包括CNN）采用的人工神经元模型［如图3-54（c）所示］。脉冲神经网络与简化的基于脉冲发射率的人工神经网络各有优缺点。脉冲神经网络保留了脉冲的时域信息，能表达脉冲之间的关联和同步，这也许对更高级和复杂的智能或者学习能力至关重要；而人工神经网络模型简单，只能表达脉冲的强弱，更易于大规模网络和大规模数据的计算。但是，毋庸置疑，脉冲神经网络的能力比人工（卷积）神经网络更强大：脉冲神经网络具有神经元连接的动态可重构性、同步的在线学习和推理能力以及基于大规模消息网络的细粒度并行性等优势。

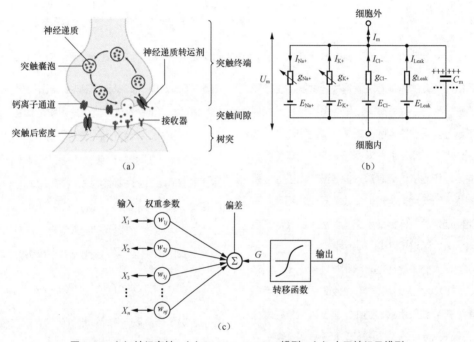

图3-54 （a）神经突触；（b）Hodgkin-Huxley模型；（c）人工神经元模型

人脑的智能不是建立在单个神经元之上的，而是建立在动态的大型脉冲神经网络上的。然而，大型脉冲神经网络的模型和算法非常复杂，其所需要的知识储备和计算能力的门槛很高。因此，需要降低建立大型脉冲神经网络的难度，推动基于脉冲神经网络的研究，从而充分发挥它的优势和潜力。为了达到这个目的，用大规模集成电路来模拟脉冲神经网络是一种有效的方法。欧洲人脑项目支持的SpiNNaker和BrainScaleS神经拟态芯片、美国DARPA支持的IBM TrueNorth芯片、清华大学的天机芯片等，都是正在进行的尝试。英特尔基于领先的芯片制造能力、强大的计算架构设计能力以及完善的系统和平台集成能力而推出的Loihi神经拟态芯片势必将大大加速神经拟态计算应用发展的进程。

4.解密Loihi神经拟态芯片的设计

英特尔基于对人脑的神经科学研究来构建人工智能系统，发挥自身优势，推出了Loihi神经拟态众核处理器芯片，旨在加速软硬件系统的迭代发展，促进人工智能算法和应用的研发。这款芯片解决方案中的系统软件、算法、应用、芯片和硬件平台的相互促进为这一进程提供了动力：一方面，算法中通用的计算负载融入芯片,应用中基础的功能成为系统软件;另一方面,软硬件性能的提高与价格的下降,降低了开发更复杂的新算法和新应用的门槛,因此赋能更多的开发者,并推动其被终端用户广泛而深入地使用。接下来,让我们来解密 Loihi。

Loihi 的基本参数如下。

- 芯片面积为 60mm²,基于领先的 14nm FinFET(Fin Field-Effect Transistor,鳍式场效应晶体管)工艺制程,集成超过 20 亿个晶体管,采用高密度的脉冲神经网络,单片芯片可承载多达 13 万个神经元和 1.3 亿个突触。

- 全数字电路,全异步神经拟态众核网格(ManyCore Mesh),广泛支持各种深度以及递归神经网络拓扑结构(Hierarchical and Recurrent Neural Network Topologies),每个神经元能够与数千个神经元直接通信。

- 每个神经元都可以通过可编程学习引擎在线调整神经网络参数,因此具有自主学习能力。Loihi 支持多种学习算法,包括监督学习、非监督学习和增强学习等。

- 与通用处理器(1.67GHz 凌动 CPU)相比,对于规模化的 LASSO 优化问题,Loihi 在能效延迟乘积上有超过 1000 倍的提升。

- 与其他典型的脉冲神经网络模型相比,以手写数字识别为例,为达到相同的准确率,Loihi 的学习效率提升高达 100 万倍。

下面进一步介绍 Loihi 的内部奥秘。

(1)神经元网络体系架构

正如人脑强大的并行处理能力一样,Loihi 可以进行细粒度的大规模并行处理,其通过众核网格连接 128 个神经拟态核(Neuromorphic Core)、3 个嵌入式 x86 处理器以及芯片通信接口(能够将 Loihi 从 4 个方向级联而拓展成更大的神经计算网格)。这个众核网络由一个异步通信的片上网络(Network On Chip)实现,而神经拟态核通过发送消息包来相互协作与同步。每个神经拟态核又包含 1024 个基本的神经单元(称为 Compartment),这些神经单元形成一个核内神经网络。神经单元的状态参数在每一个算法时间步长(Algorithmic Time-Step)内通过时分复用的流水线方式更新。当神经元的输出电压超过触发阈值时,这个神经元将产生一个神经脉冲消息,然后再发送给它的接收神经元。

表 3-7 对比了人脑和目前几种神经拟态芯片的神经元和突触数等。需要注意的是,Loihi 片上网络的通信协议最多支持 4096 个片上神经拟态核,并且支持最多 16 384 个 Loihi 的级联。因此,基于 Loihi 的计算系统具有强大的可扩展性(从单片约 13 万个神经元到通过多片连接最多约 21 亿个神经元),这基本可以比肩小型哺乳动物或者人脑部分区域的神经网络。智能来源于复杂的大规模神经元网络,为了支持更加灵活的网络连接,Loihi 的设计还采用了 4 种创新技术:稀疏网络模型压缩;神经拟态核间的消息多播;可变神经突触格式;基于神经元群的层级连接。如图 3-55 所示。

表 3-7 人脑和其他神经拟态芯片的对比

参数	人脑	Neurogrid	BrainScaleS	TrueNorth	SpiNNaker	Loihi
制造工艺 /nm	10 000	180	180	28	130	14
晶体管数	—	0.23 亿	0.15 亿	54	1 亿	20.7 亿
芯片面积 /cm²	大脑皮质约 2200	1.7	0.5	4.3	1	0.6
神经元数	约 860 亿	6.5 万	512	100 万	1.6 万	12.8 万
突触连接数	约 100 万亿	约 100 万	10 万	2.56 亿	0.16 亿	1.3 亿
连接能效 /pJ	0.01	100	100	25	10 000	1.7

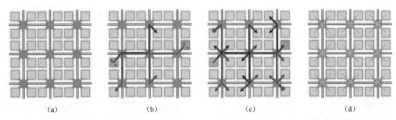

图 3-55 （a）神经网络空闲状态；（b）A 神经拟态核中的 n1 神经元和 B 神经拟态核中的 n2 神经元生成脉冲；（c）其他神经元陆续生成脉冲；（d）基于 Barrier 的神经拟态网络状态同步

（2）神经元模型和学习引擎

神经元是神经拟态计算的基本单元。具体地说，Loihi 采用（基于电流的）CUBA Leaky-Integrate-and-Fire 神经元模型，其神经元和突触的动态（Neuronal and Synaptic Dynamics）描述方程简介如下。

假设从神经元 j 输出到神经元之间的突触的神经脉冲序列为 $\sigma(t)=\Sigma_k \delta(t-t_k)$，神经脉冲序列经过卷积函数 $\alpha_u(t)=\frac{1}{\tau_u}e^{-\frac{t}{\tau_u}}H(t)$ 过滤后，神经元 i 的细胞膜接收到输入突触响应电流为：

$$I_i(t)=\sum_{j\neq i}w_{ij}(\alpha_u \sigma_j)$$

因此，神经元 i 的输出电压可表示为：

$$\frac{dU_i}{dt}=\frac{U_i(t)}{\tau_U}+I_i(t)-\theta_i\sigma_i(t)$$

当 U_i 超过电压阈值 θ_i 时，神经元将产生一个神经脉冲，然后 U_i 被立即重置为 0。Loihi 采用全数字电路，因此神经元的计算利用定长的离散时间周期来近似模拟上述连续时间域的神经元模型。我们将此定长的离散时间周期称为 Loihi 神经拟态芯片的算法时间步长。

大脑学习和记忆的基本单元是突触及其可塑性。在 Loihi 中，突触的可塑性通过改变突触权重（Synaptic Weight）体现。Loihi 提供了强大的可编程学习能力，即 Loihi 可以在线自主接收数据并完成训练任务。为了支持灵活和可扩展的学习算法，Loihi 提供了丰富的数据用于突触的学习算法程序，包括单脉冲记录（Spike Traces）信息、支持差分赫布型学习的多脉冲记录信息、两个额外的突触参数（时延和标签，如在增强学习中作为标记使用）和奖励脉冲记录信息等。此外，Loihi 还提供其他可用于自主学习的功能，例如随机噪声生成、可配置和自适应的神经脉冲时间延迟、可配置的输入神经突触结构、可适应的神经冲动生成激励阈值等。

在每一个神经元学习期（Learning Epoch）内，突触都可以被更新来完成自主学习。更新算法由如下公式给定：

$$z:=z+\sum_{i=1}^{N_p}S_i\prod_{j=1}^{n_i}(V_{ij}+C_{ij})$$

其中 z 可以是任意一个突触的学习变量，V_{ij} 可以是 Loihi 提供的 16 种与神经元和突触相关的记录或数据中的一种，S_i 和 C_{ij} 是可配置的有符号常量。Loihi 支持基本的和复杂的 STDP 学习算法。STDP 的基本原理是：神经元接收的神经脉冲和产生的神经脉冲间的时间顺序差异可以导致突触加强或者减弱。举例来说，如果看到老虎的神经脉冲总是出现在感到危险的神经脉冲之前，那么代表"老虎导致危险"的突触就会加强。神经拟态计算研究领域现已有许多开拓性的学习算法，展现出光明的前途，包括经典的基于 Oja 学习算法的 PCA 算法、基于 Widrow-Hoff 学习算法的监督学习以及更为复杂的基于反馈信号的非监督学习和基于事件驱动的随机反向传播训练算法等。

（3）微体系结构与实现

Loihi 神经元模型和可编程学习能力建立在神经拟态核的微体系结构上，如图 3-56 所示为神经拟态核微体系结构。图 3-56 中的彩色方块代表神经元的连接、配置和状态数据的存储器。其中，4 种不同颜色的方块和连线分别表示4种神经元计算操作：绿色表示输入脉冲处理，紫色表示神经元单元更新，蓝色表示输出脉冲生成，红色表示突触更新；变量则表示逻辑地址的数量，N_{axin} 和 N_{axout} 分别表示神经元输入和输出线路数，N_{syn} 表示突触数，N_{cx} 表示神经元单元数，N_{sdelay} 表示最小脉冲时延。

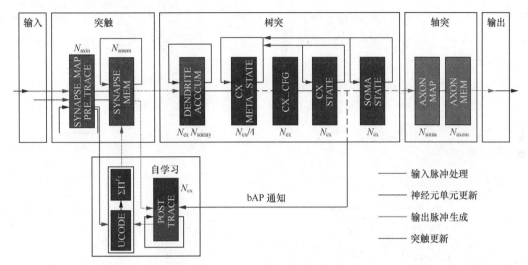

* 图 3-56　Loihi 的神经拟态核微体系结构

正如脑神经线路是异步通信网络，Loihi 有着神经拟态芯片中最为先进和复杂的异步电路设计（其设计方法源于历经多代优化的商用以太网交换机）。异步通信的优点显而易见：大脑神经元不会一直产生脉冲，多数神经元在大部分时候都处于休息状态，因此大脑的功率很低（大约 20W）；同样，Loihi 基于细粒度流量控制的异步电路设计能够达到非常低的功耗（得益于可以在非常小的粒度上进行电源管理）。Loihi 神经元或者突触的每次更新操作所需要的功耗也非常低：神经元更新仅需要 52~81pJ，突触的更新仅需要 120pJ，神经脉冲操作仅需要 23.6pJ。

（4）神经拟态编程模型

在 Loihi 芯片和硬件平台的基础上，我们可以去编程和实现不同的应用和学习算法。Loihi 的软件开发环境提供了一整套完善的编程软件工具链来支持应用开发。图 3-57 所示为 Loihi 编程软件工具链。对于数据科学家来说，对 Loihi 编程可以非常方便地通过基于 Python 的高级应用编程接口来实现，比如定义网络拓

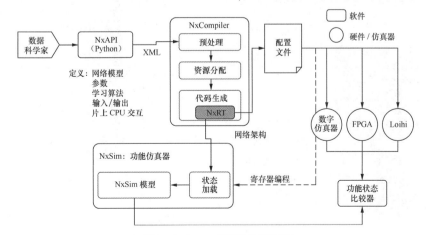

图 3-57　Loihi 编程软件工具链

扑结构、初始化网络参数、设计学习算法动态演进网络（达到自主学习的目的）、指定输入/输出数据并利用片上嵌入式 x86 处理器方便地对 Loihi 进行监控和管理等。Loihi 软件开发环境提供 3 种网络运行环境供研究者和开发者使用，包括数字仿真器、FPGA 仿真平台和 Loihi。

其中，Loihi 的高级应用编程接口基于 Python，开发者可以很容易地通过编程接口建立脉冲神经网络模型，而不需要了解芯片的内部架构。图 3-58 所示为编程接口中几种重要类型的层级关系。Loihi 编程接口主要提供了 4 类功能：

· 定义神经元网络模型图，设置网络各种丰富的参数；

· 对定义好的神经网络输入外部刺激脉冲（Stimulus Spike）；

· 编写自主学习算法；

· 运行时监控和修改网络状态。

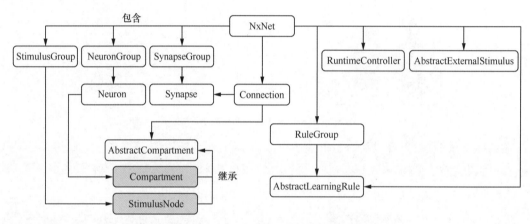

图 3-58　Loihi 编程接口重要类型层级关系

最后用一个脉冲神经网络的"Hello World"应用程序作为结尾来展示 Loihi 的在线自主学习能力。仅用 20 个神经元，Loihi 就能完成在线自主监督学习以执行物体分类任务。这种在线自主学习能力是 Loihi 区别于其他所有神经拟态芯片的一大特色，如图 3-59 所示。

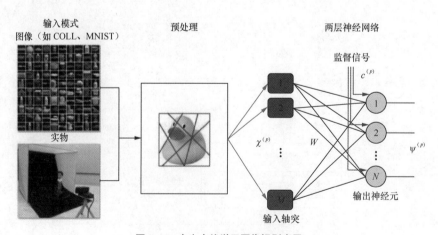

图 3-59　自主在线学习图像识别应用

5. Loihi引领智能计算新突破

Loihi 的名字源于夏威夷群岛附近一座海底火山。她年轻而且活跃，每一次喷发都会扩大夏威夷群岛的范围。英特尔使用 Loihi 火山作为这款产品的代号，就是希望其能够通过不断的自我学习，突破传统的基于符号推理和当前的基于 CNN 的人工智能方法，着重解决人脑擅长，但却是大数据和大计算力驱动所不擅长的诸如高效学习、举一反三、联想和创造问题，甚至是情感和意识等当前还看不到希望的难题，不断开拓人工智能的新领域。

今天，Loihi 还是一款神经拟态计算研究测试芯片，我们需要它不断演进和提高。英特尔坚定地信仰"建立开放生态，汇集社区力量共同开发"的理念，为此建立了围绕 Loihi 神经拟态计算芯片的科学研究与应用开发的开放生态 INRC（Intel Neuromorphic Research Community，英特尔神经拟态研究社区），致力于与世界领先的研究机构开展合作，并建立一个广泛的合作者网络，和包括大学、科研机构、政府和业界研发部门等在内的合作伙伴一起，使 Loihi 从领先的研究测试芯片成为市场领先的产品，改善普通人的生活和提高生产力。通过 INRC，英特尔将会资助优秀的研究计划，并提供 Loihi 软硬件开发环境。而且英特尔还将提供 Loihi 云访问服务，让更多合作伙伴参与 INRC。

3.2.8 面向脑机接口的神经拟态芯片

★ 关键词：神经拟态芯片　脑机接口

★ 作　者：马德　潘纲

神经拟态芯片受生物神经网络启发，在单个芯片实现具有上百万个神经元的复杂网络，针对智能信息处理的特定应用来提高性能与降低功耗，具有小体积、高能效比、高容错性及自学习的特点，是脑机接口特别是植入式设备信息处理单元的有潜力的实现方式。本小节介绍神经拟态芯片应用于脑机接口的需求和优势，以及现有工作与未来面临的挑战。

1. 脑机接口技术概述

脑机接口是基于脑电信号实现生物脑与电子设备通信和控制的系统，是一种大脑与机器之间的直接通信和控制方式，可为神经诊疗与康复、大脑工作机制探索等提供新的解决方案。脑机接口一方面收集大脑信号，通过解码算法破译大脑意图，把相应的执行指令传递给外部设备，另一方面接收外部设备的执行结果，编码后反馈给大脑，使大脑做出相应调整。脑机接口技术在最近 20 年日趋成熟，从单向、开环的输出控制模式，发展到双向、闭环的互适应交互模式，并朝着深入融合的方向发展——脑机融合计算系统，最终将实现人机一体系统。

目前脑机接口技术研究着重于简单信息读出和输入，大脑和机器的能力还没有实现相互适应、深度融合，要实现真正的脑机融合智能系统需要解决一个关键性问题——如何设计植入式设备并提高其生物的兼容性。这其中包含两个层次的含义：一是避免智能设备植入造成生理上的损害；二是实现生物体与智能设备的无障碍通信与信息处理融合，形成多层次、多粒度的信息交互和反馈，从而形成有机的混合智能系统。新型材料和系统的微型化一定程度上可以降低生物排斥性。研究者已经尝试将无线传感器芯片植入生物体内来采集生物脑电信号，例如美国加州大学伯克利分校的 Neural Dust 与美国华盛顿大学的 Neurochip，但这些芯片仅负责数据采集与无线传输，并不具备进一步的信息处理能力。然而，要真正实现机器智能体与生物智能体的融合，必须解决第二个层次的问题——信息处理的融合。目前，脑机接口的机器端智能是基于冯·诺依曼体系结构构建的，而生物体的信息处理系统是存储与计算一体化系统，两种异构平台的融合是实现脑机融合的一大障碍。神经拟态芯片的发展为脑机融合的实现提供了新的选择。

神经拟态计算的基本思路是将生物神经网络的概念应用于计算机系统设计，使用 SNN 进行计算，即神经元之间的通信是通过电势升降产生的脉冲（Spikes）完成的。这种机制和生物体的神经信号传递和计算有高度的相似性。如果将神经拟态芯片植入生物体内应用于脑机接口，形成一个闭环脑机接口来进行神经解码与编码，将为脑机接口发展带来新的机遇。

2. 脑机接口现状

脑机接口不仅可以通过从大脑提取脑信号解读出其意图，以直接控制机器，而且可以通过传感器向大脑的特定功能区发出刺激，以改善其功能或控制其行为。简单地说，脑机接口是由人和机器构成的一个闭环控制系统，如图 3-60 所示，主要由信号采集系统、信号处理系统、命令转换系统以及反馈刺激系统四部分组成。

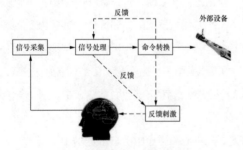

图 3-60 脑机接口闭环控制系统

脑机接口有多种分类方法，从信息传输方向的角度将其分为 4 类：由大脑到机器、由机器到大脑、由大脑到大脑，以及脑机融合。脑机融合是脑机接口技术发展的必然趋势，通过大脑对机器与机器对大脑的双向信息感知、解析与理解，形成大脑与机器多层次融合的智能模式，以达到机器智能与生物智能的充分互联、互相适应、协同工作。脑机融合的相关研究如下。2009 年，DiGiovanna 等设计了基于强化学习的互适应脑机接口，利用奖惩机制调节大脑活动，机器采用强化学习算法自适应控制机械臂运动，实现了性能更优的机械臂运动控制。美国科学家利用颅内电刺激技术首次将智能假肢的触觉信息直接反馈到志愿者脑内，构建了一个双向闭环的脑机接口。2016 年，*Nature* 子刊和 *The New England Journal of Medicine* 分别报道了渐冻人打字输入和大鼠学习增强的工作，将脑机融合从感知推进到认知、从动物实验发展到临床试验。国内的多家研究机构也在混合智能动物机器人、智能假肢控制等应用领域取得了突破性进展。

脑机接口正朝着脑机融合的方向迈进，要实现真正的脑机融合，需要采用植入式器件实现机器智能体与生物智能体的信息融合，以及生物体神经信号与智能设备的无障碍通信与信息处理融合，这给机器端的系统实现提出了一系列挑战：第一，如何保持与生物体的信息处理同步——生物体的信息处理基本单元神经元是存储与计算一体化系统，在真实世界的模糊高噪声信息处理方面（例如图像中的物体识别、视频/音频理解、自然语言处理等应用）具有独特的优势，机器端智能设备需要具备生物一样的信息处理高效性和准确性以保证脑机融合的信息处理同步和实时；第二，如何与生物体实现信息的无障碍交互——神经元之间的通信是通过电势升降产生的脉冲完成的，由于受到植入设备体积、功耗、处理能力的影响，因此如果机器端能够直接接收与处理脉冲信号，将大大降低混合智能系统的设计复杂度；第三，如何自学习与进化——生物体具备从周围环境中不断学习的能力，机器端智能设备植入生物体内，很难进行离线训练学习，因此必须具备自我学习能力；第四，如何具备抗干扰能力——受生物体的生理特性和心理因素差异以及环境因素的影响，从生物体中采集到的信号具有很大的差异性和不稳定性，因此要求机器端设备具有高适应性和可塑性以匹配神经信号由环境、个体差异以及时间变化引起的变化；

第五，如何实现低功耗——针对侵入式脑机接口，其对功耗和体积有苛刻的要求，因此必须采用低功耗机器端设备。

3.神经拟态芯片应用于脑机接口的需求及优势

（1）信息处理具有高度的生物相似性，易与神经信号兼容

生物神经网络属于SNN，即神经元之间的通信是通过电势升降产生的脉冲完成的，而非经典神经网络中的数值运算。当一个突触前（Pre-Synaptic）神经元的输入电压达到阈值时，它发出脉冲到轴突，并通过突触传递给突触后（Post-Synaptic）神经元的树突，如图3-61所示。

研究者提出了一系列脉冲神经元模型，如Hodgkin-Huxley模型、Leaky-Integrate-and-Fire神经元模型等，用于模拟生物神经元行为。神经拟态芯片以这些模型为基础在器件上模拟神经网络行为，以脉冲信号作为神经元的激励与输出，与神经元动作电位（Action Potential）行为相似，如IBM的TrueNorth、瑞士苏黎士联邦理工学院的ROLL、浙江大学的"达尔文"等。如果将神经拟态芯片作为脑机融合的机器端处理单元，则在数据的处理方式、数据格式上能够很好地与生物体融合。

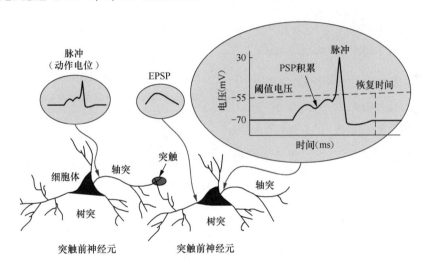

图3-61 生物神经细胞的工作原理

（2）基于事件驱动的工作原理，具有超低功耗特征

脑机融合以植入式设备作为机器端智能系统，在要求与生物体物理兼容的情况下，必须具备超低功耗以满足生物体的散热条件和长期植入不换电池的需求。神经拟态芯片基于神经脉冲事件驱动的工作原理，使得神经元在不受脉冲刺激的状态下能够保持休眠状态，而神经脉冲的发送频率在1kHz左右，使得神经拟态芯片可以低速运行，具备低功耗的特征。例如，TrueNorth能够完成400×10^9次/W的突触操作，而同样条件下超级计算机只能完成4.5×10^9次/W突触操作，在对30帧/s的视频流进行目标识别处理时消耗65mW的功耗。脑机融合的植入式设备具有更低功耗的要求，但规模上可以做相应的缩小。

（3）具备高精度与高执行效率，能够保证与生物体的细粒度实时交互

脉冲信号可以表达单个神经元的发放状况，时间-空间分辨率均很高。如图3-62所示，相比非植入式信号fMRI（functional Magnetic Resonance Imaging，功能磁共振成像）、EEG（electro-encephalorahpy，脑电图）、MEG（magneto-encephalography，脑磁

图）和植入式信号 LFP（Local Field Potential，局部场电位）、脑部光学成像，脉冲信号的识别精度分别至少高 3 个数量级和 1 个数量级。神经拟态芯片与生物体之间可以以脉冲信号作为信息载体，与其他方式相比可以实现更细粒度的交互。

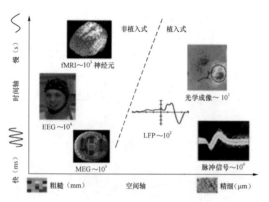

图 3-62　常见脑信号的时间 – 空间分辨率对比

此外，神经拟态芯片以电路结构模拟神经元和突触行为，可在单芯片上模拟上百万个神经元行为。芯片级神经元可以以更高的频率运行，计算性能远远高于生物神经元，因此具备小体积、高集成度、大规模的特点，能够满足复杂的神经信号的处理，实现与生物体神经网络的实时交互。

（4）具备在线自主学习能力，能够适应生物信号的变化

生物神经网络能够不断适应外界环境和具备高度容错性的本质在于自我学习，神经拟态芯片的一个重要发展方向就是在线自主学习。根据推导学习算法时所依据准则的不同，脉冲神经网络的学习算法主要有基于 STDP 规则的学习算法、基于 Widrow-Hoff 推导出的学习算法、基于反向传播的学习算法等。特别是基于 STDP 规则的学习算法，属于非监督学习算法，能够基于前后互联神经元的脉冲发放时间关系自动调整神经元之间的互联权重。要实现稳定的长期融合脑机系统，必须使机器端设备具有自主学习能力，神经拟态芯片的发展目标与脑机融合系统的机器端需求能够很好地吻合。

目前国内外学者已经开始探索将神经拟态芯片应用到脑机接口中，作为脑电信号处理的核心。美国约翰·霍普金斯大学的研究者研制了一个基于模拟混合信号的低功耗芯片 SiCPG，其包含 10 个 LIF 神经元与 190 个连接突触，用于仿真动物脊柱中的 CPG（Central Pattern Generator，中央模式生成器）。该芯片可控制一只瘫痪猫的腿部神经系统，使其自主行走。美国斯坦福大学的研究者搭建了一个基于 2000 个 LIF 神经元的脉冲神经网络模型，用于解码猴子运动皮层的电生理数据以控制外部机械手。瑞士苏黎世联邦理工学院的研究人员采用自主研发的神经拟态芯片 ROLL 构建小白鼠的控制双向闭环脑机接口。浙江大学利用"达尔文"神经拟态芯片实时识别由 Emotiv 头盔捕获的运动想象脑电信号，以分辨使用者想象的运动方向（左或右）。把神经拟态芯片作为脑机器融合系统的机器端智能处理系统还需要神经拟态芯片的专家和脑机接口的专家继续探索与努力。

4. 未来与挑战

神经拟态芯片在脑机接口中的应用属于该研究领域的早期探索，目前仍有许多限制。例如，限于目前神经拟态芯片的规模，其能支撑的生物神经网络算法复杂度较低，神经信号识别的能力也受到限制，未来若能提高神经拟态芯片的集成度，将支持更广泛的应用，提高脑电信号处理的精度、速度，增加识别种类。此外，目前神经拟态芯片基本依赖于离线学习，在线学习和增强技术尚未取得突破性进展，无法满足脑机接口的适应性需求。

神经拟态芯片要真正意义上能够在脑机接口中应用依然面临着诸多挑战：一是训练算法——脉冲神经网络训练算法的理论发展还不够成熟，特别是还不能很好地训练包含多个隐藏层的复杂网络，而神经信号解码的复杂性远远超过图像、声音等信号；二是大规模和低功耗——基于 CMOS 工艺的神经拟态芯片，还严重受到片上存储资源的限制，无法真正意义上解决冯·诺依曼体系结构的"内存墙"和"功耗墙"问题，而基于忆阻器等新型器件的神经拟态芯片由于受到制造工艺的影响，因此还无法大规模集成；三是编程模型——神经拟态芯片目前尚未形成一套标准化描述方式，脑机接口的研究者对神经拟态芯片的了解还比较初步，如果没有编程模型，在脑机接口中采用神经拟态芯片将受到限制；四是生物兼容性——还需要解决芯片与生物体长期相容的生物兼容性问题，有待与电子、材料等专业共同协作进行研究、解决。

3.2.9 光子神经网络——重新定义人工智能芯片

★ 关键词：人工智能芯片 光子神经网络
★ 作　者：白冰　赵斌　杨钊　李渔

光子神经网络的出现将重新定义人工智能芯片，区别于 GPU、FPGA、DSP 和 AISC 所依托的传统电子技术，基于光子特性的芯片架构将在算力和能耗方面实现两个数量级以上的性能突破。

基于人工神经网络算法的计算机深度学习系统已成为目前计算机领域研究的前沿热点，它的原理是利用人工神经网络算法，模仿人脑从实践中学习的方式，让计算机进行学习。CPU、GPU、TPU、FPGA 等都可以用于构建人工神经网络。2017 年下半年，一种全新定义的人工智能芯片——光子人工智能芯片问世。与传统的电子芯片家族（CPU、GPU、TPU、FPGA）完全不同，光子人工智能芯片利用光子进行运算和信息的传递，即构造一套光子神经网络，完成人工智能所常用的训练和推理。其在速度、能耗和成本上具有极大的挖掘潜力，这也许会成为人工智能领域在芯片方面的另一个竞争点和增长点。光子人工智能芯片的出现给我国在微电子、芯片制造等领域提供了弯道超车的机会，配合我国在当前人工智能产业的布局和大力投入，将有希望在下一个芯片竞争周期内占领先机。

1. 突破电子人工智能芯片的瓶颈：硅基集成光电子技术

（1）电子人工智能芯片的瓶颈

人工神经算法的整个过程包含大量矩阵相乘的运算，而基于传统计算机架构的 CPU 在处理这些运算的时候非常吃力，计算效率较低。因此，学术界和产业界转而关注专门用于人工神经网络和深度学习的新型硬件结构，如 GPU、ASIC 和 FPGA 等。然而，在当前的人工智能芯片中，无论何种技术架构，都是利用传统的微电子技术来进行设计和制造的。人工智能芯片性能的提升离不开微电子集成度的提高。在过去的几十年中，微电子技术一直按照摩尔定律发展，即当价格不变时，电路集成度约每隔 18~24 个月便会增加一倍，性能也将提升一倍。换言之，每一美元所能买到的计算机性能，将每隔 18~24 个月翻一倍以上。然而，21 世纪初，微电子技术已经很难按照摩尔定律的规律发展，提升芯片集成度的难度不断增大。比如，英特尔原计划在 2016 年将现有的 14nm 的 Skylakes 处理器替换为 10nm 的 Cannon Lake 处理器，但实际上推出的仍然是 14nm 的 Kaby Lake 处理器，而 Cannon Lake 在 2017 年下半年才推出。

实际上，这种问题是利用电子来处理、传递信息的固有瓶颈所造成的。随着电路集成度的不断提高，电子所产生的热量也会迅速增加，串扰、功耗、噪声和时延问题将越来越严重，从而使器件无法正常工作；晶体管越来越紧凑，消耗的能量也会急剧上升；电子具有静止质量，电子之间具有库仑力的作用，因此电子的运动和电信号十分容易受到电磁场的干扰。除此之外，虽然微电子技术的进步为片上晶体管数量的增加铺平了道路，但是芯片生产设施的建造会十分昂贵，而对更快、更低能耗、更低成本的芯片的需求却从未减少。

（2）光子技术与电子技术

与电子相比，光子具有许多独特的性质：光子无静止质量，光子之间既无相互作用力，也几乎没有干扰，光的不同波长可用于多路同时通信；在几十赫兹的调制频率下，光子仍然可以获得稳定的调制和信息传递，而电信号则面临着高频下的辐射损耗问题；此外，光信号不受电磁场干扰，保密性强。更为独特的是，利用一些特定的光学结构，光子可以在零能耗下进行一些数学运算。比如，一束光通过一个透镜后，就可以直接实现傅里叶变换，而整个过程都是在无源情况下完成的，能耗为零；再比如，利用马赫 - 曾德尔干涉仪结构，我们可以直接构造出一个二维矩阵，整个过程也是无源的，能耗依然为零。在这个过程中，傅里叶变换/二维矩阵的生成都是以光速实现的，即当光通过此结构后，计算过程便已完成。因此，利用光子，可以实现超高速、低能耗甚至零能耗计算，进而突破传统微电子芯片在性能和成本上的瓶颈。表 3-8 从带宽、交换容量、网络开销和能耗等方面总结、对比了电子技术和光子技术。

（3）硅基集成光电子技术

光学器件往往是分立的、非集成的，且工艺特殊，因此在实际应用中无法与电子芯片相比，这就极大地限制了其在芯片领域中的应用。如果有一种技术，既可以用传统的微电子技术进行加工，又具备传统光学的所有特性，那么这种技术将兼备微电子和光学处理的双重优点，使得光学器件可以像微电子芯片一样做到大规模集成和批量生产，并且具有光学处理的一切优势。这种技术已经出现，并且迅速成为研究、产业热点，这就是硅基集成光电子技术。硅基集成光电子技术可以同时以光子和电子作为信息载体，将光学器件"小型化""硅片化"，并与纳米电子器件相集成，应用微电子 CMOS 工艺，在同一硅衬底上同时制作若干微纳量级、以光子和（或）电子为载体的信息功能器件，形成一个完整的具有综合功能的新型大规模集成芯片。利用硅基集成光电子技术，可以在一整片晶圆上利用 CMOS 技术同时制作出各种功能性器件，形成一个完整的光电集成芯片，在降低成本的同时，提高集成度，实现当前信息处理所需要的各项功能。图 3-63 所示为贝尔实验室在 8 英寸晶圆上制作的光电集成器件，在一片晶圆上可以制作上千个器件。

表 3-8 电子技术和光子技术对比

对比指标	电子技术	光子技术
带宽	芯片带宽受到芯片发热、串扰、噪声等限制	单一信道的带宽可达 100Gbit/s，进一步结合 DWDM（Dense Wavelength Division Multiplexing，密集波分复用）技术，芯片带宽可以成倍增加
交换容量	在高信号速率下，信息处理能力受芯片集成度的限制	（1）光芯片不需要通过增加线路位宽的方式来提升线路速率 （2）光信号通过 DWDM 技术可成倍提高芯片的信息处理能力
网络开销	（1）随着信号速率的提升，对信号的处理过程更加复杂 （2）网络需要使用更多的设备和线缆以满足应用对带宽和吞吐率的需求	（1）光纤具有更高的带宽、更小的横截面积和更轻的重量，因此可有效降低线缆方面的开销 （2）光交换单元对于信号的透明传输特性可降低网络升级产生的开销 （3）大容量的光交换架构可降低网络设备方面的开销
能耗	目前电交换设备的能耗不会随负载的降低而成比例降低，而常用的节能策略存在能耗与性能的权衡	（1）光互联架构可有效降低信号在传输过程中的能耗（包括信号发射功率、中间节点的光/电转换能耗等） （2）通过使用无源器件，光互联网络可进一步降低能耗

图 3-63　8 英寸晶圆上制作的光电集成器件

2.光子神经网络

（1）神经网络算法在光子芯片上的映射

光子神经网络比电学神经网络具有更快的运算速度和更低的能耗。用传统的分离光学器件实现上述功能很有难度，因为其体积和能耗都十分庞大。但是硅基集成光电子技术可以很好地解决这些问题。基于光学器件可以实现人工神经网络的原因有以下几点。

·人工神经网络强烈依赖固定的矩阵乘法。而矩阵乘法利用特殊设计的光学结构可以很好地实现，前向传播的速度等于光速，而传统电子芯片需要晶体管内部电子的反复流动才可以实现同等计算。

·许多固有的光学非线性可以直接用作人工神经网络所需的非线性激活函数。

·利用硅基集成光电子技术，可以同时制备光子人工智能芯片和其他所有配套的电学处理芯片。

·一旦一个全光神经网络训练完毕，整个结构就成为无源系统，因此矩阵计算的能耗为零。

·光子无质量，互相无干扰，因此光子人工智能芯片无发热问题。

·利用光子技术，可以实现全光集成，即利用光子来进行多核间的互联，单通道速率可以达到 100Gbit/s 以上。

人工神经网络通常包括输入层、隐藏层和输出层，如图 3-64 所示。

在每一层，信息通过一个线性混合（如矩阵相乘）和非线性激活函数传输。把训练数据输入输入层，利用前向传播计算输出，这样就可以训练人工神经网络。随后，矩阵的权重可以利用反向传输来进行优化。这种思想同样可以在光子神经网络中得到实现，如图 3-65 所示。这与传统的电子人工智能芯片的设计思想也是一致的。

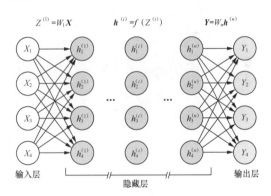

图 3-64　人工神经网络

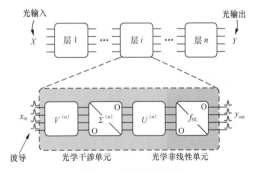

图 3-65　光子神经网络

将一个图像或一个句子在计算机上用一种标准算法进行预编程，形成一个多维的向量。这段向量信号将用于对光的强度进行编码，而编码后的光信号可以在光子神经网络中传输。光子神经网络的每一层都由 OIU（Optical Interfere Unit，光学干涉单元）和 ONU（Optical Nonlinearity Unit，光学非线性单元）即非线性激活模块组成。其中，OIU 的作用是构造任意维度的矩阵并完成矩阵乘法。采用 SVD，任意矩阵 M 都可以分解成 $M=U\Sigma V^+$。

其中，U 是 m 阶的幺正矩阵，Σ 是 $m\times n$ 的对角矩阵，V^+ 是 n 阶幺正矩阵 V 的复共轭矩阵。已经证明，任意的 U 和 V^+ 都可以利用光分路器和移相器来实现。图 3-66 所示即为基于此结构的任意 3×3 矩阵的实现。

OIU 可以用光衰减器来实现，当然也可以采用光放大材料来实现。ONU 可以用可饱和吸收或者双折射等器件来实现，而且这些器件都已经在光子人工智能芯片上得到了实现。在这些器件中，对于一个强度为 I_{in} 的输入，输出强度是关于 I_{in} 的一个非线性函数：$I_{out}=f(I_{in})$。

当然，ONU 也可以用指令或者特定的电学模块来实现。如果将 ONU 和 OIU 组合在一起，即每个 OIU 后面接一个 ONU，那么整个光子神经网络（多层神经网络）的结构如图 3-67 所示。

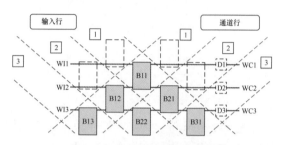

图 3-66 任意 3×3 矩阵的实现

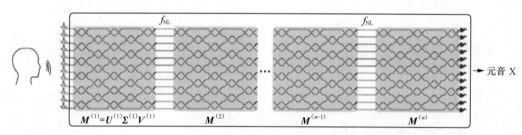

图 3-67 多层神经网络

（2）光子神经网络的高算力和低能耗

以高速、低能耗的方式来处理大数据是计算机领域的核心挑战。前向传播速度过慢、能耗过大等问题限制了人工神经网络的许多应用，比如无人驾驶，因为无人驾驶往往需要对图像进行高速、并行的识别。光子神经网络可以利用高速、高灵敏度的光探测器来实现高速、低能耗的神经网络系统。一旦所有的参数被训练完毕，光子神经网络就可以在无源的情况下实现前向传输，采用非易失性相变材料来保持相位，那么相位保持基本无须耗能，整个系统的能耗就只受限于芯片的物理尺寸、色散器件的光谱带宽和光探测器的速度。理论上，因为电子人工神经网络受限于吉赫兹量级的时钟速度，而光子神经网络的光信号收发速度一般为 100GHz 以上，所以光子神经网络将比电子人工神经网络快两个数量级。此外，光子神经网络可以大幅度降低时延，即减少信号从输入到计算出结果输出所需的时间，这对一些需要快速响应的应用十分重要，比如无人驾驶或者导弹跟踪。

假设光子神经网络有 N 个节点，实现 m 层的 $N\times N$ 矩阵相乘，并且采用 100GHz 的光探测器进行探测，这就相当于进行 10^{11} 次/s 的 N 维矩阵相乘。因此，每秒浮点操作数是 $R=2m\times N^2\times 10^{11}$ FLOPS。

光子神经网络的能耗主要来源于光的能耗，包括启动光学非线性所需要的光能耗和使探测器获得高信噪比所需要的能耗。假设一个可饱和吸收体的门限是 $p\approx 1\text{MW}/\text{cm}^2$，这个门限对许多染料、半导体或者石墨烯都是适用的。由于波导的截面尺寸约为 $0.2\mu\text{m}\times0.5\mu\text{m}$，因此前向传播所需要的总能量约为

$p \approx N$ (mW)。因此，

$$\frac{R}{p} = 2m \times N \times 10^{14} \text{FLOPS/J}$$

或：

$$\frac{p}{R} = \frac{5}{mN} \times 10^{-15} \text{J/FLOPS}$$

传统的 GPU 能耗如图 3-68 所示。

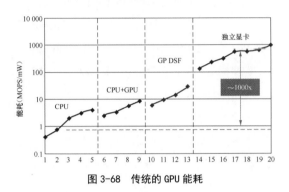

图 3-68 传统的 GPU 能耗

大约为：

$$\frac{P}{R} = 100 \text{pJ/FLOPS}$$

因此，即使对于小规模的光子神经网络，其能耗也要比传统的 GPU 低 5 个数量级。假设采用 16 位的 FLOP 而不是 64 位的 FLOP 来实现低能耗运转，那么一个理想的电子处理器，其能耗为 1pJ/FLOP，光子神经网络的能耗也要比它低 3 个数量级。传统的图像识别需要数百万的训练参数和几千个神经元，那么此时光子神经网络将比传统的处理器更加高效。也就是说，神经网络越庞大，光学的优势体现得越明显，因为对于电子芯片来说，计算 $N \times N$ 矩阵相乘，需要的能耗与 N^2 成正比，而光学的计算过程不需要能耗。

光子神经网络也为人工神经网络的训练提供了新的方法。在传统的计算器中，参数是通过反向传输和梯度下降来训练的。但是，对于特定的人工神经网络来说，比如参数的有效数量大于显性参数（如 RNN 和 CNN）时，反向传输训练的效率是很低的。特别是 RNN 的循环特性使其成为一种深度人工神经网络，其深度等于序列长度。而在 CNN 中，为了提取出特征，同样权重的参数在同一个图像的不同区域被反复使用。光子神经网络可以在不需要反向传输的情况下，直接提取出每个显性参数的梯度。这种方法基于前向传输和有限差分法。众所周知，在人工神经网络中，权重参数的梯度 ΔW_{ij} 可以用两步前向传输来计算。首先，这两步前向传输可以分别计算出 $J(W_{ij})$ 和 $J(W_{ij}+\delta_{ij})$，然后利用 $\Delta(W_{ij})=[J(W_{ij}+\delta_{ij})-J(W_{ij})]/\delta_{ij}$ 计算出 ΔW_{ij}。在传统的计算机中，前向传输算法并不被看好，因为前向传输 [计算 $J(W)$] 是十分消耗计算资源的。在光子神经网络中，每个前向传输步骤是在一个连续时间（受限于探测器速度）内被计算的，所需能耗与神经元数量成正比，这就使得光子神经网络可以更易于处理，可以用与反向传输相同的速度处理运算，在一些特定情况下，如超深度 RNN，甚至要快于传统的反向传输算法。此外，采用片上训练装置，幺正矩阵可以很容易地被参数化和训练。

考虑到目前光子神经网络的尺寸，现在的技术可以制备超过 1000 个神经元的芯片。2006 年，4096 个光学器件的集成芯片已经被提出。三维光子集成技术可以提高集成的自由度，在垂直方向上进行集成。此外，利用时间多补丁技术而不是一次全部输入的算法正在被深度学习大量应用。利用这种算法，光子神经网络就可以用更少的物理器件实现更大规模的有效神经元网络。

3.光子人工智能芯片的技术及产业化现状

（1）技术现状

2015 年，Nature 上报道了全球首个光电混合集成 CPU，其利用硅基集成光电子技术，在同一块芯片上集成了 7000 万个晶体管和 850 个光学器件，共同实现了对数据的逻辑运算、存储等功能。这标志着传统电子架构向光电混合架构转变的开端，而这一转变将解决电子互联、电子芯片所面临的带宽和能耗瓶颈。

同样，在人工智能芯片领域，采用单一的电子技术已经无法满足当前人工智能芯片高速发展的需要，

在速度、能耗、成本方面均遭到了前所未有的挑战。针对特定的算法和物理架构，光子技术可以实现越来越多与 TPU、GPU 甚至 FPGA 等处理器类似的功能，光电混合集成 CPU 的出现已经证明光子技术在信息处理方面的可行性和巨大潜力。光子的引入和硅基集成光电子技术的应用，将引领传统的电子技术进入一个崭新的阶段——单一的电子传递、处理信息过程将转变为光子、电子优势互补，共同完成高性能计算过程。利用现有的 CMOS 工艺，既可以制备大规模集成电路，也可以制备集成光路，二者混合集成构成以光子计算为核心的光子神经网络，为下一代高性能、低成本人工智能芯片开辟一条崭新的道路。因此，我们有理由相信，光子神经网络的出现将重新定义人工智能芯片，与基于传统电子技术的 CPU、GPU、TPU 和 FPGA 完全不同，光子人工智能芯片将是一个"另类"，而这个另类也许才是将人工智能技术真正推向大规模应用的希望。

（2）产业化现状

① Lightelligence

美国 Lightelligence 公司的研究内容主要包含芯片设计、核心算法、传输、周边等，欲打造一个完整的光学计算生态。如今 Lightelligence 公司正努力改善光子计算的相关生态，目前虽还不成熟，但相信其光子计算架构落地之后，可以大大加速整体人工智能计算生态的变革。

② Lightmatter

美国 Lightmatter 公司与 Lightelligence 公司的关注点类似，但它更聚焦于如何彻底提升计算机性能这一方面。其已着手用光子技术来增强电子计算机的性能，以从根本上推出足够强大的新计算机，促进下一代人工智能的发展。

③ 芯仪科技

国内人工智能芯片公司发展迅猛，如华为、寒武纪、深鉴科技等，与这些传统电子学人工智能芯片公司不同，芯仪科技公司专注于光子人工智能芯片设计制备、人工智能算法以及高速光学互联，其利用光电混合集成技术来突破电子人工智能芯片的瓶颈，将人工智能算力提升两个数量级以上，能耗降低 3~5 个数量级。

以上 3 家具有代表性的光子人工智能芯片公司的技术对比如表 3-9 所示。

表 3-9 当前具有代表性的 3 家光子人工智能芯片公司的技术对比

对比项目	Lightelligence	Lightmatter	芯仪科技
光子人工智能芯片的设计与制备	√	√	√
光子人工智能算法	√	√	√
核间互联问题	√	√	√
人工智能芯片与云端、设备端高速、任意距离互联问题	×	×	√
光电元件一体化集成解决方案	×	×	√

3.2.10 从 AIoT 的人机交互需求看人工智能芯片的落地路径

★ 关键词：人工智能芯片　AIoT　人机交互
★ 作　者：李宵寒　海明　钟文杰

自 2017 年以来，"AIoT"一词便频频刷屏，成为物联网的行业热词。"AIoT"即"AI+IoT"，指的是人工智能（AI）技术与物联网（IoT）在实际应用中的落地融合。当前已经有越来越多的人将 AI 与 IoT 结合在一起，AIoT 作为各大传统行业智能化升级的通道，已经成为 IoT 发展的必然趋势。

AI 和 IoT 的关系是什么呢？为什么要在 IoT 中引入 AI 的概念和技术呢？要弄懂两者间的相互关系，首先需要理解 AI 和 IoT 的概念。

AI 作为计算机科学的一个分支，能够从大量的过往资料和当前的观察中找出对于未来预测性的洞察。基于大量数据的支持，经过充分的数据抽象和建模，AI 能够注意到所有新资料的典型特征，能够分辨出哪些属于已知，哪些又是例外，并做出高效、合理、合适的判断。实际上，在很多方面，譬如图像和语音识别的很多领域，AI 做得已经比人类好了。因此，如果要让 AI 变得更加聪明、强大，方法和过程其实就像在培养一个孩子，AI 需要像给孩子灌输知识一样进行持续的数据流入。对于 AI 来说，一般而言，给它处理和从中学习的数据越多，其就会表现得越聪明，准确率也越高。谷歌 AlphaGo 能够在短期内成为围棋"大师"，就是因为它学习了大量人类棋手的棋局。

IoT 则肩负了一个至关重要的任务：资料收集。从概念上来说，物联网可连接大量不同的设备及装置，例如家用电器和穿戴式设备等。嵌入各个产品的传感器可以不断地将新数据上传至云端，这些新数据以后可以被 AI 处理和分析，以生成所需要的信息并继续积累知识。用一句话来概括就是：IoT 把所有物品通过信息传感设备与互联网连接起来，进行信息交换，即物物相息，以实现智能化的识别和管理。

在了解了 AI 和 IoT 之间的关系及相关应用后，其实不需要把 AI 和 IoT 这两个概念完全区分开来，也不必纠结究竟是谁占据主导地位。简而言之，AI 通过 IoT 将能力输出到各个终端上，反过来，IoT 通过持续性的资料收集而不断给 AI 以数据养分，二者深度结合，互为表里，进而形成一个不断进化的统一整体。只有它们被同时使用，才能实现 AI 和 IoT 的利益及优势。AI 可以最大化 IoT 的能力，而 IoT 可以最大化 AI 的疆域。

1. AIoT领域中人机交互的市场机遇

在基于 IoT 技术的市场中，与人发生联系的场景（如智能家居、无人驾驶、智慧医疗、智慧办公）正变得越来越多。而只要是与人发生联系的地方，势必会涉及人机交互的需求。人机交互是指人与机器之间使用某种对话语言，以一定的交互方式，为完成确定任务的人与机器之间的信息交互过程。人机交互的范围很广，小到电灯开关，大到飞机上的仪表板或是发电厂的控制室，等等。而随着智能终端设备的爆发，用户对于人与机器间的交互方式也提出了全新要求，使得 AIoT 人机交互市场被逐渐激发起来。

以智能家居市场为例，2016 年我国的智能家居市场规模达到 620 亿元，2021 年智能家居市场规模达到 1923 亿元。爆发中的 AIoT 市场，所蕴藏的人机交互需求及其前景无疑是令人期待的。

人类生活的数字化进程已持续了 30 来年，这些年我们经历了从模拟时代到 PC 互联时代再到移动互联时代的演进，而目前我们正处在向物联网时代演进的过程中。从交互方式来说，机器越来越"迁就"人：从 PC 互联时代的键盘和鼠标，到移动互联时代的触屏、NFC（Near Field Communication，近场通信）以及各种 MEMS（Micro Electro Mechanical System，微电子机械系统）传感器，再到物联网时代正在蓬勃发展的语音/图像等交互方式，使用门槛正变得越来越低，这使得越来越多的用户可以进入。同时我们需要注意到另一个深刻的变化，即由于交互方式的演进（至少是重要原因之一），大量新维度的数据也在不断地被创造出来和数字化，比如 PC 互联时代的工作资料和娱乐节目，移动互联时代的用户使用习惯、位置、信用和货币，再到物联网时代的各种可能的新数据。在物联网时代，交互方式正在往本体交互的方向发展。所谓"本体交互"，指的是从人的本体出发的，人与人之间交互的基本方式，如语音、视觉、动作、触觉，甚至味觉等。例如，通过声音控制家电,或者通过红外线来决定空调是否应该降温,通过语音和红外线结合来进行温度的控制(侦测到房间里没人的时候,即便电视节目里提到了"降温",空调也不做反应)。

新的数据是 AI 的养料,而大量新维度的数据正在为 AIoT 创造出无限可能。

从 AIoT 的发展路径来看,当前行业人士普遍认为,其将经历单机智能、互联智能到主动智能的三大阶段,如图 3-69 所示。

图 3-69 AIoT 的发展路径

单机智能指的是智能设备等待用户发起交互需求,而在这个过程中,设备与设备之间是不发生相互联系的。在这种情境下,单机系统需要精确感知、识别、理解用户的各类指令,如语音、手势等,并正确决策、执行和反馈。AIoT 行业正处于这一阶段。以家电行业为例,过去的家电就处于功能机时代,它可以帮你把温度降下来,或者帮你实现食物的冷藏;现在的家电则实现了单机智能,可以通过语音或手机 App 去遥控实现调温度、打开风扇等。

无法互联互通的单机智能,只是一个个数据和服务的孤岛,远远满足不了人们的使用需求。要取得智能化场景体验的不断升级、优化,首先需要打破的是单机智能的孤岛效应。互联智能本质上指的是一个互联互通的产品矩阵,因而"一个大脑(云或者中控),多个终端(感知器)"的模式成为必然。例如,当用户在卧室里对空调说"关闭客厅的窗帘",而空调和客厅的智能音箱中控联接时,它们之间可以互相商量和决策,进而做出由音箱关闭客厅窗帘的动作;又如当晚上用户在卧室对着空调说出"睡眠模式"时,不

仅仅空调会自动调节到适宜睡眠的温度,同时,客厅的电视、音箱,以及窗帘、灯设备等都会自动进入关闭状态。这就是一个典型的通过云端大脑,配合多个感知器的互联智能的场景落地。

主动智能指的是智能系统根据用户行为偏好、用户画像、环境等各类信息,随时待命,具有自学习、自适应、自提高能力,可主动提供适用于用户的服务,而无须等待用户提出需求,犹如一个私人秘书。试想这样的场景,清晨伴随着光线的变化,窗帘自动缓缓开启,音箱传来舒缓的起床音乐,新风系统和空调开始工作。你开始洗漱,洗漱台前的私人助手自动为你播报今日天气、穿衣建议等。洗漱完毕,早餐和咖啡已经做好。当你走出家门时,家里的电器自动断电,待你回家时再度开启。

2. AIoT 的人机交互对人工智能芯片的需求

边缘计算是指在靠近物或数据源头的网络边缘侧,融合网络、计算、存储、应用核心能力的开放平台,就近提供边缘智能服务,满足行业数字化在敏捷联接、实时业务、数据优化、应用智能、安全与隐私保护等方面的关键需求。在行业内有一个十分形象的比喻,边缘计算犹如人类身体的神经末梢,可以对简单的刺激进行自行处理,并将特征信息反馈给云端大脑。伴随 AIoT 的落地实现,在万物智联的场景中,设备与设备间将互联互通,形成数据交互、共享的崭新生态。在这个过程中,终端不仅需要有更加强大的算力,在大多数场景中,还必须具有本地自主决断及响应能力。以智能音箱举例,其不仅需要支持本地唤醒的能力,还应该具备远讲降噪的能力,而出于实时性以及数据有效性的考虑,这方面的计算必须发生在设备端而不是云端。

智能家居行业作为 AIoT 人机交互最重要的落地场景之一,正吸引越来越多的企业进入。在这之中,既有如苹果、谷歌、亚马逊等大型科技公司,也有像海尔、三星这类的传统家电厂商,当然也不乏小米、京东这样的互联网"新贵"。基于互联智能的构想,未

来的 AIoT 时代，每个设备都需要具备一定的感知（如预处理）、推断以及决策功能。因此，每个设备端都需要具备一定程度的不依赖于云端的独立计算能力，即前面提到的边缘计算。

在智能家居的场景下，通过自然语音的方式与终端设备进行交互，在当前已成为行业主流。由于家庭场景的特殊性，家用终端设备需精准区分、提取正确的用户命令（而不是家人在谈话时无意说到的无效词），以及声源、声纹等信息，因此智能家居领域的语音交互对边缘计算也提出了更高的要求，具体表现在以下几方面。

（1）远讲降噪、唤醒

家居场景下声场复杂，比如电视声音、多人对话、小孩嬉闹、空间混响（厨房做饭、洗衣机等设备的工作噪声），这些容易干扰用户与设备间正常交互的声音，很大概率会在同一时间存在，这就需要对各种干扰进行处理、抑制，使得来自真正用户的声音更加突出。在这个处理过程中，设备需要更多的信息量来进行辅助判断。家居场景语音交互的一个必备功能是使用麦克风阵列进行多通道的同步声音录入，通过对声学空间场景进行分析，使得声音的空间定位更加准确，从而大幅提升语音质量。另一个重要功能是通过声纹信息辅助区分真正用户，使其声音能从多人的窜扰中被清晰地区分出来。这些都在设备端实现，且需较大的算力支持。

（2）本地识别

家居领域人机交互的本地识别离不开边缘计算，具体体现在以下两方面。

一是高频词。从实际统计来看，用户在特定场景下的常用关键词指令数量有限。例如车机产品，用户最常使用的可能是"上一首""下一首"；空调产品中，有可能最常用的命令是"开启""关闭"等。这些用户经常用到的词就叫作高频词。对于高频词的处理，完全可以放在本地处理而不必依赖于云端的延迟，从而带给用户最佳的体验。

二是联网率。在智能家居产品尤其是家电产品落地的过程中，联网率是一个问题。如何在不联网的情况下让用户感知到语音人工智能的强大，从而进行用户培养，也是边缘计算在当前的一个重要作用。

（3）本地/云端效率的平衡

在家居领域的自然语言交互过程中，当所有的计算被放到云端时，声学计算的部分将对云端计算造成较大压力，一方面造成云平台成本的大幅增加；另一方面带来计算延迟，损害用户体验。自然语言交互分为声学和自然语言处理两个部分，从另一个维度来说，可看成是"业务无关"（语音转文字/声学计算）和"业务有关"（自然语言处理）的部分。业务有关的部分毫无疑问需要在云端解决，例如用户询问天气、听音乐等需求，那么设备对用户语句的理解，以及天气信息的获取必须通过联网来完成。但是，对于用户语音到文字的转换，例如下达命令"打开空调""增加温度"等，其中的部分甚至大部分计算是有可能在本地完成的。在这种情况下，从本地上传到云端的数据将不再是压缩后的语音本身，而是更精简的中间结果，甚至是文本本身，数据更精简，云端计算更简单，则响应也更迅速。

（4）多模态的需求

所谓多模态交互，即多种本体交互手段结合后的交互，例如将多种感官融合，比如文字、语音、视觉、动作、环境等。人是一个典型的多模态交互的例子，在人与人交流的过程中，表情、手势、拥抱、触摸，甚至是气味，无不在信息交换的过程中起着不可替代的作用。显然，智能家居的人机交互势必不止语音一个模态，而需要多模态交互并行。举个例子，智能音箱如果认为人不在家，那就完全不需要对电视里误放出的唤醒词进行响应，甚至可以把自己调到睡眠状态；一个机器人如果感觉到主人在注视他，那么他可能会主动向主人打招呼并询问是否需要提供帮助。多模态处理需要引入对多类传感器数据的共同分析和计算，这些数据既包括一维的语音数据，也包括摄像头图像以及热感应图像等二维数据。这些数据的处理无不需要本地人工智能的能力，也就对边缘计算提出了强烈的需求。

3.边缘计算带来的人工智能芯片需求

人工智能算法对设备端芯片的并行计算能力和存储器带宽提出了更高的要求，尽管基于 GPU 的传统芯片能够在终端实现推理算法，但其功耗大、性价比低的弊端却不容忽视。在 AIoT 的大背景下，IoT 设备被赋予了人工智能能力，一方面在保证低功耗、低成本的同时完成人工智能计算（边缘计算）；另一方面，IoT 设备与手机不同，其形态千变万化，需求碎片化严重，对人工智能算力的需求也不尽相同，因此很难给出跨设备形态的通用芯片架构。因此，只有从 IoT 的场景出发，设计定制化的芯片架构，才能在大幅提升性能的同时，降低功耗和成本，同时满足人工智能算力以及跨设备形态的需求。与传统芯片相比，定制化的人工智能芯片在运算效率及存储器带宽上有绝对优势，其优势主要体现在以下几点。

首先，人工智能芯片采用并行运算架构及专用矩阵加速器等技术，例如脉动阵列（Systolic Array）架构或更复杂的并行运算架构提高运算单元的利用率，甚至采用 Winograd 等特定的矩阵加速器，降低矩阵运算的运算量，从而提高运算效率。

其次，从降低外部存储器带宽的角度出发，人工智能芯片通过数据压缩或相关功能模块之间的 Pipeline 技术，降低内存带宽。以英伟达的开源人工智能引擎 NVDLA 为例，其在卷积、激活、池化等模块之间设计了专用的数据通路，模块之间的数据交互不再经过系统内存，而由专用的数据通路完成。NVDLA 的核心架构如图 3-70 所示。

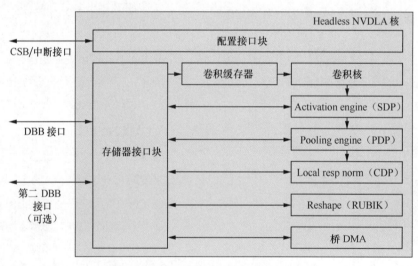

图 3-70　NVDLA 的核心架构

随着芯片运算效率的提升及外部存储器数据带宽的降低，芯片运算所需的时钟周期和内存访问次数将大幅减少。因此，与通用芯片相较而言，人工智能芯片可以在更低的主频、更小的芯片面积上完成机器学习中同等任务量的计算。采用更低的主频，不只降低了芯片的动态功耗，还可以降低芯片的工作电压，从而进一步降低芯片的动态功耗。另外，低主频使得在芯片加工工艺上有更多的选择，可以进一步降低芯片的静态功耗。

由于芯片面积、功耗直接影响芯片封装的选择，因此人工智能芯片在芯片封装上也要比传统芯片更有优势。由此看来，人工智能芯片的性价比将远远大于传统芯片，如图 3-71 所示。

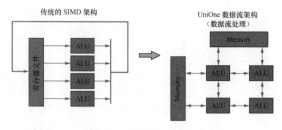

图 3-71 两种架构对比

4. 人工智能芯片落地面临的挑战

人工智能芯片在保证高性能、高能效比的同时，兼顾灵活性和通用性。人工智能算法有应用领域广、算法种类多样以及算法演进较快的特点，因此对人工智能芯片架构设计提出了较高的要求。只有性能与通用性兼顾的人工智能芯片才会有广阔的市场和较长的生命周期。只有在芯片架构与算法之间形成较高的耦合度时，芯片的性价比才能够达到较高的值，因此如果离开对算法的深刻理解，是很难设计出高效的人工智能芯片的。而直接对人工智能算法的硬件化将极大地降低芯片的灵活性，因此人工智能芯片的硬件加速往往体现在比算法更底层的数学运算上。由于人工智能算法是建立在一系列的数学运算之上的，因此设计一款高性价比和高灵活性的芯片需要从数学运算及运算之间的数据依赖着手。在大量数据统计的基础上，根据数据运算的复杂度、出现的频度、数据依赖关系等信息，提炼基础数学运算指令及数据搬运指令，并根据这些指令完成芯片架构的定义和实现。因此，人工智能芯片架构设计及实现是人工智能芯片设计中的一个小的环节，而人工智能指令集设计才是人工智能芯片成功更关键的因素。

做人工智能芯片不是搞"军备竞赛"，任何产品在推向市场的过程中都有其产品定位，人工智能芯片也不例外。特定的人工智能芯片是面向特定场景的，而场景则由芯片所面向的产品、市场共同影响决定，不同的场景对于人工智能芯片在价格、功耗，以及所支持的功能方面有着截然不同的需求。比如，大型服务机器人和智能开关对于人工智能芯片的价格要求可能会有比较大的反差，毕竟二者的售价相差悬殊，对于同一售价的人工智能芯片，出于产品成本的考虑，所表现出来的接受度可能截然相反。因此，人工智能芯片不仅要做得出来，还要卖得出去。

在人工智能软件生态方面，人工智能开发框架相对碎片化，比如 TensorFlow（谷歌）、CNTK（微软）及 Torch7（脸书）等，整个行业尚未形成统一的标准。在标准化方面的探索主要包括微软和脸书联合推出的 ONNX（Open Neural Network eXchange，开放神经网络交换），Khronos 组织推出的 NNEF（Neural Network Exchange Format，神经网络交换格式）等神经网络交换层标准。不可否认，神经网络交换层标准是解决当前碎片化人工智能框架问题的捷径，但该标准尚处于起步阶段，标准的成熟还有较长的路要走。因此，人工智能芯片厂商要解决各种框架之间的兼容性问题，这就给人工智能芯片的通用性带来了极大的挑战。在人工智能产品生态方面，人工智能芯片的规模性的落地领域尚在探索之中。同时，在落地过程中，人工智能芯片不是孤立的，还需要软件应用、解决方案以及服务商的支持。人工智能芯片归根结底是一个产品，既然是产品，其落地时的交付物可能是芯片本身，也可能是"芯片 + 应用 + 服务"。如果只有芯片，但没有基于芯片的算法和应用，就无法称之为一个完整的产品。举例来说，对于智能音箱而言，作为一个解决方案的提供商，人工智能芯片只是其产品中的一小部分，其他部分（例如基于人工智能芯片的应用、云端的智能语音交互服务、内容服务以及服务支持等）才是落地中更重要的一环。在人工智能芯片落地的过程中，客户需要的一般是一个完整的方案，如果仅仅提供人工智能芯片，势必需要在应用、云服务等各方面寻找相应的合作伙伴，才有可能为客户提供一个完整的解决方案。

5. 云知声在人工智能芯片落地方面的探索

就云知声而言，在芯片产品形态方面，公司已经经过了很长时间的探索。从市场着手，云知声在智能家居、智能音箱、儿童机器人等市场方面已经基于IVM（通用芯片方案）的产品形态，验证了市场、产品、用户场景的合理性。而伴随着合作客户在更多产品种类和形态上对成本、稳定性、集成度等方面的呼声越来越高，推出自研语音人工智能芯片就成为一件水到渠成的事情。

基于云知声的人工智能指令集和DSP指令集，结合语音应用场景，云知声研发出了以麦克风阵列信号处理、语音识别及语音合成为一体的全新的芯片架构。通过运算单元之间的可编程互联矩阵保证运算效率的同时，采用多级-多组-多端口的内存架构保证片内数据带宽的提升及芯片功耗的降低。在架构灵活性方面，通过Scratch-Pad将主控CPU与人工智能加速器内部RAM相连，提供高效的CPU与人工智能加速器之间的数据通道，以便CPU对人工智能加速器运算结果进行二次处理。另外，连接各个运算单元的可编程互联矩阵架构提供了扩展运算指令的功能，从而进一步提升了硬件架构的灵活性及可扩展性。芯片架构方面的其余探索，包括多级多模式唤醒、从能量检测到人类声音检测到唤醒词检测、针对语音设备及使用场景的定制化电源域（Power Domain）等技术，将芯片功耗降至最低。

在业务体系上，云知声在2014年即提出了"云-端-芯"的技术架构体系，通过云端服务、设备端应用以及嵌入式硬件面向IoT领域构建完整的语音人工智能解决方案。随着云知声自主人工智能芯片的落地，通过提供标准化的人机交互产品对接接口，可为合作客户提供允许在端和云两个方面均可进行高度定制的解决方案。

总之，AIoT的人机交互是一个巨大的市场，并由此带来了对人工智能芯片的巨大需求。但在人工智能芯片的落地过程中，面临着研发、产品定位以及商业化路径等多方面的挑战。在研发方面，需要针对实际采用的人工智能算法进行深度迭代优化，以满足产品需求并保持架构的灵活性；在产品定位方面，鉴于IoT设备碎片化的现实，必须先考虑应用场景和适用范围，由此再倒推人工智能芯片的功能和性能要求；在商业化路径方面，最终客户需要的往往是整体解决方案而非芯片本身，因此如何构建一个完整的人工智能解决方案，是每个人工智能芯片玩家必须考虑的事情。

3.2.11　浪潮：面向多模态应用的超异构计算平台

★ 关键词：多模态人工智能　超异构　量子人工智能
★ 作　者：李仁刚　赵雅倩

人类对事物的认知是多维度、多模态的，所以多模态人工智能是人工智能发展的必然趋势。如今，在自然语言处理、人机对话、仿真机器人、信息检索、模式识别、情感识别等研究领域，已经越来越多地利用多模态信息进行智能化处理和决策，拟合人的感知和认知机理本质，提升智能分析的准确性和可靠性。

当前的多模态人工智能算法主要基于文本、图像、音频等现有单媒体信息智能处理基础。后续，随着移动智能终端、可穿戴设备的普及和物联网技术的应用，位置、重力加速度、睡眠、运动等人体信息，以及共生、共现的单模态信息种类将大大增加，新型网络模型和与之相对的新型计算架构、学习框架也会随之涌现，并不断演进发展，使得只支持单一模态、单一计算架构的人工智能计算和管理平台不再能够满足需求。因此，浪潮集团在算法层、硬件层、管理层等层面攻克了一系列关键技术，提出了面向多模态应用的超异构计算平台，支持多模态算法在多异构平台的硬件无感知协同计算，以及人工智能应用的快速部署。

1. 多模态人工智能

模态是指人接受信息的特定方式,包括视频、图像、文字、语音、味道、软硬度等,每一种信息的形式都可以称作一种模态。广义来说,模态的类型定义可以非常宽泛,比如两种不同的语言、不同结构下采集的数据等,都可以当作两种模态。

多模态人工智能旨在构建可以处理和关联来自多种模态信息的人工智能模型,其主要研究方向有多模态表示学习、模态间映射、多模态对齐、多模态融合、多模态协同学习等。当前,多模态人工智能研究主要聚焦于视觉与其他模态的信息融合与协同学习,视觉问答是其中的典型代表。目前视觉问答已发展出 VQA(Visual Question Answering,经典视觉问答)、视觉推理(如 GQA 数据集)、VCR(Visual Commonsense Reasoning,视觉常识推理)、面向盲人的视觉问答(VizWiz-VQA)等任务。

(1) VQA

VQA 是人工标注的开放式问答数据集(见图 3-72)。目前已经发布了 VQA v2,相较于 VQA v1,第二版尽量减少了语言偏见,包含 204 721 个图像、1 105 904 个问题、11 059 040 个答案标签。自 2015 年 VQA v2 发布以来,已经被超过 800 篇论文引用,是视觉问答领域最经典的研究任务之一。图 3-73 所示为 VQA SOTA(State of the Art)模型,VQA SOTA 模型的可视化结果如图 3-74 所示。

图 3-72 VQA

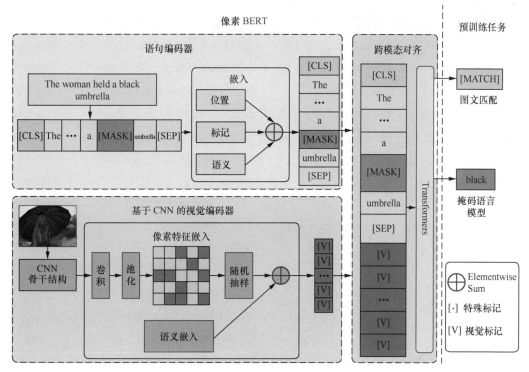

图 3-73 VQA SOTA 模型

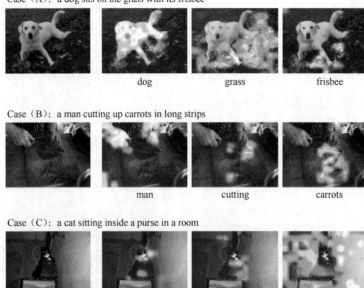

图 3-74 VQA SOTA 模型可视化结果

视觉和语言（Vision and Language）预训练，配合 VQA 数据集微调，是目前 VQA 任务最主流的解决方案之一，Pixel-BERT（像素 BERT）通过引入视觉语义嵌入特征可达到 74.55% 的最高性能。模型基本结构单元为 Transformer，首先生成嵌入特征：

$$Q = W_q X, \quad K = W_k X, \quad V = W_v X \quad (3\text{-}1)$$

其中，W_q、W_k、W_v 分别代表 query、key、value 的嵌入转移矩阵。然后计算注意力：

$$\mathcal{A} = \text{Softmax}\left(\frac{Q K^\text{T}}{\sqrt{d}}\right) \quad (3\text{-}2)$$

$$X_\text{att} = \mathcal{A} V \quad (3\text{-}3)$$

最后经过前馈全连接神经网络层输出：

$$X_\text{out} = \text{FFN}(X_\text{att}) \quad (3\text{-}4)$$

通过在已有嵌入特征后面引入视觉语义嵌入特征以提高模型精度：

$$\{[\text{CLS}], \hat{w}_1, \hat{w}_2, \cdots, \hat{w}_n, [\text{SEP}], \hat{v}_1, \hat{v}_2, \cdots, \hat{v}_k\} \quad (3\text{-}5)$$

其中，$\hat{v}_1, \hat{v}_2, \cdots, \hat{v}_k$ 为视觉语义嵌入特征。

（2）GQA

GQA 是一个对现实世界中的图像进行视觉推理与组合回答的任务数据集，其中包括有关各种日常图像的近 2000 万条问题（见图 3-75）。每个图像都与一组场景图（Scene Graph）对应，每个问题都与其语义的结构化表示相关联，并且约束应答者必须采用特定的推理步骤来回答它。

许多 GQA 任务涉及多种推理技巧、空间理解和多步推理等，因此通常比 VQA 任务更有挑战性。VQA 数据集较少关注推理，其 19.5% 的问题具有关联性，8% 的问题具有空间推理性，只有 3% 的问题具有构成性。GQA 数据集在产生需要多步骤推理的问题上付出了很多努力，并平衡了答案分布以克服问题条件偏差。构造数据集需要以下步骤：清理和合并链接到 Visual Genome 中每个图像的场景图；遍历图以收集有关对象和关系的信息并生成各种问题，减少答案分布的偏倚以获得平衡。GQA 中共计约 94% 的问题需要多步骤推理，约 51% 的问题需要查询两个对象之间的关系。图 3-76 所示为 GQA 知识建模的示意。

Pattern: What/Which <type> [do you think] <is> <dobject>, <attr> or <decoy>?
Program: Select: <dobject>→Choose <type>:<attr> | <decoy>
Reference: The food on the red object left of the small girl that is holding a hamburger
Decoy:brown

What color is the food on the red object left of the small girl that is holding a hamburger, yellow or brown?

Select: hamburger→Relate: girl, holding→Filter size: small→Relate: object, left→Filter color: red→Relate: food, on→Choose color: yellow|brown

（a）问题构造

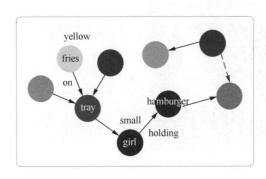

（b）场景图

图 3-75　GQA

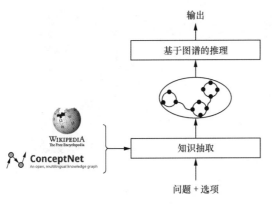

图 3-76　GQA 知识建模

目前最先进的 GQA 模型方案通过知识图谱结合图卷积神经网络对 ConceptNet 及维基百科的知识进行建模，然后将其嵌入视觉和语言编解码模型实现对视觉推理问题的解答。在预训练过程中，MLM（Masked Language Modeling，掩码语言模型）训练任务的损失函数为：

$$\mathcal{L}_{\text{MLM}}(\theta) = -E_{(w,v)\sim D}\log P_\theta(w_m|w_{\setminus m},v) \quad (3\text{-}6)$$

其中，w 为文本输入，v 为视觉目标区域。

MOC（Masked Object Classfication，掩码对象分类）训练任务的损失函数为：

$$\mathcal{L}_{\text{MOC}}(\theta) = -E_{(w,v)\sim D}\sum_{i=1}^{M}\text{CE}(c(v_m^{(i)}),g_\theta(v_m^{(i)})) \quad (3\text{-}7)$$

其中，CE 为交叉熵。

VLM（Visual-Linguistic Matching，视觉语言匹配）训练任务的损失函数为：

$$\mathcal{L}_{\text{VLM}}(\theta) = -E_{(w,v)\sim D}[y\log s_\theta(w,v) + (1-y)\log(1-s_\theta(w,v))] \quad (3\text{-}8)$$

整体损失函数为：

$$\mathcal{L} = (\mathcal{L}_{\text{MLM}} + \mathcal{L}_{\text{MOC}})\cdot I[y=1] + \mathcal{L}_{\text{VLM}} \quad (3\text{-}9)$$

（3）VCR

VCR 比 VQA 更进一步，计算机不仅要回答问题（Question Answering），即 Q→A，还需要给出一个理由来解释为什么给出这个答案，这个给出理由的任务有两种设定：一种是只给 Q 同时得到 A 和 R（Q→AR），另一种是给定 Q 和 A 纯粹获得 R（QA→R）。它包含约 29 万组问题、答案和解释，涵盖超过 11 万个不重复的电影场景。VCR 的示意如图 3-77 所示。

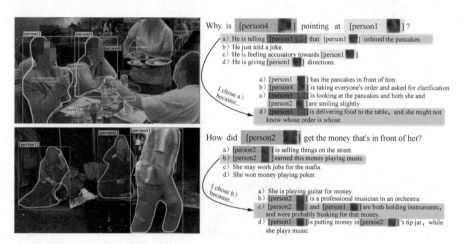

图 3-77　VCR

目前最先进的 VCR 模型方案是将场景图知识融入视觉和语言模型的预训练过程，通过显著的学习场景语义的联合表示，有效地解决常识引入的问题。VCR SOTA 模型如图 3-78 所示。

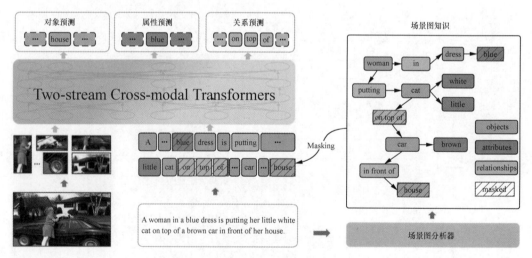

图 3-78　VCR SOTA 模型

（4）VizWiz-VQA

VizWiz-VQA 任务关注盲人群体，旨在通过盲人手持移动设备拍摄周围图像提问的方式帮助盲人了解周围环境，与普通 VQA 的任务相比，VizWiz-VQA 具有图像质量差、数据样本少等特点，难度更高（见图 3-79）。VizWiz-VQA 通过盲人手持移动设备拍摄采集数据，2011—2015 年，其对共计 11 045 个人询问了 72 205 个视觉问题，最终形成了由 32 842 个图像、328 420 个答案构成的 VizWiz-VQA 数据集。VizWiz-VQA SOTA 模型如图 3-80 所示。

Q: What is this?
GT A: laptop
HSSLab: laptop

Q: Which cereal is this?
GT A: cheerios
HSSLab: cheerios

Q: What color are my shoes?
GT A: black
HSSLab: black

Q: How may lights are switched on, possibly?
GT A: 3
HSSLab: 3

图 3-79 VizWiz-VQA

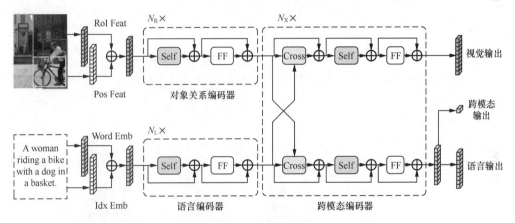

（a）基础结构

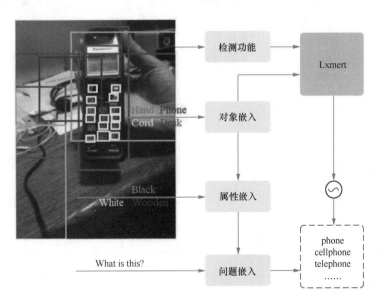

（b）方案示意

图 3-80 VizWiz-VQA SOTA 模型

目前最先进的VizWiz-VQA模型方案同样也是基于视觉和语言模型预训练，VizWiz-VQA数据集微调，此外，通过标签自适应修正、目标语义嵌入、属性语义嵌入等技术，结合预训练达到目前该任务的最高精度。浪潮研究团队的研究成果受邀在CVPR VizWiz-VQA分享。

模型计算首先进行输入嵌入计算，词级语句嵌入为：

$$\hat{w}_i=\text{WordEmbed}(w_i)$$
$$\hat{u}_i=\text{IdxEmbed}(i) \quad (3-10)$$
$$h_i=\text{LayerNorm}(w_i+u_i)$$

其中，IdxEmbed为位置嵌入。

目标级图像嵌入为：

$$\hat{f}_j=\text{LayerNorm}(W_f f_j+b_f)$$
$$\hat{p}_j=\text{LayerNorm}(W_p p_j+b_p) \quad (3-11)$$
$$v_j=(\hat{f}_j+\hat{p}_j)/2$$

嵌入特征经过注意力层编码：

$$a_j=\text{score}(x,y_j)$$
$$a_j=\exp(a_j)/\sum_k\exp(a_k) \quad (3-12)$$

跨模态编码器：

$$\hat{h}_i^k=\text{CrossAtt}_{t\to r}(h_i^{k-1},\{v_1^{k-1},\dots,v_m^{k-1}\})$$
$$\hat{v}_j^k=\text{CrossAtt}_{r\to t}(v_j^{k-1},\{h_1^{k-1},\dots,h_n^{k-1}\}) \quad (3-13)$$

跨模态注意力：

$$\hat{h}_i^k=\text{SelfAtt}_{t\to t}(\hat{h}_i^{k-1},\{\hat{h}_1^k,\dots,\hat{h}_n^k\})$$
$$\hat{v}_j^k=\text{SelfAtt}_{r\to r}(\hat{v}_j^k,\{\hat{v}_1^k,\dots,\hat{v}_m^k\}) \quad (3-14)$$

模型优化方案可以分为4个部分，各部分的优化效果如图3-81所示。

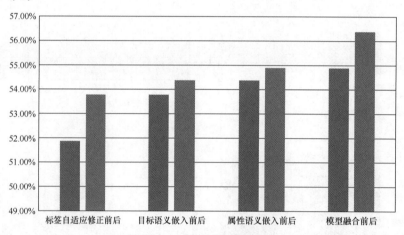

图3-81　4个部分优化方案效果

2. 人工智能加速器

随着人工智能应用的迅速发展，网络模型越来越庞大且复杂，单一处理器架构的计算系统已经无法满足算力需求，而多模态应用会继续提升人工智能算力需求。因而，面向特定网络架构的定制计算加速器技术应运而生。人工智能时代，异构并行进一步深化，新的硬件平台层出不穷，各种定制化计算架构不断深化，呈现百花齐放的态势。

人工智能芯片并没有固定的计算架构，彼此之间差异明显，这也与深度学习等算法模型的研发并未成熟有关。因此，人工智能芯片目前主要集中在如何更好地适应已有的数据流式处理模式对芯片架构进行优化，正逐渐向集成已有的CPU、GPU、FPGA以及DSP等在内的各种IP，构建多DIE架构的模式方向发展。几类人工智能专用处理器与CPU的对比如图3-82所示。

（1）异构多核人工智能芯片

浪潮基于人工智能计算架构、异构多核封装的研发经验，采用多芯片核心系统结构方案，自研精简人工智能指令集及其通用CNN加速架构，提出了支持

■ CPU	■ GPU
◆ 特点：缓存大，时延小，逻辑控制单元复杂 ◆ 优点：擅长逻辑控制，串行运算，时延小，灵活性好 ◆ 缺点：内存带宽小，计算单元少，数据吞吐量小	◆ 特点：缓存小，计算单元多，多线程，高数据带宽 ◆ 优点：高效的数据并行性，擅长大规模并发计算，适合 SIMD 架构 ◆ 缺点：时延大，功耗高，灵活性差，只适合 SIMD 架构类计算
■ FPGA	■ ASIC
◆ 特点：硬件可重构，不依赖于冯·诺依曼结构 ◆ 优点：功耗小，时延小；硬件可重构，支持流水线并行和数据并行；适合 SIMD、MISD 等多种计算结构 ◆ 缺点：内存接口带宽小，峰值性能不如 GPU	◆ 特点：集成电路，面向特定用户需求，灵活性差，运行速度比 FPGA 更快 ◆ 优点：功耗小，时延小，速度快，能效比高 ◆ 缺点：灵活性差，不可重构；研发周期长，成本高

图 3-82　几类人工智能专用处理器与 CPU 的对比

多领域多任务多模态处理功能的人工智能芯片架构。

① 异构多核封装

目前人工智能芯片的发展方向是突破多核异构集成和芯片内部高速互联总线技术，采用多芯片核心系统结构方案，集成面向多领域多任务处理功能，以便更好地支持多模态数据融合处理的需要。

· 人工智能芯片结构方案

人工智能芯片结构核心分为两类：专用计算核心和通用计算核心。专用计算核心采用定制化开发，处理如计算机视觉中视频解码等共性需求功能；通用计算核心采用动态可重构方案，兼具灵活性和可优化特性，可实现人工智能计算，并能根据不同领域下实际应用的不同场景提供不同的计算模式和最优计算能力。

根据目前的发展情况，数据层的多模态信息协同处理难度较大，更倾向于特征层或决策层的协同分析。对于不同模态的数据，往往分别采用不同的神经网络进行计算，然后对数据结果进行融合。以用于处理视频数据的人工智能芯片为例，两个核心分布在同一封装的不同芯片中，如图 3-83 所示，左侧为专用计算核心，右侧为通用计算核心。其中，专用计算核心负责视频数据的高效处理，如编码、解码等；通用计算核心则通过动态可重构的计算单元实现，用户可定制人工智能算法。

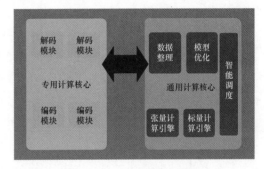

图 3-83　人工智能芯片结构

· 自定义多层次软件支持环境

通过研究驱动融合封装技术，浪潮实现了底层硬件系统的使用和调度，为上层软件提供统一的硬件驱动接口，满足了上层软件对底层硬件使用的需求，并支持主流操作系统。在芯片监控管理技术中，设计了针对该类人工智能加速芯片的监控管理接口标准，以减少冗余开发，提高产品开发效率，并保证了芯片对不同应用场景的兼容性。板卡上芯片间高速互联技术，实现了芯片间的高速率、低时延通信，达到系统整体性能的最大化。而多芯片之间的资源池化技术，可以根据任务动态调度池内资源，实现池内资源的合理利用，更有利于多模态数据的融合处理。

浪潮研究用户无感知的高效任务划分与调度机制，完成了模型到人工智能加速芯片的自动任务分配与部署，实现了底层硬件计算模块间的高效并行。同时，研究模型解析、转译的关键技术，可以把不同框架的网络描述文件转化为人工智能处理单元能够识别的统一的中间层描述文件,实现对业内主流框架的支持。实现神经网络模型压缩和量化机制,有效提升系统整体性能。

② 通用 CNN 加速架构

处理不同模态数据的网络结构往往具有不同的层次架构,而组成这些架构的是各种常见的基本运算操作。从这一点出发,将不同的神经网络结构拆解成若干个固定种类运算操作,可以有效地解决硬件设备对网络结构兼容性的问题,因而浪潮提出了一套通用 CNN 加速架构方案。

· 通用 CNN 加速架构整体框架

通用 CNN 加速架构主要由调度模块、卷积计算模块、池化计算模块、数据操作模块、片外存储器、多级缓存模块等组成,不同模块间的互联关系如图 3-84 所示。其中,片外存储器用于保存 CPU 经由 PCIe 总线下发到加速架构的指令和数据;调度模块对接收到的指令进行解码,并将解码后的指令分发到卷积计算模块;卷积计算模块和池化计算模块分别用于执行卷积和池化操作,计算结果经由多级缓存模块最终输出到片外存储器;数据操作模块用于接收调度核控制信号、状态反馈、数据搬运和过程状态控制等。

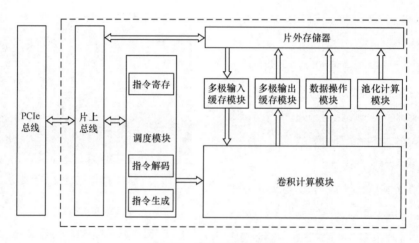

图 3-84 通用 CNN 加速架构

· 专用精简指令集

通用 CNN 加速架构采用固定长度的 RISC 指令集,指令使用全局寄存器存放各种操作参数,利用通用计算指令赋值寄存器。该指令集能灵活适配卷积网络计算中的各个部分,支持不同规格和不同类型的卷积网络到网络加速架构硬件的高效映射和调度。

通用 CNN 加速架构含有 72 个寄存器,根据用途可分为 3 组:

一是通用寄存器,编号为 R0～R63;

二是支持循环寻址寄存器,由编号为 R0～R7 的通用寄存器复用得到;

三是条件寄存器,编号为 CR1～CR8。

其中,条件寄存器主要用于控制当前指令是否被执行,此外还可用作部分指令的操作数寄存器;循环寻址寄存器主要用于支持循环寻址。

如图 3-85 所示,所设计的指令集共有 39 条指令,每条指令的编码长度为 8Bytes 即 64bit。一条指令可能含有 4bit 的条件寄存器指示符、一个 12bit 的指令指示符,也可能含有一个或多个 6bit 的寄存器指示符,或者可能含有零个或一个 4bit 的条件寄存器指示符、一个 6bit 的寄存器指示符和一个 32bit 的立即数,还可能含有一个 48bit 的立即数。按照功能的不同,这些指令可分为以下 5 类:

第 1 类,卷积计算指令 CONV;

第 2 类,池化计算指令 POOLING;

第 3 类,通用计算指令 23 条,分别为 MOVH、

比特位	63~60	59~48	47~42	41~36	35~30	29~24	23~18	17~12	11~6	5~0
	4bit	12bit	6bit	6bit	6bit	6bit	6bit	6bit	6bit	6bit
CONV, SPLIT, ATTACH, RESHAPE, ACTIVE	CReg	Instr Code	RegA	RegB	RegC	RegD	RegE	RegF	RegG	RegH
MATVECTMULT, ELTWISE	CReg	Instr Code	RegA	RegB	RegC	RegD	RegE	RegF	RegG	
CONCAT, UPSAMP, DOWNSAMP, POOLING	CReg	Instr Code	RegA	RegB	RegC	RegD	RegE	RegF		
LOAD, STORE	CReg	Instr Code	RegA	RegB	RegC	RegD				
ADD, SUB, MOV, CMP	CReg	Instr Code	RegA	RegB						
CMPGTC, CMPGEC, CMPEQC, CMPLTC, CMPLEC	CReg	Instr Code	CRegB	RegA						
SET, CLEAR, WAIT	CReg	Instr Code	RegA							
JMP	CReg	Instr Code								
RESET, NOTIFY, END	CReg	Instr Code								
MOVH, MOVL, MOVRIH, MOVRIL, MOVREH, MOVREL, MOVCH, MOVCL, ADDC, SUBC	CReg	Instr Code	RegA							

图 3-85 通用 CNN 加速架构指令集

MOVL、MOVRIH、MOVRIL、MOVREH、MOVREL、ADD、SUB、MOVCH、MOVCL、ADDC、SUBC、SET、CLEAR、WAIT、JMP、MOV、CMP、CMPGTC、CMPGEC、CMPEQC、CMPLTC、CMPLEC;

第 4 类，数据操作指令 11 条，分别为 SPLIT、ATTACH、RESHAPE、ACTIVE、CONCAT、LOAD、STORE、MATVECTMULT、ELTWISE、UPSAMP、DOWNSAMP;

第 5 类，主机交互指令 3 条，分别为 RESET、NOTIFY、END。

· 三维脉动卷积计算模块

卷积计算模块是 CNN 的核心运算部件，其设计好坏直接影响 CNN 的计算效率。为加速卷积计算，通用 CNN 加速架构的卷积计算模块将 81×M×N 个基本运算单元组织成图 3-86 所示的三维脉动阵列结构。其中，81 为单个计算阵列中的基本运算单元个数；M 和 N 分别代表同时进行的卷积计算个数和特征值数据的复用数目，两者的取值要考虑硬件资源数等因素。在实施卷积计算时，采用权重值相对固定、特征值和计算结果脉动传输的方式。其中，权重值相对固定是指在计算乘累加时，权重值保持若干周期不变，之后根据计算顺序动态更新。

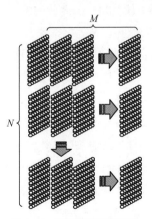

图 3-86 三维脉动阵列结构

由于不同尺寸的卷积计算都可分解为 3×3 和 1×1 两种尺寸卷积计算的卷积叠加，因此下面以这两种尺寸的卷积计算来说明卷积计算模块的计算过程。通过数据的重排序及数据缓存的控制，将特征值数据按照图 3-87（a）和图 3-87（b）所示的两种方式输送到计算阵列：在 3×3 模式下，特征值数据严格按照脉动阵列的方式进行乘累加的操作，其中，特征值数据的规模要符合式（3-15），权重值数据的规模要符合式（3-16）；在 1×1 模式下，计算阵列中只进行乘法运算，然后按行的顺序依次输出乘积。式（3-15）和式（3-16）中的 W 代表数据传输的带宽，k 代表卷积核的尺寸；P 代表数据的精度，如 32bit 浮点数或者 8bit 整数；C_{in} 代表输入通道数目，C_{out} 代表输出通道数目。

$$W_{feature} > (k+2 \times pudding)^2 \times P_{feature} \times C_{in} \times N \div (C_{out} \times k^2) \quad (3-15)$$

$$W_{weight} > P_{weight} C_{out} M \div C_{in} \quad (3-16)$$

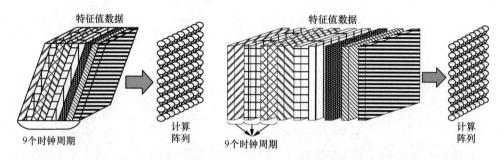

(a) 3×3 卷积计算数据输入方式　　(b) 1×1 卷积计算数据输入方式

图 3-87　将特征值数据输送到计算阵列的两种方式

· 多模式池化计算模块

池化计算模块主要完成 CNN 中池化层的计算，具体包括全局最大池化、局部最大池化、全局平均池化和局部平均池化 4 种池化类型，分别完成在一个特征值范围内求最大值、在一个池化核窗口内求最大值、在一个特征值范围内计算平均值和在一个池化核窗口内计算平均值。

池化计算模块与外围电路之间的接口主要有两类：一类用于与 DDR SDRAM（Double Data Rate Synchronous Dynamic Random Access Memory，双倍速率同步动态随机存储器）交换数据，另一类是与调度核之间的接口，用于接收配置参数和与调度核进行交互。池化计算模块根据调度核指定的参数进行工作。池化计算模块内部主要完成几个功能：接收调度核控制信号、状态反馈、数据搬运、池化计算、过程状态控制。根据功能的相关性，可划分为状态控制、数据搬运和池化计算 3 个模块。

· 数据操作模块

数据操作模块主要完成 4 个功能：接收调度核控制信号、状态反馈、数据搬运、过程状态控制。根据功能的相关性，划分为状态控制和数据搬运两个模块。状态控制模块接收调度核发来的控制信号和参数信息，启动数据搬运；将部件的运行状态信息通过状态接口反馈给调度核；数据写回完成后，产生完成信号通知调度器，等待下一组启动信号。数据搬运模块收到调度核的控制信号和参数信息后，从 DDR SDRAM 给定的源地址区域将特征值数据读取到一级缓存中，然后将缓存数据按照规定的数据组织顺序写回 DDR SDRAM 中。

· 多级数据累加结构设计

由于卷积计算模块产生的高速数据流无法直接输出到片外存储器，必须进行有效缓存，因此设计了一种多级数据累加结构，其原理如图 3-88 所示。其中，卷积输入通道累加部分采用乒乓结构，两个相同的模块轮流接收高速输入数据并完成累加操作，实现不间断处理；累加部分采用 N 通道并行处理，可有效提高处理器的算力。N 可以灵活配置，使得累加部分具有较强的可扩展性；数据累加完成后，设计了 3 级缓存结构（L1、L2 和 L3）用于完成数据的重排序、裁剪及输出。L1 缓存实现对卷积累加结果的分类缓存，采用乒乓结构，两组相同的缓存单元轮流工作，能够不间断处理输出的数据，并可以工作在高速时钟频率下；L2 缓存利用状态机控制完成数据重排序及裁剪工作，利用分类缓存解决重排序中复杂的地址计算难题；L3 缓存用于最终数据的跨时钟域输出，采用突发传输模式，以 DMA 方式通过总线将数据输出到片外存储器。

算力远超一个大型超算（超级计算机）。随着谷歌宣布实现"量子霸权"，量子计算受到越来越多的关注。量子计算和多模态人工智能结合是非常有前景的研究方向，也是量子计算最先落地的领域之一。

量子人工智能的范畴非常广泛，主要为利用量子计算的强大并行性和独特的数据结构来构造高效的人工智能模型。目前有很多的研究领域，量子神经网络相关的研究是主流方向。

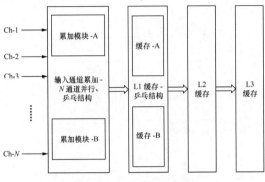

图 3-88　多级数据累加结构

（2）量子人工智能

量子计算是基于量子纠缠与态叠加原理的新型计算模式，可带来强大的量子并行性，量子计算的算力随量子比特的增加呈指数级增加，50 量子比特的芯片

传统的神经网络含有大量的激活函数，是高度非线性的，训练过程中容易陷入局部最优，导致泛化性能差。而量子门在数学上是幺正演化，参数的状态空间被约束在一个球面上，可使训练过程在凸空间中进行，避免陷入局部最优。根据这一特性，浪潮提出用量子测量的波恩诠释代替 Softmax 分类，实现了量子神经网络的全局线性计算过程。量子神经网络的结构如图 3-89 所示，由旋转门、多比特受控非门和量子测量组成。该工作对量子神经网络的强泛化能力进行研究，一经发表便获得国际同行的认可。

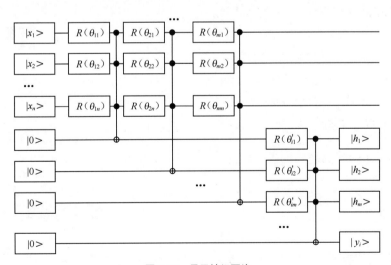

图 3-89　量子神经网络

图 3-90 所示为相同结构的经典神经网络和量子神经网络在公开数据集 Diabetes 上的测试结果，量子神经网络是运行在仿真平台（仿真是模拟量子计算的行为，其结果和在量子芯片上的结果一致）上的。图

3-90（a）和图 3-90（b）分别为经典神经网络在训练集和测试集上的行为，随着迭代次数的增加，模型在训练集中的精度越来越高，但是在测试集中的精度却会降低，很明显模型产生了过拟合。图 3-90（c）

和图 3-90（d）分别为量子神经网络在训练集和测试集上的行为，随着迭代次数的增加，训练集和测试集中的精度都在提升，且展示出相同的行为。因此，量子神经网络具有强的泛化性能。

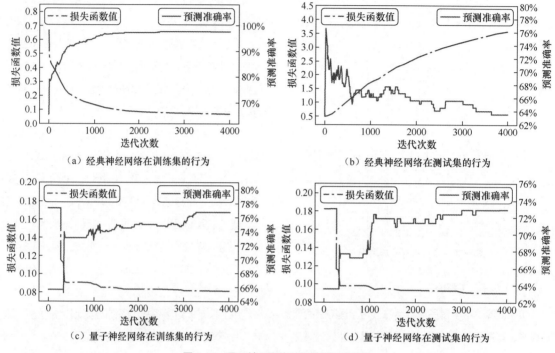

（a）经典神经网络在训练集的行为

（b）经典神经网络在测试集的行为

（c）量子神经网络在训练集的行为

（d）量子神经网络在测试集的行为

图 3-90　量子神经网络泛化性能测试结果

众所周知，泛化性能的研究是人工智能领域的重点研究方向之一，其相关的主要应用是小样本学习，量子人工智能可以很好地解决这个问题，极具应用前景。后续可能发展量子卷积神经网络，应用于机器视觉，拓展量子人工智能的应用场景。未来，期待量子芯片的普及，使量子人工智能进入大规模应用阶段。

3. 面向多模态人工智能的超异构管理平台

人工智能计算加速器的出现虽然能解决其所对应网络结构的处理速度问题，但在多模态人工智能领域，往往需要协同处理多种网络结构模型，需要研究如何同时支持不同人工智能计算加速器的混合异构人工智能计算系统，通过融合诸如 GPU、FPGA、ASIC 等多种人工智能芯片，实现对多模态人工智能中涉及的计算任务的有效处理。在统一的计算架构下，应合理分配计算任务，使多模态人工智能中所有的计算密集型任务都能得到快速有效的处理。图 3-91 所示为

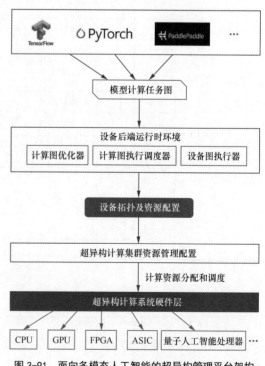

图 3-91　面向多模态人工智能的超异构管理平台架构

面向多模态人工智能的超异构管理平台架构。

浪潮提出的面向多模态人工智能的超异构体系结构具有如下功能特性。

第一，对 CPU、GPU、FPGA 等人工智能芯片进行统一建模与控制，在现有硬件技术基础上对 CPU、GPU、FPGA 等人工智能芯片的互联通信协议进行重新定义，构建大规模超异构分布式计算平台。所构建的平台是一种开放式平台，针对新型的计算加速器提供统一的接口，后续可以根据需要接入各种不同的加速设备。

第二，实现 CPU、GPU、FPGA 等人工智能芯片之间的深度融合，能在用户层面对各种不同的计算与加速设备进行统一调度与管理。对加速设备的计算资源、功耗、计算力、通信开销等进行建模，根据多模态人工智能算法模型及系统计算资源，实现算力的合理调配，提高多模态人工智能算法模型训练系统的整体能效，达到对底层计算设备的充分利用，为多模态人工智能提供充分的算力支持。通过实现不同计算特性人工智能加速器之间的高效协同，解决人工智能算力持续多样化增长的迫切需求。

第三，超异构加速器管理平台在上层深度学习框架支持方面，实现对 TensorFlow、PyTorch、PaddlePaddle 等多种主流框架的支持，满足多模态人工智能开发人员的多样性需求。

混合异构计算体系架构的研究还处于起步阶段，国外有谷歌和脸书推出的机器学习框架 TensorFlow、PyTorch 等，国内以百度的 PaddlePaddle 为代表。但是，目前的技术往往只支持单一处理器架构系统进行计算，很大程度上限制了多模态人工智能的发展速度。因此，超异构加速器管理平台这种能兼容多种深度学习开发框架且能协同调度多种计算设备以及加速器的计算架构，已成为行业发展的必然趋势。

—点评—

人工智能领域是数据密集的领域，对计算也有新的需求和要求，传统的数据处理技术难以满足高强度并行数据的处理需求。为解决此问题，提供更强的计算力，专用人工智能芯片成为研发重点，并继 CPU 之后出现了 GPU、NPU、FPGA、DSP 等人工智能芯片。由于人工智能芯片的核心基础地位以及未来巨大的发展潜力，因此它已成为当前科技、产业和社会关注的热点。

国内外众多企业已经在人工智能芯片领域进行布局，并在多类芯片上取得了初步成果。英伟达、英特尔、寒武纪、中星微电子、华为等企业是其中的代表。未来，人工智能芯片将不断向着定制化芯片和类脑芯片两大方向发展，生态搭建也将逐步推进，竞争将会更加激烈。

我国对芯片产品有着特殊的情结，对人工智能芯片更是高度重视。近几年，众多传统信息技术企业特别是芯片企业、互联网企业（包括龙头企业和创新创业企业）纷纷宣布投身人工智能芯片领域，并取得了一定的进展，实现了初步的产业化。寒武纪研发的智能芯片，华为基于人工智能芯片推出的手机拍照参数的智能化配置功能，都是其中的代表。

需要注意的是，正是由于人工智能芯片的种类丰富，因此其技术水平也存在显著差异，或者可以说，并非所有人工智能芯片都是"高"技术产品。特别是在人工智能芯片研发热潮中已经出现了一些"挂羊头卖狗肉"的企业。在此背景下，更需要强化对人工智能芯片的准确认识，既支持各类人工智能芯片的研发和应用，也要集中资源，支持具有更高水平、更强能力的人工智能芯片的发展，才能兼顾广泛性和专业性，推动人工智能芯片领域的快速、健康发展。

参考文献

[1] Dean A P. ALVINN, an autonomous land vehicle in a neural network[C]//Advances in neural information processing systems, 1989: 305-313.

[2] Bojarski M, et al. End to end learning for self-driving cars[J]. arXiv preprint arXiv: 1604.07316, 2016.

[3] Bojarski M, et al. Explaining how a deep neural network trained with end-to-end learning steers a car[J]. arXiv preprint arXiv: 1704.07911, 2017.

[4] Xu H, et al. End-to-end learning of driving models from large-scale video datasets. ICCV, 2017.

[5] Sun L, et al. A fast integrated planning and control framework for autonomous driving via imitation learning[J]. arXiv preprint arXiv: 1707.02515, 2017.

[6] Zhang J, Cho K. Query-efficient imitation learning for end-to-end autonomous driving[J]. arXiv preprint arXiv: 1605.06450, 2016.

[7] Chen C Y, et al. Deepdriving: learning affordance for direct perception in autonomous driving. ICCV, 2015.

[8] Sallab Ahmad EL, et al. Deep reinforcement learning framework for autonomous driving[J]. Electronic imaging, 2017, 19: 70-76.

[9] Sunberg Z, Christopher H, Mykel K. The value of inferring the internal state of traffic participants for autonomous freeway driving[J]. arXiv preprint arXiv: 1702.00858, 2017.

[10] Shalev-Shwartz S, Shaked S, Amnon S. Safe, multi-agent, reinforcement learning for autonomous driving[J]. arXiv preprint arXiv: 1610.03295, 2016.

[11] Wang P, Ching Y C. Formulation of deep reinforcement learning architecture toward autonomous driving for on-ramp merge[J]. arXiv preprint arXiv: 1709.02066, 2017.

[12] Sharifzadeh S, et al. Learning to drive using inverse reinforcement learning and deep q-networks[J]. arXiv preprint arXiv: 1612.03653, 2016.

[13] Alexe B, Deselaers T, Ferrari V. Measuring the objectness of image windows[J]. IEEE transactions on pattern analysis and machine intelligence, 2012, 34(11): 2189-2202.

[14] Uijlings J R R, et al. Selective search for object recognition[J]. International journal of computer vision, 2013, 104(2): 154-171.

[15] Cheng M M, et al. BING: binarized normed gradients for objectness estimation at 300fps[C]//Proceedings of the IEEE conference on computer vision and pattern recognition, 2014: 3386-3293.

[16] Felzenszwalb P F, Girshick R B, McAllester D. Cascade object detection with deformable part models[C]//2020 IEEE conference on computer vision and pattern recognition, 2010: 2241-2248.

[17] Wang L, Hu W M, Tan T N. Recent development in human motion analysis[J]. Pattern recognition, 2003, 36(3): 585-601.

[18] Dinh T B, Vo N, Medioni G. Context tracker: Exploring supporters and distracters in unconstrained environments[C]//IEEE conference on computer vision and pattern recognition, 2011: 1177-1184.

[19] Mei X, Ling H. Robust visual tracking and vehicle classification via sparse representation[J]. IEEE transactions on pattern analysis and machine intelligence, 2011, 33(11): 2259-2273.

[20] Kuo C H, Huang C, Nevatia R. Multi-target tracking by on-line learned discriminative appearance models[C]//IEEE conference on computer vision and pattern recognition, 2010: 685-691.

[21] Liu X, Tao D, Song M, et al. Learning to track multiple targets[J]. IEEE transactions on neural networks and learning systems, 2014, 26(5): 1060-

1073.

[22] Zheng W, et al. Person re-identification by probabilistic relative distance comparison[C]// IEEE conference on computer vision and pattern recognition, 2011: 649–656.

[23] Liu X, et al. Semi-supervised coupled dictionary learning for person re-identification[C]//Proc. IEEE conference on computer vision and pattern recognition, 2014: 3550–3557.

[24] Zhao R, Ouyang W, Wang X. Unsupervised salience learning for person re-identification[C]// Proceedings of the IEEE conference on computer vision and pattern recognition. 2013: 3586–3593.

[25] Seikh Y A, Shah M. Trajectory association across multiple airbone cameras[J]. IEEE transactions on pattern analysis and machine intelligence, 2009, 30(2): 361–367.

[26] Tieu K, Dalley G, Grimson W. Inference of non-overlapping camera network topology by measuring statistical dependence[C]//International conference on computer vision, 2005: 1842–1849.

[27] Gilbert A, Bowden R. Tracking objects across cameras by incrementally learning inter-camera colour calibration and patterns of activity[C]// European conference on computer vision. Springer Berlin Heidelberg, 2006: 125–136.

[28] Loy C C, Xiang T, Gong S. Multi-camera activity correlation analysis[C]//Proc. IEEE conference on computer vision and pattern recognition, 2009: 1988–1995.

[29] Zhou G, Cichocki A, Zhao Q, et al. Efficient nonnegative tucker decompositions: Algorithms and uniqueness[J]. IEEE transactions on image processing, 2015, 24(12): 4990–5003.

[30] Cong F, Phan A H, Astikainen P, et al. Multi-domain feature of event-related potential extracted by nonnegative tensor factorization: 5 vs. 14 electrodes EEG data[C]//International conference on latent variable analysis and signal separation. Springer Berlin Heidelberg, 2012: 502–510.

[31] Yokota T, Zdunek R, Cichocki A, et al. Smooth nonnegative matrix and tensor factorizations for robust multi-way data analysis[J]. Signal processing, 2015, 113: 234–249.

[32] Zhou G, Cichocki A, Xie S. Decomposition of big tensors with low multilinear rank[J]. arXiv preprint arXiv:1412.1885, 2014.

[33] Cichocki A. Tensor networks for big data analytics and large-scale optimization problems[J]. arXiv preprint arXiv:1407.3124, 2014.

[34] Lee N, Cichocki A. Fundamental tensor operations for large-scale data analysis in tensor train formats[J]. arXiv preprint arXiv: 1405.7786, 2014.

[35] Andrzej C. Era of big data processing: A new approach via tensor networks and tensor decompositions[J]. arXiv preprint arXiv: 1403.2048, 2014.

[36] Suleiman A K, et al. Multi-tensor factorization[J]. arXiv preprint arXiv : 1412.4679, 2014.

[37] Gonen M, Kaski S. Kernelized bayesian matrix factorization[J]. IEEE transactions on pattern analysis and machine intelligence, 2014, 36(10): 2047–2060.

[38] Khan S, Kaski S. Bayesian Multi-view Tensor Factorization[C]//Joint European conference on machine learning and knowledge discovery in databases. Springer Berlin Heidelberg, 2014: 656–671.

[39] Suleiman A K, Samuel K. Bayesian multi-view tensor factorization[C]//ECML/PKDD, 2014(1): 656–671.

[40] Muhammad A, et al. Integrative and personalized QSAR analysis in cancer by kernelized Bayesian matrix factorization[J]. Journal of chemical information and modeling, 2014, 54(8): 2347–2359.

[41] Cemgil A T, et al. Probabilistic latent tensor factorization framework for audio modeling in applications of signal[C]//IEEE workshop on applications of signal processing to audio and acoustics (WASPAA), 2011.

[42] Yilmaz Y K, Cemgil A T. Algorithms for probabilistic latent tensor factorization[J]. Signal processing, 2012, 92(8): 1853–1863.

[43] Beyza E, Cemgil A T. A Bayesian tensor factorization model via variational inference for

link prediction[J]. arXiv preprint arXiv:1409.8276, 2014.

[44] Zou B Y, Li C P, Tan L W, et al. GPUTENSOR: Efficient tensor factorization for context-aware recommendations[J]. Information sciences, 2015, 299(0): 159–177.

[45] Ouyang W L, Chu X, Wang X G. Multi-source deep learning for human pose estimation[C]//2014 IEEE conference on computer vision and pattern recognition (CVPR), 2014: 2337–2344.

[46] Sachin S F, et al. Multi-view face detection using deep convolutional neural networks[J]. arXiv preprint arXiv: 1502. 02766, 2015.

[47] Andrew L. maxDNN: an efficient convolution kernel for deep learning with maxwell gpus[J]. arXiv preprint arXiv:1501.06633, 2015.

[48] Stefan B, et al. A survey of MRI-based medical image analysis for brain tumor studies[J]. Physics in medicine and biology, 2013, 58(13).

[49] Aswathy S U, et al. A survey on detection of brain tumor from MRI brain images[C]//2014 International conference on control, instrumentation, communication and computational technologies (ICCICCT): 871–877.

[50] Srinivasan S V, et al. Diagnosis and segmentation of brain tumor from MR image[M]. Artificial intelligence and evolutionary algorithms in engineering systems. Springer, New Delhi, 2015: 687–693.

[51] Lin C Y. Rouge: A package for automatic evaluation of summaries[J]. Text summarization branches out, 2014: 74–81.

[52] Rush A M, et al. A neural attention model for abstractive sentence summarization[J]. arXiv preprint arXiv:1509.00685, 2015.

[53] Chopra S, et al. Abstractives entence summarization with attentive recurrent neural networks[C]// Proceedings of the 2016 conference of the north American chapter of the association for computational linguistics: human language technologies, 2016: 93–98.

[54] Gu J, Lu Z, Li H, et al. Incorporating copying mechanism in sequence-to-sequence learning[J]. arXiv preprint arXiv:1603.06393, 2016.

[55] Gulcehre C, Ahn S, Nallapati R, et al. Pointing the unknown words[J]. arXiv preprint arXiv: 1603.08148, 2016.

[56] Sutskever I, et al. Sequence to sequence learning with neural networks[C]//Advances in neural information processing systems, 2014: 3104–3112.

[57] Bahdanau D, et al. Neural machine translation by jointly learning to align and translate[J]. arXiv preprint arXiv: 1409.0473, 2014.

[58] Xiao T, Zhu J B, Zhang H, et al. NiuTrans: An open source toolkit for phrase-based and syntax-based machine translation[C]//Proceedings of the ACL 2012 system demonstrations, 2012: 19–24.

[59] Brown P F, Della Pietra S A, Della Pietra V J, et al. The mathematics of statistical machine translation: Parameter estimation[J]. Computational linguistics, 1993, 19(2): 263–311.

[60] Ilya S, Oriol V, Quoc V L. Sequence to sequence learning with neural networks[J]. Advances in neural information processing systems, 2014: 3104–3112.

[61] Dzmitry B, Kyunghyun C, Yoshua B. Neural machine translation by jointly learning to align and translate[J]. arXiv preprint arXiv:1409.0473, 2014.

[62] Jonas G, Michael A, David G, et al. Convolutional sequence to sequence learning[J]. arXiv preprint arXiv:1705.03122, 2017.

[63] Ashish V, Noam S, Niki P, et al. Attention is all you need[C]//Advances in neural information processing systems, 2017: 5998–6008.

[64] Feng X, Huang L, Tang D, et al. A Language-independent neural network for event detection[J]. Science china information sciences, 2018, 61(9): 092106.

[65] Liu S, Chen Y, He S, et al. Leveraging framenet to improve automatic event detection [C]//Proceedings of the 54th annual meeting of the association for computational linguistics, 2016(1): 2134–2143.

[66] Huang L, Cassidy T, Feng X, et al. Liberal Event extraction and event schema induction[C]// Proceedings of the 54th annual meeting of the association for computational linguistics, 2016(1):

258-268.

[67] Mintz M, Bills S, Snow R, et al. Distant supervision for relation extraction without labeled data[C]// Proceedings of the joint conference of the 47th annual meeting of the ACL and the 4th international joint conference on natural language Processing of the AFNLP, 2009: 1003-1011.

[68] Zeng D, Liu K, Chen Y, et al. Distant supervision for relation extraction via piecewise convolutional neural networks[C]//Proceedings of the 2015 conference on empirical methods in natural language processing, 2015: 1753-1762.

[69] Krause S, Li H, Uszkoreit H, et al. Large-scale learning of relation-extraction rules with distant supervision from the web[C]//International semantic web conference. Springer, Berlin, Heidelberg, 2012: 263-278.

[70] Li P, Zhu Q, Zhou G, et al. Global inference to Chinese temporal relation extraction[C]// Proceedings of COLING 2016, the 26th international conference on computational linguistics: technical papers, 2016: 1451-1460.

[71] Radinsky K, Davidovich S, Markovitch S. Learning causality for news events prediction [C]// Proceedings of the 21st international conference on world wide web, 2012: 909-918.

[72] Zhao S, Wang Q, Massung S, et al. Constructing and embedding abstract event causality networks from text snippets[C]//Proceedings of the tenth ACM international conference on web search and data mining, 2017: 335-344.

[73] Pichotta K, Mooney R J. Using sentence-level LSTM language models for script inference[J]. arXiv preprint arXiv: 1604. 02993, 2016.

[74] Ding X, Zhang Y, Liu T, et al. Deep learning for event-driven stock prediction[C]//IJCAI, 2015: 2327-2333.

[75] Tokuda K, Nankaku Y, Toda T, et al. Speech synthesis based on hidden Markov models[C]// Proceedings of the IEEE, 2013, 101(5): 1234-1252.

[76] Zen H, Tokuda K, Black A W. Statistical parametric speech synthesis[J]. Speech Communication, 2009, 51(11): 1039-1064.

[77] Ling Z H, Kang S Y, Zen H, et al. Deep learning for acoustic modeling in parametric speech generation: A systematic review of existing techniques and future trends[J]. IEEE signal processing magazine, 2015, 32(3): 35-52.

[78] Kawahara H, Masuda-Katsuse I, Cheveign D, et al. Restructuring speech representations using a pitch-adaptive time–frequency smoothing and an instantaneous-frequency-based F0 extraction: Possible role of a repetitive structure in sounds[J]. speech communication, 1999, 27(3-4): 187-207.

[79] 伍宏传，顾宇，凌震华. 基于卷积神经网络的语音参数合成器 [C]// 第十四届全国人机语音通讯学术会议（NCMMSC 2017）论文集，2017.

[80] Oord A, Dieleman S, Zen H, et al. Wavenet: A generative model for raw audio[J]. arXiv preprint arXiv: 1609. 03499, 2016.

[81] Van den Oord A, Kalchbrenner N, Espeholt L, et al. Conditional image generation with pixelcnn decoders[C]//Advances in neural information processing systems. 2016: 4790-4798.

[82] Oord A, Li Y, Babuschkin I, et al. Parallel wavenet: Fast high-fidelity speech synthesis[J]. arXiv preprint arXiv: 1711. 10433, 2017.

[83] 袁国，李洪，樊波. 关于知识工程的发展综述 [J]. 计算技术与自动化，2011, 30（1）: 138-143.

[84] 化柏林. 论知识管理与知识工程的差异性及其发展[J]. 图书馆杂志，2008, 27（11）: 2-5.

[85] 陆汝钤. 世纪之交的知识工程与知识科学 [M]. 北京：清华大学出版社，2001.

[86] 史忠植. 知识发现 [M]. 北京: 清华大学出版社，2003.

[87] 杨炳儒. 知识工程与知识发现 [M]. 北京：冶金工业出版社，2000.

[88] Watts D J, Strogatx S H. Collective dynamics of 'small-world' networks[J]. Nature, 1998, 393:440-443.

[89] Barabá SI A-L, Albert R. Emergence of scaling in random networks[J]. Science, 1999, 286: 509-512.

[90] 李大玲. 知识技术的发展对知识工程的影响[J]. 图书情报工作，2006, 50（4）: 14-18.

[91] Mead C. Neuromorphic electronic systems[J]. Proceedings of the IEEE, 1990, 78(10): 1629–1636.

[92] Holler M, et al. An electrically trainable artificial neural network (ETANN) with 10240 'floating gate' synapses[C]//International joint conference on neural networks, 1989, 2: 191–196.

[93] Sackinger E, et al. Application of the ANNA neural network chip to high-speed character recognition[J]. IEEE transactions on neural networks, 1992, 3(3): 498–505.

[94] Jouppi N P, et al. In-datacenter performance analysis of a tensor processing unit[C]//Proceedings of 2017 ACM/IEEE 44th annual international symposium on computer architecture (ISCA), 2017: 1–12.

[95] Yin S, et al. A high energy efficient reconfigurable hybrid neural network processor for deep learning applications[J]. IEEE journal of solid-state circuits, 2017, 53(4): 968–982.

[96] Alex K, Geoffrey E H, Ilya S, et al. Imagenet classification with deep convolutional neural networks[C]//Advances in neural information processing systems, 2012: 1–9.

[97] Quoc V L, Marc' Aurelio R, Rajat M, et al. Building high-level features using large scale unsupervised learning[C]//2013 IEEE international conference on acoustics, 2013: 8595–8598.

[98] Adam C, Brody H, Tao W, et al. Deep learning with COTS HPC systems[C]//International conference on machine learning. 2013: 1337–1345.

[99] Xavier G, Antoine B, Yoshua B. Deep sparse rectifier neural networks[C]//Proceedings of the fourteenth international conference on artificial intelligence and statistics, 2011: 315–323.

[100] Dahl G E, Sainath T N, Hinton G E. Improving deep neural networks for LVCSR using rectified linear units and drop out[C]//2013 IEEE international conference on acoustics, speech and signal processing, 2013: 8609–8613.

[101] Olivier T. A defect-tolerant accelerator for emerging high-performance applications[C]//2012 39th annual international symposium on computer architecture (ISCA), 2012: 356–367.

[102] Quoc V L, Marc' Aurelio R, Rajat M, et al. high-level features using large scale unsupervised learning[C]//2013 IEEE international conference on acoustics, 2013: 8595–8598.

[103] Christian B, Sanjeev K, Jaswinder P S, et al. The PARSEC benchmark suite: Characterization and architectural implications[C]//Proceedings of the 17th international conference on Parallel architectures and compilation techniques, 2008: 72–81.

[104] John D M. Memory bandwidth and machine balance in current high performance computers[C]//IEEE computer society technical committee on computer architecture (TCCA) newsletter, 1995: 19–25.

[105] Song H, Jeff P, John T, et al. Learning both weights and connections for efficient neural network[C]//Advances in neural information processing systems, 2015: 1135–1143.

[106] Han S, Mao H Z, William J . Deep compression: Compressing deep neural networks with pruning, trained quantization and huffman coding[J]. arXiv preprint arXiv:1510.00149, 2015.

[107] Guo Y , Yao A , Chen Y . Dynamic network surgery for efficient dnns[C]//Advances in neural information processing systems. 2016: 1379–1387.

[108] Molchanov P, Tyree S, Karras T, et al. Pruning convolutional neural networks for resource efficient inference[J]. arXiv preprint arXiv:1611.06440, 2016.

[109] Sebastian M, Andreas G, Karlheinz M, et al. A VLSI implementation of the adaptive exponential integrate-and-fire neuron model[C]//Advances in neural information processing systems, 2010:1642–1650.

[110] McGinnity T M, Roche B, Maguire L P, et al. Novel architecture and synapse design for hardware implementations of neural networks[J]. Computers & electrical engineering, 1998, 24(1–2): 75–87.

[111] Hasler P, Diorio C, Minch B A, et al. Single transistor learning synapse with long term storage[C]//Proceedings of ISCAS'95-international

symposium on circuits and systems. IEEE, 1995, 3: 1660-1663.

[112] Wen W, Wu C, Wang Y, et al. A new learning method for inference accuracy, core occupation, and performance co-optimization on TrueNorth chip[C]//2016 53nd ACM/EDAC/IEEE design automation conference (DAC). IEEE, 2016: 1-6.

[113] Bichler O, Suri M, Querlioz D, et al. Visual pattern extraction using energy-efficient "2-PCM synapse" neuromorphic architecture[J]. IEEE transactions on electron devices, 2012, 59(8): 2206-2214.

[114] Schuman C D, Potok T E, Patton R M, et al. A survey of neuromorphic computing and neural networks in hardware[J]. arXiv preprint arXiv:1705.06963, 2017.

[115] Mahowald M. VLSI analogs of neuronal visual processing: a synthesis of form and function[D]. California: California Institute of Technology, 1992.

[116] 吴朝晖, 俞一鹏, 潘纲, 等. 脑机融合系统综述[J]. 生命科学, 2014, 26（6）: 645-649.

[117] 吴朝晖. 混合智能：概念、模型及新进展[J]. 中国计算机学会通讯, 2017, 3.

[118] Wang K, Gu H, Yang Y, et al. Optical interconnection network for parallel access to multi-rank memory in future computing systems[J]. Optics express, 2015, 23(16): 20480-20494.

[119] 周治平. 硅基光电子学[M]. 北京: 北京大学出版社, 2012.

[120] Shen Y, Harris N C, Skirlo S, et al. Deep learning with coherent nanophotonic circuits[J]. Nature photonics, 2017, 11(7): 441.

[121] Miller D A B. Perfect optics with imperfect components[J]. Optica, 2015, 2(8): 747-750.

[122] Horowitz M. 1.1 computing's energy problem[C]//2014 IEEE international solid-state circuits conference digest of technical papers (ISSCC). IEEE, 2014: 10-14.

[123] Sun C, Wade M T, Lee Y, et al. Single-chip microprocessor that communicates directly using light[J]. Nature, 2015, 528(7583): 534-538.

[124] Baltrušaitis T, et al. Multimodal machine learning: A survey and taxonomy[J]. IEEE transactions on pattern analysis and machine intelligence, 2018, 41(2): 423-443.

[125] Zhang C, et al. Multimodal intelligence: Representation learning, information fusion, and applications[J]. IEEE journal of selected topics in signal processing, 2020.

[126] Antol S, et al. Vqa: Visual question answering[C]//Proceedings of the IEEE international conference on computer vision, 2015: 2425-2433.

[127] Goyal Y, et al. Making the V in VQA matter: Elevating the role of image understanding in Visual Question Answering[C]//Proceedings of the IEEE conference on computer vision and pattern recognition, 2017: 6904-6913.

[128] Hudson D A, Christopher D M. GQA: A new dataset for real-world visual reasoning and compositional question answering[C]//Proceedings of the IEEE conference on computer vision and pattern recognition, 2019: 6700-6709.

[129] Huang Z C, et al. Pixel-BERT: Aligning image pixels with text by deep multi-modal transformers[J]. arXiv preprint arXiv: 2004.00849, 2020.

[130] Lv S, Guo D, Xu J, et al. Graph-based reasoning over heterogeneous external knowledge for commonsense question answering[C]//AAAI, 2020: 8449-8456.

[131] Li G, Duan N, Fang Y, et al. Unicoder-VL: A universal encoder for vision and language by cross-modal pre-training[C]//AAAI, 2020: 11336-11344.

[132] Zellers R, Bisk Y, Farhadi A, et al. From recognition to cognition: Visual commonsense reasoning[C]//Proceedings of the IEEE Conference on computer vision and pattern recognition, 2019: 6720-6731.

[133] Yu F, et al. ERNIE-ViL: Knowledge enhanced vision-language representations through scene graph[J]. arXiv preprint arXiv: 2006.16934, 2020.

[134] Gurari D, Li Q, Stangl A J, et al. Vizwiz grand challenge: Answering visual questions from blind people[C]//Proceedings of the IEEE conference on computer vision and pattern recognition, 2018:

3608-3617.

[135] Gurari D, Li Q, Lin C, et al. VizWiz-Priv: a dataset for recognizing the presence and purpose of private visual information in images taken by blind people[C]//Proceedings of the IEEE conference on computer vision and pattern recognition, 2019: 939-948.

[136] Tan H, Bansal M. Lxmert: Learning cross-modality encoder representations from transformers[J]. arXiv preprint arXiv:1908.07490, 2019.

[137] Mittal S, Vetter J S. A survey of CPU-GPU heterogeneous computing techniques[J]. ACM computing surveys (CSUR), 2015, 47(4): 1-35.

[138] Loukadakis M, Jos'e C, O'Boyle M. Accelerating deep neural networks on low power heterogeneous architectures[C]//11th international workshop on programmability and architectures for heterogeneous multicores (MULTIPROG-2018), 2018.

[139] 史入文. 美国人工智能芯片研发动态[J]. 上海信息化，2019，11（3）：80-82.

[140] Jiang J Z, Zhang X, Li C, et al. Generalization Study of Quantum Neural Network[J]. arXiv preprint arXiv:2006.02388, 2020.

作者介绍

王生进	清华大学电子系教授，媒体大数据认知计算研究中心主任。主要研究方向为人工智能、机器学习、计算机视觉。在物体检测与分类研究中，取得了多个公开数据集上多项指标出色成果
温晓君	中国电子信息产业发展研究院电子信息产业研究所副所长，英国爱丁堡大学电子工程专业博士，北京邮电大学管理科学与工程专业在职博士后，高级工程师。从事ICT技术、产业、政策相关方面的研究，在国内外学术期刊、媒体发表论文、文章30余篇
王 茜	毕业于中国社会科学院财经战略研究院，经济学博士。现任职于中国电子信息产业发展研究院电子信息产业研究所，主要从事ICT产业政策、产业投融资和产业运行分析等研究工作。主持、参与省部级课题10余项，发表核心论文、媒体文章20余篇
冯晓辉	北京大学凝聚态物理学博士，现任职于中国电子信息产业发展研究院电子信息产业研究所，从事信息技术产业领域的咨询研究工作。参与"基于宽带移动互联网的智能汽车和智慧交通应用示范核心技术梳理专项"等多项课题项目研究
苏 舟	现任英特尔研究员。主要研究方向为图片描述生成和图片问答。2014年本科毕业于清华大学计算机系，2015年硕士毕业于卡内基梅隆大学信息技术专业。发表数篇国际会议论文，拥有10余项国际专利及申请
胡 平	博士，现任英特尔研究员。主要研究领域包括计算机视觉、模式识别等，主要从事基于深度学习的人脸以及与人相关的各种特性的识别。发表学术论文10余篇，拥有20余项美国/国际专利及申请
蔡东琪	目前是英特尔中国研究院认知计算实验室和清华大学电子系联合培养博士后研究员，研究兴趣是高级视觉分析与理解。2016年毕业于北京邮电大学。目前的研究方向包括端到端的基于RGB/RGB+D视频的行为识别算法和应用
王山东	博士，现任英特尔研究员。主要研究领域为计算机图形学、3D人脸建模及人脸表情识别等。中国科学院软件研究所博士，曾就职于三星研究院任高级研究员
姚安邦	博士，现任英特尔高级主任研究员。主要负责人脸分析、场景理解和深度网络结构设计及压缩方向的研究。发表国际顶级会议论文与期刊论文20余篇，拥有60余项美国/国际专利及申请。曾连续3年获得英特尔研究院戈登·摩尔奖
郭怡文	博士，目前是英特尔中国研究院认知计算实验室和清华大学自动化系联合培养博士后研究员，主要研究方向为网络压缩和超分辨率研究等。曾在ICLR、CVPR、NIPS等国际顶级会议上发表多篇论文
李建国	清华大学自动化系博士，现任英特尔中国研究院高级主任研究员。研究兴趣包括深度学习网络结构优化、目标检测、视觉内容理解、人脸分析等。发表40余篇论文，包括10余篇CVPR、ICCV、ICML等顶级会议论文

侯宇清	博士，目前是英特尔中国研究院认知计算实验室和清华大学计算机系联合培养博士后研究员，研究兴趣是强化学习的理论以及应用，研究方向为基于深度强化学习的视觉信息处理以及元学习。2016年毕业于北京大学，研究方向是多模态学习
陈玉荣	博士，现任英特尔首席研究员、英特尔中国研究院认知计算实验室主任。负责领导视觉认知和机器学习研究工作，推动基于英特尔平台的智能视觉数据处理技术创新。发表学术论文40余篇，拥有40余项美国/国际专利及申请
熊元骏	2016年毕业于香港中文大学信息工程系，获信息工程博士学位。2016—2017年，任香港中文大学多媒体实验室博士后研究员。现任亚马逊高级应用科学家(Senior Applied Scientist)。主要研究领域为计算机视觉、机器学习、视频内容理解
林达华	香港中文大学信息工程系教授。2012—2014年在芝加哥丰田科技研究院任研究助理教授，2014年8月到香港中文大学任教。在计算机视觉、概率推断与深度学习方面有丰富的研究经历，并在多个课题上取得突出成绩
罗 平	香港大学计算机系助理教授。2014年于香港中文大学获博士学位，师从汤晓鸥教授和王晓刚教授。2015—2017年香港中文大学博士后，2017—2019年商汤科技研究科学家。长期从事人工智能与计算机视觉研究，包括深度神经网络结构搜索、人脸识别、图像与视频理解、超大规模深度学习优化问题等
吴凌云	商汤科技研究中心研究员。2017年获得深圳大学硕士学位，并获得优秀毕业生和广东省优秀学生称号。长期从事图像解析、场景理解、视频识别等研究。在国际顶级期刊与会议如IEEE Transactions on Cybernetics和AAAI发表多篇论文
刘春晓	商汤科技高级研究员，2014年在清华大学电子系获得博士学位。主要研究方向包括计算机视觉、深度学习、强化学习以及在无人驾驶、检测、识别等领域的应用，在ICCV等国际顶级会议和期刊上发表多篇论文
马 政	商汤科技高级研究员，2016年获得香港城市大学计算机科学专业博士学位。目前的研究方向为深度强化学习以及无人车和机器人的路径规划算法
谢思锐	商汤科技研究员，2016年获得香港科技大学计算机工学学士学位。研究兴趣包括强化学习、深度学习、连续决策和无人驾驶中的路径规划
张 伟	商汤科技研究总监，2012年在香港中文大学获得博士学位。主要研究方向为深度学习、增强学习在大数据视频分析、路径规划等领域的应用。在CVPR等国际顶级计算机视觉会议和期刊上发表论文10余篇。担任国际期刊IEEE TPAMI、IEEE TIP、IEEE TNNLS等的审稿人

宋明黎	教授，博士生导师，浙江省"151人才计划"第二层次，攻读博士期间获得"微软学者"奖、浙江省优秀毕业生等荣誉称号。在计算机视觉、多媒体技术、模式识别等领域取得了大量的研究成果，相关论文为国际学术界广泛引用
成 慧	中山大学数据科学与计算机学院副教授。于燕山大学获得学士学位，香港科技大学获得硕士学位，香港大学获得博士学位。主要从事自主机器人、多机器人协同、机器视觉、网络化控制系统方面的研究
韩亚洪	天津大学计算机学院教授、博士生导师，研究方向为多媒体分析、计算机视觉和机器学习。2016年在天津大学破格晋升正教授。CCF优秀博士学位论文奖获得者（2012年度）、教育部"新世纪优秀人才支持计划"入选者（2013年度），美国加州大学伯克利分校访问学者（2014—2015年）
武阿明	博士研究生
许有疆	硕士研究生
杨子伟	硕士研究生
王慧云	硕士研究生
王 博	硕士研究生
周岳骞	毕业于北京交通大学计算机科学与技术专业，数据挖掘方向硕士研究生，主要研究交通行业的机器学习算法应用。现就职于微软中国，担任云计算架构师，熟悉云计算基础架构与大数据底层平台，负责协助企业应用和智能系统上云
赵 地	中国科学院计算技术研究所副研究员，美国路易斯安那理工大学计算科学专业博士，曾在美国哥伦比亚大学和美国俄亥俄州立大学从事博士后研究工作。主持北京市自然科学基金重点项目一项，参与国家重点研发计划一项
陈 宇	现任京东集团感知识别方向研发总监，京东无人便利店D-Mart系统总负责人，从事计算机视觉方向研发。加入京东前曾在新加坡信息通信研究院和阿里巴巴就职，有超过8年的电商领域项目经验。在计算机视觉和机器学习方向有10多年的研发经验
安 山	山东大学机器人研究中心硕士，现任京东AI与大数据部资深算法工程师，主要研究领域包括大规模图像搜索、计算机视觉等。负责京东图像搜索引擎、知识产权保护、深度学习算法移动化。在计算机视觉领域获得2项发明专利授权，另有10余项专利申请

黄志标	中国科学院大学计算机应用技术专业硕士毕业，现为京东AI与大数据部算法工程师，研究方向为图像处理、深度学习、计算机视觉，参与研发京东的上亿重图检测算法，目前负责商品全景主图技术、视频智能审核及人物抠图技术
杨　帆	商汤科技联合创始人之一、副总裁，于2014年参与创建商汤科技，毕业于清华大学电子工程系，拥有本科及硕士学位。作为商汤科技工程中心总负责人，带领商汤科技逾200人的工程开发团队，在泛安防智能视频、移动互联网、金融等行业开发和提供人工智能解决方案
安　晖	中国电子信息产业发展研究院副总工程师，民盟中央科技委员会副主任，人工智能产业创新联盟秘书长，中德智能制造合作企业对话工作组人工智能专家工作组中方核心专家，从事电子信息、互联网、人工智能、数字经济等领域产业研究工作，参与国家多部规划、政策的起草
王　哲	中国电子信息产业发展所研究院电子信息产业研究所研究员、人工智能产业创新联盟秘书处副主任，中德智能制造合作企业对话工作组人工智能专家工作组中方专家，毕业于北京大学信息管理系。主要从事人工智能、智能制造等领域的战略咨询、产业发展和政策规划研究工作
韦福如	微软亚洲研究院资深研究员、研究经理。长期从事自然语言处理领域的研究和创新，包括机器阅读理解、智能问答和对话系统、文本摘要和生成、情感分析与意见挖掘等
周青宇	微软亚洲研究院–哈尔滨工业大学联合培养博士生。主要研究方向为自然语言处理、文本自动摘要和自然语言生成
程　骉	毕业于美国纽约州立大学计算机系，现任微软亚太研发集团创新孵化总监，从事人工智能以及大数据的新产品、新项目在中国的孵化和落地工作，带领团队在计算机视觉、智慧医疗和智能金融领域探索并孵化了一批项目
周　明	微软亚洲研究院副院长、国际计算语言学协会候任主席、中国计算机学会理事、中文信息技术专委会主任、术语工作委员会主任、中国中文信息学会常务理事，哈尔滨工业大学、天津大学、南开大学、山东大学等多所院校博士生导师
肖　桐	东北大学计算机学院副教授，NiuTrans开源统计机器翻译系统的技术负责人，中国中文信息学会青工委、信息检索专委，在自然语言处理领域重要会议（ACL、AI等）发表论文20余篇，荣获2016年度钱伟长中文信息处理科学技术奖一等奖等奖项
李垠桥	东北大学计算机学院在读硕士，主要研究方向包括机器翻译、语言建模以及神经机器翻译系统的并行训练等，在CWMT会议发表相关论文一篇

陈 麒	东北大学计算机学院在读博士,主要研究领域为机器翻译,包括神经机器翻译的加速、资源稀缺等
朱靖波	东北大学计算机学院教授/博导,科大讯飞AI大学首批特聘教授,中国中文信息学会常务理事,发表学术论文200多篇,获美国和中国发明专利授权8项,荣获2016年度钱伟长中文信息处理科学技术奖一等奖等奖项
车万翔	哈尔滨工业大学计算机科学与技术学院信息检索研究中心教授、博士生导师。曾获黑龙江省科技进步奖一等奖(排名第二)、谷歌专注研究奖;担任国际计算语言学学会SIGHAN Information Officer、中国中文信息学会计算语言学专委会委员、青年工作委员会执行委员,中国计算机学会高级会员
张伟男	哈尔滨工业大学计算机科学与技术学院社会计算与信息检索研究中心博士、讲师。师从哈尔滨工业大学计算机科学与技术学院刘挺、张宇教授。研究兴趣包括人机对话、社区问答和信息检索
曾 颖	出生于1994年,硕士研究生,现就读于北京大学计算机科学技术研究所。主要研究领域为自然语言处理和信息抽取等。
冯岩松	北京大学计算机科学技术研究所讲师。2011年毕业于英国爱丁堡大学,获得信息科学博士学位。主要研究方向包括自然语言处理、信息抽取以及机器学习在自然语言处理中的应用
温正棋	极限元智能科技公司CEO,中国科学院自动化研究所模式识别国家重点实验室副研究员,毕业于中国科学院自动化研究所,先后在日本和歌山大学和美国佐治亚理工学院进行交流学习,在国际会议和期刊上发表论文数十篇,获得多项关于语音及音频领域的专利
刘 斌	中国科学院自动化研究所博士,极限元智能科技公司资深智能语音算法专家,中科院-极限元智能交互联合实验室核心技术人员,在国际顶级会议上发表多篇文章,获得多项关于语音及音频领域的专利,具有丰富的工程经验,擅长语音信号处理和深度学习,提供有效的技术解决方案
张大伟	中国科学院自动化研究所博士,极限元智能科技公司人机交互领域专家,中科院-极限元智能交互联合实验室核心技术人员,在国内外顶级会议或期刊上发表多篇文章并获得多项国家发明专利,具有丰富的研究经历和工程实践经验,擅长领域为自然人机对话与人工智能,尤其在多任务对话管理和用户意图理解方面有深入研究

凌震华	中国科学技术大学信息科学技术学院副教授，博士生导师。主要研究领域包括语音合成、语音信号处理、自然语言处理等，已发表论文100余篇。作为项目负责人和主要成员承担和参与多项国家自然科学基金、"863"等国家科研项目
伍宏传	目前在中国科学技术大学语音及语言信息处理国家工程实验室从事语音信号处理方向的研究，硕士研究生。主要研究结合深度学习方法的语音合成技术
安炜杰	华东师范大学计算机系硕士，研究方向为深度学习与自然语言处理。多次参加LiveQA竞赛和CMRC中文阅读理解竞赛，并获得优异成绩。以第一作者在ICONIP 2017发表学术论文一篇，合作发表SIGIR 2017 Short一篇，对深度学习方法在社区问答上的应用有自己独到的见解
李 波	武汉大学计算机技术硕士，小i机器人公司技术委员会轮值主席兼首席架构师。自动问答相关的深度学习技术及语音识别技术领域专家
黄 恒	毕业于浙江大学，获硕士学位，2011年加入阿里巴巴，先后从事反作弊、搜索推荐、图像搜索、知识图谱等工作，现负责iDST-NLP方向内容搜索与推荐团队
谭培波	国际TRIZ认证三级专家、国家创新方法研究会企业分会理事，现任北明智通科技有限公司技术总监。从事知识工程与技术创新理论与技术研究，具备基于本体的企业语义网构建的丰富经验
史晓凌	国际TRIZ认证三级专家、国家创新方法研究会企业分会秘书长，现任北明智通科技有限公司事业部总经理。从事知识工程与技术创新的理论研究与推广应用，具备军工、石化等行业知识工程实施的丰富经验
高 艳	现任北明智通科技有限公司咨询顾问，从事企业知识工程与技术创新体系项目实施咨询，具备企业知识工程与技术创新体系建设规划、知识体系构建以及配套体系建设的丰富经验
晋耀红	神州泰岳人工智能研究院院长兼首席科学家，博士生导师，全面领导神州泰岳人工智能研究院核心技术和平台产品的研发工作。师从我国自然语言处理著名流派概念层次网络创始人黄曾阳教授，并于2006年出版专著《HNC（概念层次网络）语言理解技术及其应用》
宋继强	英特尔中国研究院院长。研究兴趣包括智能机器人、无人驾驶、移动智能设备创新和新型人机界面等。2008年加入英特尔，是创造 Intel Edison 产品原型的核心成员。2001年获得南京大学计算机专业博士学位，博士论文被评为全国优秀博士论文。现任中国自动化学会常务理事
尹首一	清华大学微纳电子系副主任、微电子学研究所副所长，中国电子学会电子设计自动化专委会秘书长，博士，长聘副教授。研究方向为可重构计算、低功耗设计、人工智能芯片设计。已发表学术论文200余篇，包括IEEE JSSC、TPDS、TCSVT、TVLSI、TCAS-I/II和ACM/IEEE ISCA、VLSI、DAC、CICC等集成电路领域期刊和学术会议

魏少军	清华大学教授，清华大学微纳电子系主任，应用科学博士；"核高基"国家科技重大专项技术总师；国家集成电路产业发展咨询委员会委员；中国半导体行业协会副理事长、集成电路设计分会理事长；中国电子学会会士，IEEE高级会员
杜子东	2016年博士毕业于中国科学院计算技术研究所，2011年本科毕业于清华大学电子工程系。主要研究方向为计算机体系结构，包括但不限于深度学习、类脑智能和高效计算。在深度学习处理器方向做出了一系列开创性的工作
谭洪贺	地平线机器人公司芯片规划部部长。于2016年加入地平线机器人公司，是地平线机器人公司AI处理器的核心开发成员，目前正致力于地平线机器人公司AI处理器架构的演进和规划
余凯	地平线机器人公司创始人兼CEO，国家新一代人工智能战略咨询委员会成员、前百度深度学习研究院创始人。曾创建了百度深度学习研究院（我国第一家深度学习研究机构），并担任百度研究院执行院长，领导百度无人驾驶、百度大脑等一系列重大项目的实施
芮祥麟	华为CBG软件工程部人工智能首席科学家，博士。在德国、美国及中国的知名企业有近30年的工作经验，曾担任SAP中国研究院及韩国研究院总裁、文思海辉公司首席技术官、森浦资讯公司首席技术官
张守杰	华为消费者BG AI业务领域总经理，基于AI技术构建面向消费者的AI业务解决方案，支撑华为消费者业务面向未来的AI战略。在通信领域、IT领域和ICT产业、消费者AI业务方面有超过15年的工作经验
江帆	深鉴科技公司压缩方向研发总监，清华大学电子工程系博士，曾就职于百度和360，专注互联网数据挖掘。加入深鉴科技公司以来，主要负责神经网络压缩方向的研发
李鑫	深鉴科技公司RNN/LSTM加速技术团队负责人，毕业于清华大学电子工程系，师从汪玉副教授，获学士及硕士学位。主要研究方向为LSTM神经网络的剪枝、定点、硬件加速设计及其在语音识别、机器翻译等领域的应用
梁爽	深鉴科技公司芯片设计工程师，毕业于清华大学，获电子科学与技术博士学位，英国伦敦帝国理工学院国家公派联合培养博士生，曾在百度深度学习研究院实习。目前专注于芯片体系结构、神经网络稀疏化等领域
韩松	清华大学电子系本科，美国斯坦福大学电子系博士，麻省理工学院助理教授，师从英伟达首席科学家威廉·丁·达利（William J. Dally）教授。他的研究广泛涉足深度学习和计算机体系结构，他提出的Deep Compression（深度压缩）模型压缩技术曾获得ICLR 2016最佳论文
陈怡然	美国杜克大学电子与计算机工程系副教授，杜克进化智能中心联合主任，聚焦新型存储系统、机器学习与神经形态计算以及移动计算等方向的研究
李海	美国杜克大学电子与计算机工程系Clare Boothe Luce讲座副教授，杜克进化智能中心联合主任。研究领域为类脑计算系统、内存架构、低功耗设计。曾获得美国国防部年轻学者奖及美国国家自然基金会早期职业发展奖
陈逸中	美国纽约州立大学新帕尔茨分校助理教授。主要研究方向为先进计算系统软硬件开发

陈 凡	美国杜克大学博士生。主要研究方向为计算机体系结构、新型存储器及机器学习硬件加速
李思成	就职于惠普实验室，在系统架构实验中心担任研究员。2017年获得美国匹兹堡大学博士学位，2013年获得美国纽约大学硕士学位。他的研究领域包括类脑计算、机器学习和可重构计算等
刘晨晨	美国克拉克森大学电子与计算机系助理教授。2013年获得北京大学硕士学位，2017年获得美国匹兹堡大学博士学位。她的研究兴趣包括高性能运算、类脑计算系统、计算系统可靠性和安全、软硬件协同设计等
闻武杰	美国佛罗里达国际大学助理教授。主要研究方向为深度学习网络安全及硬件加速、神经形态计算及非挥发性内存计算机体系结构。现为期刊 *Neurocomputing* 副编审。曾获Richard Newton电子设计自动化技术影响力奖及多次ASPDAC、DATE、DAC最佳论文提名
吴春鹏	美国杜克大学博士生。主要研究方向为计算机视觉、模式识别、机器学习等。2011—2014年在富士通研发中心担任计算机视觉研究员，从事字符识别和文档分析研究
燕博南	美国杜克大学在读博士生，2014年毕业于北京航空航天大学，2017年在美国匹兹堡大学获硕士学位。主要研究方向为新型存储器电路设计、类神经形态计算硬件与可靠性设计
杜宇阳	英特尔中国研究院研究员，2011年毕业于清华大学，博士。主要研究领域为系统分析与优化、计算机安全、神经拟态计算等
刘忠轩	英特尔中国研究院研究员，2005年毕业于中国科学院自动化研究所，博士，后加入英特尔。主要研究领域为机器人强化学习、计算机视觉与神经拟态计算等
马 德	浙江大学计算机学院讲师，2013年6月获得浙江大学电路与系统博士学位，2013—2017年任杭州电子科技大学讲师、副教授，硕士生导师，2018年2月到浙江大学计算机学院任教。主要研究方向为类脑计算芯片、片上系统芯片等
潘 纲	浙江大学计算机科学与技术学院教授、博导，中国人工智能学会常务理事、脑机融合与生物机器智能专委会主任委员，研究兴趣包括普适计算、混合智能、脑机接口、计算机视觉等，获CCF-IEEE CS青年科学家奖、国家科学技术进步奖二等奖、教育部科技进步奖一等奖
白 冰	光子算数（北京）科技有限公司总经理，澳大利亚国立大学物理系学士，北京交通大学光波技术研究所博士，研究领域包括硅光集成计算器件、光电异构计算架构和光电融合神经网络算法等，参与相关国家自然基金与企业项目多项，拥有发明专利12项
赵 斌	光子算数（北京）科技有限公司研发部产品总监，北京交通大学光学工程硕士，主要从事硅光集成计算器件与系统、光电混合封装、铌酸锂多功能器件等方面的研发工作，有多年光电芯片领域产业经验，主持参与国家"863"计划和北京市科委重点计划等多个项目，拥有相关专利3项
杨 钊	光子算数（北京）科技有限公司研发部电子技术科学家，清华大学电子工程系博士，研究领域包括超大规模集成电路设计、FPGA EDA工具开发、高可靠性光电混合封装等，参与国家"863"计划与国防科技基金项目多项

李 渔	清华大学电子工程系博士，主要研究方向及研究兴趣包括硅基集成光子微系统、大规模光路集成、单片集成光信号处理芯片，这些技术为下一代光通信、光计算、数据中心及物联网的基础性技术。目前已在光子集成领域的国际会议及主流期刊发表多篇文章，申请专利5项
李霄寒	云知声公司IoT事业部副总裁，毕业于中国科学技术大学少年班，24岁即获得中科大博士学位，长期从事语音AI相关研发工作，目前作为云知声公司IoT事业部副总裁，负责语音AI产品的研发工作
海 明	长期从事ASIC设计及FPGA硬件加速相关工作，关注领域包括神经网络加速、微处理器架构、软硬件协同设计等
钟文杰	长期关注互联网、AI、智能硬件等领域。曾供职于360公司，帮助360行车记录仪、360智能摄像机等多款硬件产品成长为市场销量第一产品。服务过的公司包括百度、高德等
李仁刚	浪潮集团信息体系结构研究部总经理，高效能服务器和存储技术国家重点实验室副主任、中国工程院中国信息与电子工程科技发展战略研究中心专家委员会特聘专家、中国计算机学会体系结构专委会委员、集成电路设计专委会委员，高级工程师，主要研究领域为计算机体系结构、人工智能芯片、加速器等
赵雅倩	高效能服务器和存储技术国家重点实验室资深研究员，博士，主要研究领域为人工智能、体系结构、量子计算

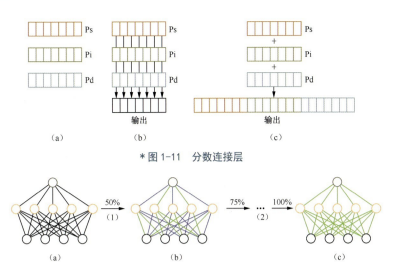

*图 1-11 分数连接层

*图 1-12 INQ 技术（绿线代表当前已经被量化的网络连接；蓝线代表需要重新训练的网络连接）

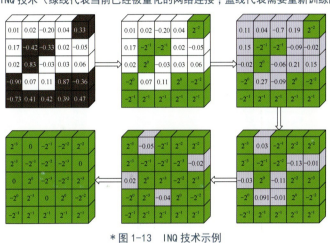

*图 1-13 INQ 技术示例

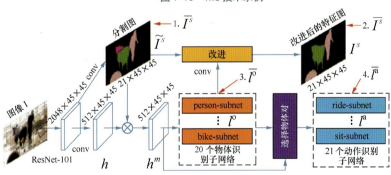

（a）IDW-CNN 模型框架

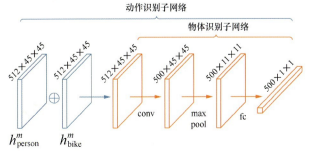

（b）物体识别子网络与动作识别子网络的结构展示

*图 1-31 IDW-CNN 模型示例

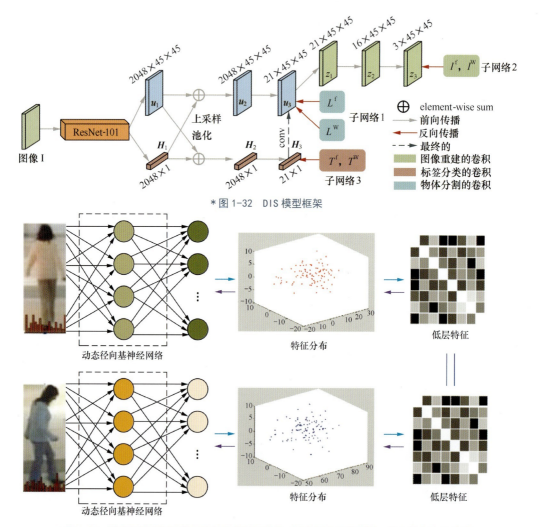

* 图 1-32 DIS 模型框架

* 图 1-36 基于深度网络模型的角度不变特征学习（蓝色箭头表示投影，紫色箭头表示重建）

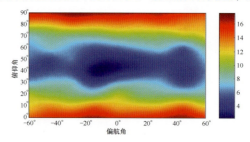

* 图 1-43 相对距离误差与云台俯仰角及偏航角间的关系

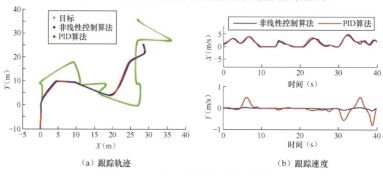

（a）跟踪轨迹　　　　　　　　（b）跟踪速度

* 图 1-44 无人机跟踪随机移动目标

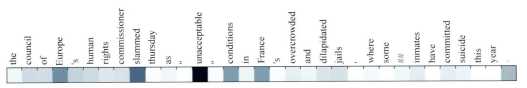

* 图 2-9　一阶导数热度图

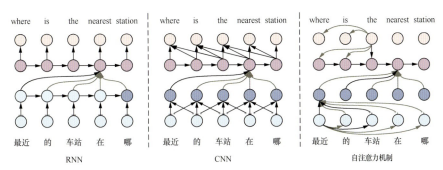

* 图 2-17　基于 RNN、CNN、自注意力机制的神经网络结构

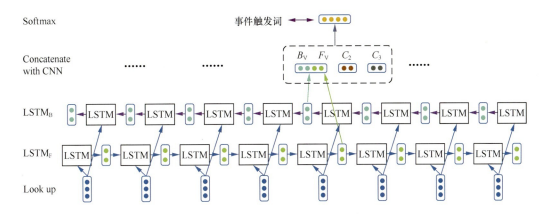

* 图 2-20　HNN 模型框架

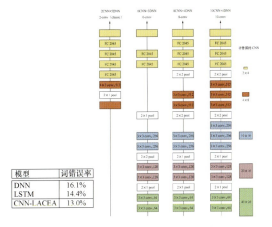

* 图 2-31　基于 CNN-HMM 的声学模型

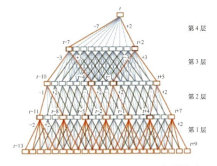

* 图 2-32　基于 TDNN-Chain 的声学模型

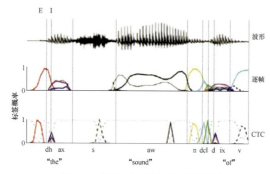

* 图 2-33　基于 CTC 的端到端声学模型

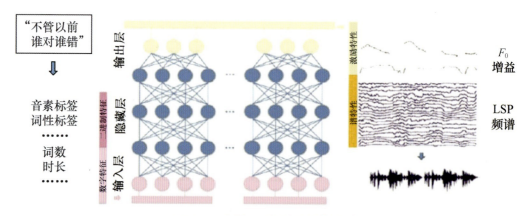

* 图 2-40　基于 DNN 统计参数的语音合成

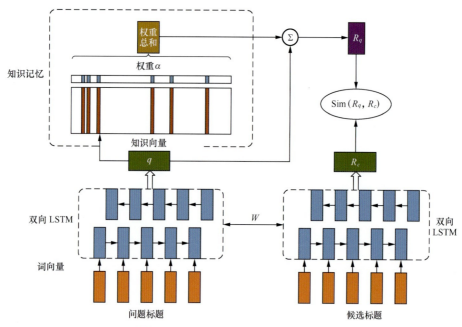

* 图 2-52　基于知识记忆的 LSTM（KM-LSTM）

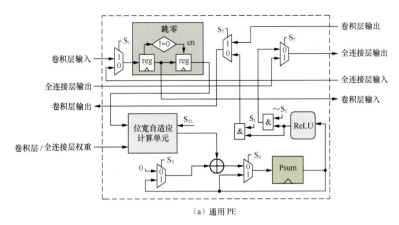

编号	模式	S_0S_1	S_2	S_4	S_5	$S_8S_9S_{10}$	S_{11}
1	卷积（16bit）	01	1	1	1	xxx	1
2	全连接（16bit）	00	1	1	1	xxx	1
3	卷积（8bit）	01	1	1	1	xxx	0
4	全连接（8bit）	00	1	1	1	xxx	0
5	tanh	xx	x	x	x	000	x
6	Sigmoid	xx	x	x	x	100	x
7	池化	xx	x	x	x	010	x
8	乘法	1x	0	x	x	110	1
9	加法	xx	x	0	0	001	x

通用 PE：编号 1/2/3/4。超级 PE：编号 1/2/3/4/5/6/7/8/9

编号	状态	$S_3S_6S_7$
1	开始	000
2	循环	100
3	结束	010
4	空态	001

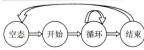

（c）模式与状态

* 图 3-12　PE 阵列架构

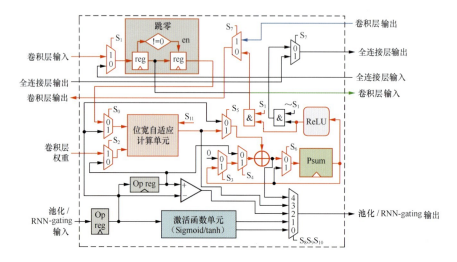

（a）卷积层计算（红）/ 卷积层输入正向路径（绿）/ 卷积层输出反向路径（蓝）

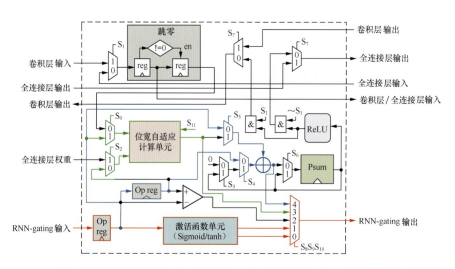

（b）全连接层计算（红）/ 全连接层输入正向路径（绿）/ 卷积层输出反向路径（蓝）

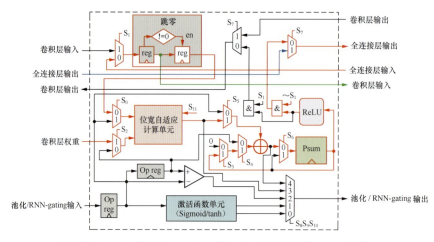

（c）RNN-gating 中的 Sigmoid、tanh（红）/ 乘法（绿）/ 加法（蓝）

* 图 3-13　主要功能的数据流

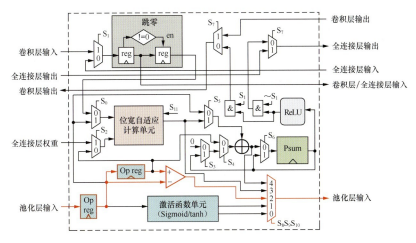

（d）池化操作（红）

* 图 3-13　主要功能的数据流（续）

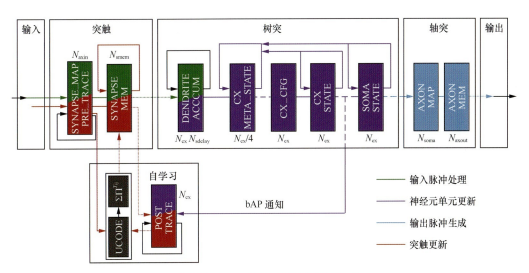

* 图 3-56　Loihi 的神经拟态核微体系结构

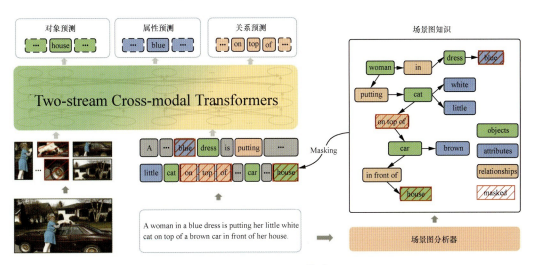

* 图 3-78　VCR SOTA 模型